續編兼漢清文指要解讀

ᠰᡳᡵᠠᠮᡝ ᠪᠠᠨᠵᡳᠪᡠᡥᠠ ᠨᡳᡴᠠᠨ ᡴᠠᠮᠴᡳᠪᡠᡥᠠ ᠮᠠᠨᠵᡠ ᡤᡳᠰᡠᠨ ᡳ [illegible] ᠣᠶᠣᠩᡤᠣ ᠵᠣᡵᡳᠨ ᠪᡳᡨᡥᡝ

張華克校註

文史哲出版社 印行

國家圖書館出版品預行編目資料

續編兼漢清文指要解讀 / 張華克校註. -- 初版. -- 臺北市: 文史哲, 民 94
面： 公分（滿語叢刊；14）
附：索引
ISBN 957-549-606-X(平裝)

1.滿州語 - 讀本

802.918 94010852

滿語叢刊 14

續編兼漢清文指要解讀

著者：佚名
校註者：張華克
出版者：文史哲出版社
登記證字號：行政院新聞局版臺業字五三三七號
發行人：彭正雄
發行所：文史哲出版社
印刷者：文史哲出版社
臺北市羅斯福路一段七十二巷四號
郵政劃撥帳號：一六一八〇一七五
電話 886-2-23511028・傳真 886-2-23965656
實價新臺幣四四〇元
中華民國九十四(2005)年六月初版

ISBN 957-549-606-X

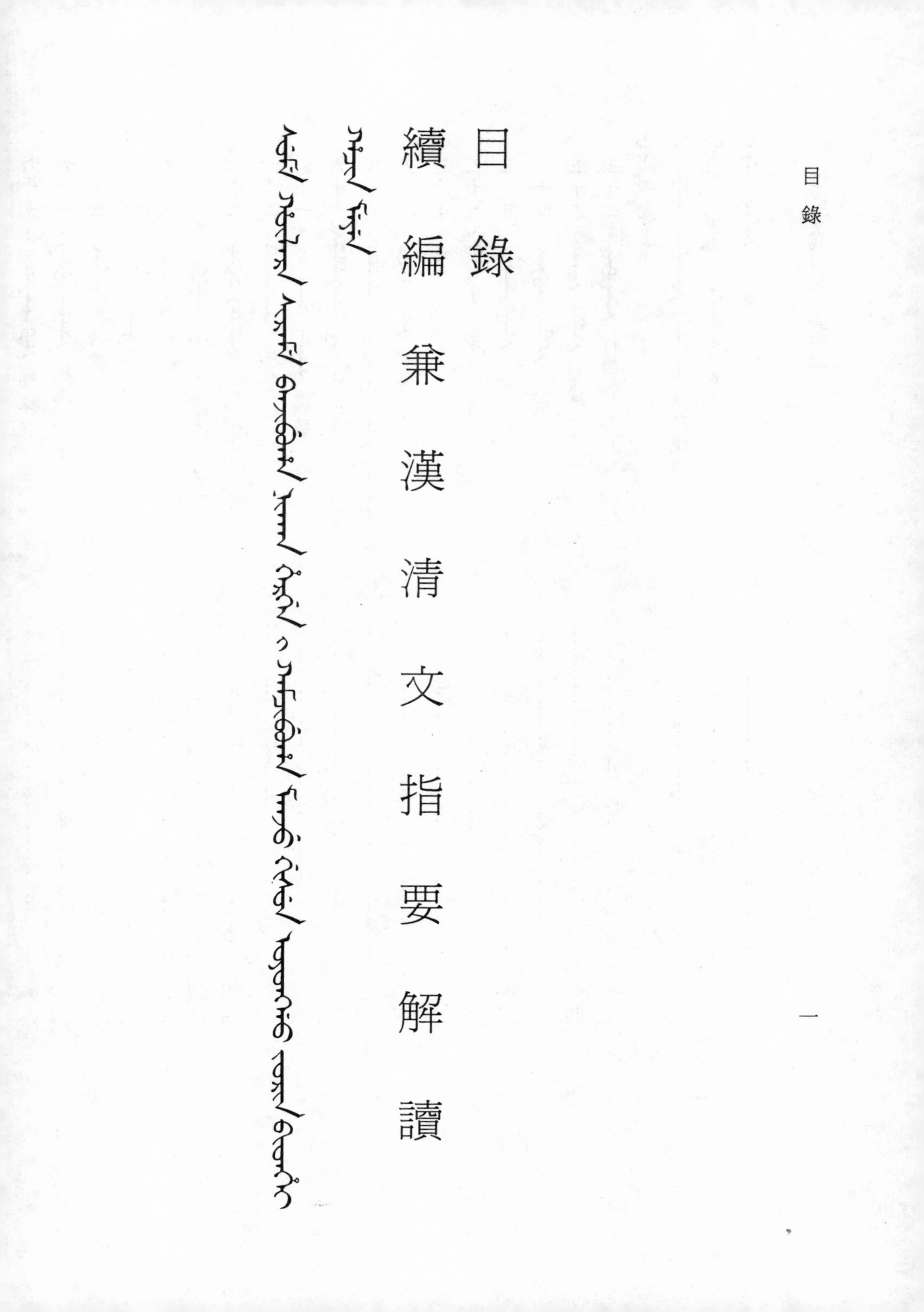

目錄

續編兼漢清文指要解讀

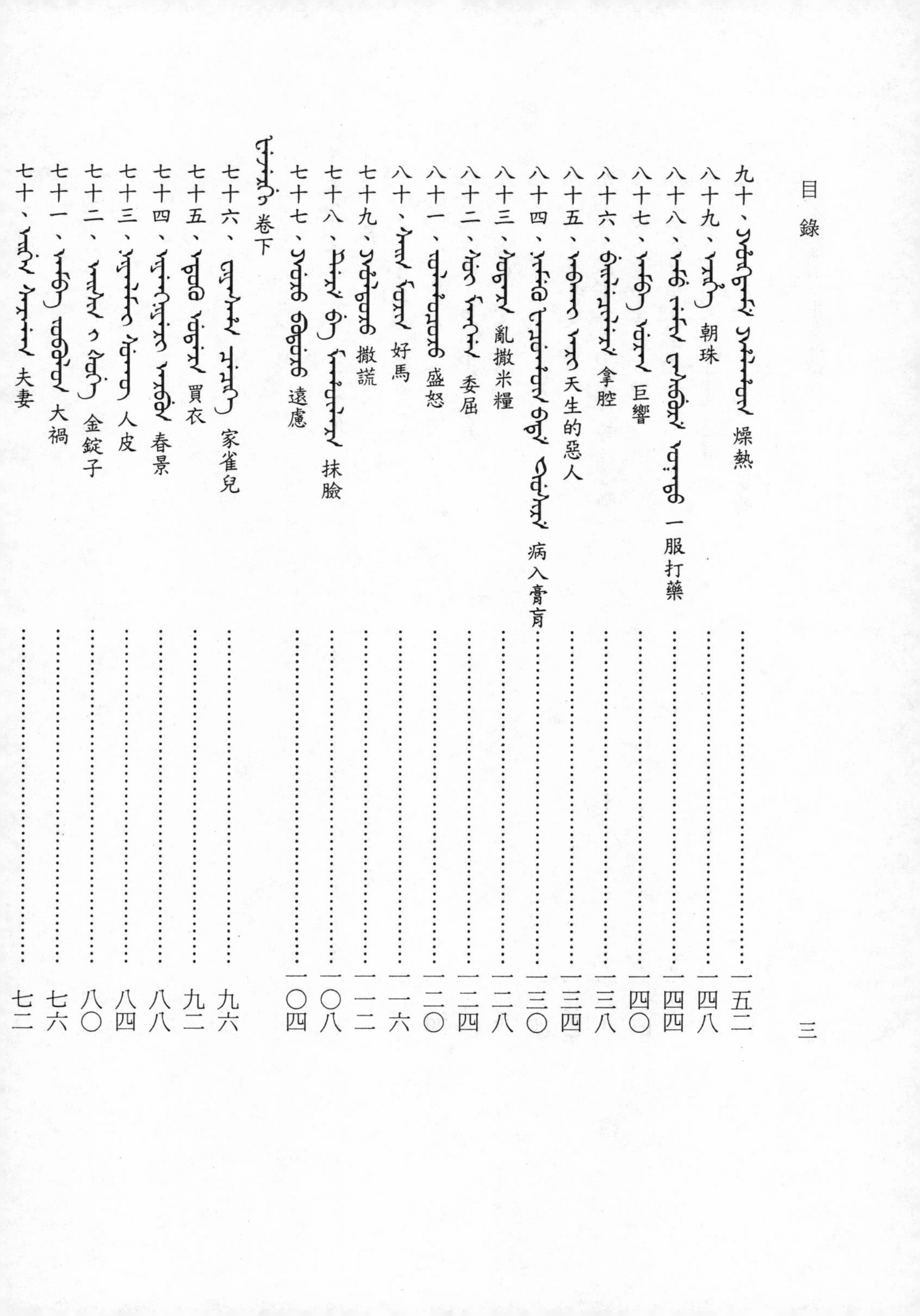

目錄

卷下

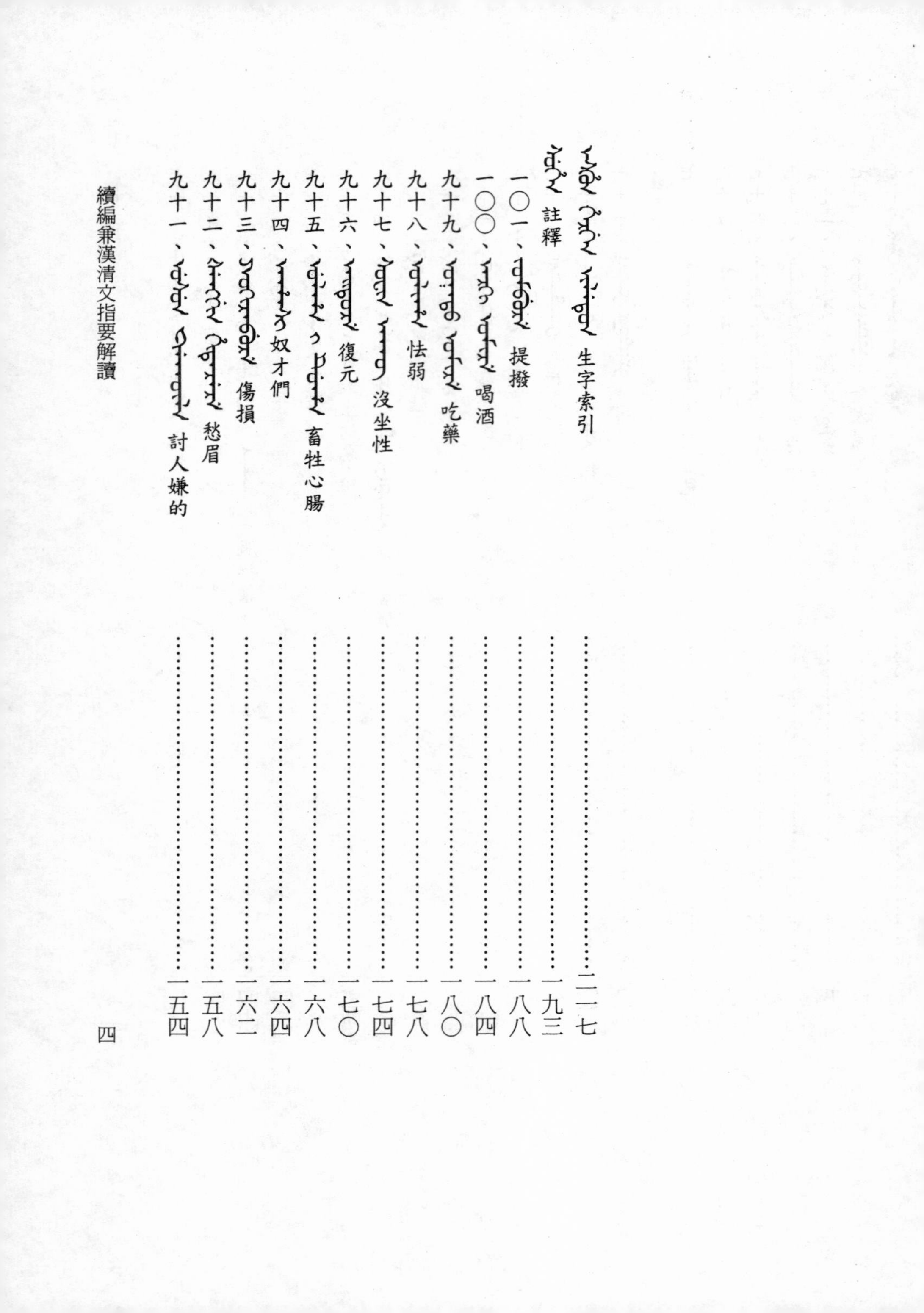

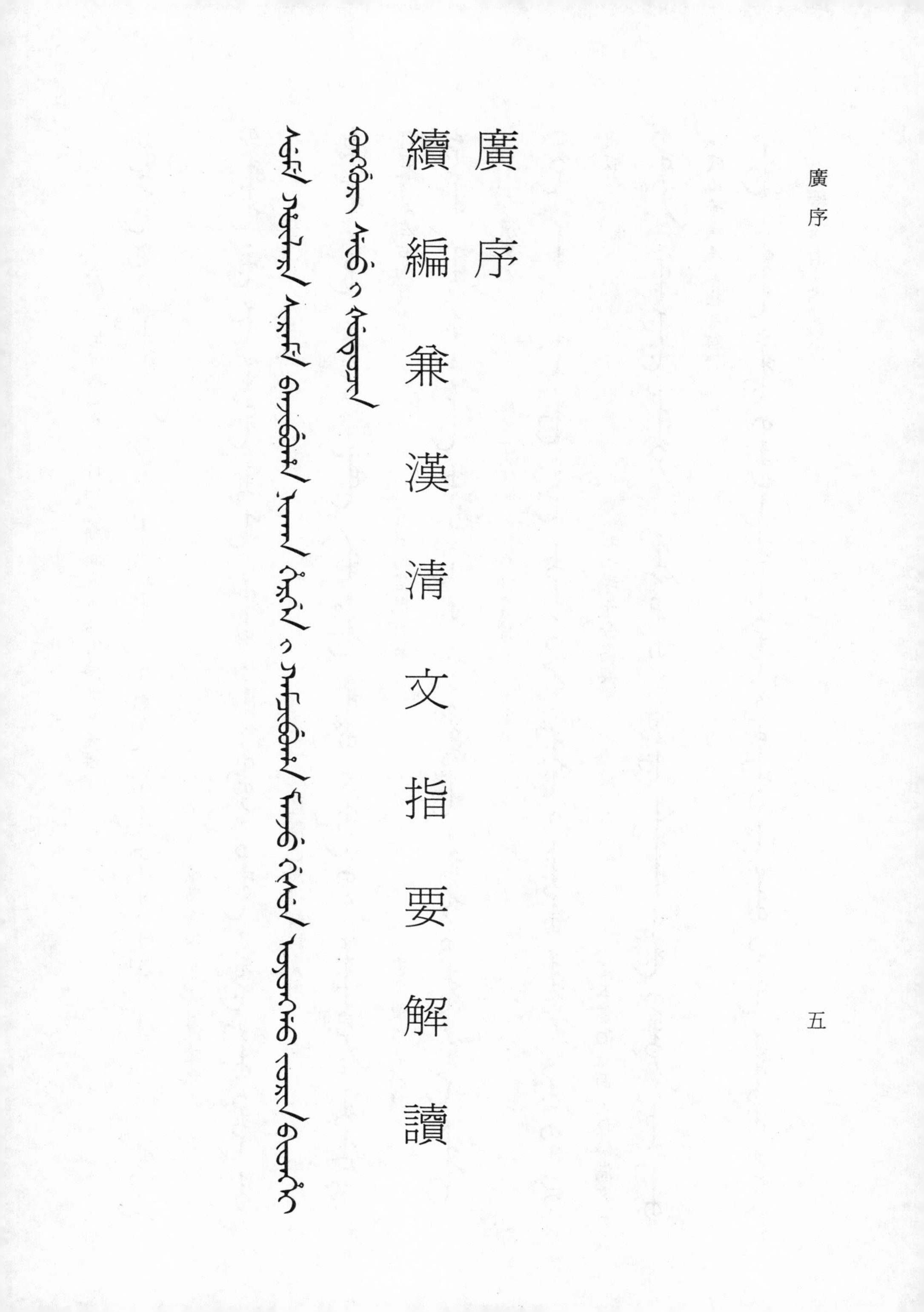

廣序

續編兼漢清文指要解讀

ᡤᡠᠸᠠᠩ ᠨᡳ ᡧᡠᡨᡠᠴᡳᠨ

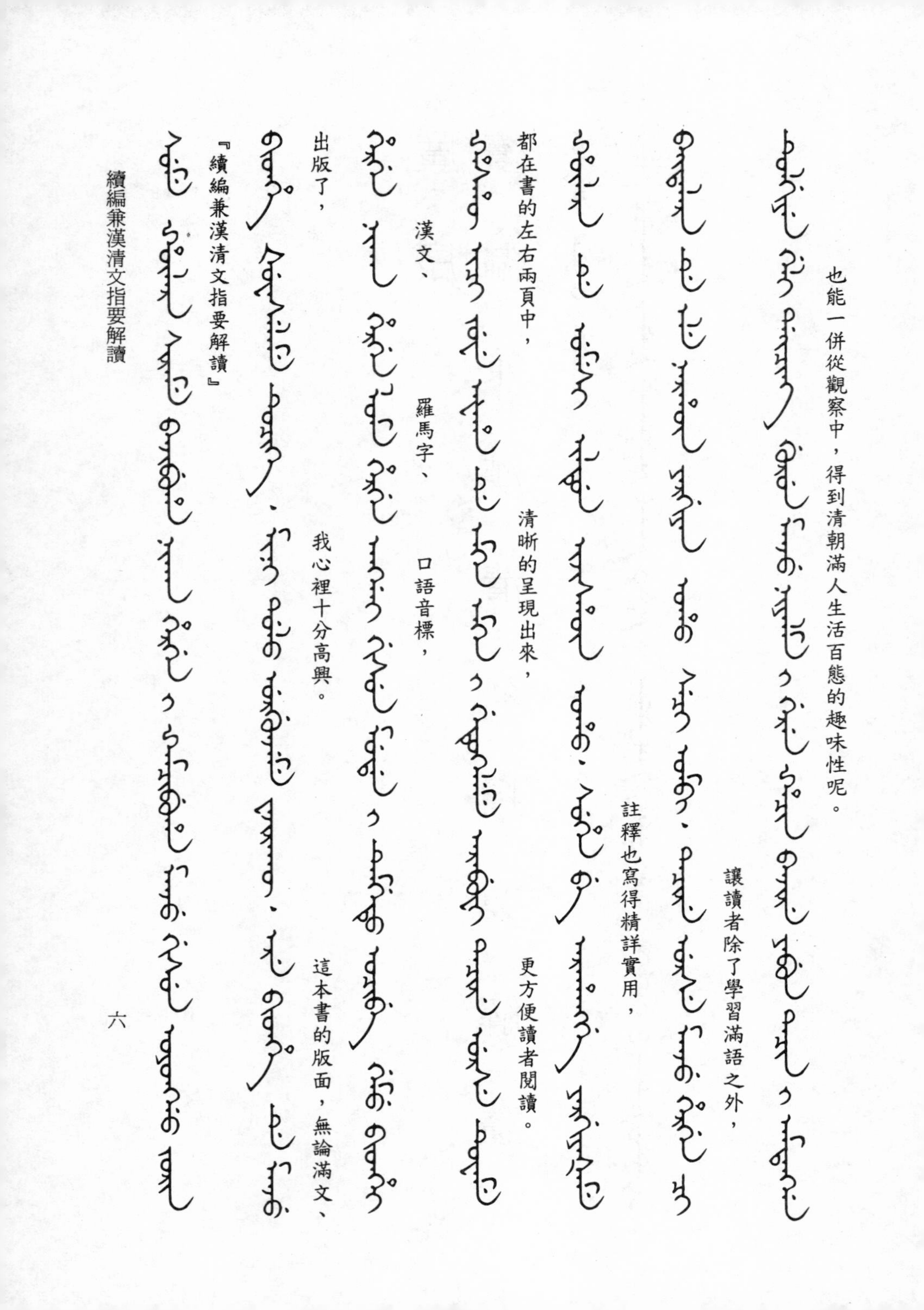

『續編兼漢清文指要解讀』出版了，我心裡十分高興。這本書的版面，無論滿文、漢文、羅馬字、口語音標，都在書的左右兩頁中，清晰的呈現出來，更方便讀者閱讀。註釋也寫得精詳實用，讓讀者除了學習滿語之外，也能一併從觀察中，得到清朝滿人生活百態的趣味性呢。

* tylxin gəl daiʨiŋ gurun manʤu nan əi gərən Xaʨin banʥir javən taʨin i amtəŋ
tulgiyen geli daiCing gurun manju niyalma i geren hacin banjire yabun tacin i amtangga
* baitələr əd ələ narXun jarxin oXu Siʨi om, taʨir urS manʤu xərxən ʨi
baitalara de ele narhūn yargiyan oho seci ombi, tacire urse manju hergen ci
* Xular əd uməɕi ildun iʥiSXun oXu, Suxən b arəXəŋ jarxiSim
hūlara de umesi ildun ijishūn oho, suhen be arahangge yargiyašame
* ɕœlXo iʨi ʤu avX əd əmkən əmkən i gətxulum arəvəfi taʨir urS tam
hashū iCi juwe afaha de emken emken i getukeleme arabufi tacire urse tuwame
* xərxən iqan xərxən loma xərxən aŋəj gisun mədan i təmxətu oʨivə gum bitxəj
hergen nikan hergen loma hergen anggai gisun mudan i temgetu OCibe gemu bithei
* bitxə SuaSiləm tiʨikə, mini dolo urxunʤim vaʤirqu, ər bitxə d manʤu
bithe šuwaselame tuCike, mini dolo urgunjeme wajirakū, ere bithe de manju
* Som Xular ɕiram banʥivəX iqan xərxən i qamʨivəX manʤu gisun oʥyŋ ʥœrin
sume hūlara sirame banjibuha nikan hergen i kamCibuha manju gisun oyonggo jorin

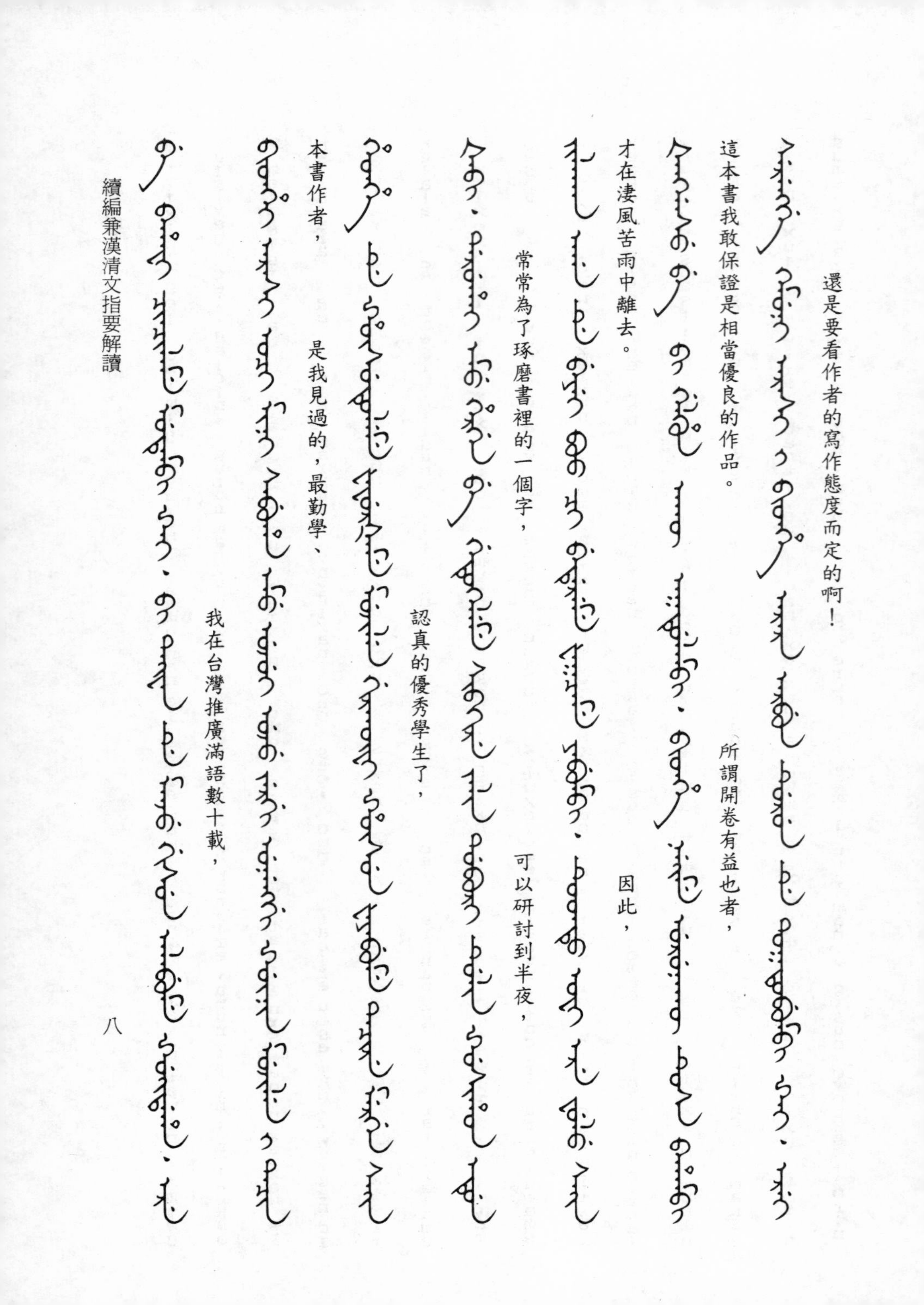

還是要看作者的寫作態度而定的啊！

這本書我敢保證是相當優良的作品。

所謂開卷有益也者，

才在淒風苦雨中離去。

因此，

常常為了琢磨書裡的一個字，

可以研討到半夜，

認真的優秀學生了，

本書作者，

是我見過的，最勤學、

我在台灣推廣滿語數十載，

* Sɨrəŋ kəmənɨ arəɕi i ɓɨtxə arər arvun durun d toXtuvum qaɨ, ərəʝ
Serengge kemunɨ arasɨ i ɓɨthe arara arɓun durun de toktoɓumɓɨ kaɨ, ereɨ
* ʂaŋasu v ɓi gəlxun aqu audulum, ɓitxə lim urunaqu tusa baXəm
šanggasu ɓe ɓɨ gelhun akū akdulamɓɨ, ɓɨthe neɨme urunakū tusa bahamɓɨ
* ʤilaq aXa d bəiʝ bo ʨi bədərəm faXʨəm ʝavəm, tutu ofi ər fulu ɕan
ʝilakan aga de ɓeyeɨ ɓoo cɨ ɓedereme fakcame yaɓumɓɨ, tuttu Ofɨ ere fulu saɨn
* Saɓi, darXuɨ əm xərxən b gətxulum ɕivkir ʤəlin dœvir dœlin GOɕiXun udun
šaɓɨ, daruhaɨ emu hergen ɓe getukeleme sɨɓkɨre ʝalin doɓorɨ dulin gOsɨhOn edun
* xətx əd Xustuləm fafurʂim muʤilən girqufi Xusun faʝivəm taʨir mərxən ɕan
hethe de hūsutuleme fafuršame muʝilen gɨrkūfɨ hūsun fayaɓume tacɨre mergen saɨn
* bitxəʝ arəɕi oʨi mini savəX əm uʤuʝ uʤu ʤirXi uniŋ Gonin muʤilən i taʨin
ɓɨtheɨ arasɨ OCɨ minɨ saɓuha emu uʝuɨ uʝu ʝergɨ unenggɨ gūnɨn muʝilen i tacɨn
* əv baXəfi ʨinʨiləm mutum qaɨ, bi taivan d manʤu gisun aləvəm Guɨdax, ər
ɓe ɓahafɨ cɨncɨlame mutemɓɨ kaɨ, ɓɨ taɨwan de manʝu gɨsun alaɓume gOɨdaha, ere

特為之序。

錫伯老人　十善　孔果洛　2005.05.12.　台灣新店市

* ɕivə səxd arvun sain kuŋur 2005.05.12 taivan ɕin dian kətʂən

sibe sakda arbun sain kunggur 2005.05.12 taiwan sin dian hecen

* ʥəlin tʂoXtoi ʂututʂin arəX.

jalin cohotoi šutucin araha.

編寫說明

續編兼漢清文指要解讀

ᠪᠠᠨᠵᡳᠪᡠᠮᡝ ᠠᡵᠠᡵᠠ ᡤᡳᠰᡠᠨ

ᠰᡳᡵᠠᠮᡝ ᠪᠠᠨᠵᡳᠪᡠᡥᠠ ᠨᡳᡴᠠᠨ ᠮᠠᠨᠵᡠ ᡤᡳᠰᡠᠨ ᡳ ᠵᠣᡵᡳᠨ ᡳ ᠪᡳᡨᡥᡝ ᠪᡝ ᠰᡠᠮᡝ ᡥᡡᠯᠠᡵᠠ

『清文指要』是清嘉慶年間出現的一本滿語教科書，而『續編兼漢清文指要』，當然就是『清文指要』的續集了。當年，這兩本書應當是滿族子弟學習滿語的重要參考書，而且相當反映出，當時從龍入關的滿族已經習慣於說漢語了，因此才會有漢譯本的出現。

『續編兼漢清文指要』雖然說是『清文指要』的續集，但是實際上它只是母本『清文百條』中，由『清文指要』所選輯文章的其餘部份，所以其滿文水準，絕對不在『清文指要』之下，讀者當不至於擔心買到狗尾續貂的作品，這點是有必要事先說明的。

『續編兼漢清文指要』比起『清文指要』有一大特色，就是談論滿族特徵的部分特別多。如果仔細觀察，會發覺這本書不只是一本滿語教科書，而且保留了許多民族學上值得探討的珍貴資料。

像一開頭的第五十二課「打圍」，描述著說「我初次打圍去，騎的一匹馬，顛的穩，跑的快，襯著撒袋，纔放開圍走著，從草裡跑出一個黃羊來了，我就加著馬，拉開弓，射了一箭……」，就像一幅畫一般，把一個活脫脫的行獵滿人，給描繪了出來。清朝滿人最在乎、最想保存的「國語騎射」，已經呼之欲出，盡在不言中了。

書中對滿人的宗教觀，也有生動的介紹。像第五八課「鬧鬼」，內容有一段「到了我侄子的手裡，因為那兩邊的廂房朽爛的上全拆了，從新翻蓋的上，忽然間就鬧起鬼什麼來了，起初鬧的還好，久而久之，清天白日裡就出聲色，現了形了，家裡的女人們動不動兒的就說是遇見了鬼了，竟有怕死了的，跳神呢是個白，送祟呢是無用……」，這裡提起的「跳神」，正是滿人宗教信仰的特徵，像『尼山薩滿』一書所提的一樣，清代滿人遇到了鬼神等生死大事，首選就是找薩滿解決，『尼山薩滿』一書由於詳細描寫了「跳神」和「神歌」的種種細節，也因此號稱是滿族文學的瑰寶。而『續編兼漢清文指要』更從實際生活中，映證了滿人對薩滿信仰的重視程度。

清代滿人從入關前，就有收留蓄養家奴的習慣。看過『雍正王朝』電視劇的讀者，應對劇中雍正與家奴李衛、年羹堯那種又愛又恨情緒糾結所產生的戲劇性，想必印象深刻。不過電視劇到底不是歷史，有些部分已經遠離了史實。歷史上最有名的家奴是『紅樓夢』作者曹雪芹。曹家是漢軍正白旗包衣，原來是祖籍遼陽的漢族，在十七世紀淪為滿洲貴族的家奴包衣。曹寅的母親孫氏被內務府會計司挑選為乳母，成為康熙幼年的奶媽，與皇家的淵源密切，因此曹雪芹的祖父曹寅，就曾擔任過蘇州織造及江寧織造，成為江寧的大富豪，也為曹雪芹創造出了『紅樓夢』中那種紙醉金迷的生活環境。後來曹家家業被抄，使得曹雪芹衣食不濟，賣字維生，也說明了這種主奴關係破裂後的嚴重結果。看看第八十五課「天生的惡人」，是怎麼形容滿人的主奴關係的「一時性子上來了，把這個雜種的膛開了，纔稱心如意罷咧！過去了的時候，又想著可怎麼樣呢？實在的殺他嗎？第一件火棍雖短到比手強，第二件是家生子兒，所得的與吃的去處，又不由的多疼他些兒。」短短的幾十個字中，把主子的心境，以自白的方式描述出來，相信任何人看到這種口吻，對曹家的發跡與被抄，就不會有太大的意外感了。

此外書中對滿人的衣、食、住、行等方面都有詳實的記載，像六十五課「拘泥」就提到縫製旗袍的方法「老時候，十幾歲的孩子們，全能彀成全一件衣裳，續上了棉花，合上了裡面，翻過來了的時候，你縫大襟，我就行，這個拿腰坎，那個上領子，烙袖子的烙袖子，釘鈕子的釘鈕子，不過一兩天的工夫就完了，不但那樣，連帽子全是家裡做來著…」其中的「行」、「拿」、「烙」、「釘」等動作，都是做衣服的術語，沒做過衣服的的人就很難了解。第五八課「鬧鬼」，「那個房子住不得，狠兇。起初是我一個族兄買的，從門房七間，到照房五層，狠舒服乾淨來著，到了我侄子的手裡，因為那兩邊的廂房朽爛的上全拆了…」「門房」、「照房」、「廂房」、「五層」等指滿人傳統上所住的四合院，不注意看古裝片的人，是很難懂這些房子的規格的。因此本書中增加了許多語文之外的註解，協助讀者破除時空阻隔，以認識清代社會中的滿族文化現象。

許多研究滿文的人，由於經常強調滿文的「載道」功能，以致難免讓人有些誤會，以為滿語只能用來打官腔，本身的文學功用是有其限度的。其實，滿語的優美，即使透過了翻譯，還是能感受到那種強烈的渲染能力，無論是抒情或是寫景，都有其可觀之處。像第五十六課「明月」，就是一篇描寫月夜的好文章。「我們幾個人，吃了晚飯，坐上了船，不多的時候，月已高升，光輝射照的，就像白日裡一樣，慢慢的撐著船，順著風去，轉過山嘴子去一看，竟是天水一色，大水無邊，真可謂山青水秀，又撐著船將到了蘆葦深處，忽然從順風裡聽見喈喈的鐘聲，到了那個時候，竟把那萬宗的思慮，付與流水，無有不乾乾淨淨了，雖說是超凡出世的神仙，也不是那樣的樂罷咧，因是那樣，彼此暢飲，不知怎樣的天就亮了，人生在世，能遇見幾遭那樣的美景明月呢？徒然過去，不可惜嗎？」。像第八十四課「病入膏肓」，就是詞意肯切的性情作品。「看起他瘦的寡剩下骨頭了，躺在炕上，掙命呢，那個上我慢慢的到跟前，你好些兒了嗎？問時，睜開眼睛拉著我的手不放，嘆著說，這也是我作的罪，病已沉了，不能夠脫離我豈不知嗎？自從得病以來，什麼醫生沒治過？什麼藥沒吃過？將好了，又犯了，就是命了，這個我一點兒也沒有委屈處，但只父母年老了，兄弟們又小，再親戚與骨肉全看顧著我罷咧！我就狠著心可離得開誰呢？話將完了，眼淚直流，唉！何等的可歎，就說是鐵石人心，聽見那個話，沒有不動心的呀！」所以要提滿族文學，可不能只講『尼山薩滿』，其實還有像『續編兼漢清文指要』這類的小品集，同樣具有不少的文學素質，值得我們觀賞探討。

再回過來說『續編兼漢清文指要解讀』有什麼特色。本書是在『清文指要解讀』的基礎上，改進編寫的。版面上我們把『清文指要解讀』後半部的羅馬拼音、口語音標都搬到前面來了，將之與偶數頁上滿漢合壁的課文，放在相對的奇數頁上，如此提供讀者一個即時對照的環境。這是應廣大讀者及文史哲出版社彭正雄發行人的要求而改變的。彭發行人說：「讀者反映要從滿文對照羅馬拼音及口語音標，要翻閱兩次，十分不便，最好能免翻頁就能對照，那就太理想了。」我們也覺得這麼說相當合理，於是就從善如流了。至於對照的方法，在考慮不破壞滿漢合璧的整體性上，才把羅馬拼音及口語音標放在次頁，也為了避免翻頁，才會把滿漢文字放在偶數頁上，這與傳統上文字都從奇數頁起始，略有不同，但是改變後效果的確很好，查閱絕對方便了許多。另外，為了區隔羅馬拼音及口語音標，我們在口語音標上打了一個星星的記號，讓讀者能夠很快區分兩者的不同。以往，『清文指要解讀』的羅馬拼音及口語音標的外框，現在都根據彭發行人的建議，取消掉了。事實上，在取消外框的同時，我們將這兩種字母也改得扁平化些，以拉大字距，形成自然的區隔，希望讀者能看得習慣。

對於編寫內容，本書的漢譯是比較費心訂正的。像第五十六課「明月」的課文，原書作「偺們前日往西山裡去，何等的快樂來著」，其實原書把「偺們」、「我們」弄錯了，應該是「我們」才對。另外，第八十二課「委屈」的課文，原書作「他們倘若羞惱變成怒，抗拒我們好嗎？」，這又是原書把「偺們」、「我們」翻譯錯了的例子，應該是「偺們」才對。因為滿語中我們、咱們是有嚴格的定義的，不能混用。「我們」是排除式的，不包含聽話的人在內，而「咱們」則是包括式的，聽話的人卻是包含在內的。由於漢語中「偺們」、「我們」定義並不嚴謹，常隨意使用，或許因此導致了翻譯的錯誤。小錯雖無可厚非，但翻譯就是翻譯，還是嚴格些較好，要能忠實的反映出原文的全貌才是正途。在第一〇〇課「喝酒」一文中，「亂了性子、傷了身子是毒藥啊！長喝使得嗎？」原書譯「毒藥」為「不好藥」，語意費解。『清文百條』譯為「毒藥」，直截了當，意思就清晰多了。本書當然也訂正譯為「毒藥」，以免讀者瞎猜。類似的校勘例子還相當多，我們都在註解中一一說明了，在這裡就不再多說。

本書的口語音標部分，也是我們花了較多心力的內容。例如增音現象，就是口語音標在標音時所必須注意的重點。增音是指詞幹在接綴附加成分時，有時要增加一些音。像以輔音結尾的詞幹後面，接了輔音或以輔音開頭的附加成分時，要根據元音和諧的規則增加元音 ə 或 u 等音。由於這條規則相當靈活，所以電腦在面對這個問題時也幫不上忙，只能根據個案一字一字的解決，雖然校對了許多次，但是也不敢保證沒有漏網之魚。另外像賓格附加成分 v，在接在以 n 結尾的詞幹後面時，要唸成 b，可是同一個字的滿文，卻又可能是「ᠪᡝ be 我們」。這種問題真是「事非經過不知難」，為此筆者跑了好幾趟，向廣師傅請教，才解決了問題。例如第八十九課「朝珠」原文為「ᠮᠠᠨᠠᡥᠠ ᠪᡳᠶᠠᡩᡝ ᠪᡝ ᠶᠠᡶᠠᠨ ᡩᡝ ᡤᡝᠨᡝᡵᡝᡩᡝ᠈ ᠣᠩᡤᠣᡶᡳ ᠪᠠᡵᡤᡳᠶᠠᡥᠠᡴᡡ᠉ manaha biyade be yafan de generede, onggofi bargiyahakū. 去月裡往園裡去的時，忘了沒收起來」，這個 be 該當成「ᠪᡝ be 我們」還是「ᠪᡝ be 把」呢？因為原文譯文裡沒有「我們」一詞，所以不大好分辨，幸好廣師傅確認是「我們」沒錯，這個口語音標的標音才能確定下來，否則狀況一來，真是不敢隨意下筆的呢！

在羅馬拼音的部分，本書將「ᡳ I 他」、「ᡳ i 的」加以區別開來了。以往同一個 i，會代表「ᡳ 他」和「ᡳ 的」兩種意思，似乎不太合理。因為對滿文來說，「ᡳ 他」是主格，而「ᡳ 的」卻是領-工具格，格不同，含意也不同，共用一個羅馬拼音，容易產生混淆，所以本書將之以大小寫加以區分。是否合適，還有待讀者的評鑑。

書編寫完了，事情卻還不能說全了。要告訴大家的是，『續編兼漢清文指要解讀』備有一個名為『台北滿族網』的支援網站，網址是 http://home.kimo.com.tw/manchusoc/，隨時提供讀者有關『清文指要』的最新消息。舉凡勘誤、研討、建議、留言等活動，都可以在網站上進行。如此，或許既可以隨時聆聽到各位方家的指證，也可以將本書的不足及失誤處減少到最低的程度。

卷上（第五十二課至第七十六課）

續編兼漢清文指要

ᡩᡝᡵᡤᡳ

ᠰᡳᡵᠠᠮᡝ ᠪᠠᠨᠵᡳᠪᡠᡥᠠ ᠨᡳᡴᠠᠨ ᡥᡝᡵᡤᡝᠨ ᡳ ᡴᠠᠮᠴᡳᠪᡠᡥᠠ ᠮᠠᠨᠵᡠ ᡤᡳᠰᡠᠨ ᠣᠶᠣᠩᡤᠣ ᠵᠣᡵᡳᠨ ᠪᡳᡨᡥᡝ

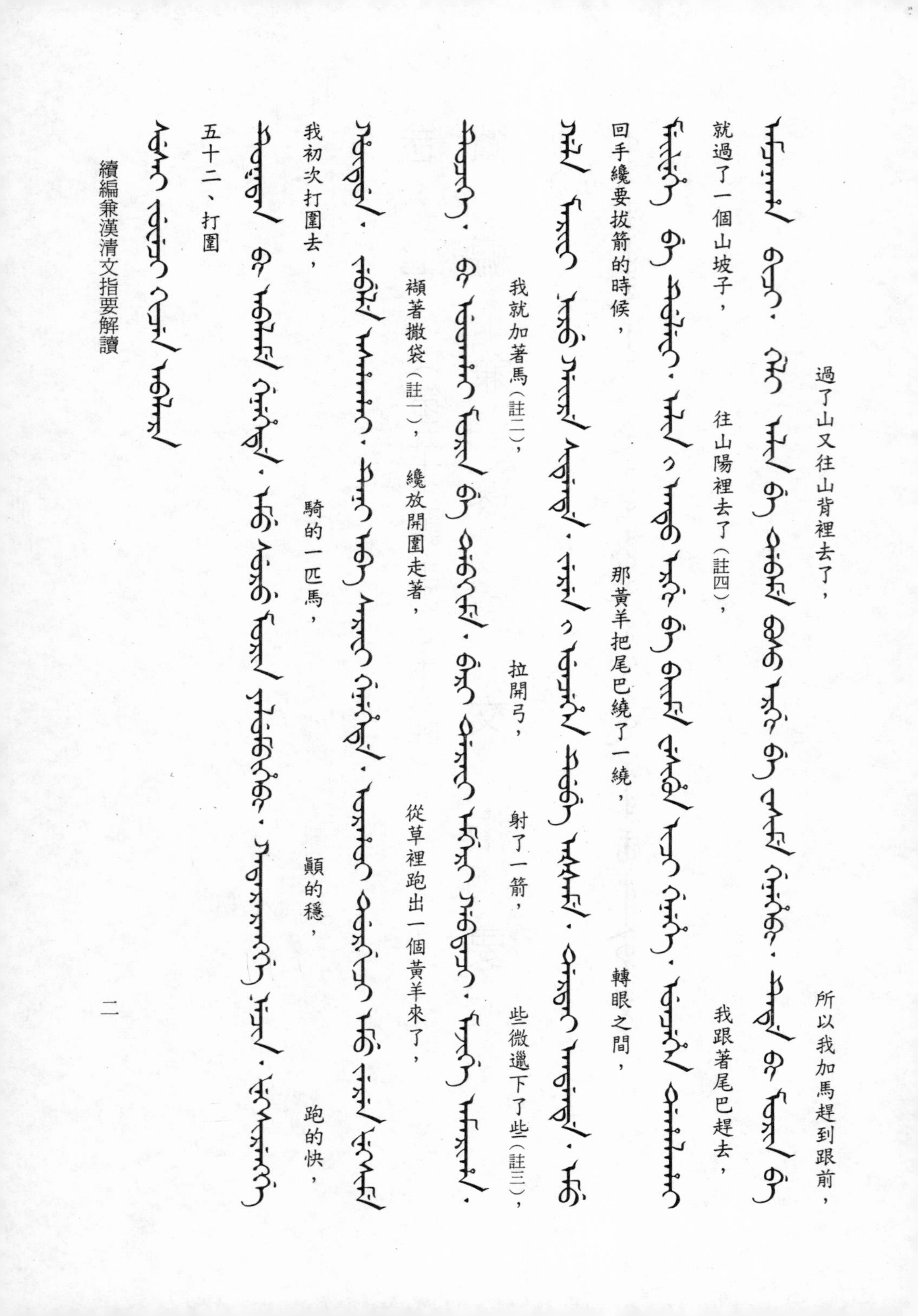

五十二、打圍

我初次打圍去，騎的一匹馬，顛的穩，跑的快，

襯著撒袋（註一），纔放開圍走著，從草裡跑出一個黃羊來了，

我就加著馬（註二），拉開弓，射了一箭，些微遲下了些（註三），

回手纔要拔箭的時候，那黃羊把尾巴繞了一繞，轉眼之間，

就過了一個山坡子，往山陽裡去了（註四），我跟著尾巴趕去，

過了山又往山背裡去了，所以我加馬趕到跟前，

*amtʂənəX bitʂi, gəl ɛlin b. davəm bos ərxi v vaɕim gənəxəi, tədə bi mœrin b

amcanaha bici, geli alin be dabame boso ergi be wasime genehebi, tede bi morin be

*mivix əv dulufi, ɛlin i antu ərxi v biam vəɕixun itʂi gənəx, untʂixən daXələXəi

meifehe be dulefi, alin i antu ergi be baime wesihun ici genehe, uncehen dahalahai

*Gal marifi nyr giar ɕidənd, ʥirən i untʂixən duv ɛtʂim, diarti andand, əm

gala marifi niru gaire sidende, jeren i uncehen dube ašsame, dartai andande, emu

*titʂikə, bi utXai mœrin b davkim, bəri darəfi əmgəri Gavtətʂi, maʥig aməX,

tucike, bi uthai morin be dabkime, beri darafi emgeri gabtaci, majige amariha,

*Xodun, ʥəbələ aXsəXəi, təni avə sarəfi gənəxəd, orXui dœrxitʂi əm ʥirən fəxɕim

hūdun, jebele ashahai, teni aba sarafi genehede, orhoi dorgici emu jeren feksime

*tuXtan bi avələm gənəxəd, əm sur mœrin jaləmbixəi, qɛtirəɾəŋ nətʂin, fəxɕirəŋ

tuktan bi abalame genehede, emu suru morin yalumbihebi, katararangge necin, feksirengge

*五十二、avələr 打圍

五十二、abalara 打圍

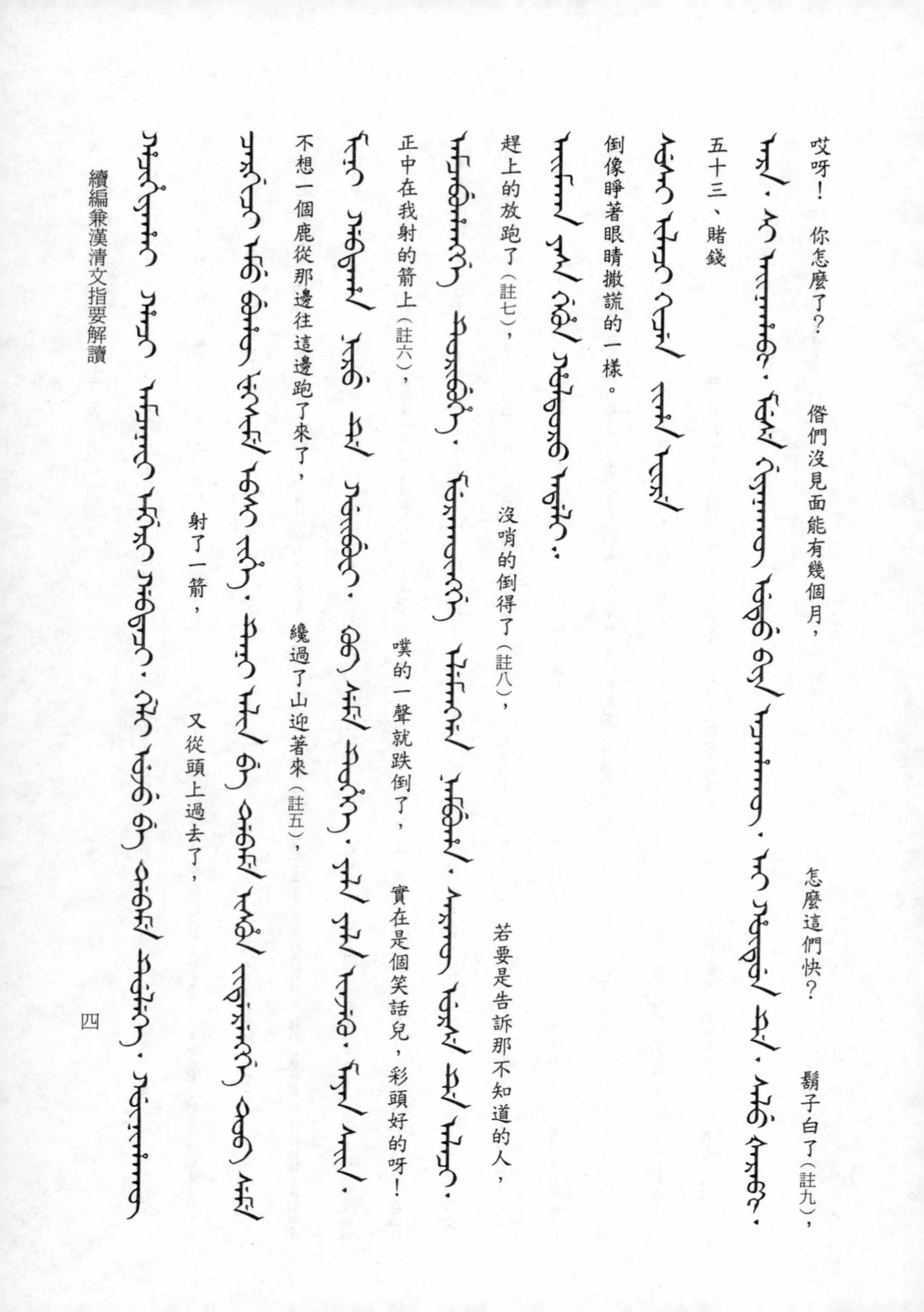

射了一箭，又從頭上過去了，

不想一個鹿從那邊往這邊跑了來了，纔過了山迎著來（註五），

正中在我射的箭上（註六），噗的一聲就跌倒了，實在是個笑話兒，彩頭好的呀！

趕上的放跑了（註七），沒哨的倒得了（註八），若要是告訴那不知道的人，

倒像睜著眼睛撒謊的一樣。

五十三、賭錢

哎呀！你怎麼了？咱們沒見面能有幾個月，怎麼這們快？鬍子白了（註九），

* ar, ɕi ɛnəXəi, məS giɑnəqu udu biɑ ɑʦəXəqu, ɑi Xodun d, Sal ʂirəpi,

ara, Si ainahabi, muse giyanakū udu biya acahakū, ai hūdun de, salu šarapi,

* 五十三、ʥiXa ivir 賭錢

五十三、jiha efire 賭錢

* aimaq jaS guxun Xoltur adali.

aimaka yasa gehun holtoro adali.

* amʦəvəXəŋ tyryvux, muraquŋ əliməŋ naməvəx, Sarqu urS əd aləʦi,

amcabuhangge turibuhe, murakūngge elemangga nambuha, sarkū urse de alaci,

* mini Gavtəx nyr ud gœvufi, kuv Sim tuxuk, jal jal inʦik, majin ɕan,

mini gabtaha niru de goibufi, kub seme tuheke, yala yala injeku, mayan sain,

* ʦərxiʦi əm boXu fəxɕim əvɕi ʥix, təni ɛlin b davəm iSxun ʥidərŋ tov Sim

cargici emu buhū feksime ebsi jihe, teni alin be dabame ishun jiderengge tob seme

* XaʦixiXəi Xanʦi amʦənəm əmgəri Gavtəʦi, gəl uʥu v davəm dulxə, GoniXaqu

hacihiyahai hanci amcanafi emgeri gabtaci, geli uju be dabame duleke, gūnihakū

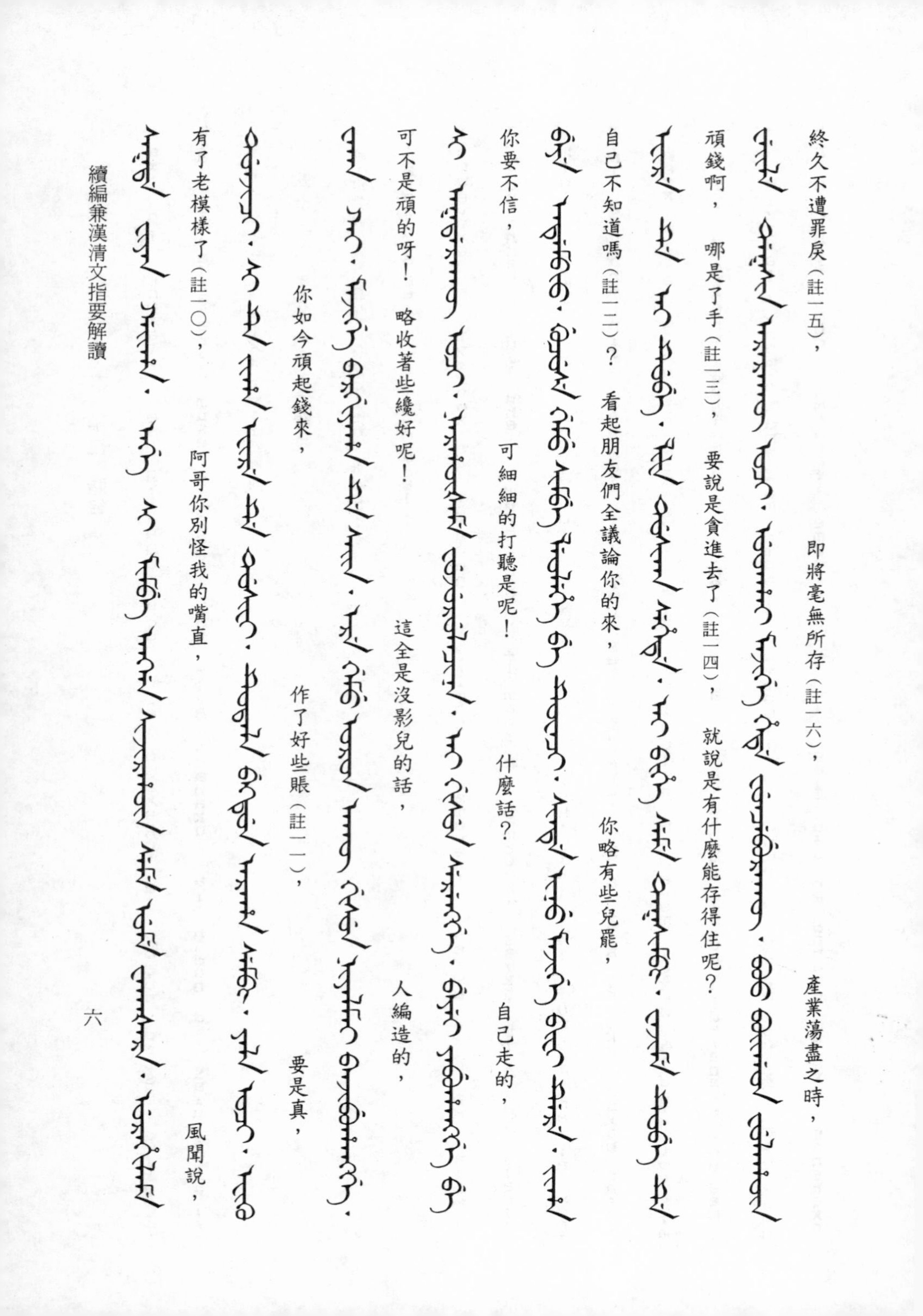

有了老模樣了（註一〇），　阿哥你別怪我的嘴直，　風聞說，

你如今頑起錢來，　作了好些賬（註一一），　要是真，

可不是頑的呀！　略收著些纔好呢！　這全是沒影兒的話，　人編造的，

你要不信，　可細細的打聽是呢！　什麼話？　自己走的，

自己不知道嗎（註一二）？　看起朋友們全議論你的來，　你略有些兒罷，

頑錢啊，　哪是了手（註一三），　要說是貪進去了（註一四），　就說是有什麼能存得住呢？

終久不遭罪戾（註一五），　即將毫無所存（註一六），　產業蕩盡之時，

* vəilə daXɕin arərqu otɕi, utXai madʑig xədə fəntɕəvərqu, bo boiXun fəlaXun
weile daksin ararakū oci, uthai majige hede funceburakū, boo boigon fulahūn
* ivir əd ai duv, liva dœɕyq Sixəd, ai bixə Sim taxɕim, vadʑim duv əd
efire de ai dube, lifa dosika sehede, ai bihe seme taksimbi, wajime dube de
* bəi əndəm na, gutɕus gum ɕinb ləuləx əv tatɕi, ɕind in madʑig bifi dər, dʑiXa
beye endembio, gucuse gemu simbe leolehe be tuwaci, sinde inu majige bifi dere, jiha
* ɕi aXdər otɕi, narXuʂim fudʑurlutɕina, ai gisun Sirəŋ, bəij javəXəŋ əv
si akdarakū oci, narhūšame fujurulacina, ai gisun serengge, beyei yabuhangge be
* vaq qai, madʑig barxix əd ɕan, ər gum orun aqu gisun nanəj bandʑivəXəŋ,
waka kai, majige bargiyaha de sain, ere gemu oron akū gisun niyalmai banjibuhangge,
* dœndʑitɕi, ɕi tə dʑiXa ivir əd dœɕyfi, tutala bəxdun arəX Sim, jal otɕi, ivilku
donjici, si te jiha efire de dosifi, tutala bekdun araha sembi, yala oci, efiku
* səxd fian giaX, agə ɕi minb aŋ ɕidʑirXun Sim əm vaqəʂir, uraxiləm
sakda fiyan gaiha, age si mimbe angga sijirhūn seme ume wakašara, urahilame

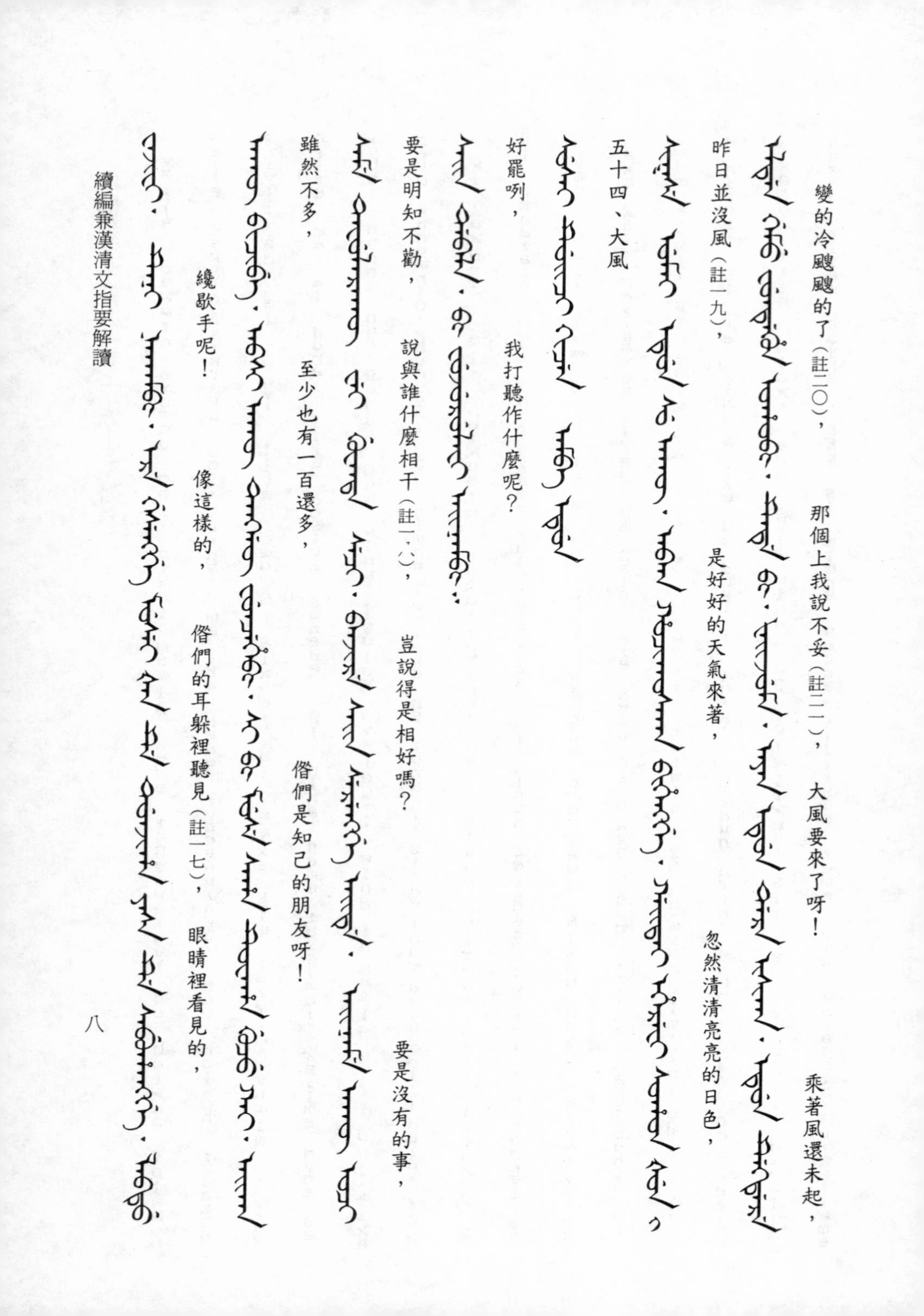

纔歇手呢！像這樣的，偺們的耳躲裡聽見（註一七），眼睛裡看見的，

雖然不多，至少也有一百還多，偺們是知己的朋友呀！要是沒有的事，

要是明知不勸，說與誰什麼相干（註一八），豈說得是相好嗎？

好罷咧，我打聽作什麼呢？

五十四、大風

昨日並沒風（註一九），是好好的天氣來著，忽然清清亮亮的日色，

變的冷颼颼的了（註二〇），那個上我說不妥（註二一），大風要來了呀！乘著風還未起，

*əlɗən gum funɗəxun oχui, təɗə bi, faiʤum, aǰan uɗun ɗarən iɕiq, uɗun ɗəxɗər
elden gemu fundehun ohobi, tede bi, faijuma, ayan edun dara isika, edun dekdere
*ʈʂəksə umai uɗun su aqu, avqa χoʈʂiqusaq bixəŋ, Gaiti əxərəfi soχun sun i
sikse umai edun su akū, abka hocikosaka bihengge, gaitai eherefi sohon šun i

*五十四、am uɗun 大風

五十四、amba edun 大風

*ɕan ɗavliə, bi fuʤurlufi ɛnəm.
sain dabala, bi fujurulafi ainambi.
*sam tavələrqu vəi guantə siʈʂi, banʤir ɕan sirəŋ aiɗ, ɛnəm aqu oʈʂi
same tafularakū wei guwanta seci, banjire sain serengge aide, ainame akū oci
*aqu biʈʂivə, avɕi aqu taŋ fənʈʂəxəi, ɕi bi məs saχ taχ guʈʂu qai, aiqa
akū bicibe, absi akū tanggū funcehebi, si bi muse saha tuwaha gucu kai, aika
*vaʤifi, təni naqəm, ər gəsəŋ məsəǰ san ɗ ɗœnʤiχ ǰas əɗ savəχəŋ, lavɗu
wajifi, teni nakambi, ere gesengge musei šan de donjiha yasa de sabuhangge, labdu

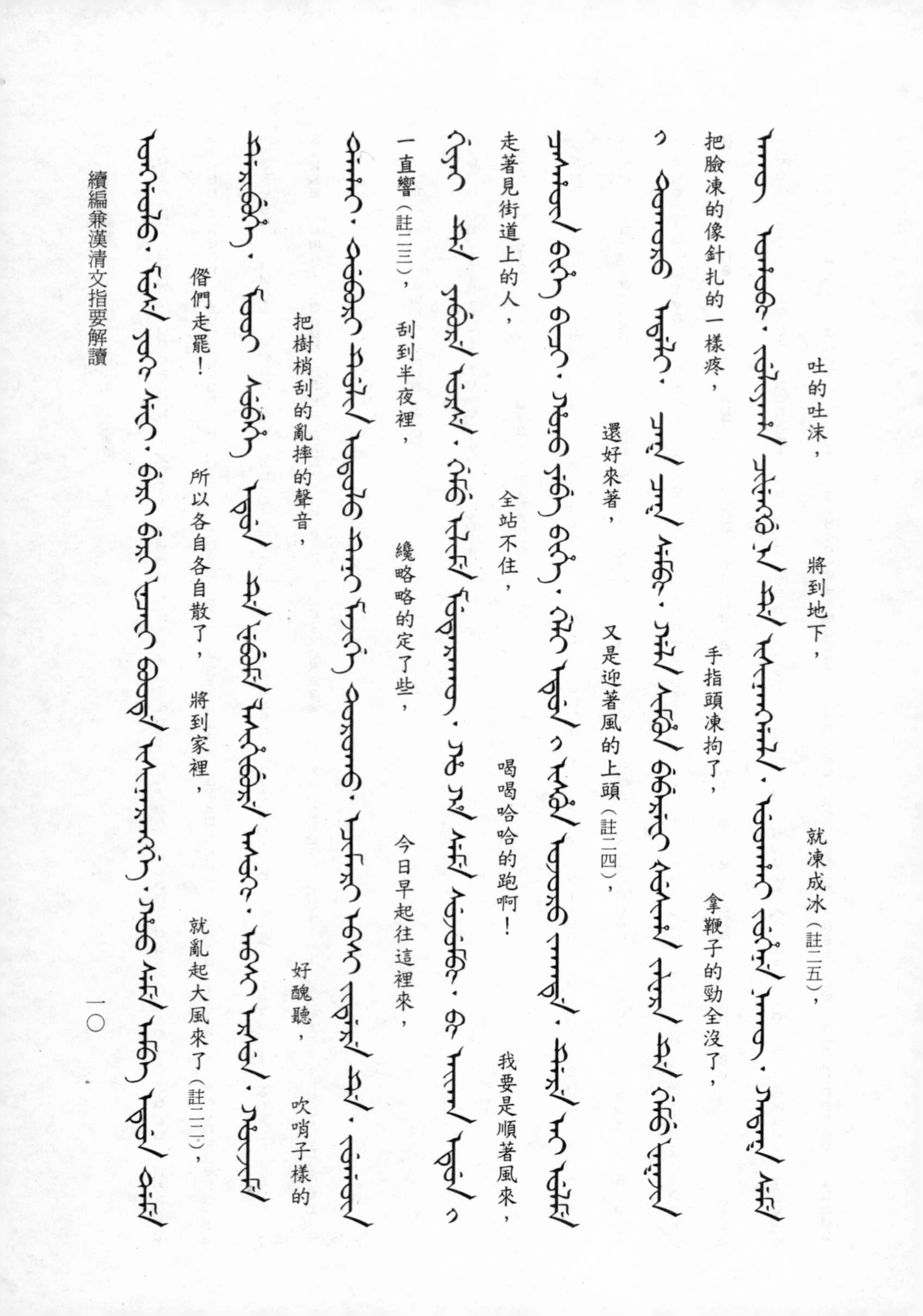

偺們走罷！所以各自各自散了，將到家裡，就亂起大風來了（註二二），

把樹梢刮的亂摔的聲音，好醜聽，吹哨子樣的

一直嚮（註二三），刮到半夜裡，纔略略的定了些，今日早起往這裡來，

走著見街道上的人，全站不住，喝喝哈哈的跑啊！我要是順著風來，

還好來著，又是迎著風的上頭（註二四），

把臉凍的像針扎的一樣疼，手指頭凍拘了，拿鞭子的勁全沒了，

吐的吐沫，將到地下，就凍成冰（註二五），

* aqu oXui, ʥuliX ʈʂivəŋ na ɗ iɕinəŋəl, utXai ʥuxunu naqu, qatəq sim
akū ohobi, ɉuliyaha cifenggu na de isinanggala, uthai ɉuhene nakū, katak seme
* i toqur adali, ʈʂaq ʈʂaq sim, Gal ɕimxun buburufi susXa ʥavər əɗ gum faXʥin
i tokoro adali, cak cak sembi, gala simhun beberefi šusiha ɉafara de gemu fakɉin
* ʈʂasXun bixə biʈʂi, Xonu iv bixə, gəl udun i isxun oʥuru ʥaqaɗ, dər ai uno
cashūn bihe bici, hono yebe bihe, geli edun i ishun oɉoro ɉakade, dere ai ulme
* gia ɗ ɉavər urs, gum im muturqu, Xo Xa sim suʥum, bi aiqa udun i
giyai de yabure urse, gemu ilime muterakū, ho ha seme suɉumbi, bi aika edun i
* daXəi, dœvir dœlin otolo təni maʥig toruqu, əʈʂimar əvɕi ʥidər əd, ʥoXun
dahai, dobori dulin otolo teni maɉige tokoko, ecimari ebsi ɉidere de, ɉugūn
* dərivux, moi suvux udun ɗ fəvəm ləɕixivər aski, avɕi ursun, Xuʥim
deribuhe, moo i subehe edun de febume lasihibure asuki, absi ersun, hūɉime
* oŋul, məs ɉoki sifi, bəri bəri faʈʂəfi bod iɕinərəŋ, Xau sim am udun dam
onggolo, muse yoki sefi, beri beri facafi boode isinarangge, hoo seme amba edun dame

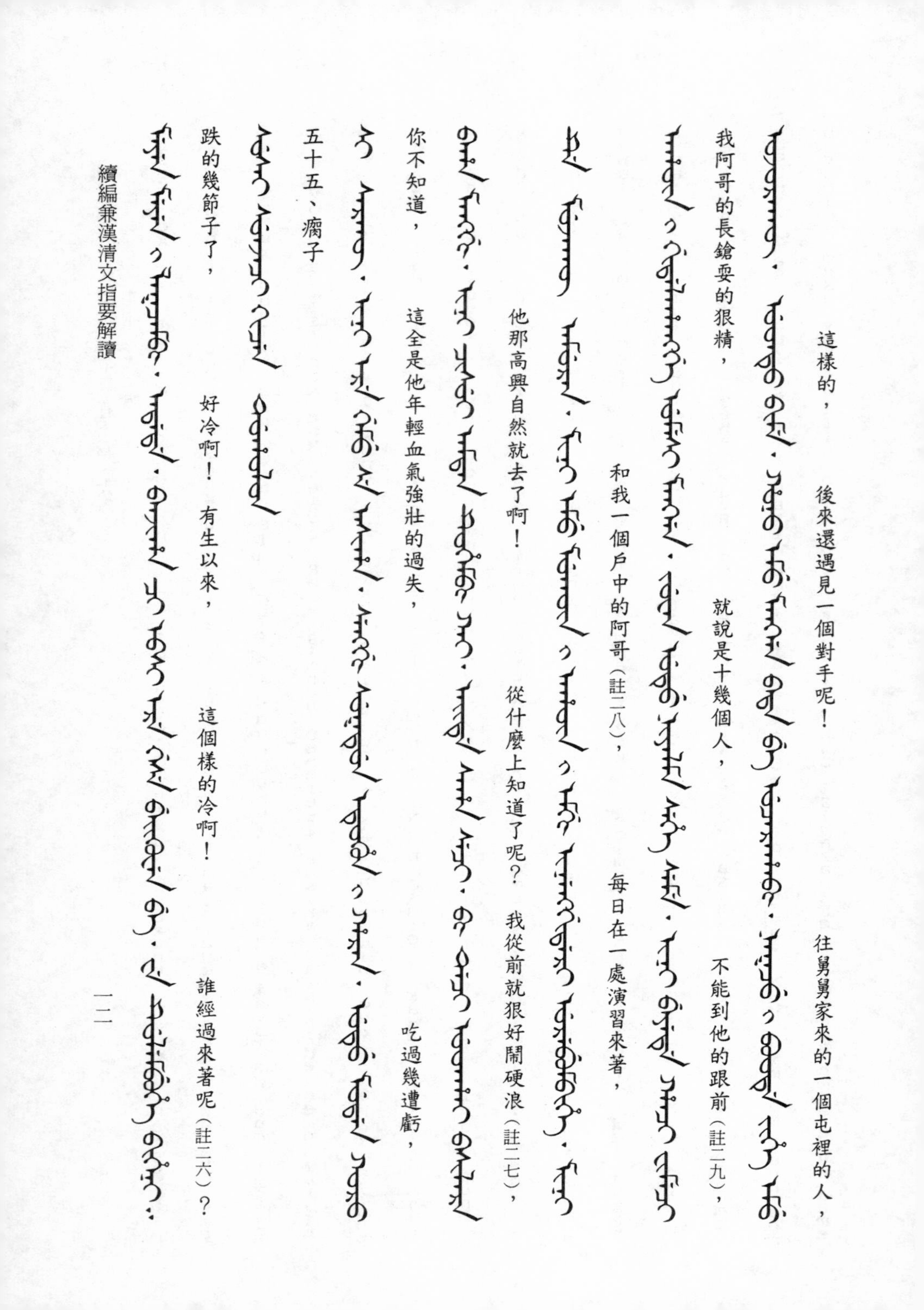

這樣的，後來還遇見一個對手呢！往舅舅家來的一個屯裡的人，

我阿哥的長鎗耍的狠精，就說是十幾個人，不能到他的跟前（註二九），

和我一個戶中的阿哥（註二八），每日在一處演習來著，

他那高興自然就去了啊！從什麼上知道了呢？我從前就狠好鬧硬浪（註二七），

你不知道，這全是他年輕血氣強壯的過失，吃過幾遭虧，

五十五、瘸子

跌的幾節子了，好冷啊！有生以來，這個樣的冷啊！誰經過來著呢（註二六）？

* oʤurqu, utu bim, Xonu əm maŋ bata v utʂarəXəi, naXtʂə i bod ʥix əm

oʒoraku̅, uttu bime, hono emu mangga bata be ucarahabi, nakcu i boode ʒihe emu

* aXun i gidaləxəŋ uməɕi maŋ, ʤuan udu nan six sim, ini bəid Xantɕi fimətɕi

ahu̅n i gidalahangge umesi mangga, ʒuwan udu niyalma sehe seme, ini beyede hanci fimeci

* əd muʤaqu amərən, mini əm moqun i aXun i əmgi inəŋdari uruvumbix, mini

de muʒaku̅ amuran, mini emu muku̅n i ahu̅n i emgi inenggidari urebumbihe, mini

* baX maŋi, ini tɕisui amtən tuxum qai, aid saX sitɕi, bi datɕi utXai basilər

baha manggi, ini cisui amtan tuhembi kai, aide saha seci, bi daci uthai basilara

* ɕi sarqu, ini ər gum sə asX, ɕiŋ suxdun ətxun i Xarən, udu mədan qor

si sarku̅, ini ere gemu se asiha, senggi sukdun etuhun i haran, udu mudan koro

* 五十五、doXulun 瘸子

五十五、doholon 瘸子

* məʒin məʒin i laXtʂəm, adad, banʥiX ətɕi əvɕi ər gəs bəʒikun b, və duləmbux bixəni.

meyen meyen i lakcambi, adada, banjiha ci ebsi ere gese beikuwen be, we dulembuhe biheni.

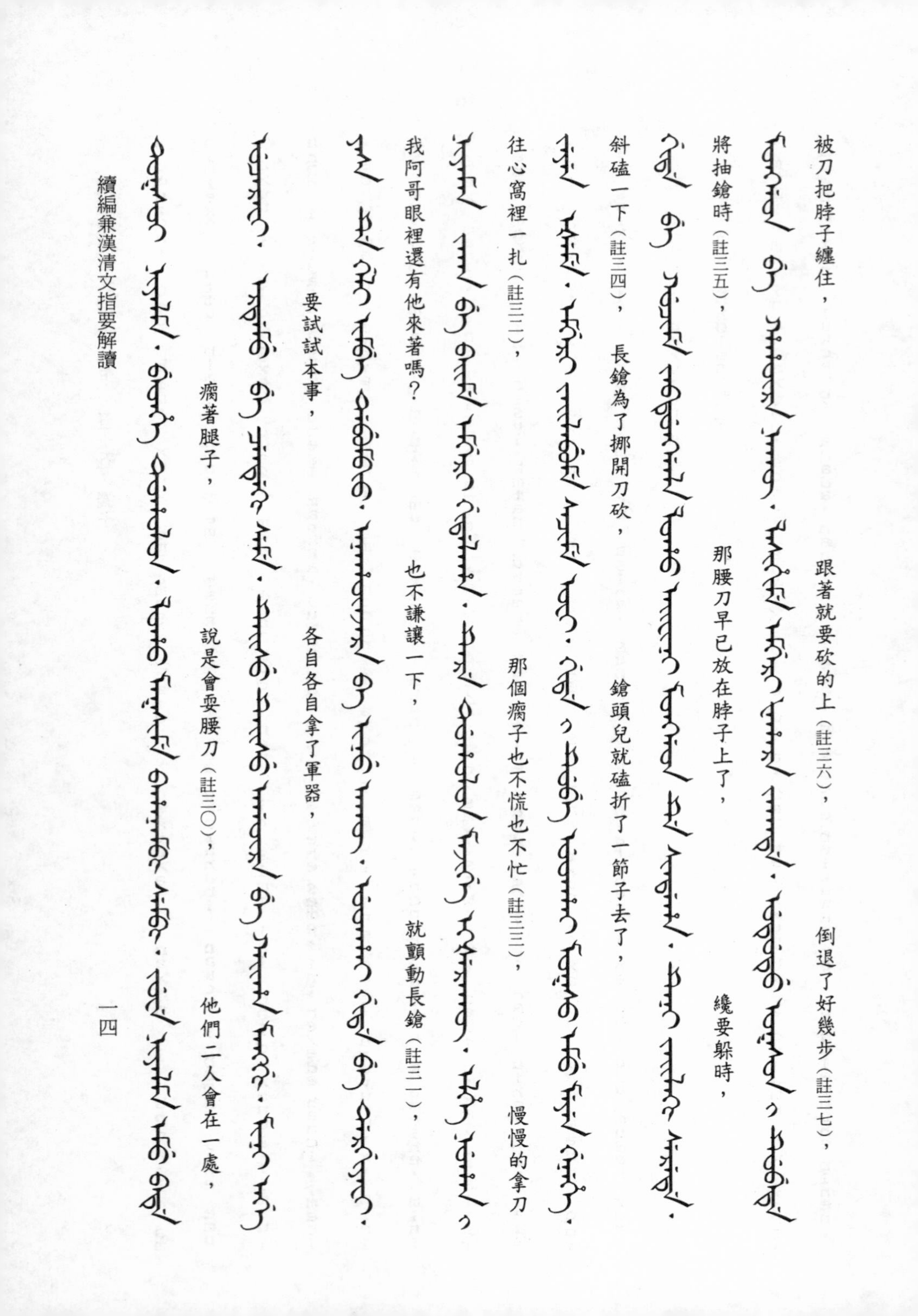

瘸著腿子，說是會耍腰刀（註三〇），他們二人會在一處，

要試試本事，各自各自拿了軍器，

我阿哥眼裡還有他來著嗎？也不謙讓一下，就顫動長鎗（註三一），

往心窩裡一扎（註三二），那個瘸子也不慌也不忙（註三三），慢慢的拿刀

斜磕一下（註三四），長鎗為了挪開刀砍，鎗頭兒就磕折了一節子去了，

將抽鎗時（註三五），那腰刀早已放在脖子上了，纔要躲時，

被刀把脖子纏住，跟著就要砍的上（註三六），倒退了好幾步（註三七），

*moŋun b χaχuru naqu, ləɕixim əmgəri faχər ʤaqad, ududu oχsun i duvd

monggon be hahūra nakū, lasihime emgeri fahara jakade, ududu okson i dubede

*gida v Goʈʂim ʤavdəŋəl loχu aifini moŋun d ɕindaχ, təni ʤəliki Sirəd,

gida be gocime jabdunggala loho aifini monggon de sindaha, teni jailaki serede,

*ʤəjin əsəm, əmgəri ʤəlivəm Saʈʂəm ofi, gida i duv utχai moχsu əm məjin gənəx,

jeyen ešeme, emgeri jailabume sacime ofi, gida i dube uthai mokso emu meyen genehe,

*niamən ʤaq əv biam əmgəri gidaləχ, tər doχulun maʤig əχsərqu, əlx nuχən i

niyaman jaka be baime emgeri gidalaha, tere doholon majige ekšerakū, elhe nuhan i

*jas əd gəl inb davəm na, anχunʤir ba in aqu, utχai gida v diərxifi,

yasa de geli imbe dabumbio, anahūnjara ba inu akū, uthai gida be dargiyafi,

*uʈʂarəfi, ərdəm əv ʈʂəndəki Sim, təisu təisu aχur əv giaχ maŋi, mini agə

ucarafi, erdemu be cendeki seme, teisu teisu agūra be gaiha manggi, mini age

*toχsui nan, bətk doχulun, loχu maχɕim baχənəm Sim, ʤu nan əm bad

tokso i niyalma, bethe doholon, loho maksime bahanambi sembi, juwe niyalma emu bade

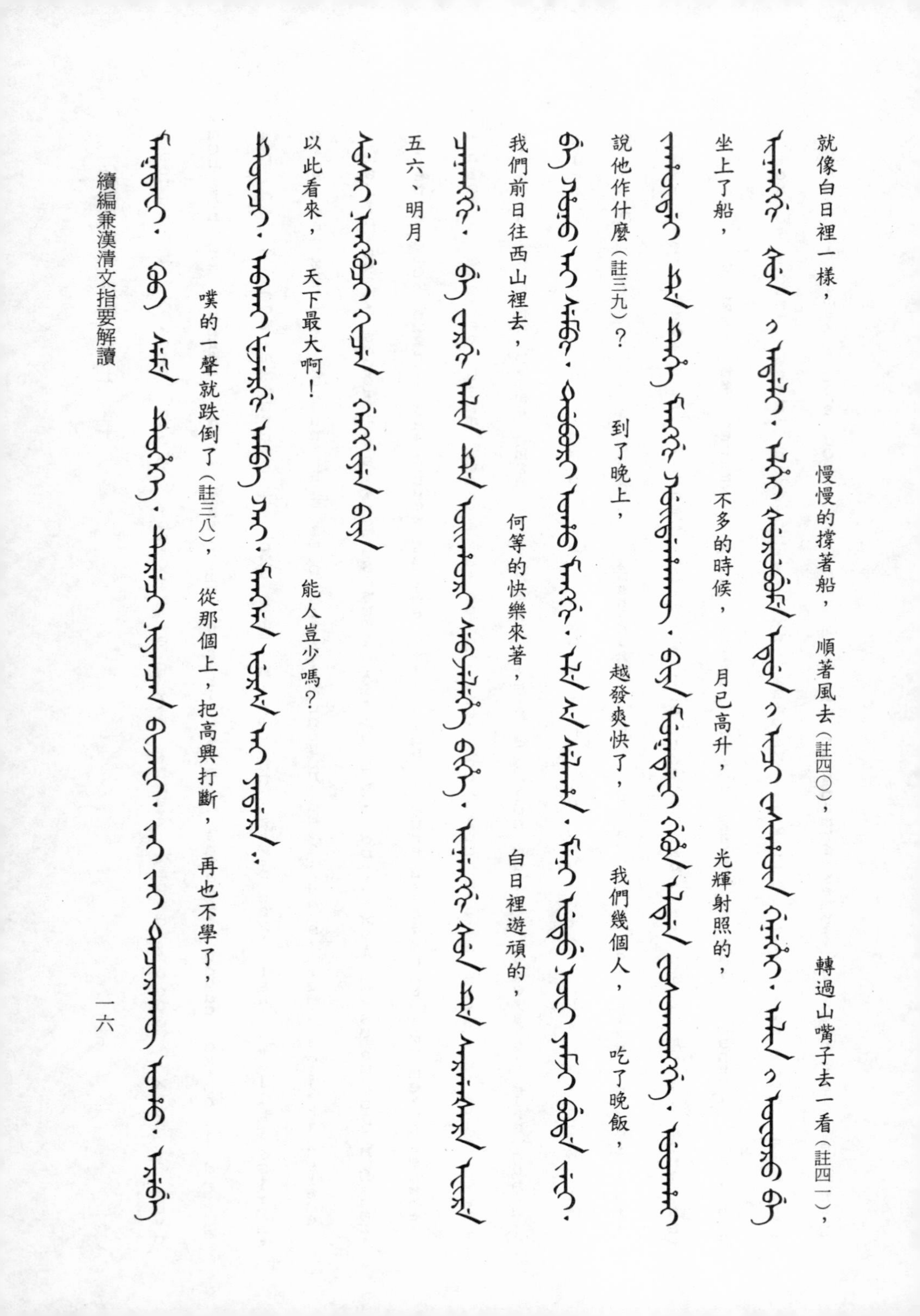

噗的一聲就跌倒了（註三八），從那個上，把高興打斷，再也不學了，

以此看來，天下最大啊！能人豈少嗎？

五六、明月

我們前日往西山裡去，何等的快樂來著，白日裡遊頑的，

說他作什麼（註三九）？到了晚上，越發爽快了，我們幾個人，吃了晚飯，

坐上了船，不多的時候，月已高升，光輝射照的，

就像白日裡一樣，慢慢的撐著船，順著風去（註四〇），轉過山嘴子去一看（註四一），

* inəŋ sun i adali, əlxəi suruvum udun i itɕi vaɕixun gənəxəi, ɛlin i ovur əv
inenggi šun i adali, elhei surubume edun i ici wasihūn genehei, alin i oforo be
* dʐaxudai d təx maŋi Guidaxəqu, bia muxdəfi guxun əldən fosoquŋ, utxai
ǰahūdai de tehe manggi goidahakū, biya mukdefi gehun elden fosokongge, uthai
* əv xonu ai sim, dœvir oxu maŋi, ələ sə səlax, məni udu nofi jamdʑi bəda dʐifi,
be hono ai sembi, dobori oho manggi, ele se selaha, meni udu nofi yamji buda ǰefi,
* tɕanəŋdʑi, bo vɛrxi ɛlin d oixor səvdʐiləx bixə, inəŋ sun d sarxasir ivir
cananggi, be wargi alin de oihori sebjelehe bihe, inenggi šun de sargašara efire

* 五十六、gəŋin bia 明月

五十六、genggiyen biya 明月

* tatɕi, avqai fədʑirxi am qai, maŋ urs ai jadər.
tuwaci, abkai fejergi amba kai, mangga urse ai yadara.
* maxtəfi, kuv sim tuxuk, tərətɕi niantɕən bidʐafi, dʐai dʐai tatɕirqu oxu, ərəv
maktafi, kub seme tuheke, tereci niyancan bijafi, jai jai tacirakū oho, erebe

竟是天水一色，大水無邊（註四二），

真可謂山青水秀，又撐著船將到了蘆葦深處（註四三），

忽然從順風裡聽見喈喈的鐘聲（註四四），到了那個時候，

竟把那萬宗的思慮，付與流水，無有不乾乾淨淨了（註四五），

雖說是超凡出世的神仙，也不是那樣的樂罷咧！

因是那樣，彼此暢飲，不知怎樣的天就亮了，

人生在世，能遇見幾遭那樣的美景明月呢（註四六）？

* oXui, nan Sim ʤalən ɗ banʥifi, ənkə gəŋin bia ɕan arvun gianəqu uɗu,

ohobi, niyalma seme ʝalan de banʝifi, enteke genggiyen biya sain arbun giyanakū udu,

* tutu ofi iSxunɗ amtəŋəi œmiʨəXəi xərʨun aqu aɗarəm gərəkə v gum sarqu

tuttu ofi ishunde amtanggai omicahai hercun akū adarame gereke be gemu sarkū

* uɗu ʤalən ʨi ʨolXurum tiʨikə ənɗuri Six Sim, maŋai tutu səvʤilər ɗavliə,

udu ʝalan ci colgorome tucike enduri sehe seme, manggai tuttu sebʝelere dabala,

* Gonin Səulən əɗə iɕinʥifi, utXai muku ɗ ovuX aɗali, gəntərəvəxəquŋ aqu,

gūnin seolen ede isinʝifi, uthai muke de oboho adali, geterembuhekūngge akū,

* Xolqonɗ ʤuŋ i ʥilXan ʝaŋ Sim uɗun i iʨi San ɗ baXəvər ʤaqaɗ, tumən Xaʨin i

holkonde ʝungken i ʝilgan yang seme edun i ici šan de bahabure ʝakade, tumen hacin i

* gəŋin muku bolXun Siʨi om, Səlbixəi olXu noXu i ɕymin baɗ iɕinəX biʨi,

genggiyen muke bolgo seci ombi, selbihei ulhū noho i šumin bade isinaha bici,

* mœrim ɗulufi taʨi, avqa biraʝ boʨo fuXali ilXavərqu Xuai Sim, ʝal ɛlin

murime dulefi tuwaci, abka birai boco fuhali ilgaburakū hūwai sembi, yala alin

忽然叫人受不得煩躁的狠，出了通身的汗的上，

而且前日飯時，是涼涼快快的來著，

竟沒有定準，所以人不能照常的將養身子，

這幾日刨溝的氣味，狠不好，又搭著忽冷忽熱的上，

你怎麼了？氣色煞白的，消瘦的這樣了，阿哥你有所不知，

五十七、氣色

徒然過去，不可惜嗎？

* XalXun ofi, nan Xamiɕi oʤurqu fatXsam, bəiʝ guvɕi Xomvur Sim li

halhūn Ofi, niyalma hamiCi OʝOrakū fathašambi, beyei gubCi hūmbur seme nei

* bəiv uʤir an kəmun baXərqu, ɕanəŋʤi bədaʝ ərind SaXurusaq bixəŋ, Gaiti

beyebe uʝire an kemun baharakū, Canaŋggi budai erinde šahūrušaka bihengge, gaitai

* SaXurun, XolqonɗXalXun, fuXali toXtuXun aqu, tutu ofi, nan gum

šahūrun, hOlkOnde halhūn, fuhali tOktOhOn akū, tuttu Ofi, niyalma gemu

* ər uɗu inəŋ ulan fətər əɗ va Su uməɕi əx, tər ɗaɗ, gəl Gaiti

ere udu inenggi ulan fetere de wa su umeši ehe, tere dade, geli gaitai

* ɕi ɛnəXəi, ɕira bibiaXun qov Sim vaɕifi, ər durun oXui, agə ɕi Sarqu,

Si ainahabi, Cira biyabiyahūn kOb seme wasifi, ere durun Ohobi, age Si sarkū,

* 五十七、ɕira 氣色

五十七、Cira 氣色

* untxuri ɗuləmbum, Xairəqən aqu Sim na.

untuhuri dulembumbi, hairakan akū semeO.

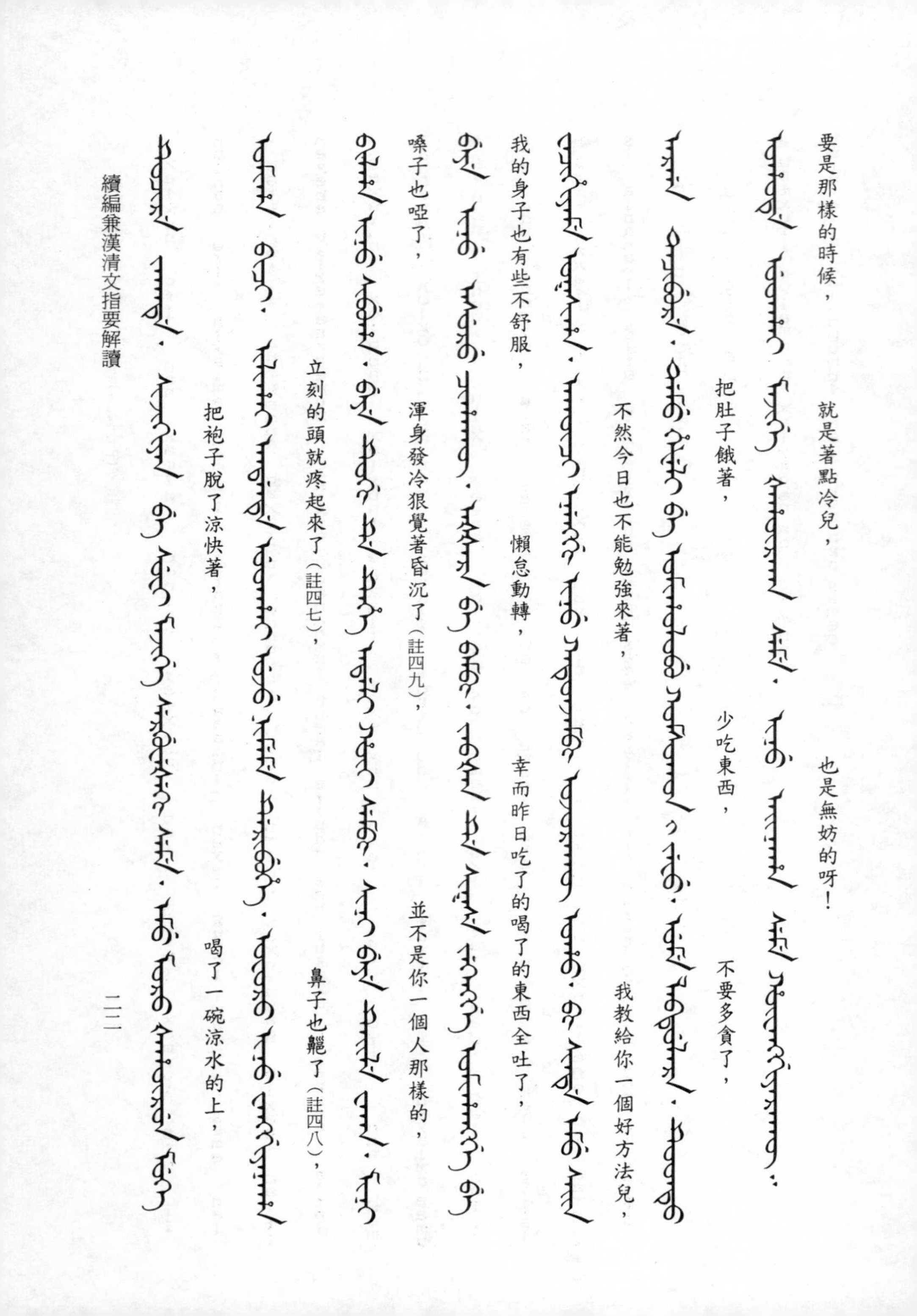

把袍子脫了涼快著，喝了一碗涼水的上，

立刻的頭就疼起來了（註四七），鼻子也齉了（註四八），

嗓子也啞了，渾身發冷狠覺著昏沉了（註四九），並不是你一個人那樣的，

我的身子也有些不舒服，懶怠動轉，幸而昨日吃了的喝了的東西全吐了，

不然今日也不能勉強來著，我教給你一個好方法兒，

把肚子餓著，少吃東西，不要多貪了，

要是那樣的時候，就是著點冷兒，也是無妨的呀！

* oXod utXai maʤig saXərəq sim, in ɛnəX sim Xuaŋgiarqu.

Ohode uthai majige šahūraka seme, inu ainaha seme hūwanggiyarakū.

* arX taʨivər, dam kəvəl əv œmXuluvu qomsqun i ʤif, əm lavdulər, tutu

arga taciburə, damu hefeli be Omiholobu komsokon i jefu, ume labdulara, tuttu

* vaʨixim oXɕiX, aquʨi ənəŋ in qatənʤim oʤurqu oXu, bi ɕind əm ɕan

wacihiyame Oksiha, akūci enenggi inu katunjambi Ojorakū Oho, bi sinde emu sain

* bəi in asur ʨiXaqu, ɛʨir əv bam, ʤavsən d ʨəksə ʤikəŋ œmiXəŋ əv

beye inu asuru cihakū, ašara be bambi, jabšan de sikse jekengge Omihangge be

* bilXa in ɕivəX, bəi tuxsu d təx adali Xui sim, ɕini bəi təilə vaq, mini

bilha inu sibuha, beye tugi de tehe adali hūi sembi, sini beye teile waka, mini

* œmiX biʨi, ilaXəi andand utXai uʤu nimam dərivux, ovur in vaŋgianəX

Omiha bici, ilihai andande uthai uju nimeme deribuhe, Oforo inu wanggiyanaha

* tiʨir ʤaqad, ɕiʤigian b sofi maʤig sərxusiki sim, əm mor saXurun muku

tucire jakade, sijigiyan be sufi majige serguwešeki seme, emu moro šahūrun muke

起初鬧的還好，久而久之，

因為那兩邊的廂房朽爛的上全拆了（註五一），從新翻蓋的上，忽然間就鬧起鬼什麼來了，

狠舒服乾淨來著，到了我侄子的手裡，

起初是我一個族兄買的，從門房七間，到照房五層，

我的表兄說是要買，那個房子住不得，狠兇。

你們對門的那一所房子怎麼樣（註五〇），你問那個做什麼?

五八、鬧鬼

* davqəm dərivux, sutʂuŋa daitɕiχəŋ, χonu iv, bixə bixəi, inəŋ sun d

dabkame deribuhe, sucungga daišahangge, hOnO yebe, bihe bihei, inenggi šun de

* ərxi xətu bo v saŋsərəq sim əvələfi, dasim vəiləx turgund, χolqond xutu ai

ergi hetu bOO be sangsaraka seme efulefi, dasame weilehe turgunde, hOlkOnde hutu ai

* sundʑa dʐirxi, uməɕi itʂaŋ ɕan bolχun bixə, mini dʑalxi dʐi d iɕinəχ maŋi, dʑu

sunja jergi, umesi icangga sain bOlgO bihe, mini jalahi jui de isinaha manggi, juwe

* d mini əm moqun i aχun udaχəŋ, girin i bo nadən gialən, fər əd iɕitəl

de mini emu mukūn i ahūn udahangge, girin i bOO nadan giyalan, fere de isitala

* əm tara aχun udaki sim, tər bo tətɕi odʑurqu, uməɕi doχɕin, da dʑoχsun

emu tara ahūn udaki sembi, tere bOO teci ojOrakū, umesi dOksin, da jOksOn

* soni baχtɕin d biɕir tər əm falχ bo antaq, ɕi tərəv fœndʐifi ɛnəm, mini

suweni bakcin de bisire tere emu falga bOO antaka, si terebe fOnjifi ainambi, mini

* 五十八、davqər 鬧鬼

五十八、dabkara 鬧鬼

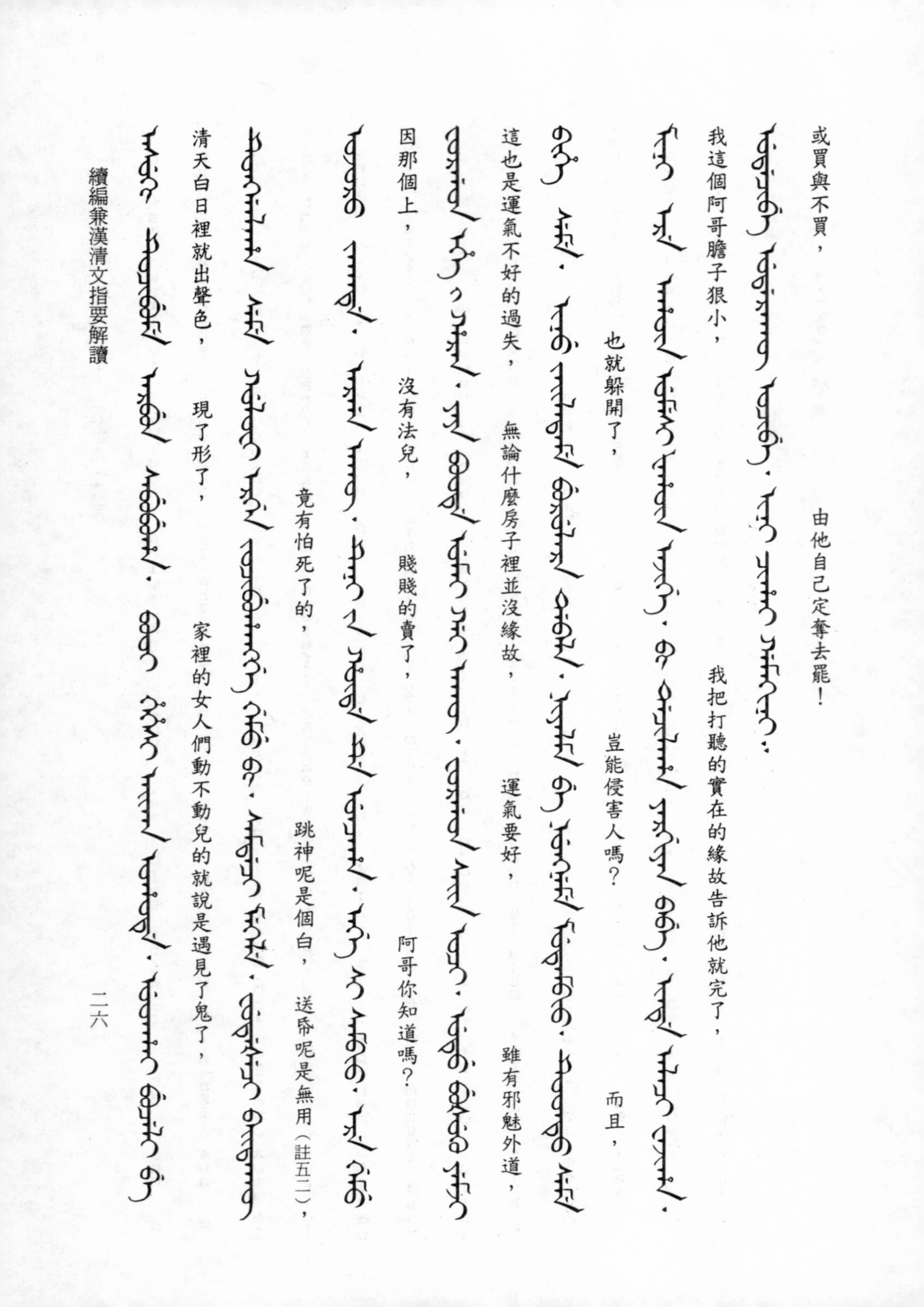

或買與不買，由他自己定奪去罷！

我這個阿哥膽子狠小，我把打聽的實在的緣故告訴他就完了，

也就躲開了，豈能侵害人嗎？而且，

這也是運氣不好的過失，無論什麼房子裡並沒緣故，運氣要好，雖有邪魅外道，

因那個上，沒有法兒，賤賤的責了，阿哥你知道嗎？

竟有怕死了的，跳神呢是個白，送祟呢是無用（註五二），

清天白日裡就出聲色，現了形了，家裡的女人們動不動兒的就說是遇見了鬼了，

* udaʨivə udarqu oʨivə, ini ʨiXai ɢaməkini.

udacibe udarakū Ocibe, ini cihai gamakini.

* mini ər aXun uməɕi faXun aʥig, bi daʨiləX jarxin bav, ind aləʨi vaʥiX,

mini ere ahūn umesi fahūn ajige, bi dacilaha yargiyan babe, inde alaci wajiha,

* bixə Sim, in ʥəlintəm burulur davliə, nan əv nuŋum mutum na, tutu Sim

bihe seme, inu jailatame burulara dabala, niyalma be nungneme mutembiO, tuttu seme

* forXun əx əi Xarən, jaja bod umai ɢai aqu, forXun ɢan oʨi, udu busku jəmʥi

fOrgOn ehe i haran, yaya bOOde umai gai akū, fOrgOn sain Oci, udu bušuku yemji

* oʥuru ʥaqad, arX aqu, təni ʥa Xuda d unʨaX, agə ɕi sam na, ər gum

OjOrO jakade, arga akū, teni ja hūda de uncaha, age si sambiO, ere gemu

* tuŋaləX Sim Golufi ərxən ʥœʨivəXəŋ gum bi, Samdəʨi məkələ, fədəSiʨi baitaqu

tunggalaha seme gOlOfi ergen jOcibuhangge gemu bi, samdaci mekele, fudešeci baitakū

* aSki tiʨivəm arvun SavəvəX, boj xəxɕi aiqa oXod, utXai bəʨəli v

asuki tucibume arbun sabubuha, bOOi hehesi aika Ohode, uthai buceli be

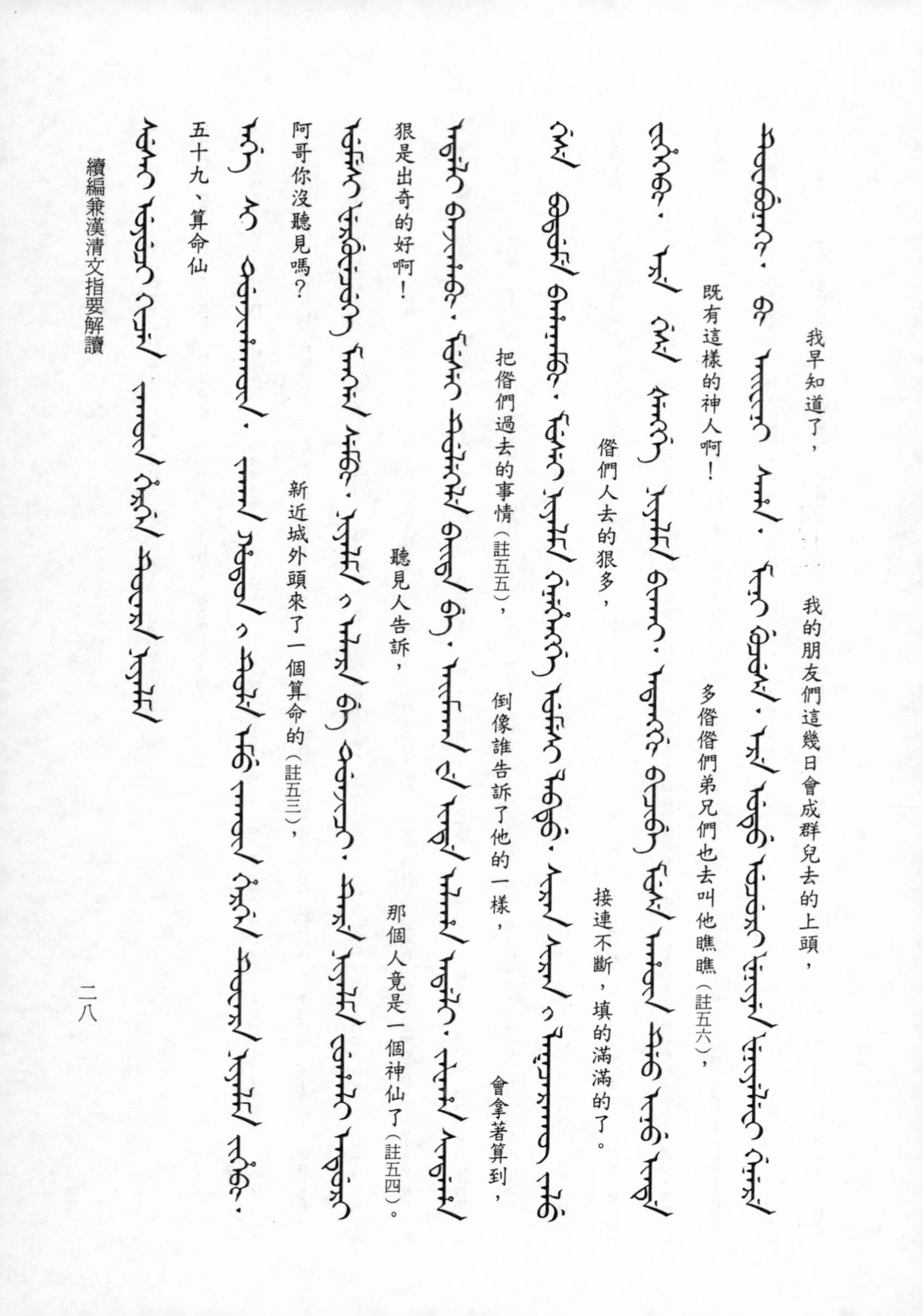

五十九、算命仙

阿哥你沒聽見嗎？新近城外頭來了一個算命的（註五三），

狠是出奇的好啊！聽見人告訴，那個人竟是一個神仙了（註五四）。

把俗們過去的事情（註五五），倒像誰告訴了他的一樣，會拿著算到，

俗們人去的狠多，接連不斷，填的滿滿的了。

既有這樣的神人啊！多俗俗們弟兄們也去叫他瞧瞧（註五六），

我早知道了，我的朋友們這幾日會成群兒去的上頭，

* tavənəki, bi aifini saχ, mini gutʂus, ər udu utʂuri fənin fəniləfi gənər

tuwaɓunaki, ɓi aifini saha, mini gucuse, ere udu ucuri feniyen feniyelefi genere

* fixəkəi, ər gəs ʂəŋ nan biqai, ɛtiŋ bitʂivə məs aχun du in ind

fihekeɓi, ere gese šengge niyalma ɓikai, atanggi ɓiciɓe muse ahūn deo inu inde

* gəs bodum baχənəm, məsəǰ nan gənəxəŋ uməɕi lavdu, ɕiran ɕiran i laχtʂərqu ʥalu

gese ɓodome ɓahanamɓi, musei niyalma genehengge umesi labdu, siran siran i lakcarakū ǰalu

* adali banʥiχəi, məsəǰ dulxələ bait əv, aimaq və ind aləχ adali, ʥavəχ ɕindaχ

adali ɓanǰihaɓi, musei dulekele ɓaita ɓe, aimaka we inde alaha adali, ǰafaha šindaha

* uməɕi fərxutʂuku maŋ sim, nan əi alər əv dənʥitʂi, tər nan fuχali əndʉri

umesi ferguwecuke mangga semɓi, niyalma i alara ɓe donǰici, tere niyalma fuhali enduri

* agə ɕi dənʥiχəqu na, ʥaqən χotun i tul əm ʥaqun xərxən tar nan ʥixəi,

age si donǰihakūn, ǰakan hoton i tule emu ǰakūn hergen tuwara niyalma ǰiheɓi,

* 五十九、ʥaqun xərxən tar nan 算命仙

五十九、ǰakūn hergen tuwara niyalma 算命仙

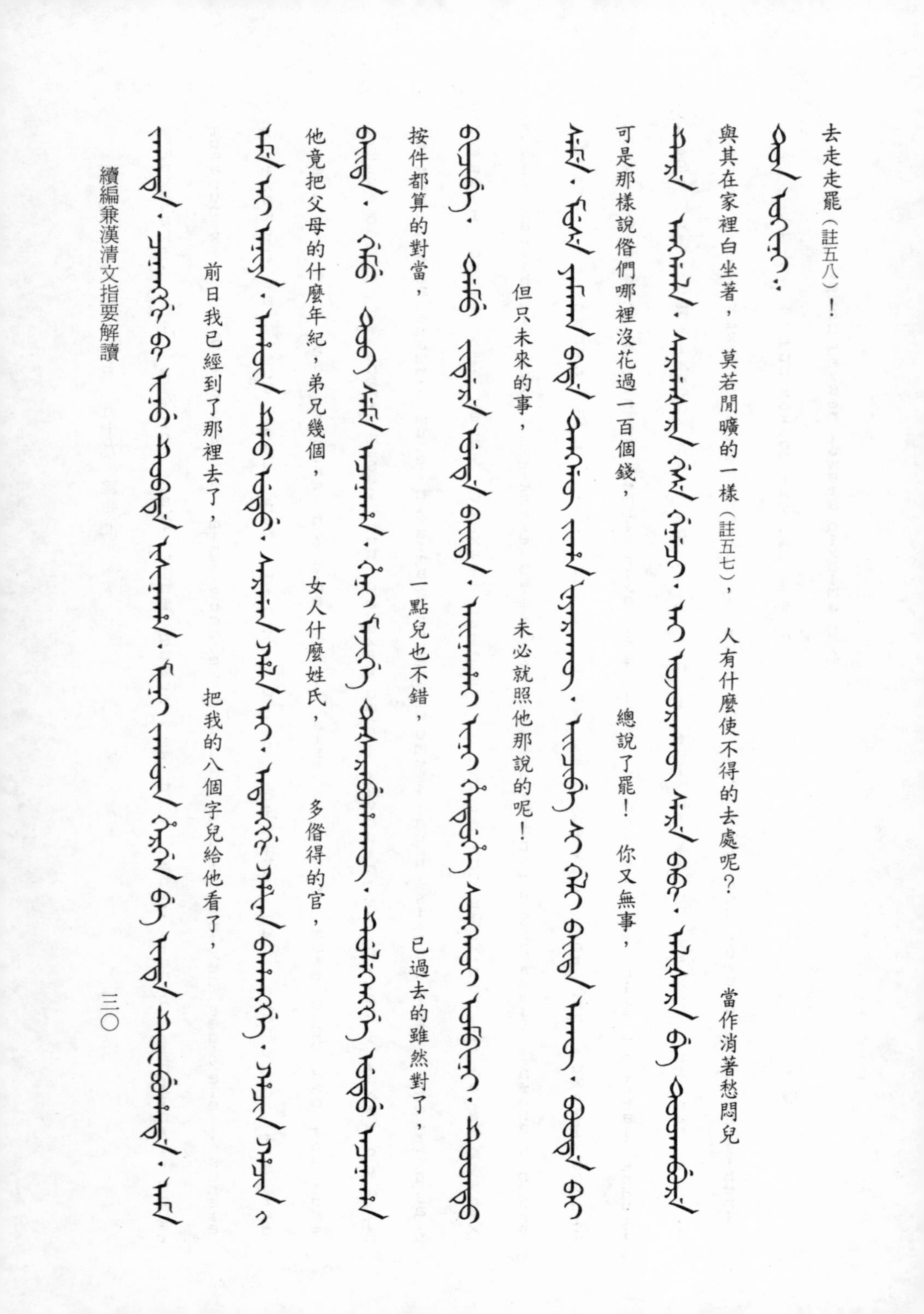

去走走罷（註五八）！

與其在家裡白坐著，莫若閒曠的一樣（註五七），人有什麼使不得的去處呢？當作消著愁悶兒

可是那樣說偺們哪裡沒花過一百個錢，總說了罷！你又無事，

但只未來的事，未必就照他那說的呢！

按件都算的對當，一點兒也不錯，已過去的雖然對了，

他竟把父母的什麼年紀，弟兄幾個，女人什麼姓氏，多偺得的官，

前日我已經到了那裡去了，把我的八個字兒給他看了，

* ton okini.

ton okini.

* tər aŋəl, sarXasir gəs gənəʨi, ai oʤurqu sir babi, aliʂir əv toquvur

tere anggala, sargašara gese geneci, ai oʝorakū sere ɒaɒi, ališara ɒe tooKaɒure

* sim, məs ʝamaq bad taŋ ʥiXa faʝirqu, əiʨivə ɕi gəl bait aqu, bod bai

seme, muse yamaka ɒade tanggū ʝiha fayarakū, eiciɒe si geli ɒaita akū, ɒoode ɒai

* biʨivə, dam ʥidər əndi bait, ɛnəXəi ini xəndux soŋqoi omni, tutu

ɒiciɒe, damu ʝidere unde ɒaita, ainahai ini henduhe songkoi omɒini, tuttu

* bait, gum tov sim aʨənəX, xəni maʥig tasirəvəXəqu, dulxəŋ udu aʨənəX

ɒaita, gemu toɒ seme acanaha, heni maʝige tašaraɒuhakū, dulekengge udu acanaha

* əni ai ani, aXun du udu, sarXən Xal ai, ɛtiŋ Xavən baXəŋ, Xaʨin Xaʨin i

eme ai aniya, ahūn deo udu, sargan hala ai, atanggi hafan ɒahangge, hacin hacin i

* ʤaqaʤ, ʨanəŋʥi bi in təvaʤ iɕinəX, mini ʤaqun xərxən b ind tavəXəʤ, amə

ʝakade, canānggi ɒi inu tuɒade isinaha, mini ʝakūn hergen ɒe inde tuwaɒuhade, ama

該當指撥指撥他纔是呢，阿哥你們皆因並未久交，

白算一個人數兒罷咧！糊裡糊塗的怎麼活著呢？你們相與的好啊！

縮頭縮腦的，連怎麼進退，也不懂得，醒著倒像睡覺的一樣，

村粗的至極了（註五九），在人前頭言語鈍拙不清的，連一問一答的話，全不知道，

一邊來著，近來看著不只老實，竟叫人看不上，

你看他那行景，不知要怎麼樣的，原先纔見他的時候，還在老實

六十、不成器

* b̥ixə qai, tədə maʥig ʤoriʂiʨi aʈʂəm dər, agə so əm bad guʈʂulum ɢuidaχəqu

b̥ihe kai, tede maʤige ʤoriʂaɕi aɕamb̥i dere, age suwe emu b̥ade guɕuleme goidahakū

* adali, bai nan əi ton davliə, χulxin lampa i adarəm banʥiχəi, so banʥir ɕan

adali, b̥ai niyalma i ton dab̥ala, hūlhi lampa i adarame b̥anʤihab̥i, suwe b̥anʤire sain

* ʨiʨi ɢoʨi adarəm ivər, adarəm bədərər əv gum ulxirqu, gətəʨivə vəri i amχər

ɕiɕi goɕi adarame ib̥ere, adarame b̥edere b̥e gemu ulhirakū, geteɕib̥e weri i amgara

* tən d iɕinəχəi, nan ʥulxu bubu baba avɕi fœnʥir avɕi ʥavər bav gum sarqu,

ten de iʂinahab̥i, niyalma ʤuleri b̥ub̥u b̥ab̥a ab̥ʂi fonʤire ab̥ʂi ʤab̥ure b̥ab̥e gemu sarkū,

* bi simbixə, tə taʨi nomχun i təilə vaq, fuχali nan əd ələvərqu, alvatu

b̥i semb̥ihe, te tuwaɕi nomhon i teile waka, fuhali niyalma de eleb̥urakū, alb̥atu

* ini tər arvuʂirəŋ avɕi ʥavɕi, nənəm səvkəsaq inb aʈʂəχ əd, nomχun ərxid

ini tere arb̥uʂarangge ab̥ʂi yab̥ʂi, neneme seb̥kesaka imb̥e aɕaha de, nomhon ergide

* 六十、χuaʂir tətun vaq 不成器

六十、hūwaʂara tetun waka 不成器

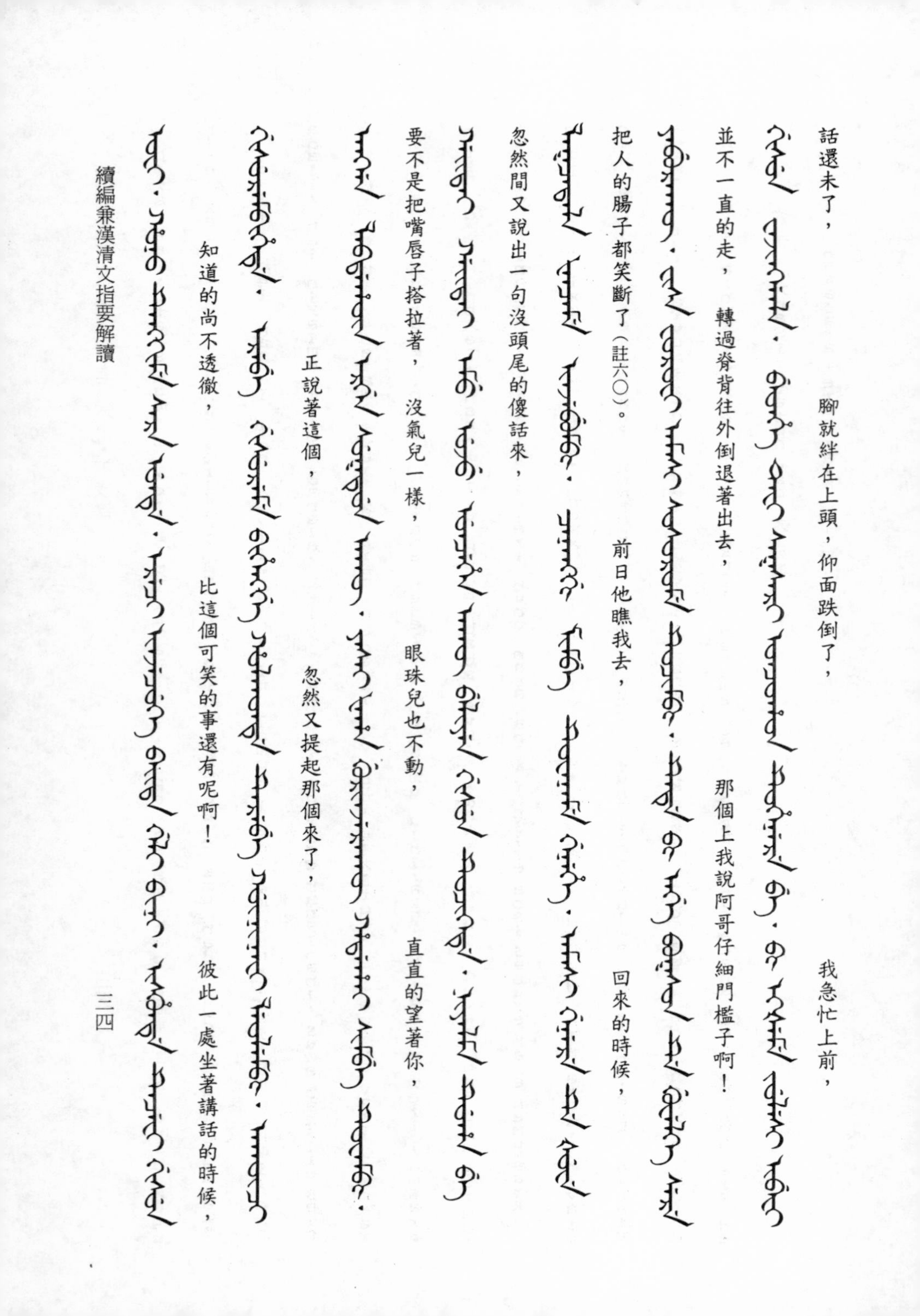

話還未了，腳就絆在上頭，仰面跌倒了，我急忙上前，

並不一直的走，轉過脊背往外倒退著出去，那個上我說阿哥仔細門檻子啊！

把人的腸子都笑斷了（註六〇）。前日他瞧我去，回來的時候，

忽然間又說出一句沒頭尾的傻話來，

要不是把嘴唇子搭拉著，沒氣兒一樣，眼珠兒也不動，直直的望著你，

正說著這個，忽然又提起那個來了，

知道的尚不透徹，比這個可笑的事還有呢啊！彼此一處坐著講話的時候，

*gisun vaʤiŋələ, bətk tafi saXsəri ontʂuXun tuxənər əv, bi əxsəm ʤulɕi ivəfi
gisun waʝinggala, bethe tafi saksari onCOhOn tuhenere be, bi ekšeme ʝulesi ibefi
*javərqu, fisa forufi amɕi sosurəm titʂim, tədə bi agə bosXun d guvək sir
yaburakū, fisa forofi amasi sosorome tucimbi, tede bi age bokson de guwelke sere
*laXtʂətələ fantʂəm inʤivəm, tʂanəŋʤi minb tanəm gənəx, amɕi gənər əd su
lakcatala fancame inʝebumbi, cananggi mimbe tuwaname genehe, amasi genere de šuwe
*Gaiti Gaiti əm uʤu untʂixən aqu bəlin gisun titʂikəd, nan duXa v
gaitai gaitai emu uʝu uncehen akū beliyen gisun tucikede, niyalma duha be
*aŋ lavdəXun ərxən suxdun aqu, jasəj faX guriʤirqu Xadəxəi ɕinb tam,
angga labdahūn ergen sukdun akū, yasai faha guriNʝerakū hadahai simbe tuwambi,
*gisirəmbixəd, ərəv gisirəm bixəŋ Xolqond tərəv Goninəfi ləuləm, aqutʂi
gisurembihede, erebe gisureme bihengge hOlkOnde terebe gūninafi leOlembi, akūci
*ofi, Xonu təŋkim sar əndi, ərətʂi inʤitʂiku bait gəl bini, isxund tətʂəfi gisun
Ofi, hOnO tengkime sara unde, ereci inʝecuke baita geli bini, ishunde tecefi gisun

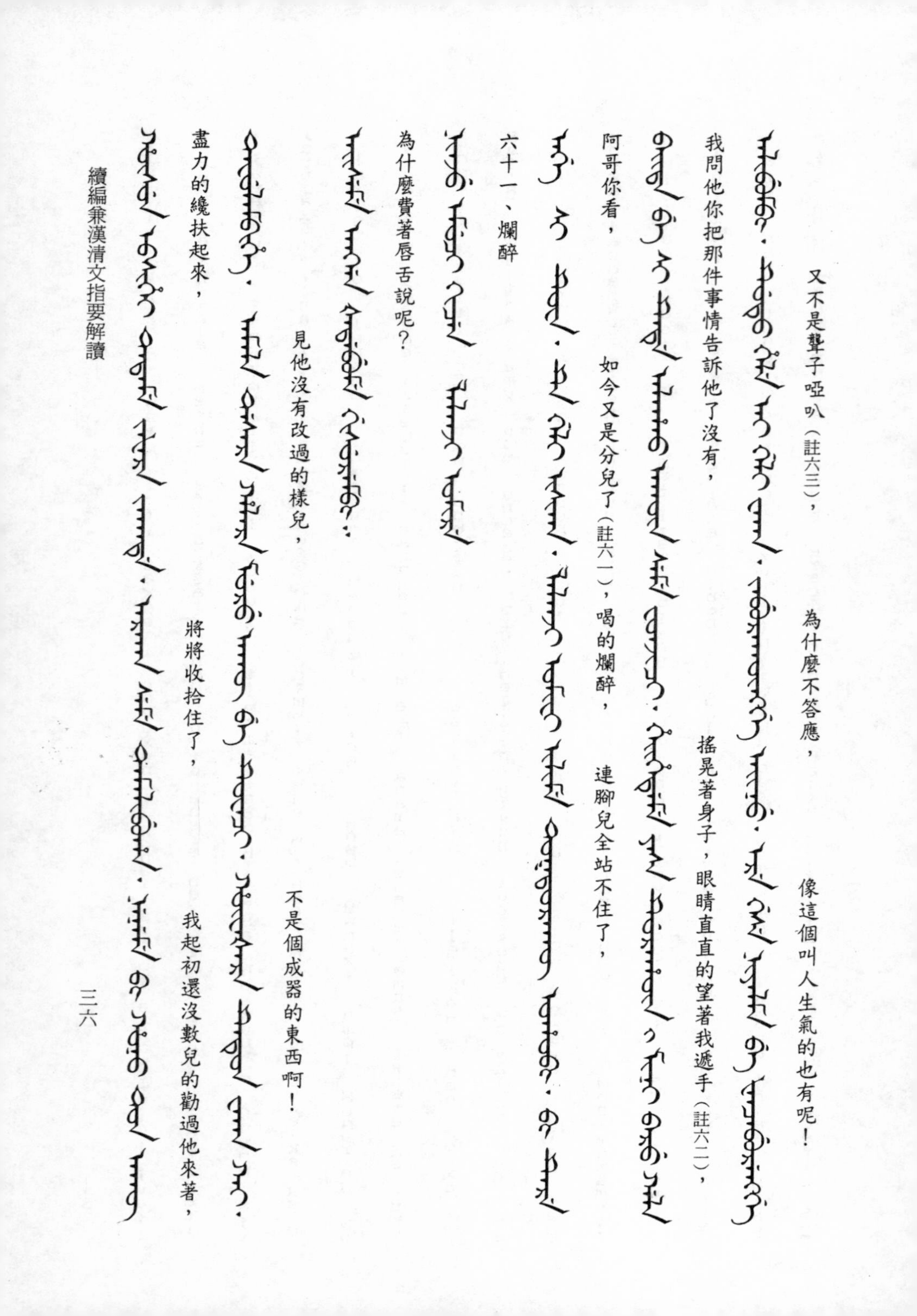

又不是聾子啞叭（註六三），為什麼不答應，像這個叫人生氣的也有呢！

我問他你把那件事情告訴他了沒有，搖晃著身子，眼睛直直的望著我遞手（註六二），

阿哥你看，如今又是分兒了（註六一），喝的爛醉，連腳兒全站不住了，

六十一、爛醉

為什麼費著唇舌說呢？

見他沒有改過的樣兒，不是個成器的東西啊！

盡力的纔扶起來，將將收拾住了，我起初還沒數兒的勸過他來著，

* ɛlivəm, ɗutu xəl ai gəl vaq, ʤavərquŋ an, ər gəs nan əv fanʨəvərəŋ

alibumbi, dutu hele ai geli waka, ǰaburakūngge ainu, ere gese niyalma be fancaburengge

* bait əv ɕi tədə aləx na aqu na sim fœnʤiʨi, xəixədəm ǰas durxun i mini baru Gal

baita be si tede alahao akūn seme fonǰici, heihedeme yasa durahūn i mini baru gala

* agə ɕi ta, tə gəl iɕiq, laləndʑi œmifi im toxturqu oxui, bi tər

age si tuwa, te geli isika, lalanǰi omifi ilime toktorakū ohobi, bi tere

* 六十一、 lalənʤi œmir 爛醉

六十一、 lalanǰi omire 爛醉

* aisim aŋ sadəvəm gisirəm.

aiseme angga šadabume gisurembi.

* tavələmbixə, aməl dasir xalər mur aqu v taʨi, xuasir tətun vaq qai,

tafulambihe, amala dasara halara muru akū be tuwaci, hūwašara tetun waka kai,

* xusun əvɕixəi tatəm ʤavər ʤaqad, arqan sim taməlivəx, nənəm bi xonu ton aqu

hūsun ebsihei tatame ǰafara ǰakade, arkan seme tamalibuha, neneme bi hono ton akū

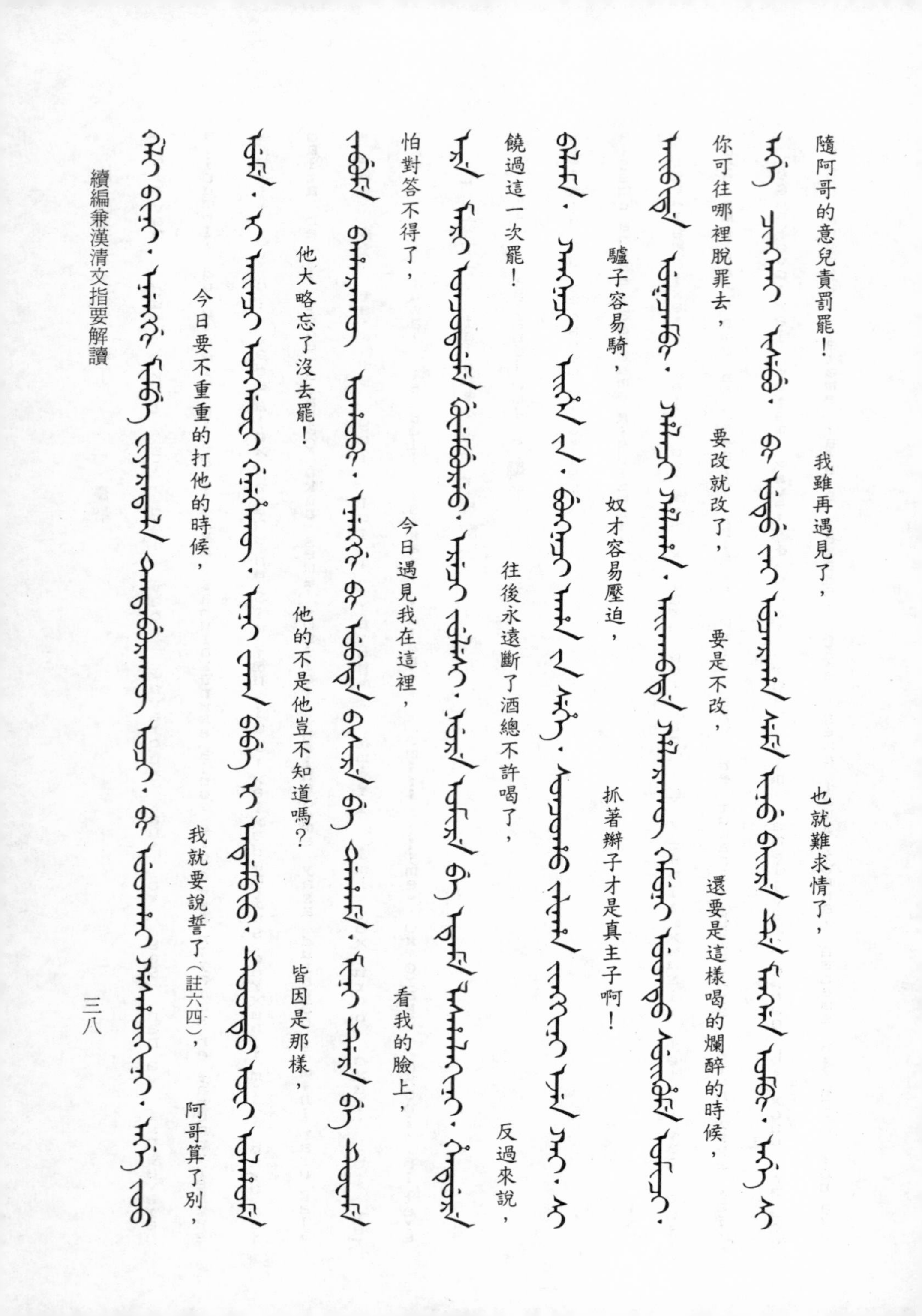

隨阿哥的意兒責罰罷！我雖再遇見了，也就難求情了，

你可往哪裡脫罪去，要改就改了，要是不改，還要是這樣喝的爛醉的時候，

驢子容易騎，奴才容易壓迫，抓著辮子才是真主子啊！

饒過這一次罷！往後永遠斷了酒總不許喝了，反過來說，

怕對答不得了，今日遇見我在這裡，看我的臉上，

他大略忘了沒去罷！他的不是他豈不知道嗎？皆因是那樣，

今日要不重重的打他的時候，我就要說誓了（註六四），阿哥算了別，

* agə ʨiŋqai iSivə, bi uɗu ʥai uʨarəX Sim in biar əɗ maŋ om, agə ɕi
age cingkai isebu, bi udu ǰai ucaraha seme inu baire de mangga ombi, age si
* ɛvəɗ uxʨam, Xaləʨi Xaləx, aiqabaɗ Xalərqu kəməni utu Suixum œmiʨi,
aibide ukcambi, halaci halaha, aikabade halarakū kemuni uttu suihume omici,
* balam, qaŋnəʨi əixən ʥa, buŋnəʨi aX ʥa Six, Sonʨəx ʥavəX ʥiŋkin əʥən qai, ɕi
balama, kangnaci eihen ǰa, bungnaci aha ǰa sehe, soncoho ǰafaha ǰingkini ejen kai, si
* ər mari onʨuɗum guvumburəo, ərəʨi ʥulɕi, nur œmir əv ətəm lasXəlakini, xənɗur
ere mari oncodome guwembureo, ereci ǰulesi, nure omire be eteme lashalakini, hendure
* ʥavəm baXərqu oXui, ənəŋ bi əvaɗ biɕir əv ɗaXəm, mini ɗər əv tam
ǰabume baharakū ohobi, enenggi bi ubade bisire be dahame, mini dere be tuwame
* əm, i ainʨi oŋufi gənəxəqu, ini vaq bav i ənɗəm na, tutu ofi olXum
ume, I ainci onggofi genehekū, ini waka babe I endembio, tuttu ofi olhome
* gəl bini, ənəŋ minb fiartəl tanɗəvərqu oʨi, bi utXai GasXəkini, agə ʥau
geli bini, enenggi mimbe fiyaratala tantaburakū oci, bi uthai gashūkini, age ǰoo

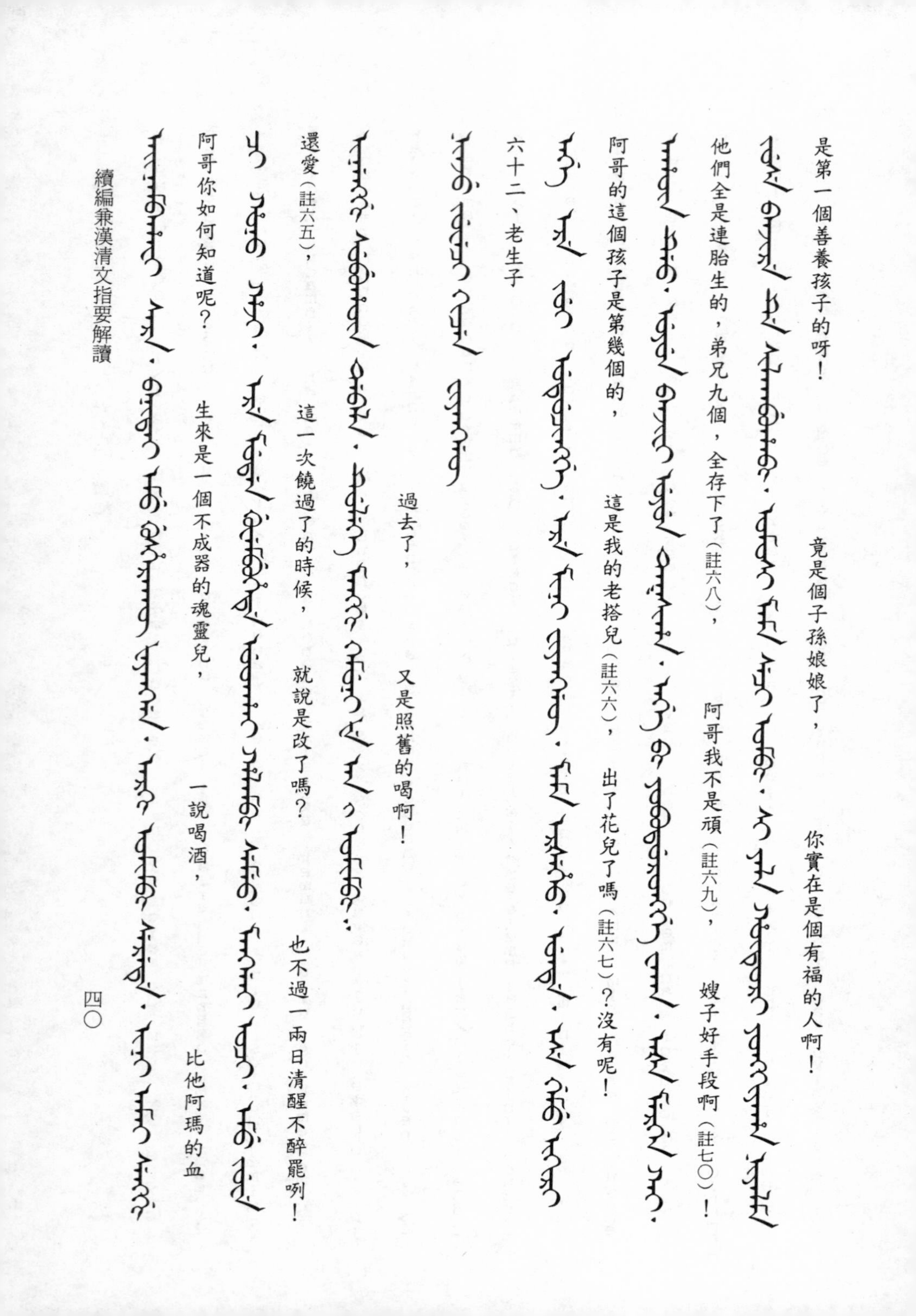

是第一個善養孩子的呀！　竟是個子孫娘娘了，　你實在是個有福的人啊！

他們全是連胎生的，弟兄九個，全存下了（註六八），　阿哥我不是頑（註六九），　嫂子好手段啊（註七〇）！

阿哥的這個孩子是第幾個的，　這是我的老搭兒（註六六），出了花兒了嗎（註六七）？沒有呢！

六十二、老生子

過去了，　又是照舊的喝啊！

還愛（註六五），　這一次饒過了的時候，　就說是改了嗎？　也不過一兩日清醒不醉罷咧！

阿哥你如何知道呢？　生來是一個不成器的魂靈兒，　一說喝酒，　比他阿瑪的血

* ʥus banʤiɤ d ɕilkəvəχəi, omɕi mamə Siʨi om, ɕi ʝal χutuɤi ʝovaŋkiaχ nan ʝuse banʝiɤe de Siilkabuhabi, omoSi mama seci ombi, Si yala ħūtuɤi yongkiyaha niyalma

* aχun du, uʝin banʤifi uʝin taxɕiχ, agə bi ʝovuduɤuŋ vaq, aS məɤxən qai, ahūn deo, uyun banʝifi uyun taksiha, age bi yobodoɤongge waka, aša meɤgen kai,

* agə əɤ ʤi uduʨiŋ, əɤ mini fiʝaŋ, mamə əɤSix na, əndi, əS gum ixiɤ age eɤe ʝui uducingge, eɤe mini fiyanggū, mama eɤšeheo, unde, ese gemu ikiɤi

* 六十二、 fiʝaŋ 老生子

六十二、 fiyanggū 老生子

* inəŋ SuvχUn davliə, dulxə maŋi kəməni fə an i œmim.
inenggi subuhūn dabala, duleke manggi kemuni fe an i omimbi.

* əʨi χonu χaʤi, əɤ mədan guvumbuxəd utχai χaləm Sim na, maŋai oʨi, əm ʥu ci hono haʝi, eɤe mudan guwembuhede uthai halambi semeo, manggai oci, emu ʝuwe

* ɛnəmbaχəfi Saɤ, banitai əm gusxəɤqu faʝiŋ, ɛɤki œmim Siɤəd, ini aməʝ ɕiŋ ainambahafi saɤa, banitai emu gusheɤakū fayangga, aɤki omimbi seɤede, ini amai senggi

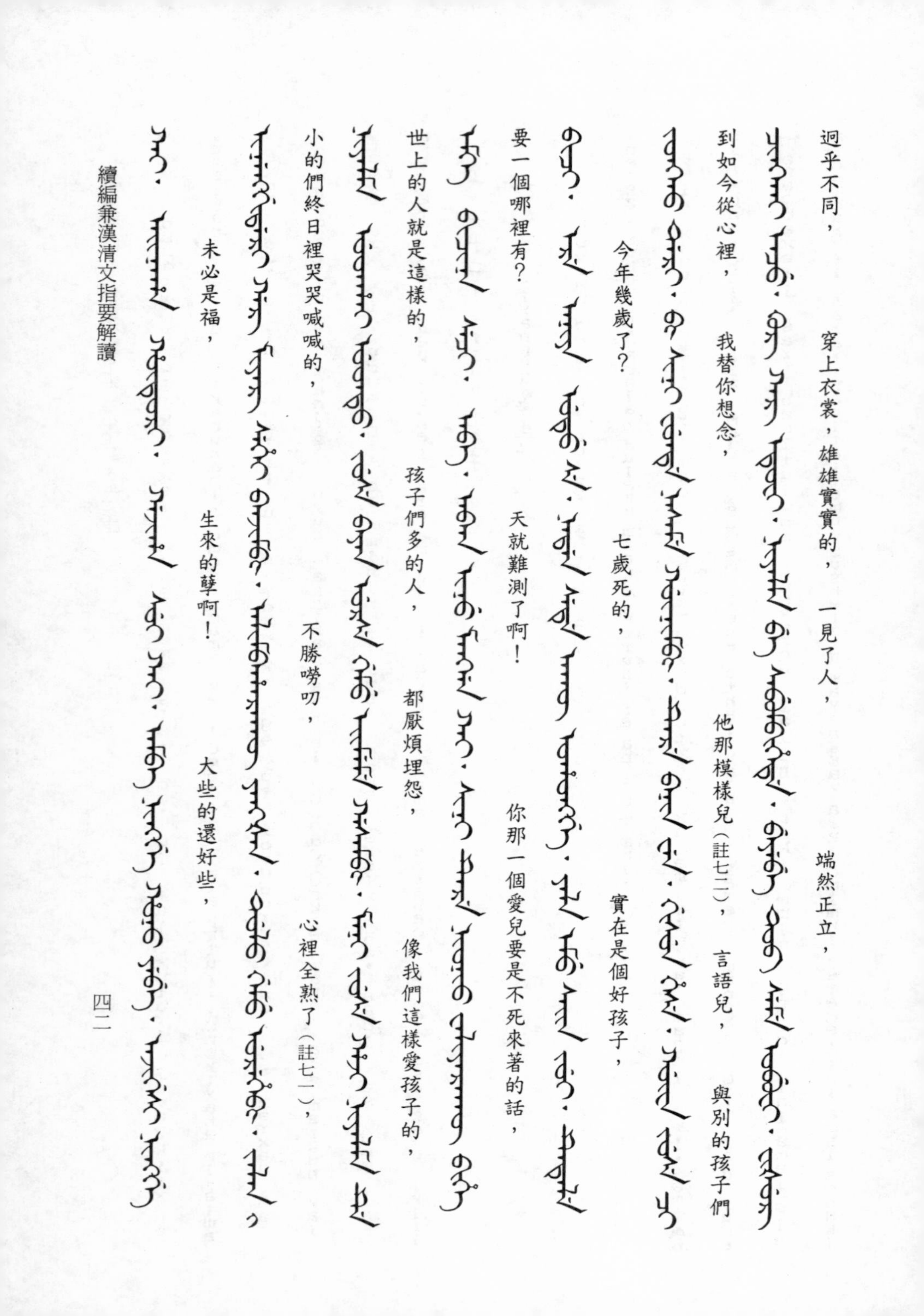

迥乎不同，　穿上衣裳，雄雄實實的，　一見了人，　端然正立，

到如今從心裡，　我替你想念，　他那模樣兒（註七二），　言語兒，　與別的孩子們

今年幾歲了？　七歲死的，　實在是個好孩子，

要一個哪裡有？　天就難測了啊！　你那一個愛兒要是不死來著的話，

世上的人就是這樣的，　孩子們多的人，　都厭煩埋怨，　像我們這樣愛孩子的，

小的們終日裡哭哭喊喊的，　不勝嘮叨，　心裡全熟了（註七一），

未必是福，　生來的孽啊！　大些的還好些，

*tɕiŋqai əntɕu, kur qar utufi, nan əv savəmbixəd, bəiv tov sim ovufi, fisur
cingkai encu, kur kar etufi, niyalma be sabumbihede, beyebe tob seme obufi, fišur

*ʥoŋqu dari, bi ɕini fundə nasim ɢonim, tər banin vən, gisun xəsə, ɢua ʥus tɕi
joŋko dari, bi sini funde nasame gūnimbi, tere banin wen, gisun hese, gūwa juse ci

*bitɕi, ər ani udu sə, nadən səd aqu oχuŋ, jal əm ɕan ʤi, tətələ
bici, ere aniya udu se, nadan sede akū ohongge, yala emu sain jui, tetele

*əmkə bitɕina sitɕi, avə, avqa in maŋ qai, ɕini tər nyny vialirqu bixə
emke bicina seci, aba, abka inu mangga kai, sini tere nionio waliyarakū bihe

*nan utχai utu, ʥus baʤin urs gum əimən ɢasim, məni ʥus χaʤi nan əd
niyalma uthai uttu, juse bayan urse gemu eimeme gasambi, meni juse haji niyalma de

*inəŋdari ɢar miar siχəi banʤim, ɛlibaχərqu jaŋsən, dolo gum uruxui, ʥalən i
inenggidari gar miyar sehei banjimbi, alimbaharakū yangšan, dolo gemu urehebi, jalan i

*qai, ɛnəχ χuturi, ɢaʥiχ sui qai, am niŋ χonu iv, aʤiŋɕi niŋ
kai, ainaha hūturi, gajiha sui kai, amba ningge hono yebe, ajigesi ningge

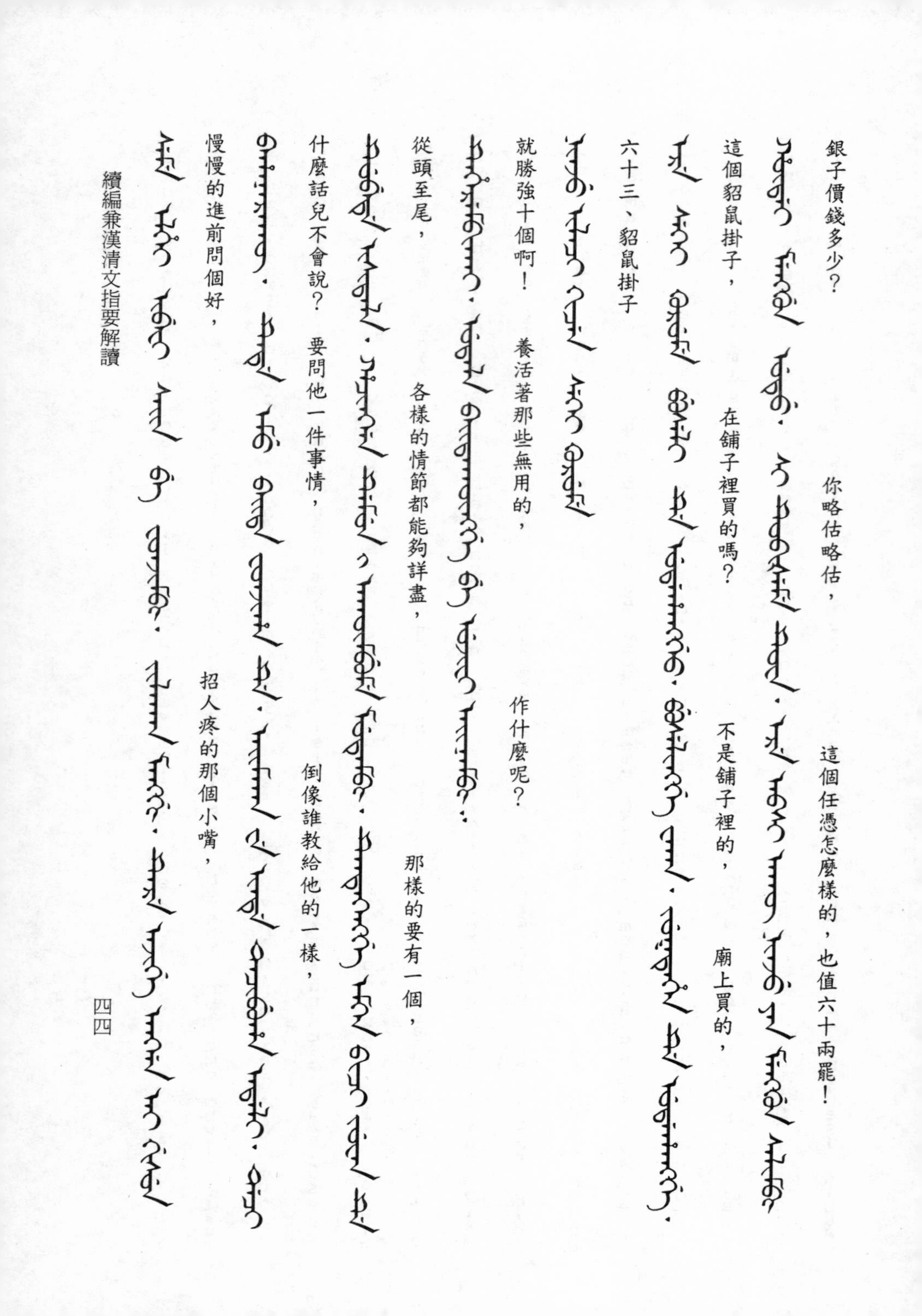

銀子價錢多少？　你略估略估，　這個任憑怎麼樣的，也值六十兩罷！

這個貂鼠掛子，　在舖子裡買的嗎？　不是舖子裡的，　廟上買的，

六十三、貂鼠掛子

就勝強十個啊！　養活著那些無用的，　作什麼呢？

從頭至尾，　各樣的情節都能夠詳盡，　那樣的要有一個，

什麼話兒不會說？　要問他一件事情，　倒像誰教給他的一樣，

慢慢的進前問個好，　招人疼的那個小嘴，

* χudaȷ muŋun udu, ɕi tyviSim ta, ər avɕi aqu inʤi ȷan muŋun ɕəlim
hūdai menggun udu, si tubišeme tuwa, ere absi akū ninju yan menggun salimbi

* ər Səkəi kurum pus əd udaχəŋ na, pusniŋ vaq, ʤuxtəxən d udaχəŋ,
ere sekei kurume puseli de udahanggeo, puselingge waka, juktehen de udahangge,

* 六十三、Səkəi kurum 貂鼠掛子

六十三、sekei kurume 貂鼠掛子

* təxərəmqai, utala baitaquŋ əv uʤifi ɛnəm.
teherembikai, utala baitakūngge be ujifi ainambi.

* duvd iɕitəl, χatɕiŋ dəmən i aqumbum mutum, tənkəŋ əmkən bitɕi ʤuan d
dubede isitala, hacingga demun i akūmbume mutembi, tentekengge emken bici juwan de

* baχənərqu, tədə əm bait fœnʤiχ əd, aimaq və ind tatɕivəχ adali, datɕi
bahanarakū, tede emu baita fonjiha de, aimaka we inde tacibuha adali, daci

* Sim əlxəi ivəfi ɕan b fœnʤim, ʤilaq maŋi, tər aʤig aŋ ai gisun
seme elhei ibefi sain be fonjimbi, jilakan manggi, tere ajige angga ai gisun

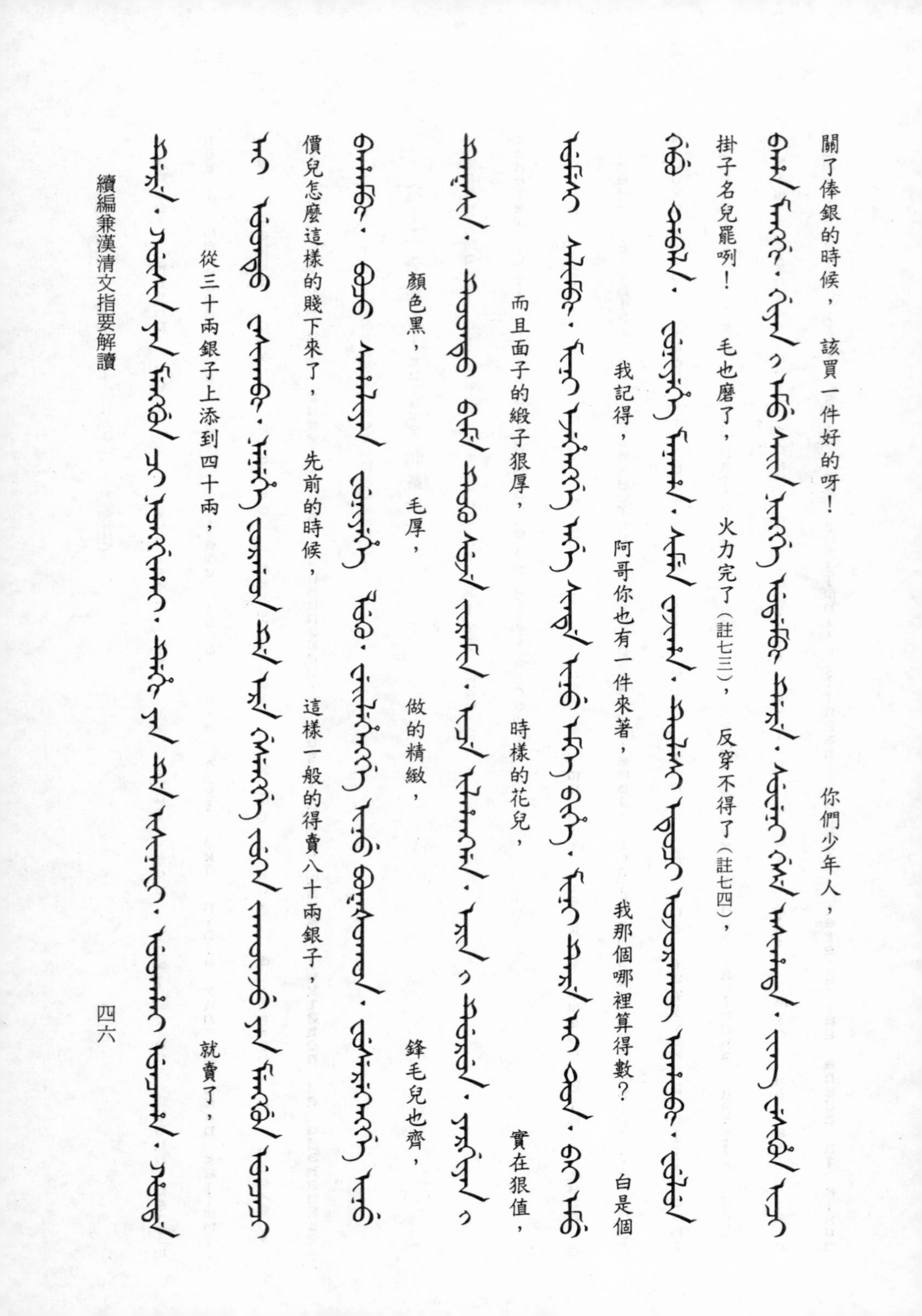

關了俸銀的時候，該買一件好的呀！ 你們少年人，

掛子名兒罷咧！ 毛也磨了， 火力完了（註七三）， 反穿不得了（註七四），

我記得， 阿哥你也有一件來著， 我那個哪裡算得數？ 白是個

而且面子的緞子狠厚， 時樣的花兒， 實在狠值，

顏色黑， 毛厚， 做的精緻， 鋒毛兒也齊，

價兒怎麼這樣的賤下來了， 先前的時候， 這樣一般的得賣八十兩銀子，

從三十兩銀子上添到四十兩， 就賣了，

* baX maŋi, gian i əm ɕan niŋ udam dər, soni gəs aɕita, ʥiŋ vəɕixun iʨi

baha manggi, giyan i emu sain ningge udambi dere, suweni gese asihata, jing wesihun ici

* gəv davliə, fənix manəX, ɕimən vaʥiX, tylɕi utuʨi oʥurqu oXui, fulun

gebu dabala, funiyehe manaha, simen wajiha, tulesi etuci ojorakū ohobi, fulun

* uməɕi ɕəlim, mini əʥixəŋ agə ɕind in əmkə bixə, mini tər ai ton, bai əm

umesi salimbi, mini ejehengge age sinde inu emke bihe, mini tere ai ton, bai emu

* təxɕin, tutu bim tuku suʥi ʥiram, iʨə ilXaŋ, ərin i durun, jarxin i

teksin, tuttu bime tuku suje jiramin, ice ilhangga, erin i durun, yargiyan i

* baXəm, boʨo saXalin fənix luku, vəiləxəŋ in boxʂuqun, fusərəkəŋ in

bahambi, boco sahaliyan funiyehe luku, weilehengge inu bokšokon, fuserekengge inu

* ai utu vaɕiqəi, nənəx forXun d ər gəsəŋ ʥukun ʥaqunʥi jan muŋun unʨaʨi

ai uttu wasikabi, nenehe forgon de ere gesengge juken jakūnju yan menggun uncaci

* dər, Goɕin jan muŋun ʨi nioŋuXəi, dix jan d iɕinəfi, utXai unʨaX, Xuda

dere, gūsin yan menggun ci nonggihai, dehi yan de isinafi, uthai uncaha, hūda

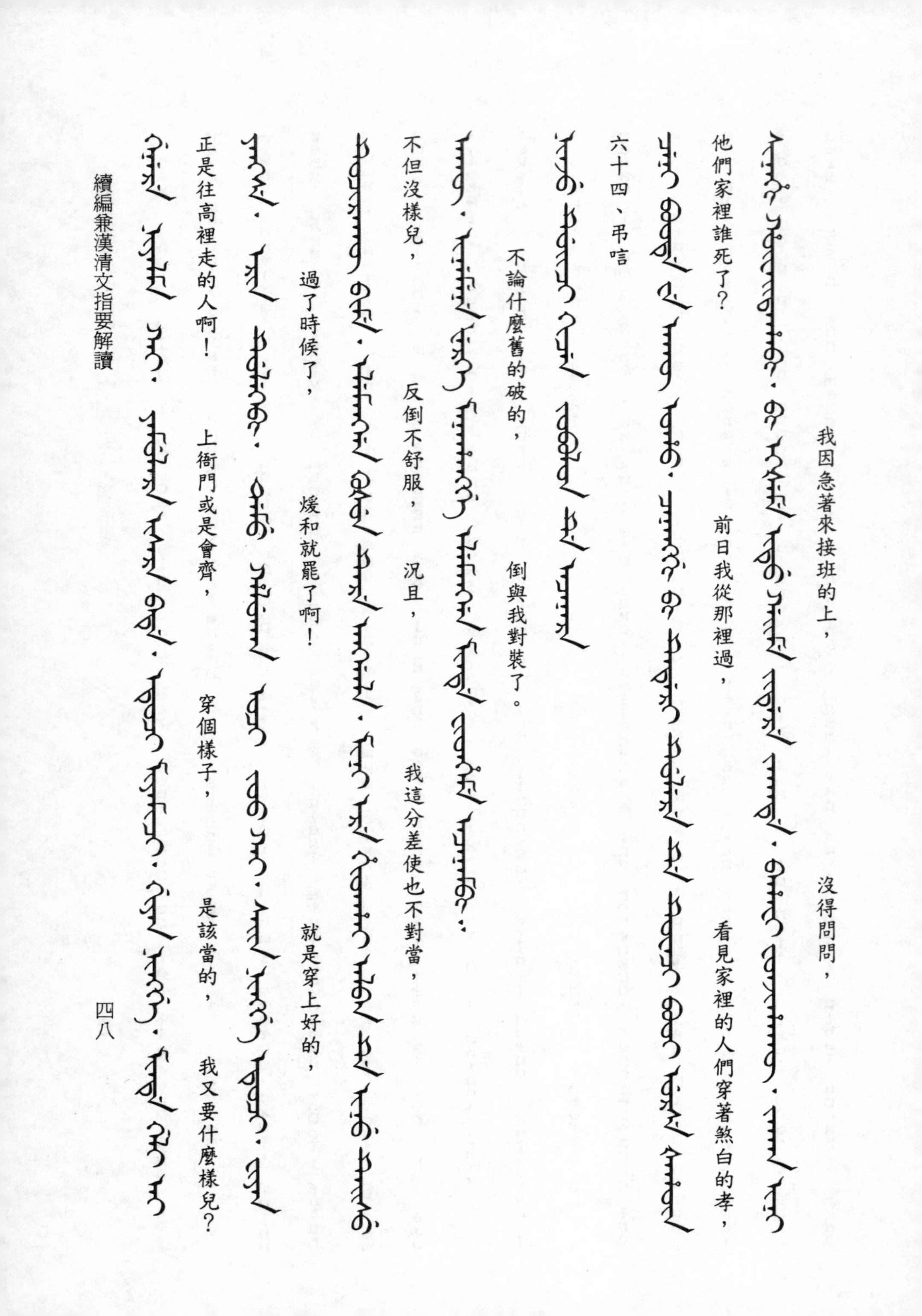

正是往高裡走的人啊！上衙門或是會齊，穿個樣子，是該當的，我又要什麼樣兒？

過了時候了，煖和就罷了啊！就是穿上好的，

不但沒樣兒，反倒不舒服，況且，我這分差使也不對當，

不論什麼舊的破的，倒與我對裝了。

六十四、弔唁

他們家裡誰死了？前日我從那裡過，看見家裡的人們穿著煞白的孝，

我因急著來接班的上，沒得問問，

*ɕinak Xɛtəxəi, bi əxsəm idu giam ʥidər ʥaqad, baXəfi fœnʥiXəqu, ʥaqən ini
Sinahi hūwaitahabi, bi ekšeme idu gaime jidere jakade, bahafi fonjihakū, jakan ini
*tʂəni bod və aqu oXu, tʂanəŋʥi bi tədəri dulur ud tatʂi boj urs saXun
ceni boode we akū oho, cananggi bi tederi dulere de tuwaci booi urse šahūn

*六十四、ʥovulun d atʂənər 弔唁

六十四、jobolon de acanara 弔唁

*aqu, inəmənə fərk manəXəŋ əlimaŋ mind fitXəm atʂənəm.
akū, inemene ferke manahangge elemangga minde fitheme acanambi.
*titʂirqu bim, əlimaŋ kusun tər aŋəl, mini ər kœtXəi alvən d in təisu
tucirakū bime, elemangga kušun tere anggala, mini ere hithai alban de inu teisu
*jaŋs, ərin dulxəi, dam Xalukən otʂi ʥau qai, ɕan niŋ ututʂi, fian
yangse, erin dulekebi, damu halukan oci joo kai, sain ningge etuci, fiyan
*gənər nan qai, jamulər isar bad, ututʂi miamitʂi, gian niŋ, mind gəl ai
genere niyalma kai, yamulara isara bade, etuci miyamici, giyan ningge, minde geli ai

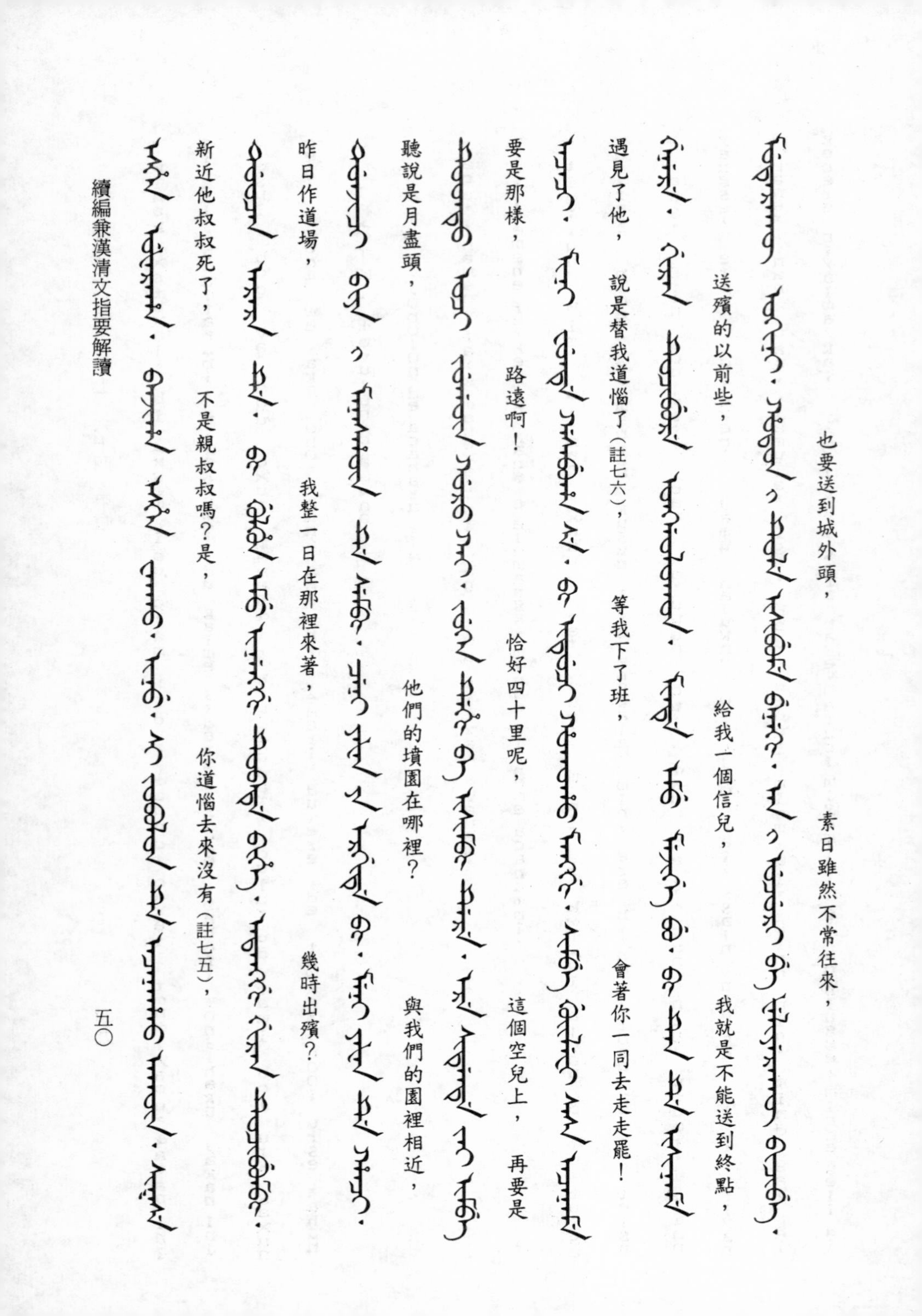

新近他叔叔死了，不是親叔叔嗎？是，你道惱去來沒有(註七五)，

昨日作道場，我整一日在那裡來著，幾時出殯？

聽說是月盡頭，他們的墳園在哪裡？與我們的園裡相近，

要是那樣，路遠啊！恰好四十里呢，這個空兒上，再要是

遇見了他，說是替我道惱了(註七六)，等我下了班，會著你一同去走走罷！

送殯的以前些，給我一個信兒，我就是不能送到終點，

也要送到城外頭，素日雖然不常往來，

* muturqu okini, Xotun i tul iɕivəm bənəki, an i uʈʂuri v fəlirqu biʈʂivə,

muterakū okini, hoton i tule iSibume beneki, an i ucuri be feliyerakū bicibe,

* gənər, giran tiʈʂivər oŋuluqun, mind əm məʤig bu, bi tən d iɕinəm

genere, giran tucibure onggolokon, minde emu meʝige bu, bi ten de iSiname

* aʈʂəʈʂi, mini fundə GaSivəX Sə, bi iduʈʂi XoquX maŋi, ɕinb guiləfi SaSa aʈʂənəm

acaci, mini funde gasabuha se, bi iduci hokoho manggi, simbe guilefi sasa acaname

* tutu oʈʂi ʤoXun Gor qai, ʤukun dix ba iɕim dər, ər ɕidənd ʤai inb

tuttu oci ʝugūn goro kai, ʝuken dehi ba iSimbi dere, ere sidende ʝai imbe

* dœnʤiʈʂi bia i manəSXun d Sim, ʈʂəni ʝafXən ʝa ərxid bi, məni ʝafXən d Xanʈʂi,

donʝici biya i manashūn de sembi, ceni yafan ya ergide bi, meni yafan de hanci,

* dauʈʂan arər əd, bi gulxun əm inəŋ təvad bixə, ɛtiŋ giran tiʈʂivəm,

doocan arara de, bi gulhun emu inenggi tubade bihe, atanggi giran tucibumbi,

* əSə uvarəX, banʤiX əSə vaq na, in, ɕi ʤovulun d aʈʂənəX na aqu na, ʈʂəkSə

eshen ufaraha, banʝiha eshen wakao, inu, si ʝobolon de acanahao akūn, sikse

成全一件衣裳(註七九)，續上了棉花，合上了裡面，翻過來了的時候，你縫大襟，

偺們的舊規矩全完了，老時候，十幾歲的孩子們，全能穀

這個不是給女婿的衣裳嗎(註七八)？是，這些人都是作什麼的？僱了來的匠人們，可嘆，

六十五、拘泥

罷！

人家有了這樣的事情，偺們的身子要是到去了，想來沒有說是攀援附勢的

一見了我狠親熱(註七七)，人生在世，哪個不都是朋友？

*saŋəvəm mutumbixə, kuvun səxtəfi, tuku dɔqu aʨəvəfi, uvaʂix maŋi, ɕi adasun b

ʂanggabume mutembihe, kubun sektefi, tuku doko acabufi, ubaʂaha manggi, si adasun be

*məs fə qauli gum vadʑix, səxdəsəǰ forxun d dʑuan udu sə i dʑus, gum utku

muse fe kooli gemu waǰiha, sakdasai forgon de ǰuwan udu se i ǰuse, gemu etuku

*ər xoʨuxun d bur utku vaq na, in, əs ɛnərəŋ, tyrym ɢadʑix faxɕis, ai,

ere hoǰihon de bure etuku wakao, inu, ese ainarangge, turime gaǰiha faksisa, ai,

*六十五、məmərən 拘泥

六十五、memeren 拘泥

*dər.

dere.

*vəri ər gəs baitəd məs bəi iɕinəʨi, ɢoniʨi amʨidəm sim ləulər nan aqu

weri ere gese baita de muse beye isinaci, gunici amcatambi seme leolere niyalma akū

*savəx dari mini baru dəmbəi səvɕixiən, nan sim dʑalən d banʥifi, ja gum guʨu vaq,

sabuha dari mini baru dembei sebsihiyan, niyalma seme ǰalan de banǰifi, ya gemu gucu waka,

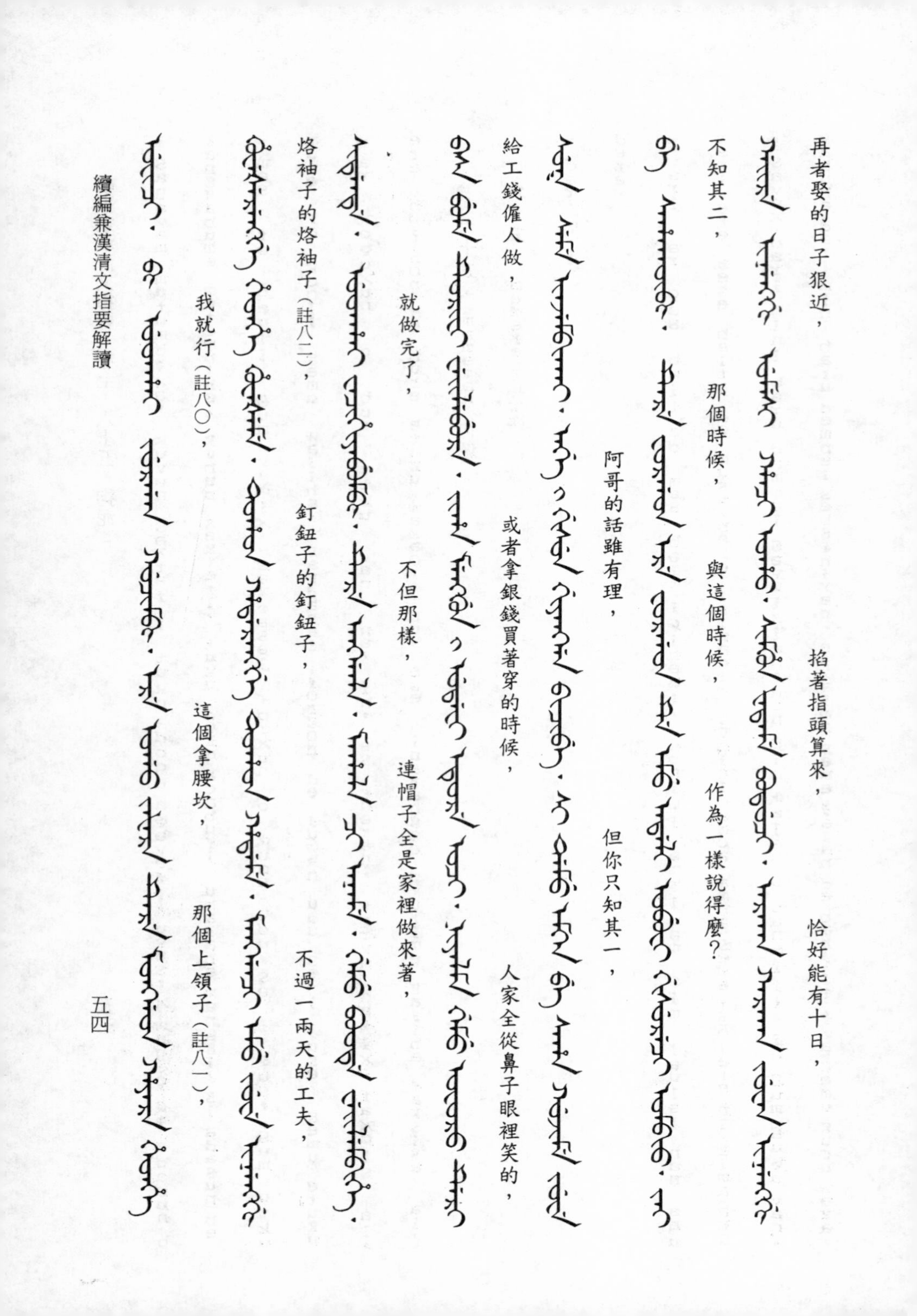

再者娶的日子狠近， 掐著指頭算來， 恰好能有十日，

不知其二， 那個時候， 與這個時候， 作為一樣說得麼？

阿哥的話雖有理， 但你只知其一，

給工錢僱人做， 或者拿銀錢買著穿的時候， 人家全從鼻子眼裡笑的，

就做完了， 不但那樣， 連帽子全是家裡做來著，

烙袖子的烙袖子（註八二）， 釘鈕子的釘鈕子， 不過一兩天的工夫，

我就行（註八〇）， 這個拿腰坎， 那個上領子（註八一），

*giar inəŋ uməɕi Xantɕi oXu, ɕimxun fatəm bodutɕi, arqan qarqan dʑuan inəŋ
gaire inenggi umesi hanci oho, simhun fatame bodoci, arkan karkan juwan inenggi
*v saXəqui, tər forXun ər forXun d əm adali ovufi gisirətɕi om na, dʑai
be sahakūbi, tere forgon ere forgon de emu adali obufi gisureci ombio, jai
*suk sim indʑimqai, agə i gisun giaŋ bitɕivə, ɕi dam əmkən b saX Godʑim dʑu
suk seme injembikai, age i gisun giyangga bicibe, si damu emken be saha gojime juwe
*basə bum tyryfi vəiləvər, dʑiXa muŋun i udafi utur otɕi, nan gum ovur dəri
basa bume turifi weilebure, jiha menggun i udafi eture oci, niyalma gemu oforo deri
*ɕidənd, utXai vatɕixivəm, tər aŋəl, maXal ətɕi anəm, gum bod vəiləmbixə,
sidende, uthai wacihiyabumbi, tere anggala, mahala ci aname, gemu boode weilembihe,
*xuʂirəŋ xətx xuʂim, toXun Xadəm toXun Xadəm, maŋatɕi əm dʑu inəŋ
huwešerengge hethe huwešeme, tohon hadarangge tohon hadame, manggaci emu juwe inenggi
*ivitɕi, bi utXai dʑurXan Gotɕim, ər oXu dʑavər tər moŋun Xajir xətx
ufici, bi uthai jurgan gocimbi, ere ogo jafara tere monggon hayara hethe

這個工夫，一點空兒不給，不分晝夜的趕著做了去，

趕的上趕不上，還在兩可之間呢！要是拘泥舊規矩，旗杆

底下誤了操（註八三），睜著眼睛至於誤了時候，什麼趣兒呢？

六十六、若夢

人沒有活一百歲的呀！這就是浮生若夢，

為歡幾何，日月如梭的一樣，一仰一合（註八四），

頭髮就白了，成了無用的人了，趁還未年老，若不吃不穿，

* fənix saXun ʂirəpi, baitaqu om, səxɗər ənɗi v amtʂəm uturqu ʤitərqu

funiyehe šahūn šarapi, baitakū ombi, sakdara unde be amcame eturakū ǰeterakū

* gəs, səvʤilər ba gianəqu uɗu, sun bia Xomson maXtər adali, gəri fari uʤu

gese, sebǰelere ba giyanakū udu, šun biya homso maktara adali, geri fari uǰu

* nan ofi, taŋ sə ɗ banʤirəŋ aqu qai, ər taq banʤir bəi ǰal tœlxin i

niyalma ofi, tanggū se de banǰirengge akū kai, ere taka banǰire beye yala tolgin i

* 六十六、 ǰal tœlxin 若夢

六十六、 yala tolgin 若夢

* tyryvux balam, ǰas guxun toquvur uɗ iɕivətʂi ai ǰoXtu.

turibuhe balama, yasa gehun tookabure de isibuci ai yokto.

* amtʂərəquŋ, Xonu ʤu ɕiɗənɗəri biqai, aiqa mərəm fə qauli sixəi, gio

amcarakūngge, hono ǰuwe sidenderi bikai, aika memereme fe kooli sehei, gio

* solo bi, ər ɕiɗənɗ ʤaq solo titʂivərqu, ɗœvir ɗœlim Xatʂixim vəilətʂi amtʂər

šolo bi, ere sidende ǰaka šolo tucibuarakū, dobori dulime hacihiyame weilecī amcara

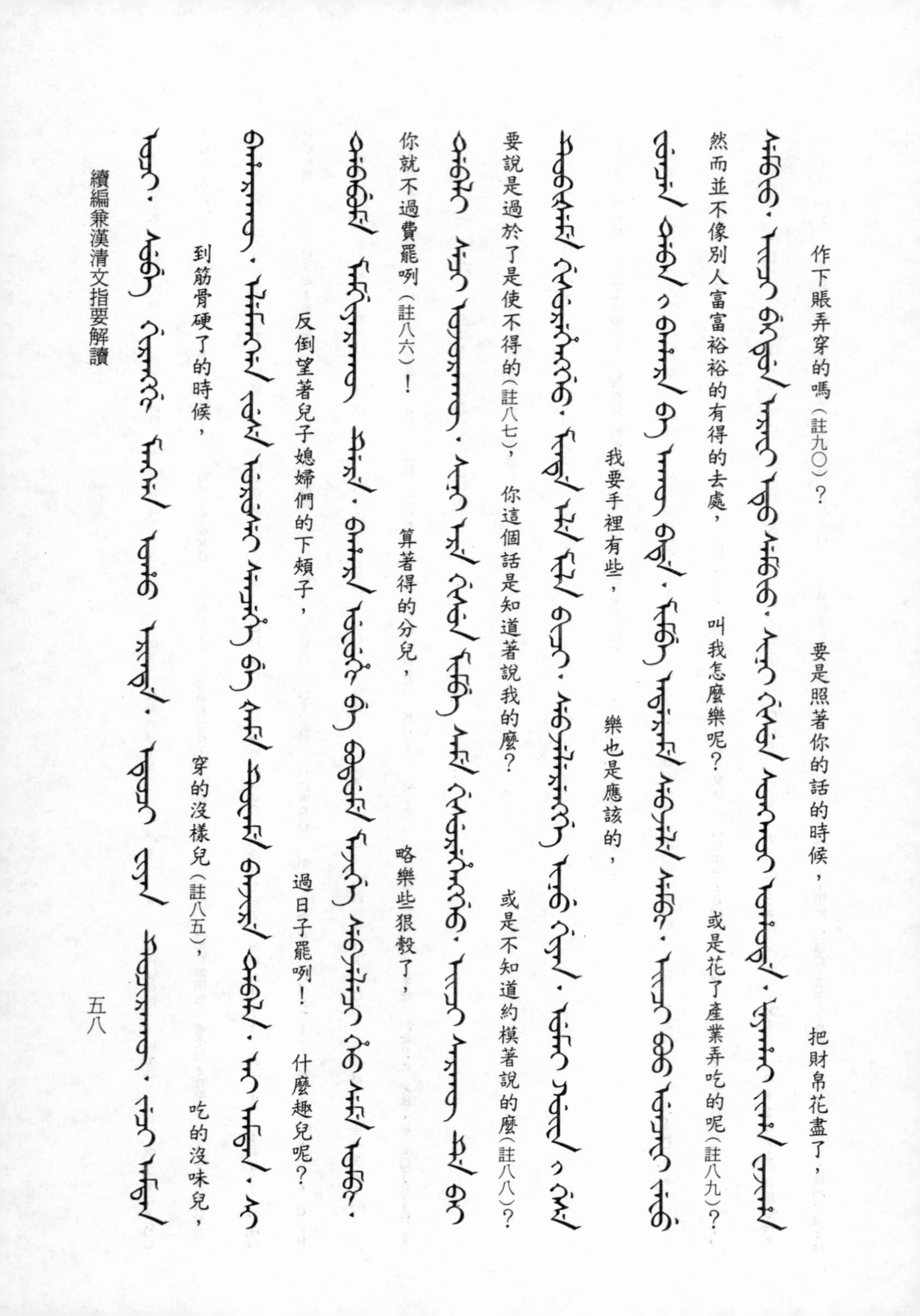

到筋骨硬了的時候，穿的沒樣兒（註八五），吃的沒味兒，

反倒望著兒子媳婦們的下頦子，過日子罷咧！什麼趣兒呢？

你就不過費罷咧（註八六）！算著得的分兒，略樂些狠㲉了，

要說是過於了是使不得的（註八七），你這個話是知道著說我的麼？或是不知道約模著說的麼（註八八）？

我要手裡有些，樂也是應該的，

然而並不像別人富富裕裕的有得的去處，叫我怎麼樂呢？或是花了產業弄吃的呢（註八九）？

作下賬弄穿的嗎（註九〇）？要是照著你的話的時候，把財帛花盡了，

*Sim na, əiʨi bəxdun arəfi utu Sim na, ɕini giSun soŋqoi oXod, faǰiXəi ʥiXa vaʥiX
sembiO, eiCi bekdun arafi etu sembiO, Sini gisun songkOi OhOde, fayahai ǰiha waǰiha
*fənʨən davən i baXər ba aqu bad, minb adarəm Səvʥilə Sim, əiʨi bo unʨafi ʥif
funcen daban i bahara ba akū bade, mimbe adarame seǰele sembi, eiCi bOO uncafi ǰefu
*tyviSim giSirəxəŋ na, mind ələ mila biʨi, Səvʥilərəŋ in gian, umai Gua i gəS
tubišeme gisurehenggeO, minde ele mila biCi, seǰelerengge inu giyan, umai gūwa i gese
*davəl Siʨi oʥurqu, ɕini ər giSun minb Sam giSirəxəŋ na, əiʨi Sarqu d bai
dabali seCi OǰOrakū, Sini ere gisun mimbe same gisurehenggeO, eiCi sarkū de bai
*davəvəm mamgiarqu dər, baXər ufuxi v bodum maʥig Səvʥiləʨi xəu Sim om,
dababume mamgiyarakū dere, bahara ufuhi be bodome maǰige seǰeleCi heO seme ombi,
*baXərqu, əlimaŋ ʥuS oruSəi Sənʨix əv Sam tam banʥir davliə, ai amtən, ɕi
baharakū, elemangga ǰuse uruseі sencehe be šame tuwame banǰire dabala, ai amtan, Si
*oʨi, Suvu giraŋ maŋ oXu ərind, utuʨi fian tiʨirqu, ʥiʨi amtən
OCi, Sube giranggi mangga OhO erinde, etuCi fiyan tuCirakū, ǰeCi amtan

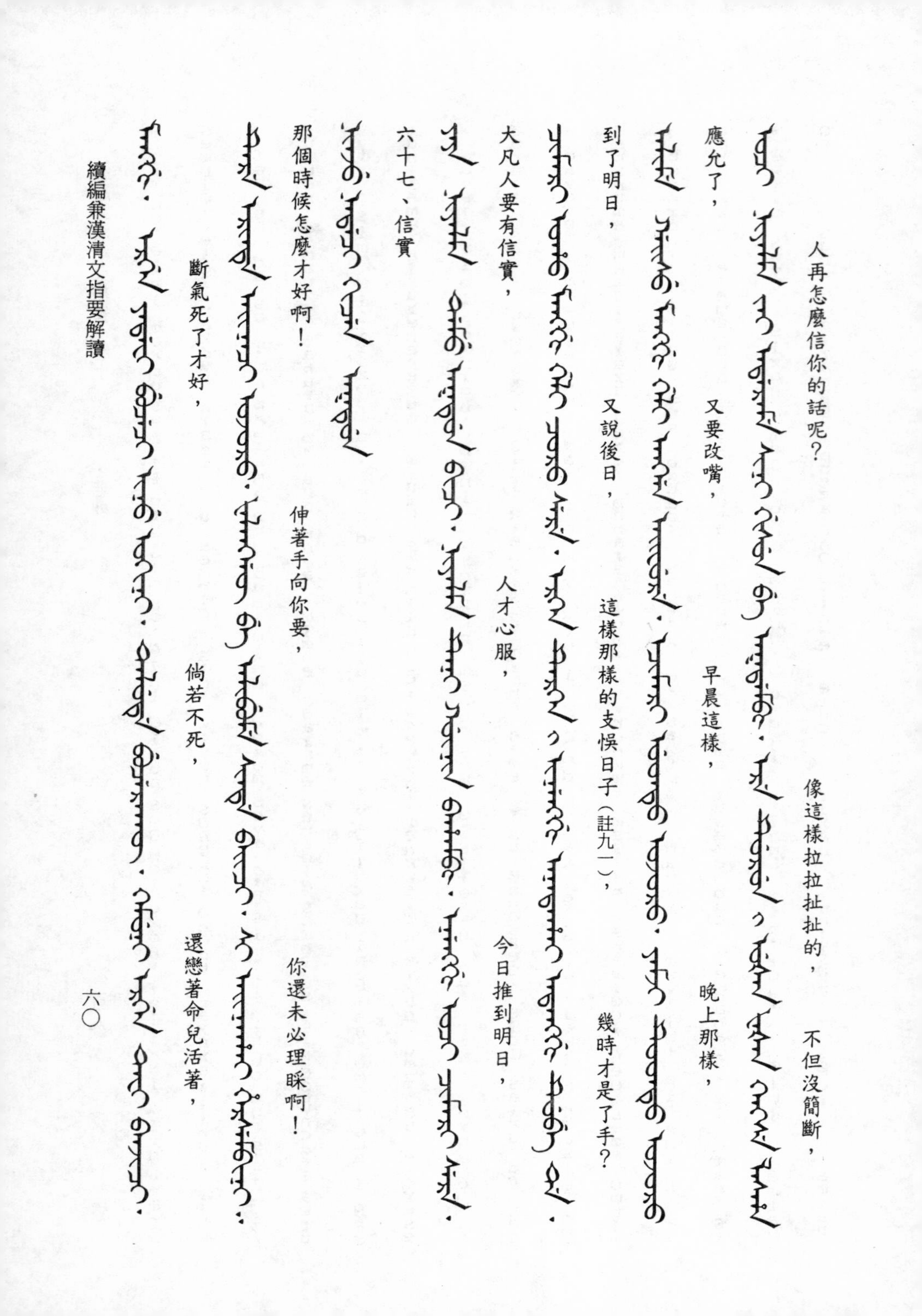

斷氣死了才好，倘若不死，還戀著命兒活著，

那個時候怎麼才好啊！伸著手向你要，你還未必理睬啊！

六十七、信實

大凡人要有信實，人才心服，今日推到明日，

到了明日，又說後日，這樣那樣的支悞日子（註九一），幾時才是了手？

應允了，又要改嘴，早晨這樣，晚上那樣，

人再怎麼信你的話呢？像這樣拉拉扯扯的，不但沒簡斷，

*otɕi nan dʑai adarəm ɕini gisun b aXdəm, ər durun i usan fasan kəŋs lasX

oCi niyalma ʝai adarame sini gisun be akdambi, ere durun i uša̋n fašan kengse lasha

*ɛlim giasə maŋi gəl aŋ aivər, ətɕimar utu odʑuru, jamdʑi tutu odʑuru

alime gaisu manggi geli angga aifure, ecimari uttu oʝoro, yamʝi tuttu oʝoro

*tɕimar oXu maŋi gəl tɕor Sir, ərkən tərkən i inəŋ anətəXəi, ɛtiŋ duv da,

Cimari oho manggi geli coro sere, erken terken i inenggi anatahai, atanggi dube da,

*jaja nan dam audun bitɕi, nan təni Gonin baXəm, ənəŋ otɕi tɕimar Sir,

yaya niyalma damu akdun bici, niyalma teni gūnin bahambi, enenggi oCi Cimari sere,

* 六十七、audun 信實

六十七、akdun 信實

*tər ərind ɛnətɕi odʑuru, faləŋ əv ɛlivəm ɕind biatɕi, ɕi ɛnəXəi xərSimi.

tere erinde ainaCi oʝoro, falanggū be alibume sinde baiCi, si ainahai hersembini.

*maŋi, ərxən jadəfi bətʂətɕi in okini, talud bətʂərqu, kəməni ərxən tafi bandʑitɕi,

manggi, ergen yadafi buceCi inu okini, talude bucerakū, kemuni ergen tafi banʝiCi,

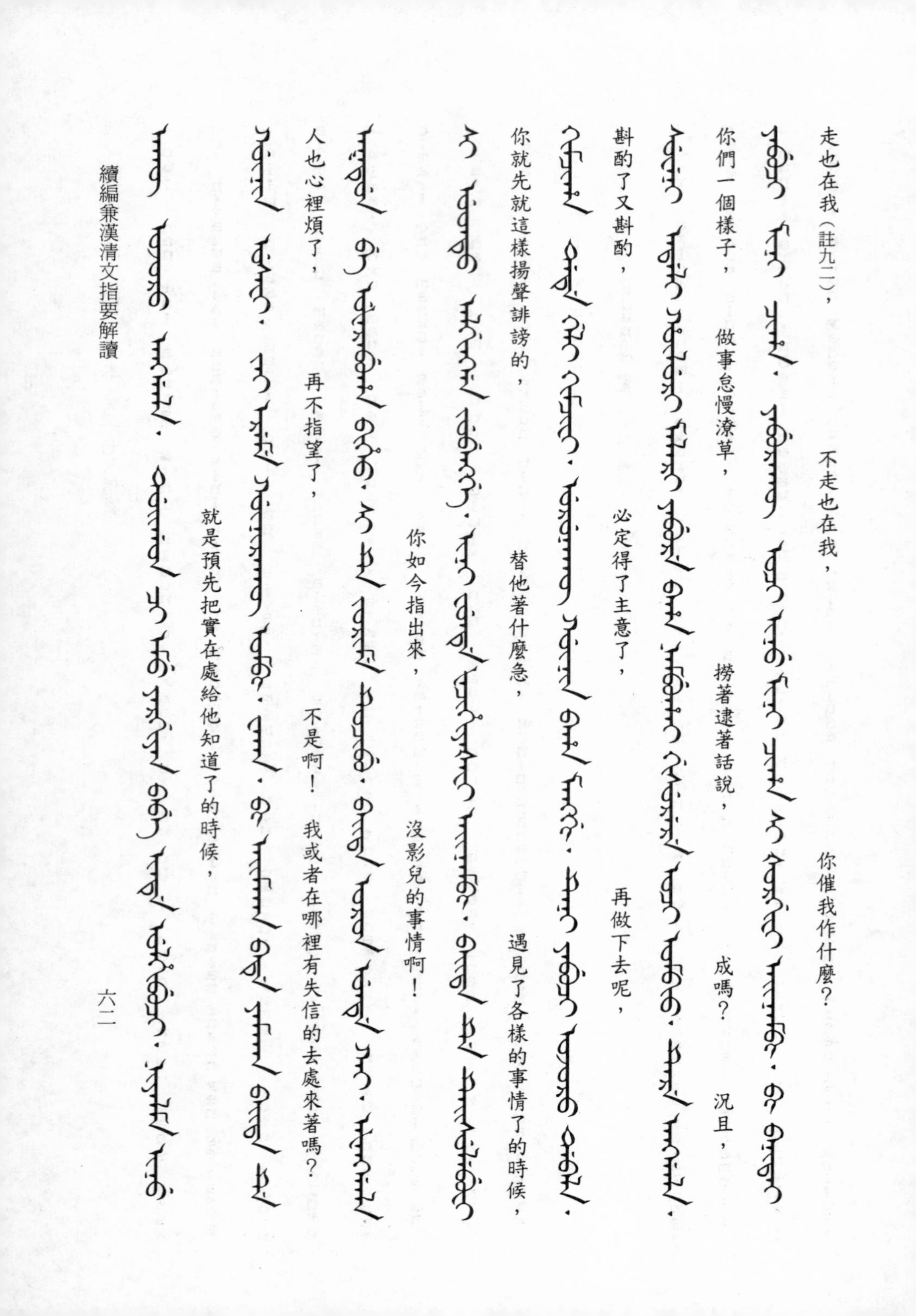

走也在我（註九二），　不走也在我，　你催我作什麼？

你們一個樣子，　做事急慢潦草，　撈著逮著話說，　成嗎？　況且，

斟酌了又斟酌，　必定得了主意了，　再做下去呢，

你就先就這樣揚聲誹謗的，　替他著什麼急，　遇見了各樣的事情了的時候，

你如今指出來，　沒影兒的事情啊！

人也心裡煩了，　再不指望了，　不是啊！　我或者在哪裡有失信的去處來著嗎？

就是預先把實在處給他知道了的時候，

*javəʨi mini ʨiXa, javərqu oʨi in mini ʨiXa ɕi ɕœrxifi ɛnəm, bi banitai
yabuci mini ciha, yaburakū oci inu mini ciha si šorgifi ainambi, bi banitai
*Soni adali Xulur malar javər baX naməvəXəi gisirər oʨi om na, tər aŋəl,
Suweni adali hūluri malari yabure baha nambuhai gisurere oci ombio, tere anggala,
*kimʨiX dad gəl kimʨifi, urunaqu Gonin baX maŋi, təni javəʨi oʤuru davliə,
kimciha dade geli kimcifi, urunakū gūnin baha manggi, teni yabuci ojoro dabala,
*ɕi utu ɛlxiŋ ʤuvuŋ, ini fundə faʨixiaʂifi ɛnəm, bait əd təiSuləvəfi
si uttu algingga jubengge, ini funde facihiyašafi ainambi, baita de teisulebufi
*audun b uvarəvəX bixə na, ɕi tə ʥœrim tiʨivə, bait orun əndi qai, avaŋəl
akdun be ufarabuha biheo, si te jorime tucibu, baita orun unde kai, afanggala
*Gonin usanəfi, ʤai ərəm Gonirqu om, vaq, bi aimaq bad jamaq bait əd
gūnin usafi, jai ereme gūnirakū ombi, waka, bi aimaka bade yamaka baita de
*aqu oʤuru aŋəl, doiXon ʨi əm jarxin bav ind ulxivəʨi, nan in
akū ojoro anggala, doigon ci emu yargiyan babe inde ulhibuci, niyalma inu

睡覺來著（註九三）。夜裡到了三更的時候，轉過去面往裡正睡著，

這幾日，因為悶熱的上，把窗戶支著，在明間裡

六十八、裝鬼

誰叫他停著等來呢？

他要信得就等著，要是不信，任意別處求人去罷！

那樣留下笑話，成為話柄兒的事情，自幼兒沒學過，

我生來就是這樣寧折不屈的呀！把事不見真酌的時候，就冤屈著叫我這樣的，

*amχəχ bixə, tʂəksə dœvir ilatʂi giŋ ni ərind iɕinəfi, dœɕy forum dʑiŋ amχəm

amgaha bihe, sikse dobori ilaci ging ni erinde isinafi, dosi forome jing amgame

*ər udu inəŋ Gunqəm χalχun odʐuru dʐaqad, fa v sudʑaχəi taŋuli d

ere udu inenggi gūngkame halhūn ojoro jakade, fa be sujahai tanggūli de

* 六十八、xutu arər 裝鬼

六十八、hutu arara 裝鬼

*jandukini dər, və inb ivəχəi na.

yandukini dere, we imbe ilibuhabio.

*tatʂiχəqu, i aχdətʂi ɛli sə, aχdər otʂi, tʂaχəŋ bad gənəfi əntʂu nan əd

tacihakū, I akdaci aliya se, akdarakū oci, cihangga bade genefi encu niyalma de

*sitʂi, tənk basitʂun virifi gisun i anq odʐuru, bait əv bi adʑigən tʂi

seci, tenteke basucun werifi gisun i anakū ojoro, baita be bi ajigan ci

*utχai utu tʂamaŋ, bait əv jargiləχəqu d buxdam dʐavəfi minb utu oso

uthai uttu camangga, baita be yargiyalahakū de bukdame jafafi mimbe uttu oso

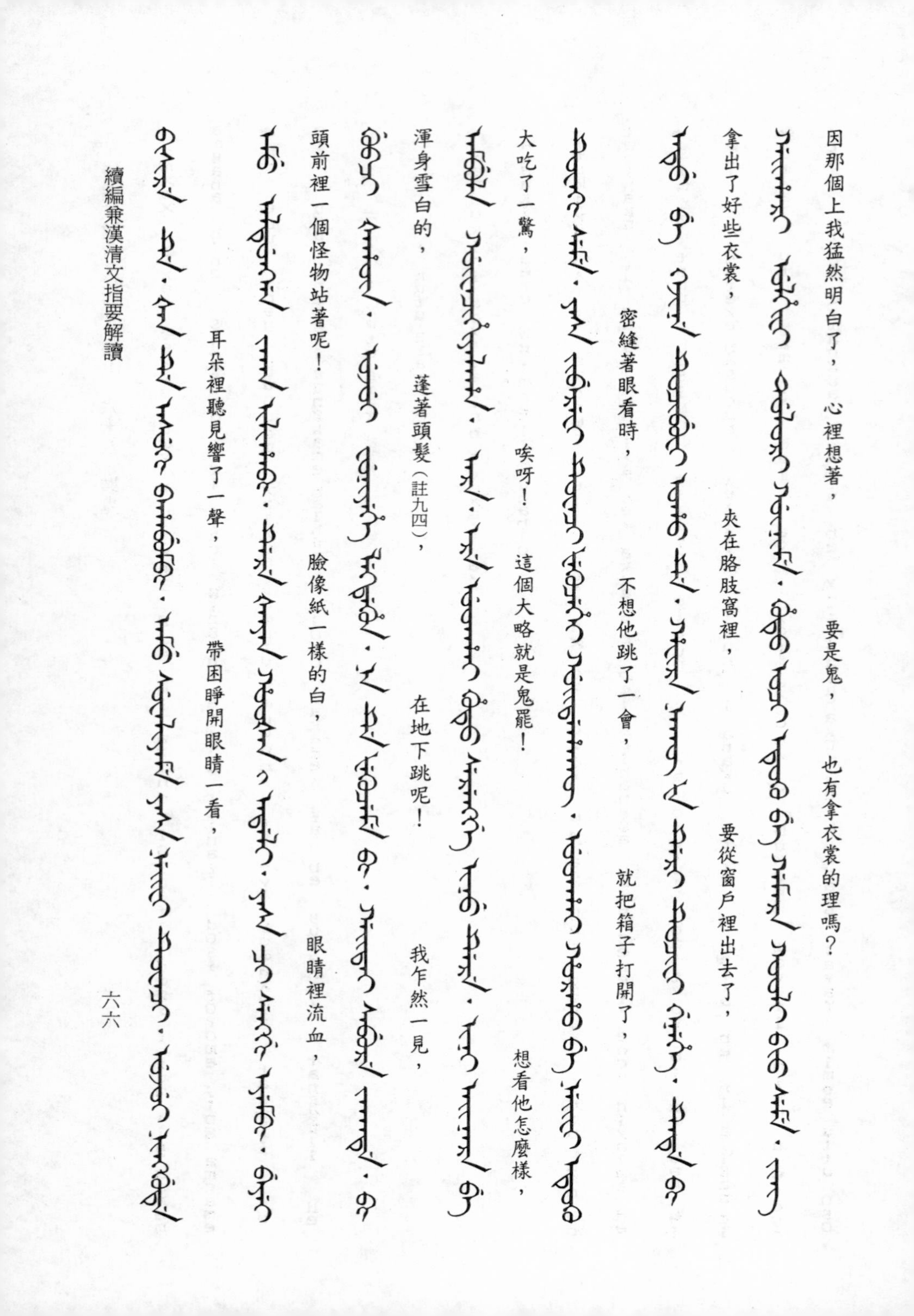

耳朵裡聽見響了一聲，帶困睜開眼睛一看，

頭前裡一個怪物站著呢！臉像紙一樣的白，眼睛裡流血，

渾身雪白的，蓬著頭髮（註九四），在地下跳呢！我乍然一見，

大吃了一驚，唉呀！這個大略就是鬼罷！想看他怎麼樣，

密縫著眼看時，不想他跳了一會，就把箱子打開了，

拿出了好些衣裳，夾在胳肢窩裡，要從窗戶裡出去了，

因那個上我猛然明白了，心裡想著，要是鬼，也有拿衣裳的理嗎？

*giaXur ulxifi dOlOri Gonim, xutu oʨi utku v Gamər qauli bi na Sim, ʥiŋ
gaihari ulhifi dOlOri gūnime, hutu OCi etuku be gamara KOOli biO seme, ǰing
*adu v kəʥinə tiʨivəfi oXu d, Xavirəm naqu fa dəri tiʨifi gənəx, tədə bi
adu be keǰine tuCibufi oho de, hafira nakū fa deri tuCifi genehe, tede bi
*taki Sim, jaS ʥivərəfi taʨi fəkuʨəxəi GuidaXəqu, utXai XorXun b lifi utku
tuwaki seme, yasa ǰiberefi tuwaCi fekuCehei gOidahakū, uthai hOrhO be neifi etuku
*ambu guaʨixialəX, ar, ər utXai xutu Sirəŋ in dər, ini ɛnər əv
ambula gūwaCihiyalaha, ara, ere uthai hutu serengge inu dere, ini ainara be
*guvʨi SaXun, uʥuj fənix ləxdəxun, na d fəkuʨəm bi, Gaiti Savər ʥaqad, bi
gubCi šahūn, uǰui funiyehe lekdehun, na de fekuCeme bi, gaitai sabure ǰakade, bi
*əm aləduŋ ʥaq iXəi, dər ɕaŋən Xoɕin i adali, jaS əʨi ɕiŋ əǰim, bəiǰ
emu aldungga ǰaka ilihabi, dere šanyan hOOšan i adali, yasa Ci senggi eyembi, beyei
*biɕir əd, San d aSki baXəvəm, jaSim Sualiam jaS lifi taʨi, uʥuj nuŋud
bisire de, šan de asuki bahabumbi, amu suwaliyame yasa neifi tuwaCi, uǰui ningguде

正自言自語的時候，那個砍頭的也來了，我慌忙站起來，拔出腰刀，

給他個湊手不及（註九五），結結實實的用刀背一砍，唉的一聲，就四肢伸直的跌躺在地下來了，

叫了家裡的人們，點上燈看時，狠可笑，

卻原來是一個竊賊（註九六），裝作鬼來嚇人來了的呀！

六十九、姻緣

有緣分的上，我們來求作親來了，我的這個兒子，雖然沒有出類超群的本事，

但只喝酒耍錢，與那混賬人們胡曠等項的事情，

*fərxuʈʂuku bəŋsən aqu biʈʂivə, dam nur œmir ʥiχa ivir əx faʈʂuχun urs əd

ferguwecuke bengsen akū bi̤ci̤be, damu nure omi̤re ji̤ha efi̤re ehe facuhūn urse de

*fətən bifi, bo niamən ʥavəki sim biam ʥix, mini ər ʥi, udu ʈʂolχuruku ərdəm

feten bi̤fi̤, be ni̤yaman jafaki̤ seme bai̤me ji̤he, mi̤ni̤ ere jui̤, udu colgoroko erdemu

* 六十九、salχəvən 姻緣

六十九、salgabun 姻緣

*χulχa ʥortəi xutu arəm nan əv gələvəmbixəni.

hūlha jortai̤ hutu arame ni̤yalma be gelebumbi̤heni̤.

*boʤ urs əv χulam Gaʥifi dəŋʥən davəfi taʈʂi, uməɕi ʤovun, dulə əm butu

boo i̤ urse be hūlame gaji̤fi̤ dengjan dabufi̤ tuwaci̤, umesi̤ yobo, dule emu butu

*ʥavdərqu d maɕiləm əmgəri gənʈʂəxələr ʥaqad, ar sifi, na d ɕarvatəl tuxuk,

jabdurakū de masi̤lame emgeri̤ gencehelere jakade, ara sefi̤, na de sarbatala tuheke,

*bodongiar əd tər vavər, gəl ʥix, bi əxsəm ifi loχu v Goʈʂim tiʈʂivəfi

bodonggi̤yara de tere wabure, geli̤ ji̤he, bi̤ ekšeme i̤li̤fi̤ loho be goci̤me tuci̤bufi̤

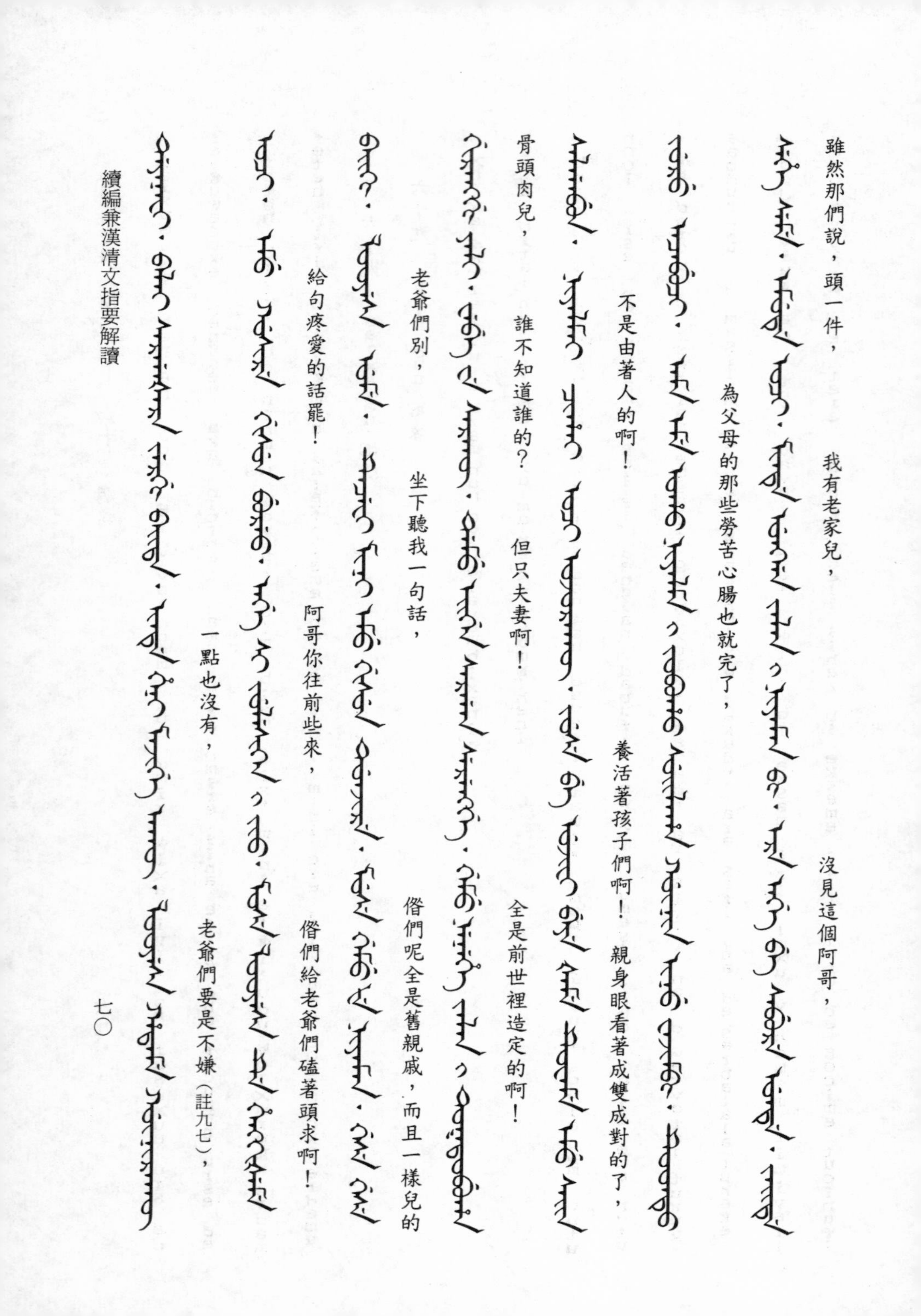

雖然那們說，頭一件，　我有老家兒，　沒見這個阿哥，

為父母的那些勞苦心腸也就完了，

不是由著人的啊！　養活著孩子們啊！　親身眼看著成雙成對的了，

骨頭肉兒，　誰不知道誰的？　但只夫妻啊！　全是前世裡造定的啊！

老爺們別，　坐下聽我一句話，　俗們呢全是舊親戚，而且一樣兒的

給句疼愛的話罷！　阿哥你往前些來，　俗們給老爺們磕著頭求啊！

一點也沒有，　老爺們要是不嫌（註九七），

* Six Sim, əmd oʈʂi, mind uŋan ʥalən i niamən bi, ər agə v Savər əndi, ʥaid
Sehe Seme, emude Oci, minde ungga ǰalan i niyaman bi, ere age be Sabure unde, ǰaide
* ʥyru aʈʂəvəʈʂi, amə əni oXu nan əi ʥovuX SuilaX Gonin in vaʥim, tutu
ǰuru acabuci, ama eme oho niyalma i ǰobOhO Suilaha gūnin inu waǰimbi, tuttu
* SalXəvən, nanəǰ ʈʂiXai oʈʂi oʥurqu, ʥuS əv uʥifi bəi Sam tam əm ɕan
Salgabun, niyalmai cihai Oci OǰOrakū, ǰuse be uǰifi beye šame tuwame emu Sain
* giraŋ ǰəli, vəv və Sarqu, dam ixən SarXən Sirəŋ, gum nənəx ʥalən i toXtuvuX
giranggi yali, webe we Sarkū, damu eigen Sargan Sirengge, gemu nenehe ǰalan i tOktObuha
* biaki, lauǰəS əm, təʈʂəfi mini əm giSun dœnʥir, məS gum fə niamən, gəS gəS
baiki, lOOyesa ume, tecefi mini emu giSun dOnǰire, muse gemu fe niyaman, gese gese
* oʈʂi, əm GOɕir giSun burəo, agə ɕi ʥulɕikən i ʥu, məS lauǰəS əd xiŋkəSəm
Oci, emu gOSire giSun bureO, age Si ǰuleSiken i ǰiO, muse lOOyesa de hengkišeme
* daǰinəfi, balai SarXaSir ʥirxi bait, ind xəni maʥig aqu, lauǰəS Xatənəm Gonirqu
dayanafi, balai Sargašara ǰergi baita, inde heni maǰige akū, lOOyesa hatame gūnirakū

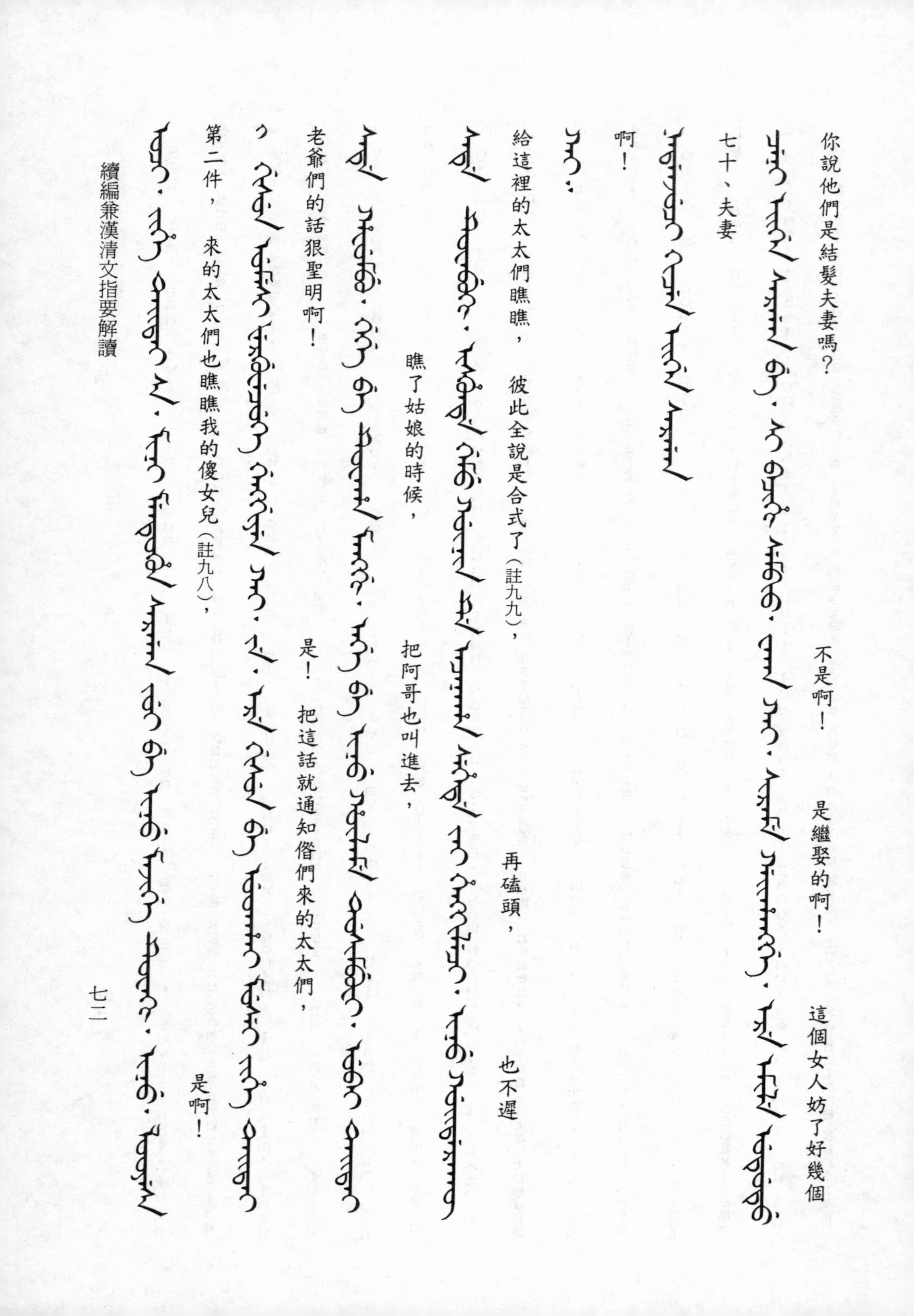

你說他們是結髮夫妻嗎？　不是啊！　是繼娶的啊！　這個女人妨了好幾個

七十、夫妻

啊！

給這裡的太太們瞧瞧，　彼此全說是合式了（註九九），　再磕頭，　也不遲

瞧了姑娘的時候，　把阿哥也叫進去，

老爺們的話狠聖明啊！　是！　把這話就通知偺們來的太太們，

第二件，　來的太太們也瞧瞧我的傻女兒（註九八），　是啊！

* tʂəni ixən sarχən b, ɕi batɕix sim na, vaq qai, ɕiram giaχəŋ, ər imilin uɗuɗu

ceni eigen sargan ɒe, si ɒacihi sembio, waka kai, sirame gaihangge, ere emile uɗuɗu

* 七十、ixən sarχən 夫妻

七十、eigen sargan 夫妻

* qai.

kai.

* səɗ tavəki, isxunɗ gum ɢonin ɗ atʂənəχ sixəɗ ʥai xiŋkələtɕi, in ɢuiɗarqu

sade tuwaɒuki, ishunde gemu gūnin de acanaha sehede ʲai hengkileci, inu goidarakū

* səɗ χavumɒu, gəxə v taχ maŋi, agə v in χulam ɗœɕyvufi, əvaʲ taitai

sade hafumɒu, gege ɒe tuwaha manggi, age ɒe inu hūlame dosimɒufi, uɒai taitai

* əi gisun uməɕi fərxutʂuku gəŋin qai, ʥə, ər gisun b utχai məsəʲ ʤix taitai

i gisun umesi ferguwecuke gengiyen kai, ʲe, ere gisun ɒe uthai museʲ ʲihe taitai

* otɕi, ʤix taitai sa, mini məntuxun sarχən ʤi v in maʤig taki, in, lauʲəs

oci, ʲihe taitai sa, mini mentuhun sargan ʲui ɒe inu maʲige tuwaki, inu, looyesa

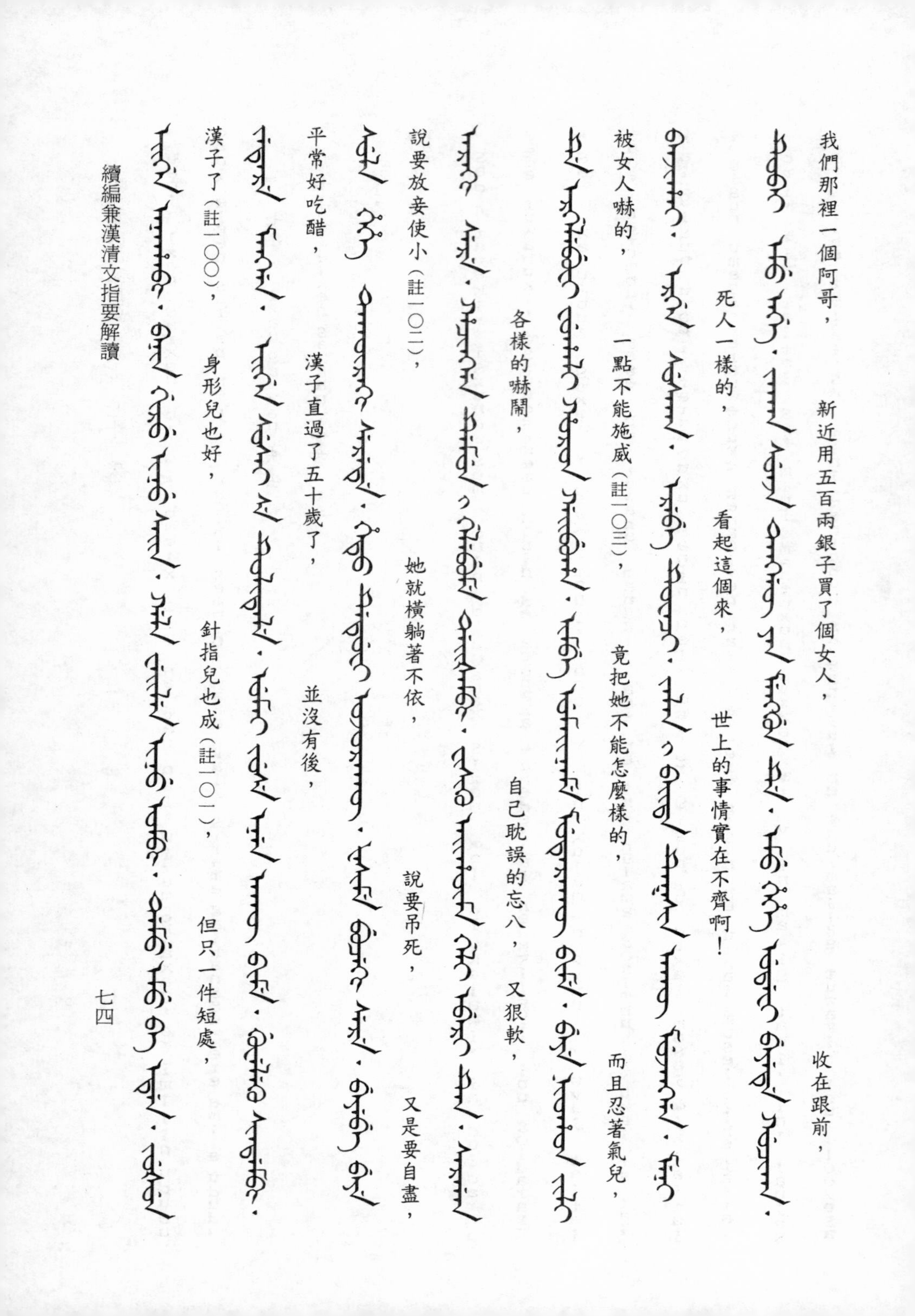

我們那裡一個阿哥，新近用五百兩銀子買了個女人，收在跟前，

死人一樣的，看起這個來，世上的事情實在不齊啊！

被女人嚇的，一點不能施威（註一〇三），竟把她不能怎麼樣的，而且忍著氣兒，

各樣的嚇鬧，自己耽誤的忘八，又狠軟，

說要放妾使小（註一〇二），她就橫躺著不依，說要吊死，又是要自盡，

平常好吃醋，漢子直過了五十歲了，並沒有後，

漢子了（註一〇〇），身形兒也好，針指兒也成（註一〇一），但只一件短處，

* təvaj əm agə, ʥaqən sunʥa taŋ jan muŋun d, əm xəx udafi bəid goɕiq,
tuba̤i emu age, jakan sunja tanggū yan menggun de, emu hehe udafi beyede gocika,
* banʥiXəi, ərxən susaq, ərəv taʨi, ʥalən i bait təxɕin aqu mənʥaŋ, məni
banjiha̤i, ergen susaka, erebe tuwaci, jalan i ba̤ita teksin akū mujangga, meni
* d ərxələvəfi fuXali Xorun giavəX, inb uma̤inəm muturqu bim, bəi nioXun ʥil
de ergelebufi fuhali horon gaibuha, imbe uma̤iname muterakū bime, beye nioʰon jili
* arəki Sir, Xaʨiŋ dəmən i gələvəm da̤iʨim, fiɕiku a̤iXum gələvər tən, SarXən
araki sere, hacingga demun i gelebume da̤išambi, fiSiku a̤ihūma geli eberi ten, sargan
* Sula xəx taquruki Sirəd, xətu dudufi oʥurqu, fasim bəʨəki Sir, bəiv bəi
Sula hehe takūraki serede, hetu dedufi ojorakū, fasime bucekī sere, beyebe beye
* ʥitər maŋ, ixən susa̤i sə tylitələ, uma̤i ʥus ənən aqu bim, guvələku ɕindam,
jetere mangga, eigen susa̤i se tulitele, umai juse enen akū bime, guwelekū sindambi,
* ixən anəXəi, banin giru in ɕan, Gal vəilən in om, dam əm ba ədən, ʥyɕin
eigen anahabi, banin giru inu sa̤in, gala weilen inu ombi, damu emu ba eden, jušun

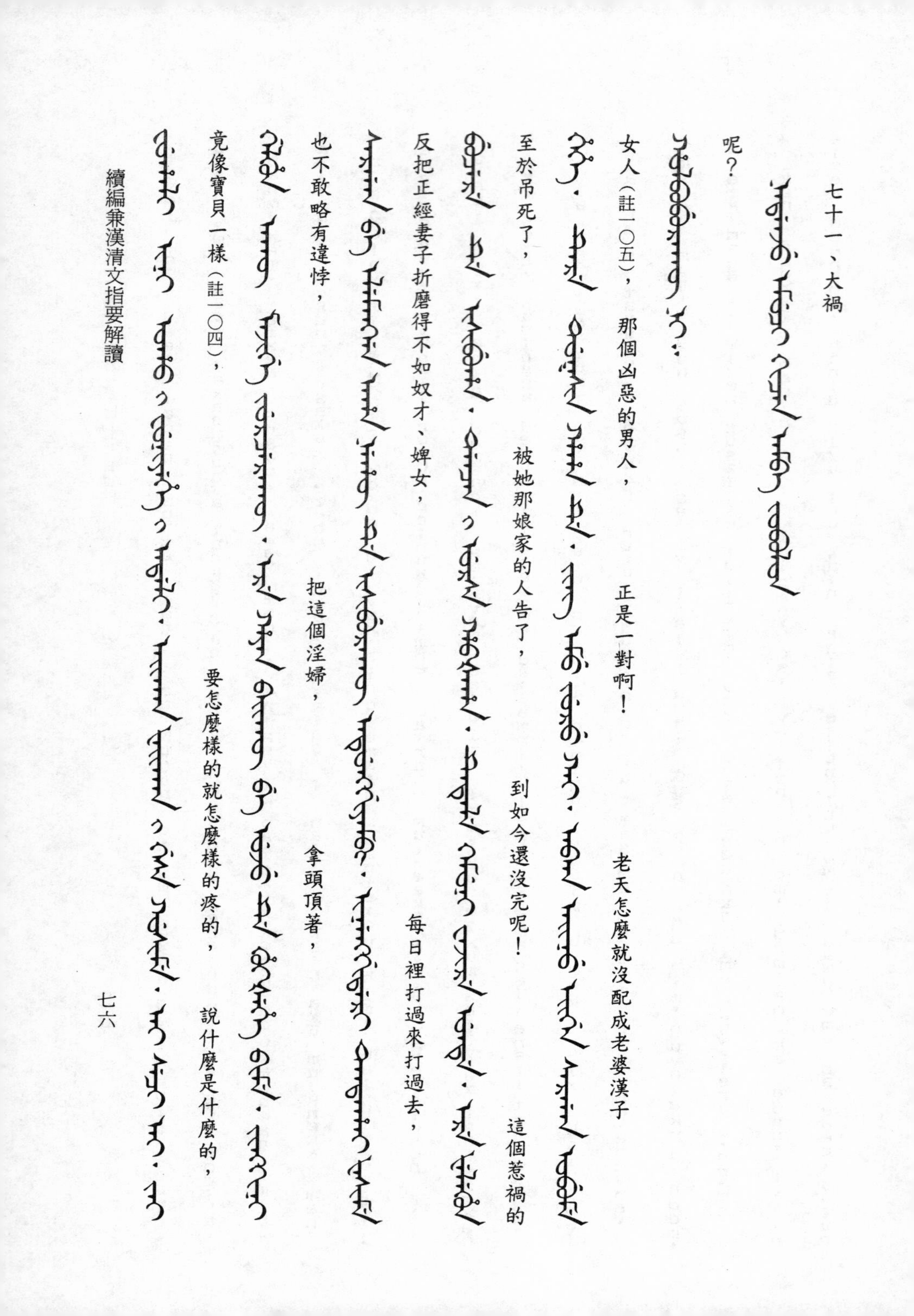

七十一、大禍

女人（註一〇五），那個凶惡的男人，正是一對啊！老天怎麼就沒配成老婆漢子呢？

至於吊死了，被她那娘家的人告了，到如今還沒完呢！這個惹禍的

反把正經妻子折磨得不如奴才、婢女，每日裡打過來打過去，

也不敢略有違悖，把這個淫婦，拿頭頂著，

竟像寶貝一樣（註一〇四），要怎麼樣的就怎麼樣的疼的，說什麼是什麼的，

* 七十一、am ʤovulun 大禍

七十一、amba jobolon 大禍

* Xolvuvurqu ni.

holbobuhakū ni.

* xəx, tər doXɕin XaX əd, ʤiŋ əm ʤyru qai, avqa an ixən sarXən ovum

hehe, tere doksin haha de, jing emu juru kai, abka ainu eigen sargan obume

* bəʦər əd iɕivəX, diənʦin i urs Xavsəx, tətələ kəməni vaʤir əndi, ər fələxun

bucere de isibuha, dancan i urse habšaha, tetele kemuni wajire unde, ere felehun

* sarXən b əlimaŋ aX nəxu d iɕivərqu aduŋgiam, inəŋdari tandəXəi fasim

sargan be elemangga aha nehū de isiburakū adunggiyambi, inenggidari tantahai fasime

* gəlxun aqu maʤig ʤurʦurqu, ər Xain baiqu v uʤu d xuksix bim, ʤiŋkin

gelhun akū majige jurcerakū, ere hayan baikū be uju de hukšehe bime, jingkini

* fuXali ini oXu i fənix əi adali, aiqan aiqan i gəs Goɕim, ai Siʦi ai, ʤai

fuhali ini oho i funiyehe i adali, aikan faikan i gese gosime, ai seci ai, jai

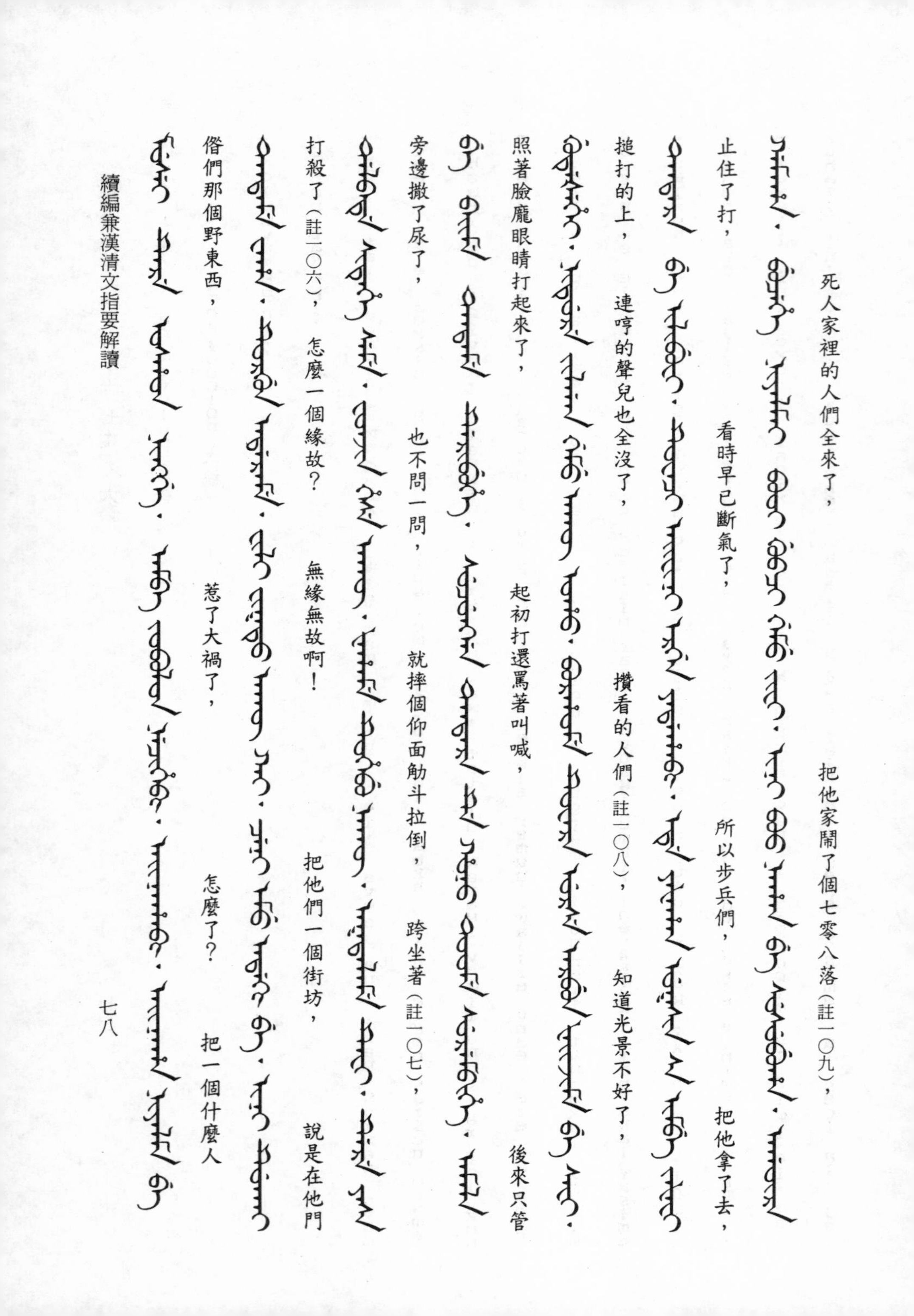

偺們那個野東西，惹了大禍了，怎麼了？把一個什麼人
打殺了（註一〇六），怎麼一個緣故？無緣無故啊！把他們一個街坊，說是在他們
旁邊撒了尿了，也不問一問，就摔個仰面觔斗拉倒，跨坐著（註一〇七），
照著臉龐眼睛打起來了，起初打還罵著叫喊，後來只管
搥打的上，連哼的聲兒也全沒了，攢看的人們（註一〇八），知道光景不好了，
止住了打，看時早已斷氣了，所以步兵們，把他拿了去，
死人家裡的人們全來了，把他家鬧了個七零八落（註一〇九），

* Gaməχ, bəʦəxə nanəǰ boǰ guvʦi gum ʥifi, ini bo naχən b susuvəχ, aχur
gamaha, bucehe niyalmai booi gubci gemu ǰifi, ini boo nahan be susubuha, agūra
* tandər əv ilavəfi, taʦi aifini ərxən ǰadəχəi, ədə ǰafχən uxɕin sa inb ʥavəfi
tantara be ilibufi, tuwaci aifini ergen yadahabi, ede yafahan uksin sa imbe ǰafafi
* gudəsixəi, ydunur ʥilχan gum aqu oχu, borχum tar urs arvun faiʥim əv safi,
gudešehei, nidure ǰilgan gemu akū oho, borhome tuwara urse arbun faiǰime be safi,
* əv biam tandəm dərivux, suʦuŋa tandər əd χonu tom surumbixə, aməl
be baime tantame deribuhe, sucungga tantara de hono toome surembihe, amala
* dalvəd ɕitəx sim, fœnʥin xəsə aqu, faχəm tuxuvu naqu, aχtələm təfi, dər ǰas
dalbade sitehe seme, fonǰin hese akū, fahame tuhebu nakū, aktalame tefi, dere yasa
* tandəm vaχ, turgun adarəm, fili fixtun aqu qai, ʦəni əm ɛdki v, ini duqaǰ
tantame waha, turgun adarame, fili fiktu akū kai, ceni emu adaki be, ini dukai
* məsəǰ tər osχon niŋ, am ʥovulun nəʦixəi, ɛnəχəi, ɛnəχ nan əv
musei tere oshon niŋgge, amba ǰobolon necihebi, ainahabi, ainaha niyalma be

傢伙器皿打了個淨，連瓦全揭了，喊叫的聲音，

直聽到二三里路遠，昨日到部裡去了，說今日上了刑了，

阿哥你沒有聽見說嗎？惡人自有惡人報應啊（註一一〇）！這是他自己惹的罷咧！

與誰什麼相干？

七十二、金錠子

要說是交結朋友，可學那古時的管仲、鮑叔啊！這兩個人，一日走到曠野地方，

看見道旁邊，有一個金錠子放著（註一一一），彼此相讓，

* biXan javər əd taʨi ʥoXun i dalvəd, əm aiɕin i sogə maXtəfi bi, iSXund

bigan yabure de tuwaCi ;ugūn i dalbade, emu aiSin i šOge maktafi bi, iShunde

* guʨuluki Siʨi, ʥulxəʝ guan ʥuŋ bo ʂu v alXudə, ər ʥu nofi, əm inəŋ səxun

guculeki seCi, ;ulgei guwan ;ung bOO šu be alhūda, ere ;uwe nOfi, emu inenggi šehun

* 七十二、aiɕin i sogə 金錠子

七十二、aiSin i šOge 金錠子

* davliə, vəd ai guantə.

dabala, wede ai guwanta.

* agə ɕi dœnʥiXəqu na, əx nan əd əx qarulan bi Sixəi, ər ini bəi biaXəŋ

age Si dOn;ihakūn, ehe niyalma de ehe karulan bi sehebi, ere ini beye baihangge

* duvd iɕitəl dœnʥiXəi, ʨəksə ʥurXan d iɕinəX, ənəŋ ərun nikəvəx Sim,

dubede iSitala dOn;ihabi, Sikse ;urgan de iSinaha, enenggi erun nikebuhe sembi,

* tətun b Xualəx, var ʨi anəm jauni qoluX, qaʨir ʥilXan ʥu ilan bai

tetun be hūwalaha, wase Ci aname yOOni kOlaha, kaiCara ;ilgan ;uwe ilan bai

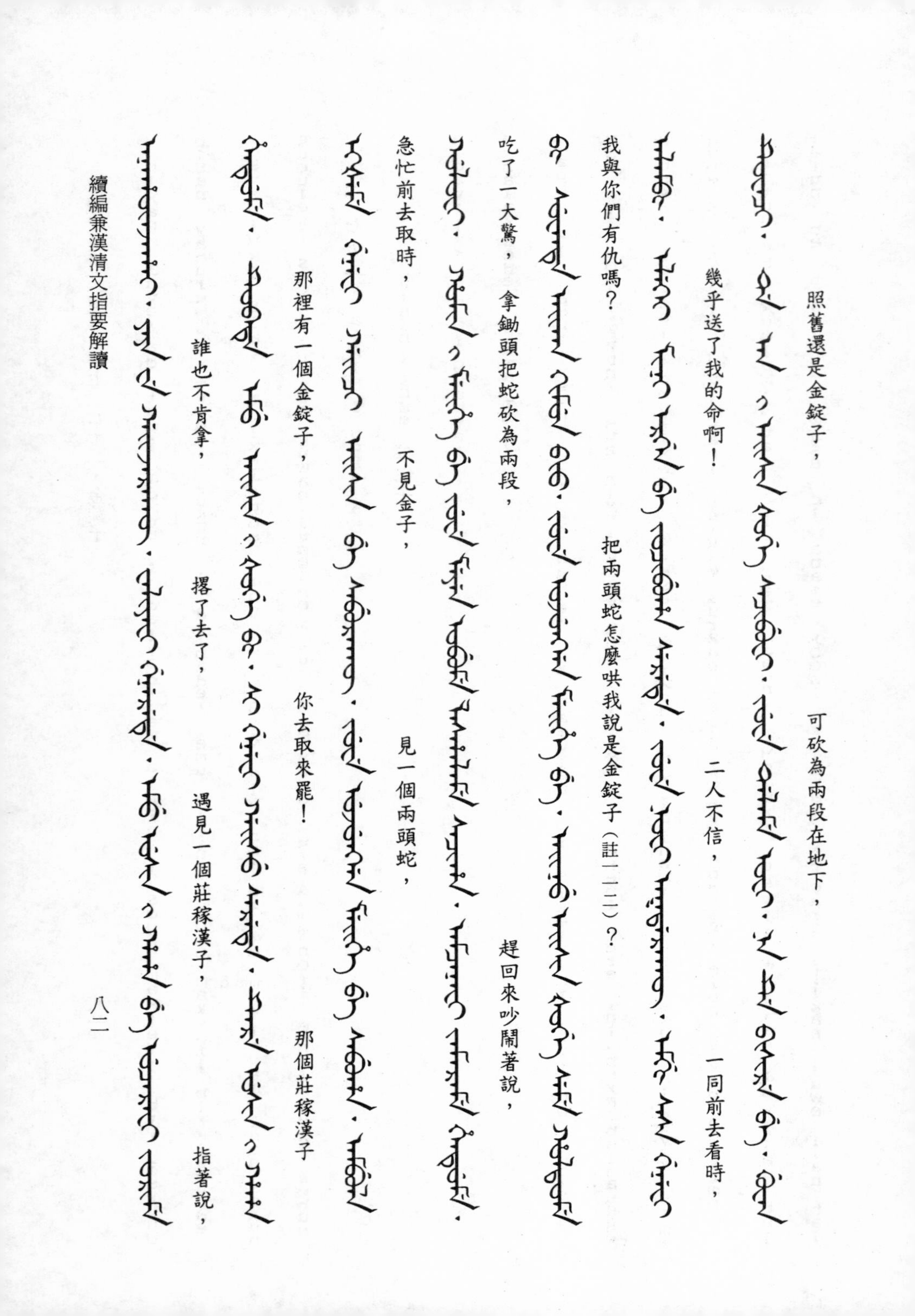

誰也不肯拿，撂了去了，遇見一個莊稼漢子，指著說，

那裡有一個金錠子，你去取來罷！那個莊稼漢子

急忙前去取時，不見金子，見一個兩頭蛇，

吃了一大驚，拿鋤頭把蛇砍為兩段，趕回來吵鬧著說，

我與你們有仇嗎？把兩頭蛇怎麼哄我說是金錠子（註一一二）？

幾乎送了我的命啊！二人不信，一同前去看時，

照舊還是金錠子，可砍為兩段在地下，

* taʨi, da an i aiɕin soɡə saʨəvəfi, ʥu daləm ofi, na d biɕir əv, guan

tuwaci, da an i aisin šoge sacibufi, ǰuwe dalame ofi, na de bisire be, guwan

* aləm, əlki mini ərxən b ʥœʨivəχ sirəd, ʥu nofi aχdər, əmɡi sasa ɡənəfi

alambi, elekei mini ergen be ǰocibuha serede, ǰuwe nofi akdarakū, emgi sasa genefi

* bi sond aiqa kimun bi na, ʥu uʥuŋ məix əv, an aiɕin soɡə sim χoltum

bi suwende aika kimun bio, ǰuwe uǰungga meihe be, ainu aisin šoge seme holtome

* ɢolufi, χomin i məix əv ʥu məǰin ovum lasχələm saʨəχ, amʨənəm ʥamərəm xəndum,

golofi, homin i meihe be ǰuwe meyen obume lashalame saciha, amcanafi ǰamarame hendume,

* əxsəm ɡənəfi ɡiaʨi aiɕin b savərqu, ʥu uʥuŋ məix əv savəχ, ambu

ekšeme genefi gaici aisin be saburakū, ǰuwe uǰungga meihe be sabuha, ambula

* xəndum, təvad əm aiɕin i soɡə bi, ɕi ɡənəfi ɡiasə sirəd, tər uɕin i χaχ

hendume, tubade emu aisin i šoge bi, si genefi gaisu serede, tere usin i haha

* anχunʥiχəi, ǰaǰa və ɡiaʥərqu, vialifi ɡənərəd, əm uɕin i χaχ əv uʨarəfi ʥœrim

anahūnǰahai, yaya we gaiǰarakū, waliyafi generede, emu usin i haha be ucarafi ǰorime

俊美的臉龐，潔白，黑青的眉，

一個比一個標致，生的似九天仙女下凡塵的也有，

這幾天我們那裡好熱鬧，去寺裡燒香的女人們真多，

七十三、人皮

實在可與如今爭利的人，作個榜樣啊！

古人交結朋友的道理是這樣，這個雖與野史相近，

管仲、鮑叔各取了一半來了，那個莊稼漢子，仍舊空手回去了，

* banʥiXəŋ gum bi, Xoʨiqun dər, dər Sim Səjin, jəʨin faidən jar Sim, nilgian
banjihangge gemu bi, hOCikOn dere, der seme šeyen, yaCin faitan yar seme, nilgiyan
* uməɕi lavdu, əmkən ʨi əmkə Saiqan, ujin davqər əʨi uvunʥix, ənduri gəxəi adali
umesi labdu, emken Ci emke saikan, uyun dabkūri Ci ebunjihe, enduri gegei adali
* ər udu inəŋ məni təvad avɕi ɕiməŋ, ʥuxtəxən d xian davəm gənəx xəxɕi
ere udu inenggi meni tubade absi simengge, juktehen de hiyan dabume genehe hehesi

* 七十三、nanəj soqu 人皮

七十三、niyalmai sukū 人皮

* jarxin i tə i forXun i aiɕi v təmSir urs əd, durun taqu ovuʨi aʨəm.
yargiyan i te i forgOn i aiSi be temšere urse de, durun tuwakū obuCi acambi.
* gənəx, ʥulxəj nan guʨulur dor utu, ər udu ʥulun i giSun d Xanʨi biʨivə,
genehe, julgei niyalma guculere doro uttu, ere udu julen i gisun de hanCi biCibe,
* ʥuŋ, bo ʂu əmtə dœlin giaX, tər uɕin i XaX kəməni untxun Galəi amɕi
jung, boo šu emte dulin gaiha, tere usin i haha kemuni untuhun galai amasi

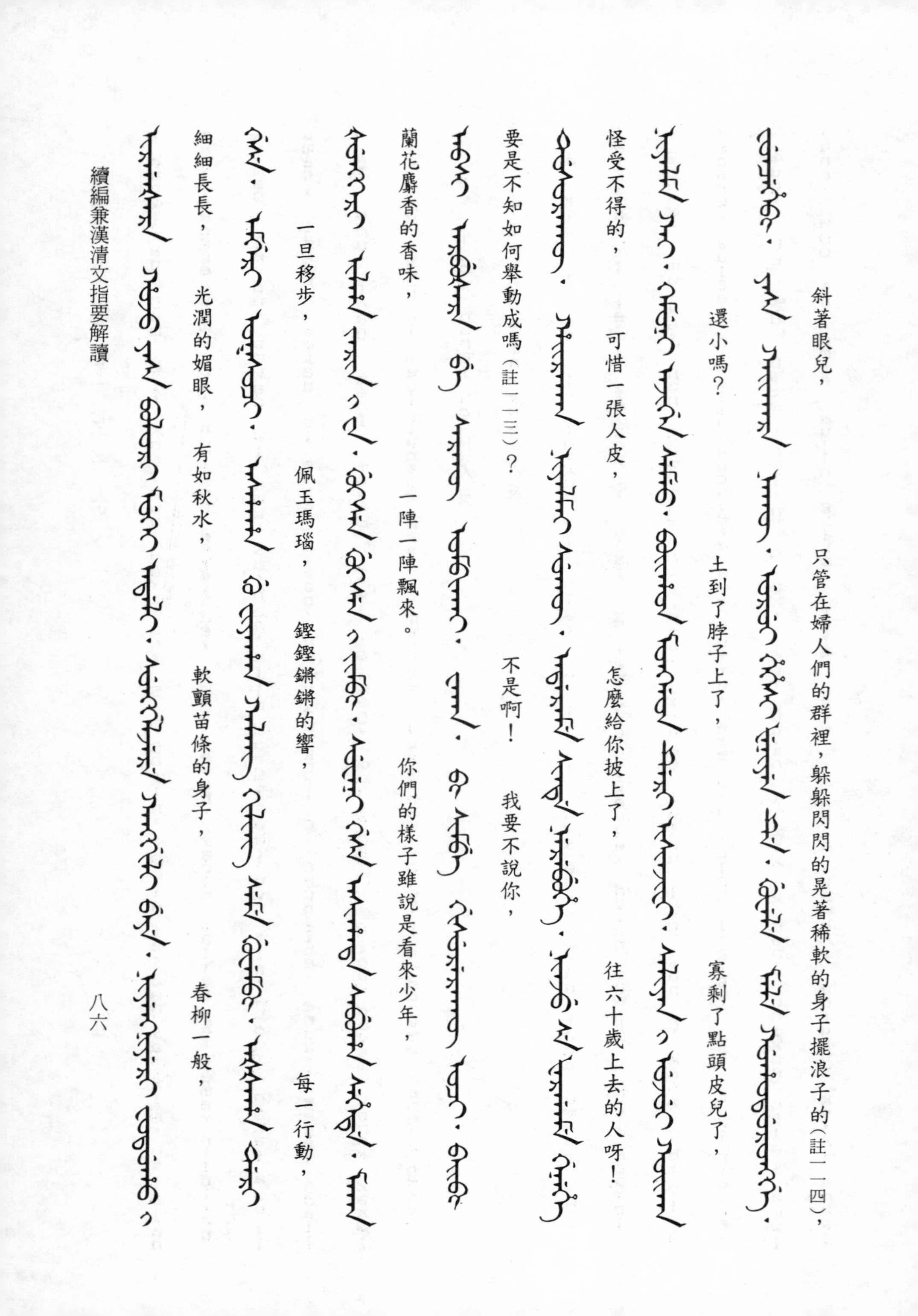

斜著眼兒，　只管在婦人們的群裡，躲躲閃閃的晃著稀軟的身子擺浪子的（註一一四），

還小嗎？　土到了脖子上了，　寡剩了點頭皮兒了，

怪受不得的，　可惜一張人皮，　怎麼給你披上了，　往六十歲上去的人呀！

要是不知如何舉動成嗎（註一一三）？　不是啊！　我要不說你，

蘭花麝香的香味，　一陣一陣飄來。　你們的樣子雖說是看來少年，

一旦移步，　佩玉瑪瑙，　鏗鏗鏘鏘的響，　每一行動，

細細長長，　光潤的媚眼，　有如秋水，　軟顫苗條的身子，　春柳一般，

* fəntʂəxəi, jas qaiqərə naqu, uruị xəxɕi fənin d, guvələ mələ ɢoχudurun,

funcehebi, yasa kaikara nakū, urui hehesi feniyen de, guwele mele gohodoronggo,

* nan qai, kəməni adʑigən sim na, bioχun moŋun dəri iɕindʑifi, ɕəlin i udʑuj quqə

niyalma kai, kemuni ajigen semeo, bohon monggon deri isinjifi, saliyan i ujui koika

* dosurqu, χairəqən nanəj soqu, adarəm ɕind nərəvəx, indʑi sə farχəm gənəx

dosorakū, hairakan niyalmai sukū, adarame sinde nerebuhe, ninju se fargame genehe

* avɕi arvuṣir əv sarqu omqai, vaq, bi ɕinb gisirərqu otʂi, baibi

absi arbušara be sarkū ombikai, waka, bi simbe gisurerakū oci, baibi

* suŋkər ilχa dʑarin i va, guxsən guxsən i dʑim, soni gəs aɕita savəχ sixəd, maqən

šungkeri ilha jarin i wa, guksen guksen i jimbi, suweni gese asihata sabuha sehede, maka

* gəs, əmgəri oχsutʂi, aχsəχ gu fiaχən qaləŋ kiləŋ sim guvum, ɛtʂiχ dari

gese, emgeri oksoci, ashaha gu fiyahan kalang kiling seme guwembi, aššaha dari

* irχaṣir χodʑo jas bolori mukui adali, suŋəldʑir qaŋgil bəi, niŋniər fodoχu i

irgašara hojo yasa bolori mukei adali, sunggeljere kanggili beye, niyengniyeri fodoho i

這是春末的時候，靜坐在家裡，何等的愁悶啊！昨日我

七十四、春景

叫怎麼替你愁呢？

寡要行這樣吃屎的事情（註一一五），如今的天低啊（註一一六）！

報應如影隨形的一樣，偌大的年紀了，一點陰德兒不積，

你心裡怎麼樣呢？所謂善有善報，惡有惡報，善惡的

怎麼說呢？譬如人在背地裡，怎長怎短的講論你的女人的時候，

* ər niŋniər duvəɕiləx ərind, bod noruXui biʦi, avɕi aliʂiʦik, ʦəksə mini

ere niyengniyeri dubeʂilehe erinde, boode norohoi bici, abʂi aliʂacuka, sikse mini

* 七十四、niŋniər arvun 春景

七十四、niyengniyeri arbun 春景

* qai, avɕi ɕini fundə ʥovuʂim.

kai, abʂi sini funde ǰoboʂombi.

* isavərqu, baibi ər gəs Xam dundar bait javəʦi, təi forXun i avqa fiaŋqalən

isaburakū, baibi ere gese hamu dundara baita yabuci, tei forgon i abka fangkala

* qarulan Xəlmən bəid daXər adali, utala sə unufi, maʥig butui ərdəm əv

karulan helmen beyede dahara adali, utala se unufi, majige butui erdem be

* ɕini Gonin d ai aiʂimni, qaru d qaru, fur ud fur ʂirəŋ, ɕan əx əi

sini gūnin de ai sembini, karu de karu, furu de furu serengge, sain ehe i

* adarəm, duivuləʦi nan əŋiʦi bad, ɕini sarXən b utu tutu ʂim ləuləʦi,

adarame, duibuleci niyalma enggici bade, sini sargan be uttu tuttu seme leoleci,

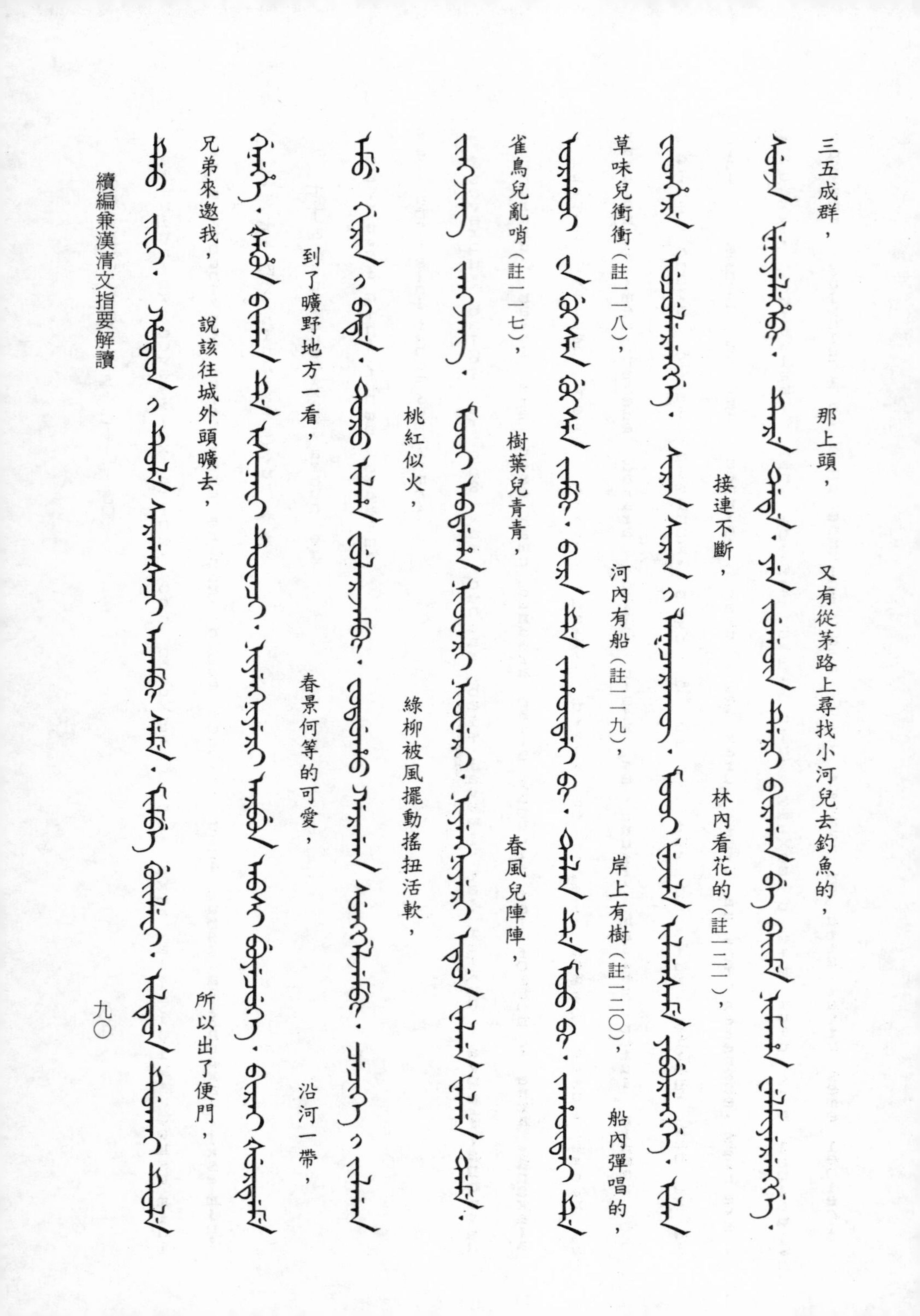

三五成群，　那上頭，　又有從茅路上尋找小河兒去釣魚的，

接連不斷，　林內看花的（註一二一），

草味兒衝衝（註一一八），　河內有船（註一一九），　岸上有樹（註一二〇），　船內彈唱的，

雀鳥兒亂哨（註一一七），　樹葉兒青青，　春風兒陣陣，

桃紅似火，　綠柳被風擺動搖扭活軟，

到了曠野地方一看，　春景何等的可愛，　沿河一帶，

兄弟來邀我，　說該往城外頭曠去，　所以出了便門，

*Sunʤa fəniləxəi, tər ɗaɗ, in ʤoXun ɗəri birXan b biam nimXa vəlmirəŋ,
Sunǰa feniyelehebi, tere dade, yen ǰugūn deri birgan be baime nimaha welmiyerengge,
*fitxər uʦulərəŋ, ɕiran ɕiran i laXʦərqu, moi fəʤil ilXasim ǰavərəŋ, ilan
fithere uculerengge, siran siran i lakcarakū, mooi feǰile ilgašame yaburengge, ilan
*orXui va guxsən guxsən ʤim, bira ɗ ʤaXuɗai bi, ɗalən ɗ mo bi, ʤaXuɗai ɗ
orhoi wa gukSen gukSen ǰimbi, bira de ǰahūdai bi, dalan de moo bi, ǰahūdai de
*ʤiŋʤiŋ ʤaŋʤaŋ, moi avX nyari nyəri, niŋniər uɗun falX falX ɗam,
ǰingǰing ǰangǰang, mooi abdaha niowari niowerі, niyengniyeri edun falga falga dame,
*əm girin i baɗ, toro ilXa fəlarʤim, foɗoXu GarXən suŋəlʤim, ʦiʦikə i ʤilXan
emu girin i bade, toro ilha fularǰambi, fodoho gargan sunggelǰembi, cecike i ǰilgan
*gənəx, Səxun biXan ɗ iɕinəfi taʦi, niŋniər arvun avɕi buǰəʦuku, biraǰ Surɗum
genehe, šehun bigan de isinafi tuwaci, niyengniyeri arbun absi buyecuke, birai šurdeme
*ɗu ʤifi, Xotun i tul SarXaSiʦi aʦəm Sim, minb guiləfi, ilɗun ɗuqaǰ tul
deo ǰifi, hoton i tule sargašaci acambi seme, mimbe guilefi, ildun dukai tule

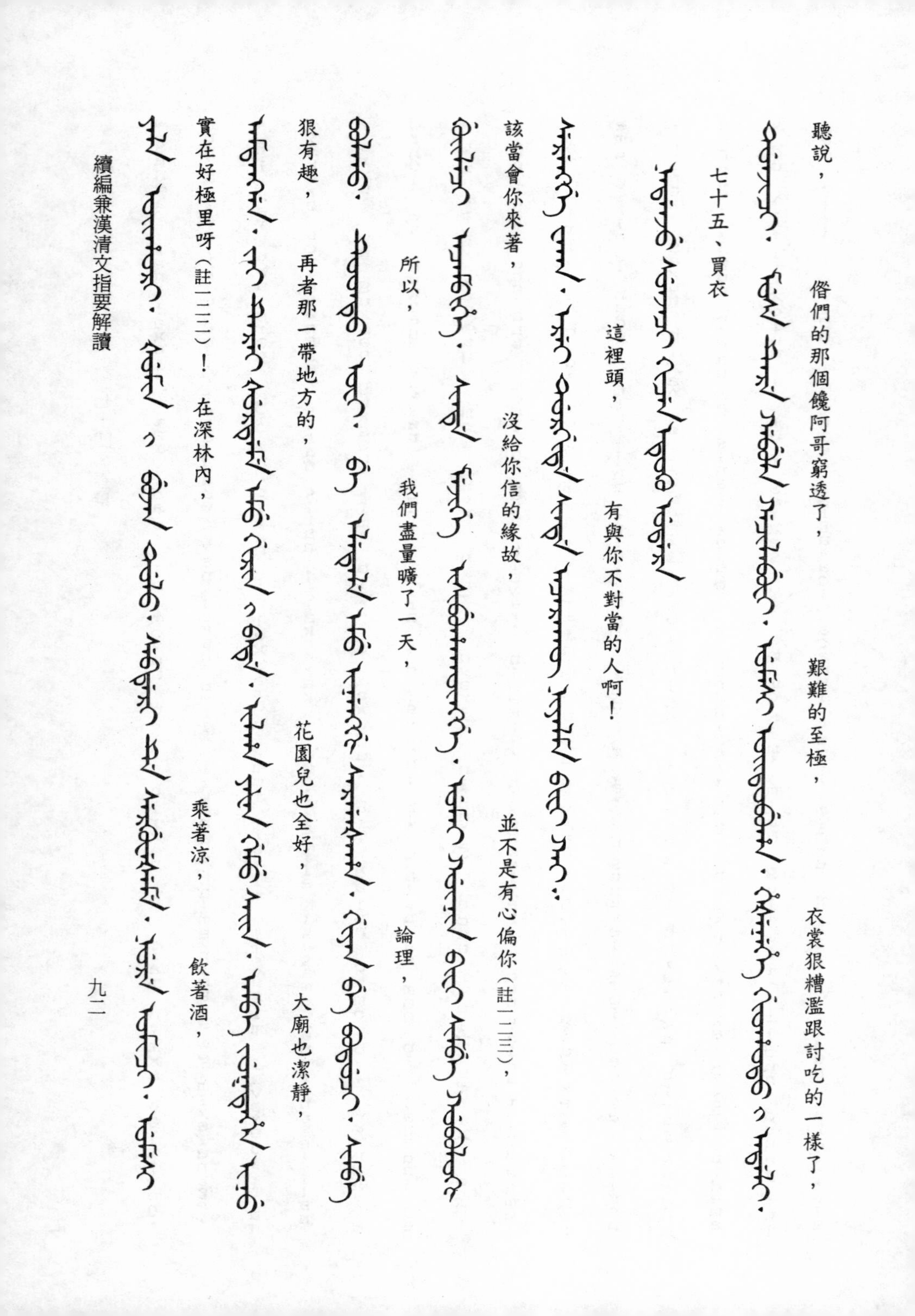

聽說，俗們的那個饞阿哥窮透了，艱難的至極，衣裳狠糟濫跟討吃的一樣了，

七十五、買衣

這裡頭，有與你不對當的人啊！

該當會你來著，沒給你信的緣故，並不是有心偏你（註一二三），

所以，我們盡量曠了一天，論理，

狠有趣，再者那一帶地方的，花園兒也全好，大廟也潔靜，

實在好極里呀（註一二二）！在深林內，乘著涼，飲著酒，

* dœnʤiʨi, məs tər Gavə Gaʨiləvəfi, uməɕi œtyvəX, xəsinəx giaXutu i adali,

donjiCi, muse tere gabula gaCilabufi, umesi Oitobuha, hešenehe giohoto i adali,

* 七十五、utku udar 買衣

七十五、etuku udara 買衣

* sirəŋ vaq, ərəʤ dœrxid ɕind aʨərqu nan bifi qai.

serengge waka, erei dorgide sinde acarakū niyalma bifi kai.

* guiləʨi aʨəmbixə, ɕind məʤig iɕivəXəquŋ, umai Gonin bifi ɕinb Govuluki

guileCi acambihe, sinde mejige isibuhakūngge, umai gūnin bifi simbe gobolOki

* bolXun, tutu ofi, bo ələtəl əm inəŋ sarXasiX, gian b boduʨi, ɕinb

bolgO, tuttu Ofi, be eletele emu inenggi sargašaha, giyan be bodOCi, simbe

* amtəŋ, ʤai tərəʤ surdum əm girin i bad, ilXa ʤafXən gum ɕan, am ʤuxtəxən in

amtangga, jai terei šurdeme emu girin i bade, ilha yafan gemu sain, amba juktehen inu

* jal oiXor, ɕymin i buʤan dolo, səvdəri d sərxuʂim, nur œmiʨi, uməɕi

yala OihOri, šumin i bujan dOlO, sebderi de serguwešeme, nure OmiCi, umesi

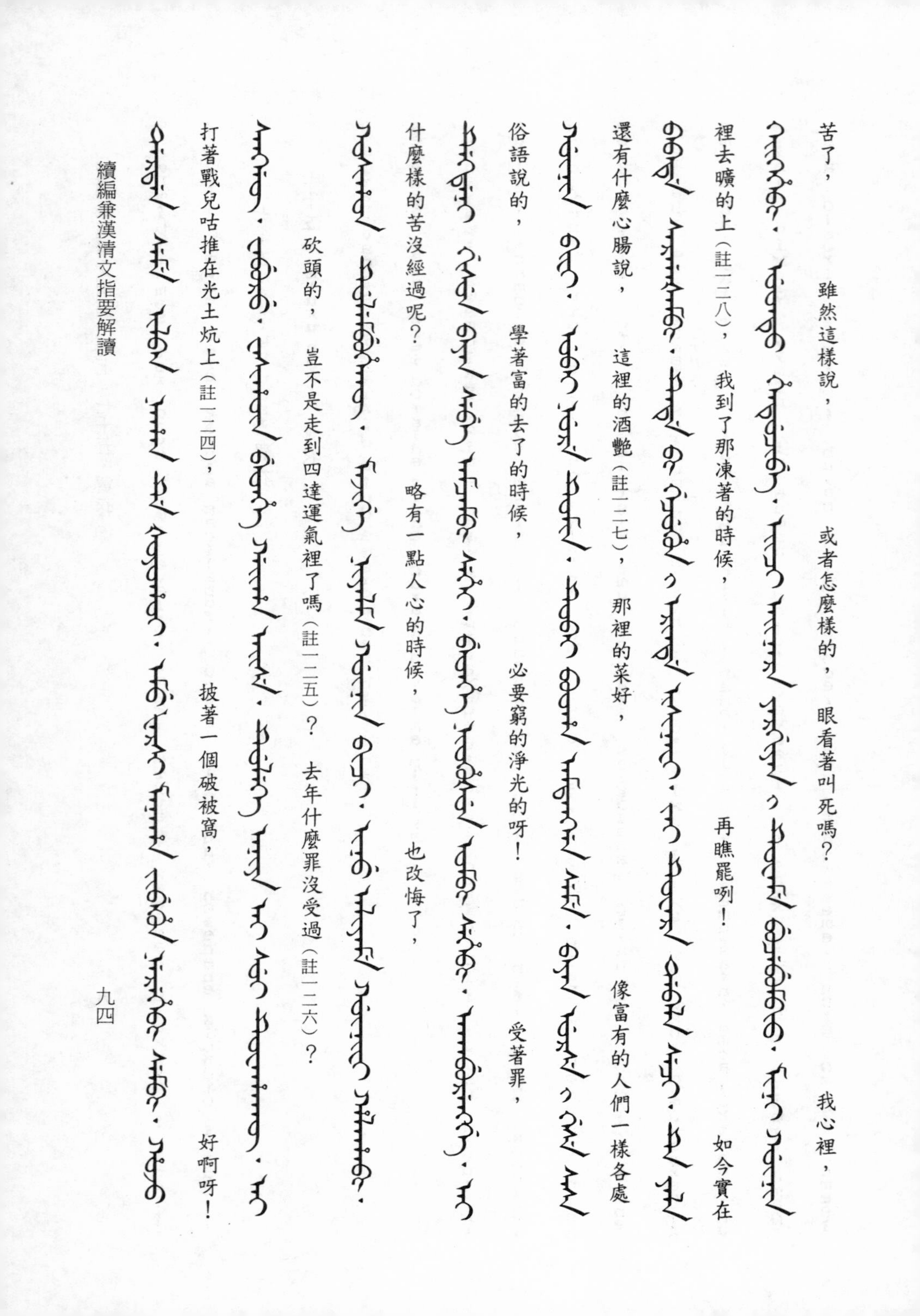

苦了，　雖然這樣說，　或者怎麼樣的，　眼看著叫死嗎？　我心裡，

裡去曠的上（註一二八），　我到了那凍著的時候，　再瞧罷咧！　如今實在

還有什麼心腸說，　這裡的酒豔（註一二七），　那裡的菜好，　像富有的人們一樣各處

俗語說的，　學著富的去了的時候，　必要窮的淨光的呀！　受著罪，

什麼樣的苦沒經過呢？　略有一點人心的時候，　也改悔了，

砍頭的，　豈不是走到四達運氣裡了嗎（註一二五）？　去年什麼罪沒受過（註一二六）？

打著戰兒咕推在光土炕上（註一二四），　披著一個破被窩，　好啊呀！

*kəikəxəi, utu xənduɕivə, əiɕi ɛnər ɟarxin i tam bəʈʂəvəm na, mini Gonin

keikehebi, uttu henducibe, eici ainara yargiyan i tuwame bucebumbio, mini gūnin

*babad sarXaSim, tədə bi gəʈʂuxun i ərind iɕinəfi, ʥai tar davliə Siɕi, tə ɟal

babade sargašambi, tede bi gecuhun i erinde išinafi, jai tuwara dabala seci, te yala

*Gonin bifi, əvaɟ nur tymin, təvaɟ buaX amtəŋ Sim, baɟin urS əi gəS SaSa

gūnin bifi, ubai nure tumin, tubai booha amtangga seme, bayan urse i gese sasa

*dəxdəni gisun baɟin Səv amʈʂəm Sixəi, bətk nioXuSun om Sixəi, aqəvərəŋ, ai

dekdeni gisun bayan sebe amcambi sehei, bethe niohušun ombi sehebi, akaburengge, ai

*GoɕiXun duləmbuxəqu, maʥig nan Gonin biɕi, in ɛlim Gonifi Xaləxəi,

gosihon dulembuhekū, majige niyalma gūnin bici, inu aliyame gūnifi halahabi,

*SaŋGu, vavər, vaɕiXun bətk giaX aiSə, dulxə ani ai Sui taXəqu, ai

sanggū, waburu, wasihūn bethe gaiha aise, duleke aniya ai sui tuwahakū, ai

*dardən Sim ilva naXən d ɕœyXui, əm farɕi manəX ʥyvxun nərəxəi Sim, Xoʥo

dardan seme ilban nahan de soyohoi, emu farsi manaha jibehun nerehebi sembi, hojo

日頭影兒上照著，一啄一跳的，這個上我不出聲兒，

我告訴你一個笑話兒，將纔我自己一個在這裡坐著，窗櫺兒上落著一個雀兒，

七十六、家雀兒

倒像有益的樣呢。

吃完了的時候，仍就是光光的罷咧（註一二九）！剩下什麼呢？將計就計的買一套衣裳給他，

怎麼說呢？他的毛病兒你豈不知道嗎？想來到了手裡，

俗們公同攢湊攢湊纔好，銀子還無益，

*doXəi, sun i əldən d xəlməsim, əmgəri tʂuŋkifi, əmgəri fəkutʂəm, ədə bi aski

dohabi, šun i elden de helmešeme, emgeri congkifi, emgeri fekucembi, ede bi asuki

*bi ɕind intʂik alər, tənikən mini əmxun əvad tərəd, fa i dutx d əm tʂitʂikə

bi sinde injeku alara, teike mini emhun ubade terede, fa i duthe de emu cecike

*七十六、fiasX tʂitʂikə 家雀兒

七十六、fiyasha cecike 家雀兒

*udafi butʂi, ind Xonu tusaŋ dər.

udafi buci, inde hono tusangga dere.

*jadəXəi vadʑifi, da an i fəlaXun odʑuru davliə, ai fəntʂəm, inə mənə əm dʑirxi utku

yadahai wajifi, da an i fulahūn oforo dabala, ai funcembi, ine mene emu jergi etuku

*adarəm sitʂi, ini banin b ɕi sarqu aibi, Gonitʂi Gal əd iɕinə naqu dʑikə

adarame seci, ini banin be si sarkū aibi, gūnici gala de isina nakū jeke

*d, məs uxəi madʑig suvafi ind aiɕilətʂi təni ɕan, muŋun Xonu tusa aqu,

de, mese uhei majige šufafi inde aisilaci teni sain, menggun hono tusa akū,

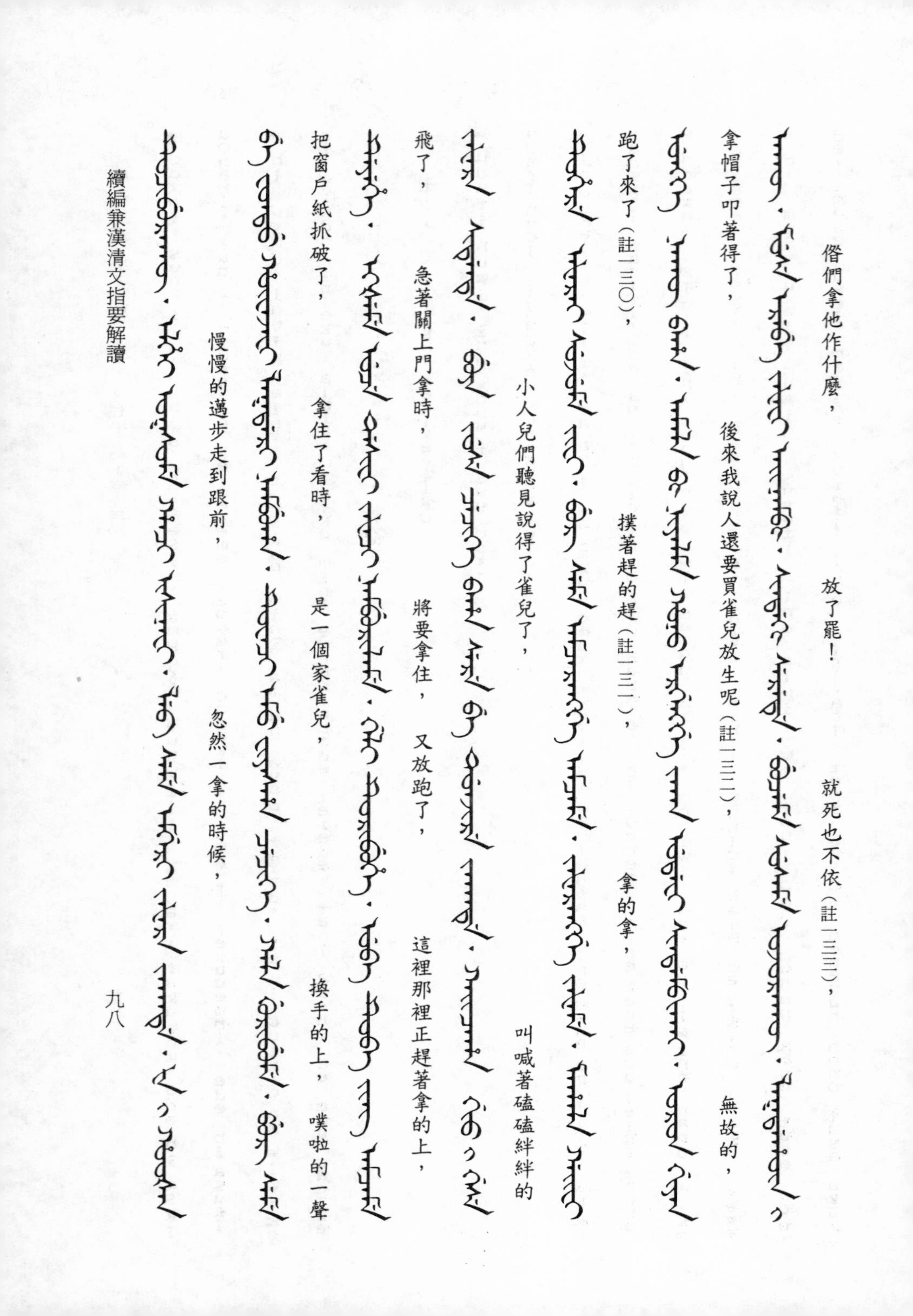

慢慢的邁步走到跟前，忽然一拿的時候，

把窗戶紙抓破了，拿住了看時，是一個家雀兒，換手的上，噗啦的一聲

飛了，急著關上門拿時，將要拿住，又放跑了，這裡那裡正趕著拿的上，

小人兒們聽見說得了雀兒了，叫喊著磕磕絆絆的

跑了來了（註一三〇），撲著趕的趕（註一三一），拿的拿，

拿帽子叩著得了，後來我說人還要買雀兒放生呢（註一三二），無故的，

偺們拿他作什麼，放了罷！就死也不依（註一三三），

* aqu, məs ərəv ʤavəfi ɛnəm, ɕindaki Sirəd, bəʈʂəm Susam oʤurqu, laXdaXun i
akū, muse erebe ;afafi ainambi, Sindaki Serede, buceme Susame O;Orakū, lakdahūn i
* vəŋkə naqu baX, aməl bi nan Xonu ərxəŋ ʤaq udafi ɕindamqai, ɔrun gian
ungke nakū baha, amala bi niyalma hOnO ergengge ;aka udafi Sindambikai, OrOn giyan
* tuxur avərəi Suʤum ʥifi, bur Sim amʈʂərəŋ amʈʂəm, ʤavərəŋ ʤavəm, maXal giafi
tuhere afarai Su;ume ;ifi, bur seme amcarangge amcame, ;afarangge ;afame, mahala gaifi
* ʤavər ɕidənd, buja ʤuS ʈʂiʈʂikə baX Sir əv dœnʥir ʤaqad, qaʈʂiX gio i gəS
;afara Sidende, buya ;use cecike baha sere be dOn;ire ;akade, kaicaha giO i gese
* dəjix, əxSəm uʈʂi daɕifi ʤavəʈʂi naməvəriləm, gəl tyryvux, əva təva ʥiŋ amʈʂəm
deyehe, ekšeme uce dasifi ;afaci namburilame, geli turibuhe, uba tuba ;ing amcame
* b font Xuaʤifi laXdari naməvəx, taʈʂi əm fiaSX ʈʂiʈʂikə, Gal gurivəm, ρur Sim
be fOndO hūwa;afi lakdari nambuha, tuwaci emu fiyasha cecike, gala guribume, pur seme
* tiʈʂivərqu, əlxəi oXSum Xanʈʂi iɕinəfi, ləv Sim əmgəri ʤavər ʤaqad, fa i Xoɕin
tucibuRakū, elhei OksOme hanci iSinafi, leb seme emgeri ;afara ;akade, fa i hOOšan

一定瓜搭著臉要，到底給了，纔喜歡著跑了去了。

ᡠᡵᡠᠨᠠᡴᡡ ᠴᡳᡵᠠ ᡤᠠᡳᠮᠪᡳ᠈ ᡩᡠᠪᡝᠨᡨᡝᠯᡝ ᠪᡠᡥᡝ ᡨᡝᠨᡳ ᡠᡵᡤᡠᠨᠵᡝᠮᡝ ᡶᡝᡴᠰᡳᠮᡝ ᡤᡝᠨᡝᡥᡝ᠉

* vaɕifi Gadʑi sim, dʑidutɕi bux maŋi təni urxundʑifi fəkutʂəxəi gənəx.

wasifi gaji sembi, jidui buhe manggi teni urgunjefi fekucehei genehe.

卷下（第七十七課至第一〇一課）

續編兼漢清文指要

ᡶᡝᠵᡝᡵᡤᡳ

ᠰᡳᡵᠠᠮᡝ ᠪᠠᠨᠵᡳᠪᡠᡥᠠ ᠨᡳᡴᠠᠨ ᡥᡝᡵᡤᡝᠨ ᡳ ᡴᠠᠮᠴᡳᠪᡠᡥᠠ ᠮᠠᠨᠵᡠ ᡤᡳᠰᡠᠨ ᠣᠶᠣᠩᡤᠣ ᠪᡳᡨᡥᡝ

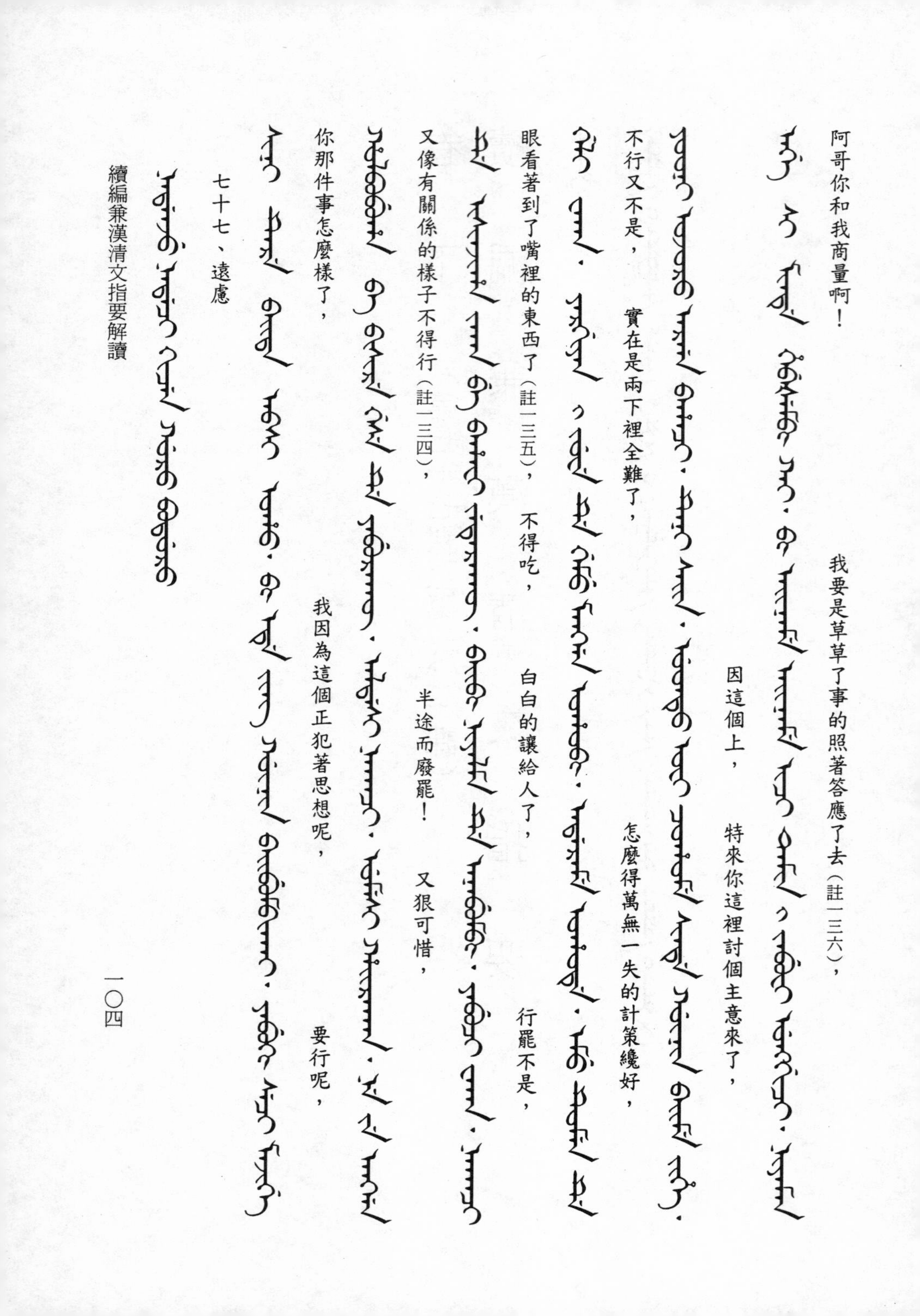

阿哥你和我商量啊！ 我要是草草了事的照著答應了去（註一三六），

因這個上， 特來你這裡討個主意來了，

不行又不是， 實在是兩下裡全難了， 怎麼得萬無一失的計策纔好，

眼看著到了嘴裡的東西了（註一三五）， 不得吃， 白白的讓給人了， 行罷不是，

又像有關係的樣子不得行（註一三四）， 半途而廢罷！ 又狠可惜，

你那件事怎麼樣了， 我因為這個正犯著思想呢， 要行呢，

七十七、遠慮

*agə ɕi mind xəvsəm qai, bi ɛnəm ɛnəm itʂi tamin i ʥavəfi uŋitʂi, niamən
age ʂi minde hebeʂembi kai, bi ainame ainame iCi tamin i ǰabufi unggiCi, niyaman

*ǰauni oʥuru arX baXətʂi, təni ɕan, utu ofi tʂoXum ɕind Gonin biam ʥix,
yooni oǰoro arga bahaCi, teni sain, uttu ofi Cohome sinde gūnin baime ǰihe,

*gəl vaq, ǰarXin i ʥu d gum maŋ oXui, adarəm oXod, əm tumən d
geli waka, yargiyan i ǰuwe de gemu mangga ohobi, adarame ohode, emu tumen de

*əd iɕinʥiX ʥaq əv baXəfi ʥitərqu, baibi nan əd anəvəm, ǰavətʂi vaq, naqətʂi
de isinǰiha ǰaka be bahafi ǰeterakū, baibi niyalma de anabumbi, yabuCi waka, nakaCi

*Xolvuvuɣ ba biɕir gəs əd ǰavərqu, aldaɕi naqətʂi, uməɕi Xairəqən, nə ʥə aŋ
holbobuha ba biʂire gese de yaburakū, aldaʂi nakaCi, umeʂi hairakan, ne ǰe angga

*ɕini tər bait avɕi oXu, bi ədə ʥiŋ Gonin biavəmqai, ǰavəki ʂitʂi maʥig
ʂini tere baita abʂi oho, bi ede ǰing gūnin baibumbikai, yabuki seCi maǰige

* 七十七、Gor bodur 遠慮

七十七、goro bodoro 遠慮

必定是有失的呀！　難保不無有利無害啊！　我的心裡，

正是明顯著把日後的大患的根隱藏著，　圖個便易，

把這個眼前的小利也算得喜嗎？

總而言之，　有聖人人無遠慮必有近憂的嘉言呀！

掩得住誰的嘴，　至於眾論的時候，　那纔難了呢！

日後必定是要露出來的呀！　要是不行，　是你的便宜，　要說是行了，

要親戚何益呢？　這個事情是明明顯顯的有什麼不得主意的去處，

* uvarəvəm qai, aiɕi biʨi, ʤovulun aqu ovum muturqu qai, mini Gonin

ufarabumbi kai, aiSi biCi, ǰobolon akū obume muterakū kai, mini gūnin

* amXa inəŋ am ʤovulun i urSan daldəki Sixəi ilətuləvəm, ʤavSən Sixəi,

amaga inenggi amba ǰobolon i ursan daldaki sehei iletulebumbi, ǰabšan sehei,

* ʤovulun bi Sixəi, ər ǰaS əi ʤulxu aʤig aiɕi v urxun Siʨi om na, tov Sim

ǰobolon bi sehebi, ere yasa i ǰuleri aǰige aisi be urgun seci ombio, tob seme

* oʨivə, əndurin nanəǰ giSun ɕan, nan Gor bodurqu oʨi, urunaqu Xanʨi

Ocibe, enduringge niyalmai gisun sain, niyalma goro bodorakū oci, urunakū hanci

* əv butuluʨi om, dur Six maŋi, tər ərind, təni maŋ əd ilanəmqai, ai

be butuleci ombi, dur sehe manggi, tere erinde, teni mangga de ilinambikai, ai

* urunaqu bəltaXun tiʨinʤim, ǰavərqu oʨi, ɕini ʤavSən, ǰavəX Sixəd, vəi aŋ

urunakū bultahūn tucinǰimbi, yaburakū oci, sini ǰabšan, yabuha sehede, wei angga

* Sirəŋ ai tuSa, ər bait ilətuSaq ai Gonin baXərqu Sir babi, amXa inəŋ

serengge ai tusa, ere baita iletusaka ai gūnin baharakū sere babi, amaga inenggi

太過於老實了，把那個混帳東西算在那個數兒裡僅著說呀（註一三七）！

說比你那們好的人再沒有的呀！還不住嘴的提說是你的朋友，

七十八、抹臉

別怨我看著不勸啊！

反把口袋丟了，出什麼樣的醜，全定不得呀！那個時候，

僅著疑惑著不果斷，到了個絆住的時候了，不但不得米，

你別想著商量，爽爽快快的一摔手，就完了，要不聽我的話，

*ʥoduruŋ, ʥaʨi nomXun davənəxəi, tər nantXun ai ton bi Sim ʥiŋ davəfi
;odoronggeʼ, ;aci nomhon dabanahabi, tere nantuhūn ai ton bi seme ;ing dabufi
*ɕan nan ɕinʨi ʨalə ʥai aqu Siʨina, kəməni aŋ əʨi tuxuvurqu ɕini guʨu v
sain niyalma sinci cala ;ai akū secina, kemuni angga ci tuheburakū sini gucu be

*七十八、dər əv maXulur 抹臉

七十八、dere be mahūlara 抹臉

*minb Sam tam tavələrqu Sim əm Gasir.
mimbe šame tuwame tafularakū seme ume gasara.
*folX vialivər balam, ai gəS boʨixi tavər əv gum bolʥun aqu, tər ərind,
fulhū waliyabure balama, ai gese bocihe tuwabure be gemu bol;on akū, tere erinde,
*dœnʥirqu, əmduvəi ʥəʨuxunʥim laSXələrqu oʨi, taX maŋi, bəl baXərqu bim,
don;irakū, emdubei ;ecuhun;eme lashalarakū oci, taha manggi, bele baharakū bime,
*oXod, ɕi əm xəvSəm Gonir, qavər Sim aSXuʨi vaʥiX, aiqa mini giSun b
ohode, si ume hebešeme gūnire, kafur seme ashūci wa;iha, aika mini gisun be

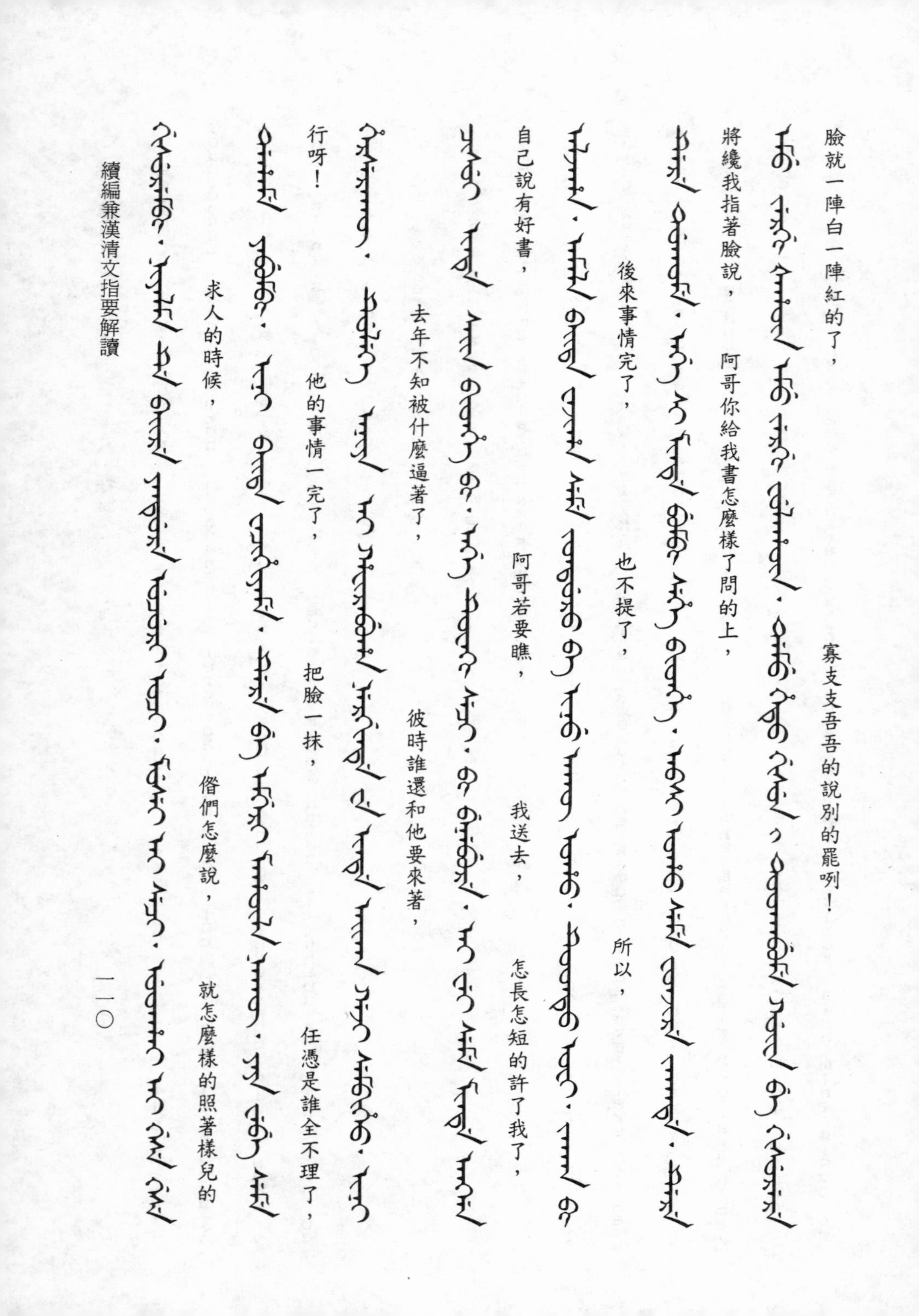

臉就一陣白一陣紅的了，寡支支吾吾的說別的罷咧！

將纔我指著臉說，阿哥你給我書怎麼樣了問的上，

後來事情完了，也不提了，所以，

自己說有好書，阿哥若要瞧，我送去，怎長怎短的許了我了，

去年不知被什麼逼著了，彼時誰還和他要來著，

行呀！他的事情一完了，把臉一抹，任憑是誰全不理了，

求人的時候，偺們怎麼說，就怎麼樣的照著樣兒的

* əm ʥirxi saXun əm ʥirxi fəlaXun, dam xətu gisun i toquvum Gua v gisirər
emu ǰergi šahūn emu ǰergi fulahūn, damu hetu gisun i tookabume gūwa be gisurere
* dər doqum, agə ɕi mind bum six bitxə, avɕi oXu sim fœnʥir ʥaqad, dər
dere dokome, age si minde bumbi sehe bithe, absi oho seme fonǰire ǰakade, dere
* alʥiX, aməl bait vaʥiX sim ʥondur ba in aqu oXu, tutu ofi, ʥaqən bi
alǰaha, amala baita waǰiha seme ǰondoro ba inu akū oho, tutu ofi, ǰakan bi
* ʨisui ind ɕan bitxə bi, agə taki siʨi, bi bənəvər, ai vəi sim mind aŋ
cisui inde sain bithe bi, age tuwaki seci, bi beneburе, ai wei seme minde angga
* xərsirqu, dulxə ani ai Xavirəvəx nərxind və ind aiqa Gaʥi simbixə na, ini
herserakū, duleke aniya ai hafirabuha nerginde we inde aika gaǰi sembiheo, ini
* daXəm ǰavəm, ini bait vaʨixim, dər əv əmgəri maXulu naqu, ǰaǰa vəv sim
dahame yabumbi, ini baita wacihiyame, dere be emgeri mahūla nakū, yaya webe seme
* gisirəm, nan əd biar ǰandur uʨuri oʨi, məsəǰ ai siʨi, utXai ai gəs gəs
gisurembi, niyalma de baire yandure ucuri oci, musei ai seci, uthai ai gese gese

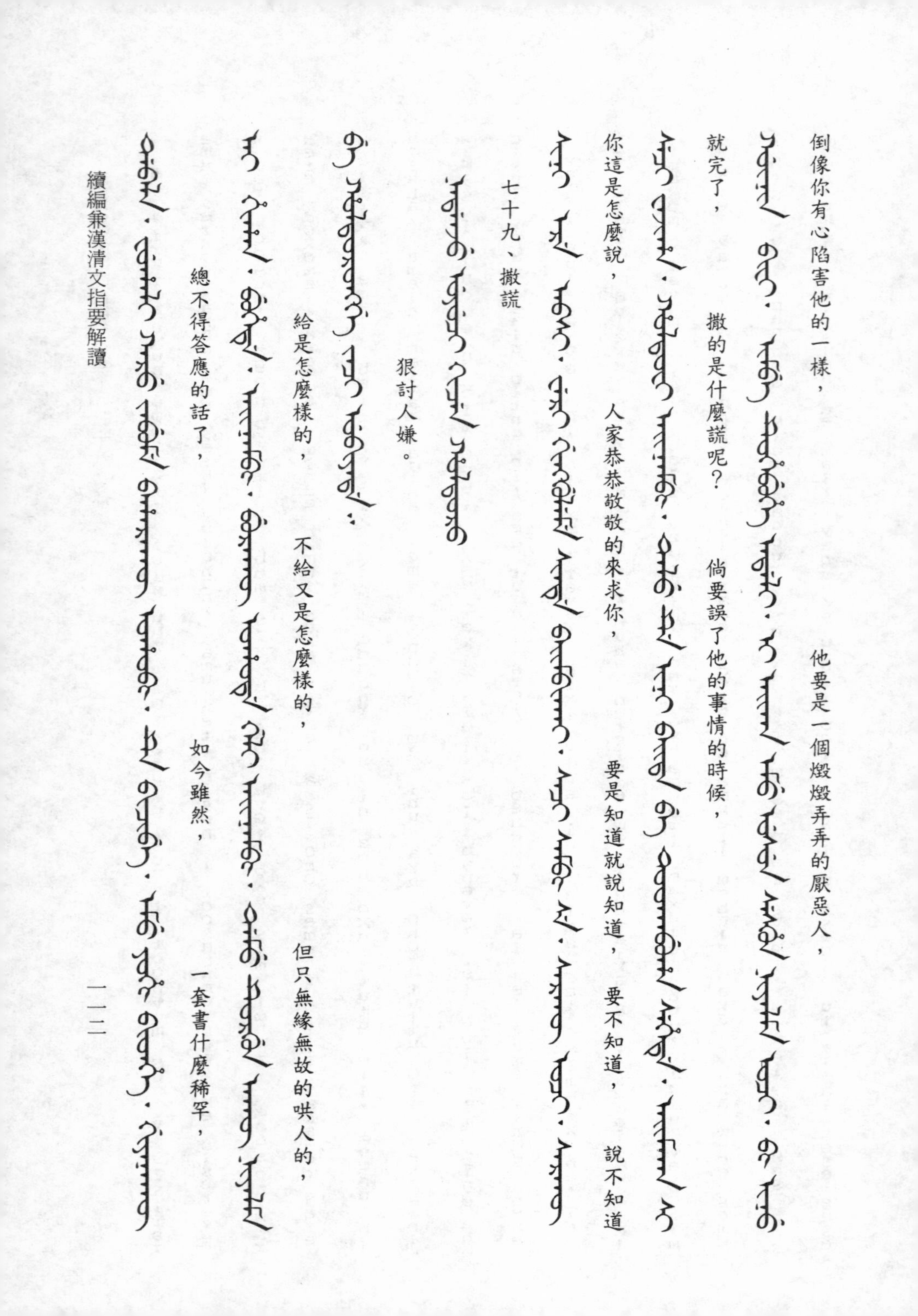

倒像你有心陷害他的一樣，　他要是一個燬燬弄弄的厭惡人，

就完了，　撒的是什麼謊呢？　倘要誤了他的事情的時候，

你這是怎麼說，　人家恭恭敬敬的來求你，　要是知道就說知道，　要不知道，　說不知道

七十九、撒謊

狠討人嫌。

給是怎麼樣的，　不給又是怎麼樣的，　但只無緣無故的哄人的，

總不得答應的話了，　如今雖然，　一套書什麼稀罕，

* Gon·in bifi, inb tuxuvux adali, i aiqa əm usun səsxun nan oʨi, bi in gūnin bifi, imbe tuhebuhe adali, I aika emu usun seshun niyalma oci, bi inu
* Siʨi vaʤiX, Xoltufi ɛnəm, talu d ini bait əv toquvuX Sixəd, aimaq ɕi seci wajiha, holtofi ainambi, talu de ini baita be tookabuha sehede, aimaka si
* ɕini ər avɕi, vəri giŋuləm ɕind biamqai, Saʨi Sam Sə, Sarqu oʨi, Sarqu Sini ere absi, weri gingguleme sinde baimbikai, saci sambi se, sarkū oci, sarkū

* 七十九、Xoltur 撒謊

七十九、holtoro 撒謊

* əv Xolturuŋ ʤaʨi iviad.
be holtorongge jaci ubiyada.
* ai xiXan, buxəd, ɛnəm, burqu oXod gəl ɛnəm, dam turgun aqu nan ai hihan, buhede, ainambi, burakū ohode geli ainambi, damu turgun akū niyalma
* davliə, fuXali qaru ʤavəm baXərqu oXui, tə biʨivə, əm joxi bitxə, gianəqu dabala, fuhali karu jabume baharakū ohobi, te bicibe, emu yohi bithe, giyanakū

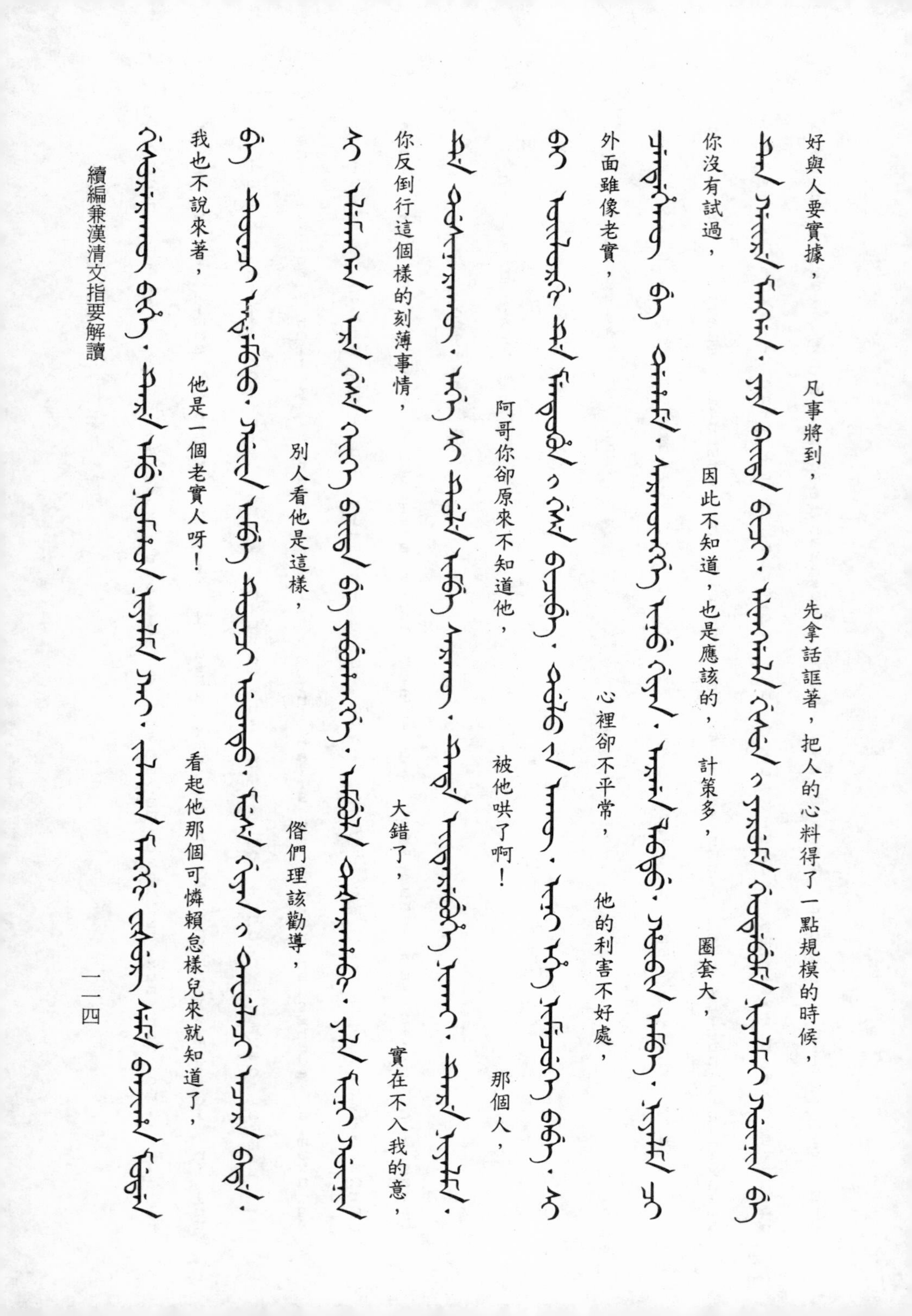

好與人要實據，凡事將到，先拿話誆著，把人的心料得了一點規模的時候，

你沒有試過，因此不知道，也是應該的，計策多，圈套大，

外面雖像老實，心裡卻不平常，他的利害不好處，

阿哥你卻原來不知道他，被他哄了啊！那個人，

你反倒行這個樣的刻薄事情，大錯了，實在不入我的意，

別人看他是這樣，偺們理該勸導，

我也不說來著，他是一個老實人呀！看起他那個可憐賴怠樣兒來就知道了，

* tən giar maŋ, jaja bait biʨi, avaŋəl gisun i jarum gəudəvəm nanəj Gonin b
ten gaire mangga, yaya baita biCi, afanggala gisun i yarume geOdebume niyalmai gūnin be
* ʨəndəxəqu v daXəm, sarquŋ in gian, arX lavdu, Xuvin am, nan əʨi
cendehekū be dahame, sarkūngge inu giyan, arga labdu, hūbin amba, niyalma Ci
* bai œlxi d məntuxun i gəs biʨivə, dolo ʥa aqu, ini əx niməʨiku bav, ɕi
bai OilOrgi de mentuhun i gese biCibe, dOlO ja akū, ini ehe nimecuke babe, Si
* d dœɕynərqu, agə ɕi dulə inb sarqu, tədə əitərəvəx niqai, tər nan,
de dOsinarakū, age Si dule imbe sarkū, tede eiterebuhe nikai, tere niyalma,
* ɕi əlimaŋ ər gəs kəikə bait əv javəXəŋ, ambu tasirəXəi, jal mini Gonin
Si elemangga ere gese keike baita be yabuhangge, ambula tašarahabi, yala mini gūnin
* b taʨi əndəm na, Gua inb taʨi utu, məs gian i tavələʨi aʦər bad,
be tuwaCi endembiO, gūwa imbe tuwaCi uttu, muse giyan i tafulaCi acara bade,
* gisirərqu bixə, tər əm nomXun nan qai, ʥilaq maŋi fisur sim banʥiX mədan
gisurerakū bihe, tere emu nomhOn niyalma kai, jilakan manggi fišur seme banjiha mudan

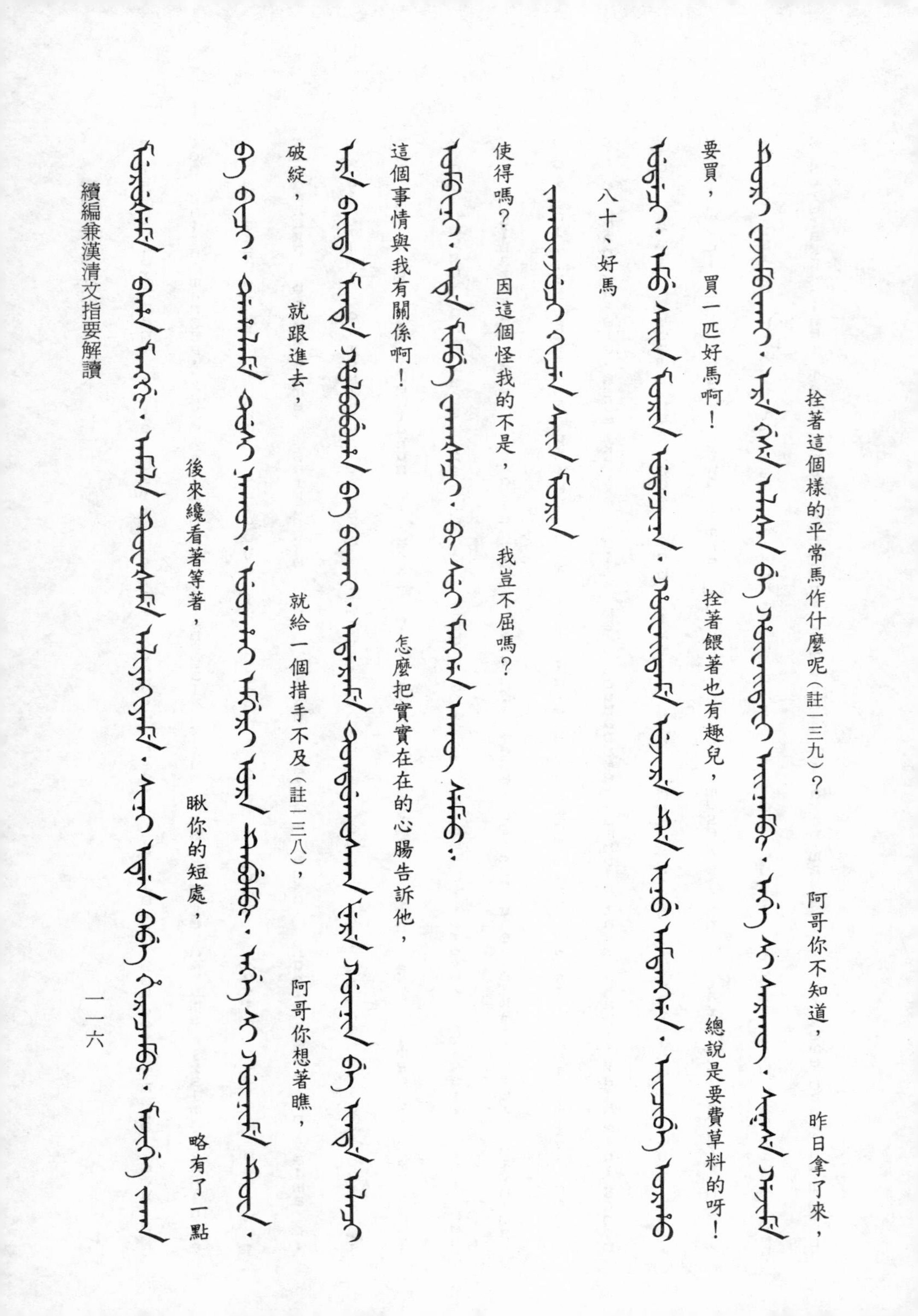

拴著這個樣的平常馬作什麼呢(註一三九)？　阿哥你不知道，　昨日拿了來，

要買，　買一匹好馬啊！　拴著餵著也有趣兒，　總說是要費草料的呀！

八十、好馬

使得嗎？　因這個怪我的不是，　我豈不屈嗎？

這個事情與我有關係啊！　怎麼把實實在在的心腸告訴他，

破綻，　就跟進去，　就給一個措手不及(註一三八)，　阿哥你想著瞧，

後來纔看著等著，　瞅你的短處，　略有了一點

*tyry vaʤimɑai, ər gəs alaʂin b χɛtəfi ɛnəm, agə ɕi sarɑu, ʈʂəksə Gaʤim turi waʝimbikai, ere gese alašan be hūwaitafi ainambi, age si sarkū, sikse gaʝime

*udaʨi, əm ɕan mœrin udaʨina, χɛtəm uʥir əd in amtəŋ, əiʨivə orχu udaci, emu sain morin udacina, hūwaitame uʝire de inu amtangga, eicibe orho

*八十、ɕan mœrin 好馬

八十、sain morin 好馬

*omni, ədə minb vaɑəʂiʨi, bi sui maŋ aɑu sim na.

ombini, ede mimbe wakašaci, bi sui mangga akū semeo.

*ər bait mind χolvuvuχ ba biɑai, adarəm tondoɑusaɑ fər Gonin b ind aləʨi

ere baita minde holbobuha ba bikai, adarame tondokosaka fere gūnin be inde alaci

*ba biʨi, daχələm dœɕy naɑu, utχai əmgəri ura təvəm, agə ɕi Gonim ta,

ba bici, dahalame dosi nakū, uthai emgeri ura tebumbi, age si gūnime tuwa,

*murʂim baχ maŋi, aməl taʂim ɛlikim, ɕini ədən bav xiraʈʂəm, maʥig ʤaɑ

murušeme baha manggi, amala tuwašame aliyakiyame, sini eden babe hiracambi, majige jaka

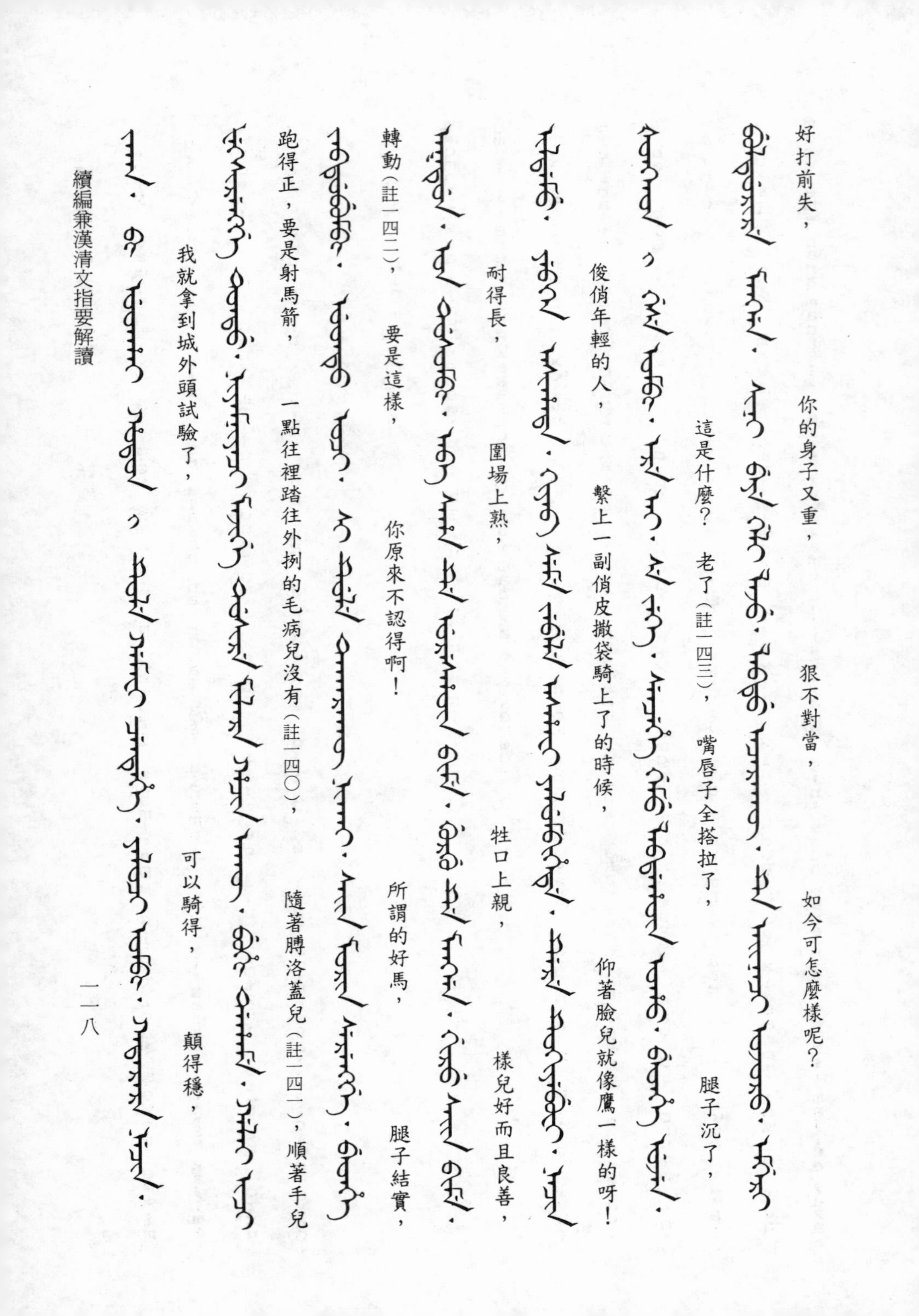

好打前失，你的身子又重，狠不對當，如今可怎麼樣呢？

這是什麼？老了（註一四三），嘴唇子全搭拉了，腿子沉了，

俊俏年輕的人，繫上一副俏皮撒袋騎上了的時候，仰著臉兒就像鷹一樣的呀！

耐得長，圍場上熟，牲口上親，樣兒好而且良善，

轉動（註一四二），要是這樣，你原來不認得啊！所謂的好馬，腿子結實，

跑得正，要是射馬箭，一點往裡踏往外拐的毛病兒沒有（註一四〇），隨著髆洛蓋兒（註一四一），順著手兒

我就拿到城外頭試驗了，可以騎得，顛得穩，

* bulɗurir maŋ, ɕini bəi gəl laʥun, lavɗu aʨərqu, tə ɛnəʨi oʥuru, əmgəri
ɓulɗuṛiṛe mangga, sịnị beye gelị laǰu, labdu acarakū, te aịnacị oǰoro, emgeri
* soŋqun i gəs om, ər ai, sə ʥikə, sənʨix gum lavɗəχun oχu, bətk uʨin,
šongkon i gese ombị, ere ai, se ǰeke, sencehe gemu labdahūn oho, bethe uǰen,
* ilɗam, ivkən aɕita, kiav sim ʥəbələ aχsəfi ǰaləmbixəɗ, ɗər tikivəfi, laʨin
ildamu, yebken asịhata, kiyab seme ǰebele ashafi yalumbịhede, dere tukịyebufị, nacịn
* auɗun, on ɗosum, avə saχ əɗ urusχun bim, gurgu ɗ maŋ, giru ɕan bim,
akdun, on dosombị, aba saha de ureshūn bịme, gurgu de mangga, gịru saịn bịme,
* ʥavɗəvəm, utu oʨi, ɕi ɗulə taqərqu niqai, ɕan mœrin siɾəŋ, bətk
ǰabdubumbị, uttu ocị, sị dule takarakū nịkaị, saịn morịn serengge, bethe
* fəxɕirəŋ tonɗo, niamniʨi maʥig ɗœɕyr milar χaʨin aqu, buxu ɗaχəm, ɢaləi iʨi
feksịrengge tondo, nịyamnịyacị maǰịge dosịre mịlara hacịn akū, buhi dahame, galaị icị
* ʥaq, bi utχai χotun i tul ɢaməfi ʨənɗəx, ǰaləʨi om, qɛtirər nəʨin,
ǰaka, bị uthaị hoton i tule gamafị cendehe, yalucị ombị, katarara necịn,

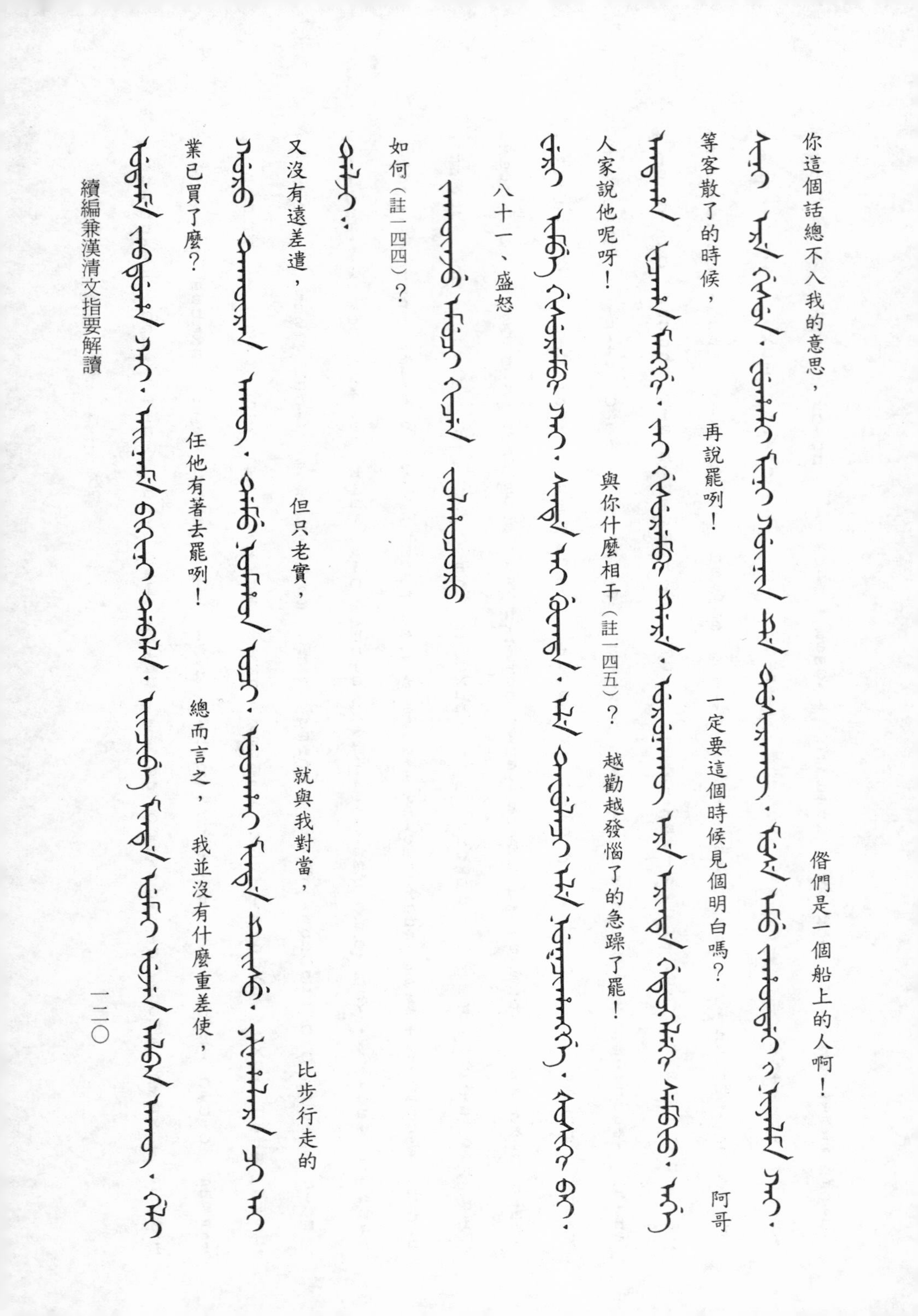

你這個話總不入我的意思， 咯們是一個船上的人啊！

等客散了的時候， 再說罷咧！ 一定要這個時候見個明白嗎？ 阿哥

人家說他呢呀！ 與你什麼相干（註一四五）？ 越勸越發惱了的急躁了罷！

八十一、盛怒

如何（註一四四）？

又沒有遠差遣， 但只老實， 就與我對當， 比步行走的

業已買了麼？ 任他有著去罷咧！ 總而言之， 我並沒有什麼重差使，

*ɕini ər gisun, fuχali mini Gonin ɗ ɗœɕyrqu, məS əm ʥaχuɗai i nan qai,

Sini ere gisun, fuhali mini gūnin de dOSirakū, muse emu ʝahūdai i niyalma kai,

*antχ faʨəχ maŋi, ʥai giSirəm ɗər, urunaqu ər ərinɗ gətxuluki Sim na, agə

antaha facaha manggi, ʝai gisurembi dere, urunakū ere erinde getukeleki sembiO, age

*vəri inb giSirəm qai, ɕinɗ ai guantə, ələ tavələʨi ələ nukʨiχəŋ, Soɕiki bai,

weri imbe gisurembi kai, sinde ai guwanta, ele tafulaci ele nukcihangge, šOSiki bai,

* 八十一、ʥoχuʨur 盛怒

八十一、ʝOlhOcOrO 盛怒

*ɗalʥi.

dalji.

*Gor taqurun aqu, ɗam nomχun oʨi, utχai minɗ təisu, ʝafχələr ʨi ai

gOrO takūran akū, damu nomhOn Oci, uthai minde teisu, yafahalara ci ai

*uɗam ʥavɗəχ qai, ɛnəm bikini ɗavliə, əiʨivə minɗ umai uʥin alvən aqu, gəl

udame ʝabduha kai, ainame bikini dabala, eicibe minde umai ujen alban akū, geli

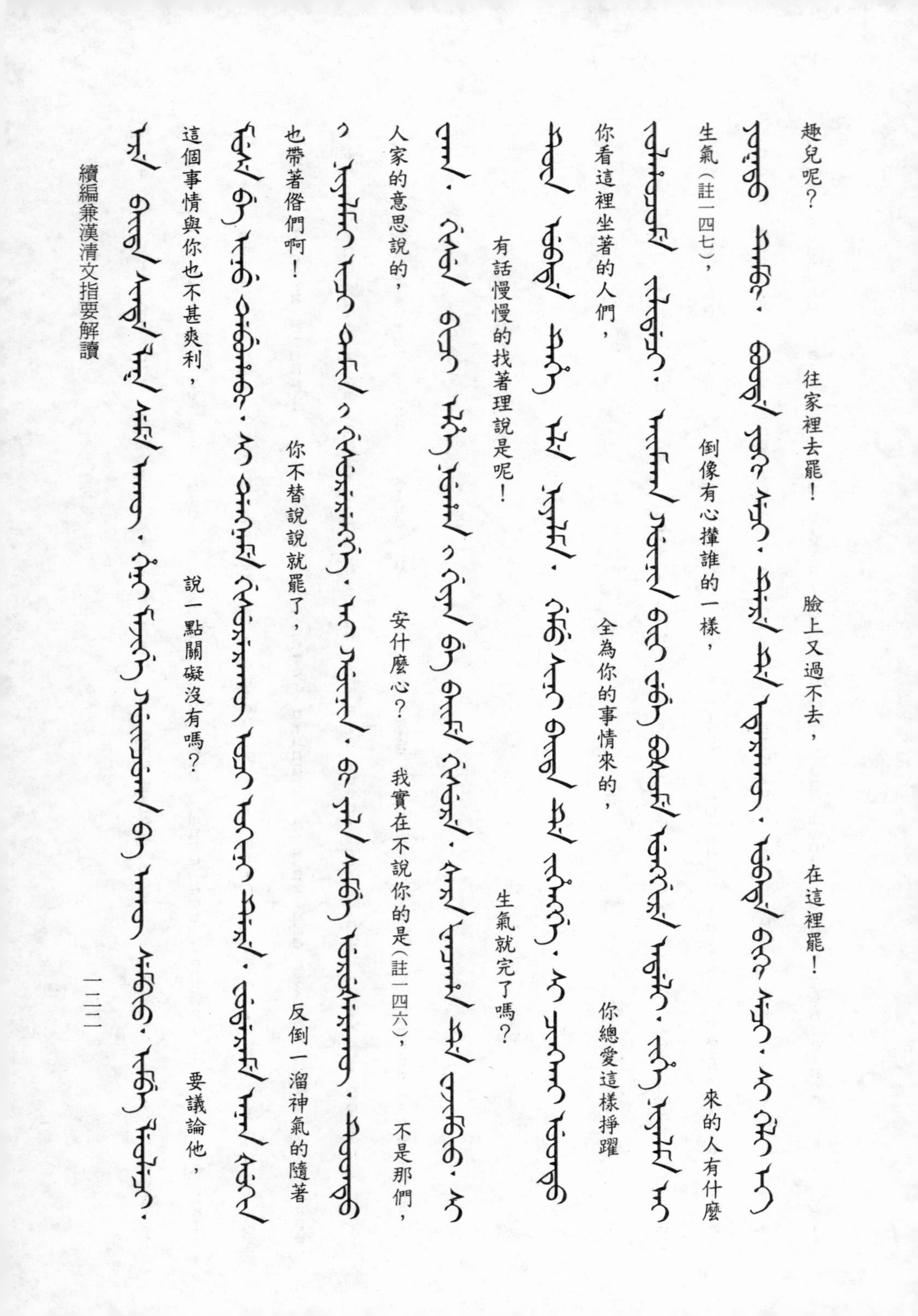

趣兒呢？往家裡去罷！臉上又過不去，在這裡罷！

生氣(註一四七)，倒像有心撻誰的一樣，來的人有什麼

你看這裡坐著的人們，全為你的事情來的，你總愛這樣掙躍

有話慢慢的找著理說是呢！生氣就完了嗎？

人家的意思說的，安什麼心？我實在不說你的是(註一四六)，不是那們，

也帶著偺們啊！你不替說說就罷了，反倒一溜神氣的隨著

這個事情與你也不甚爽利，說一點關礙沒有嗎？要議論他，

*joXtu təm, bod joki Siʨi, dər əd ətərqu, əvad biki Siʨi, ɕi gəl ək

yOktO tembi, bOOde yOki seci, dere de eterakū, ubade biki seci, Si geli ek

*ʥoXuʨum ʥilidəʨi, aimaq Gonin bifi vəv bosum uŋir adali, ʥix nan ai

ǰOlhOcOme ǰilidaci, aimaka gūnin bifi webe bOšOme unggire adali, ǰihe niyalma ai

*ta əvad təx ələ nan, gum ɕini bait əd ʥixəŋ, ɕi ʨiŋqai utu

tuwa ubade tehe ele niyalma, gemu Sini baita de ǰihengge, Si cingkai uttu

*vaq, gisun biʨi əlx nuXən i gian b biam gisirə, Sara fanʨəX əd vaʥim na, ɕi

waka, gisun bici elhe nuhan i giyan be baime gisure, šara fancaha de wajimbiO, Si

*i nanəj iʨi tamin i gisirərəŋ, ai Gonin, bi jal ɕinb urusirqu, tutu

i niyalmai ici tamin i gisurerengge, ai gūnin, bi yala simbe urušerakū, tuttu

*məs əv in davəXəi, ɕi daŋləm gisirərqu oʨi okini dər, fədarəm anən ɕykin

muse be inu dabuhabi, Si dangname gisurerakū oci okini dere, fudarame anan šukin

*ər bait ɕind lak Sim aqu, xəni maʥig gœʨik ba aqu Sim na, inb ləuləʨi,

ere baita Sinde lak seme akū, heni majige gOicuka ba akū sembiO, imbe leOleci,

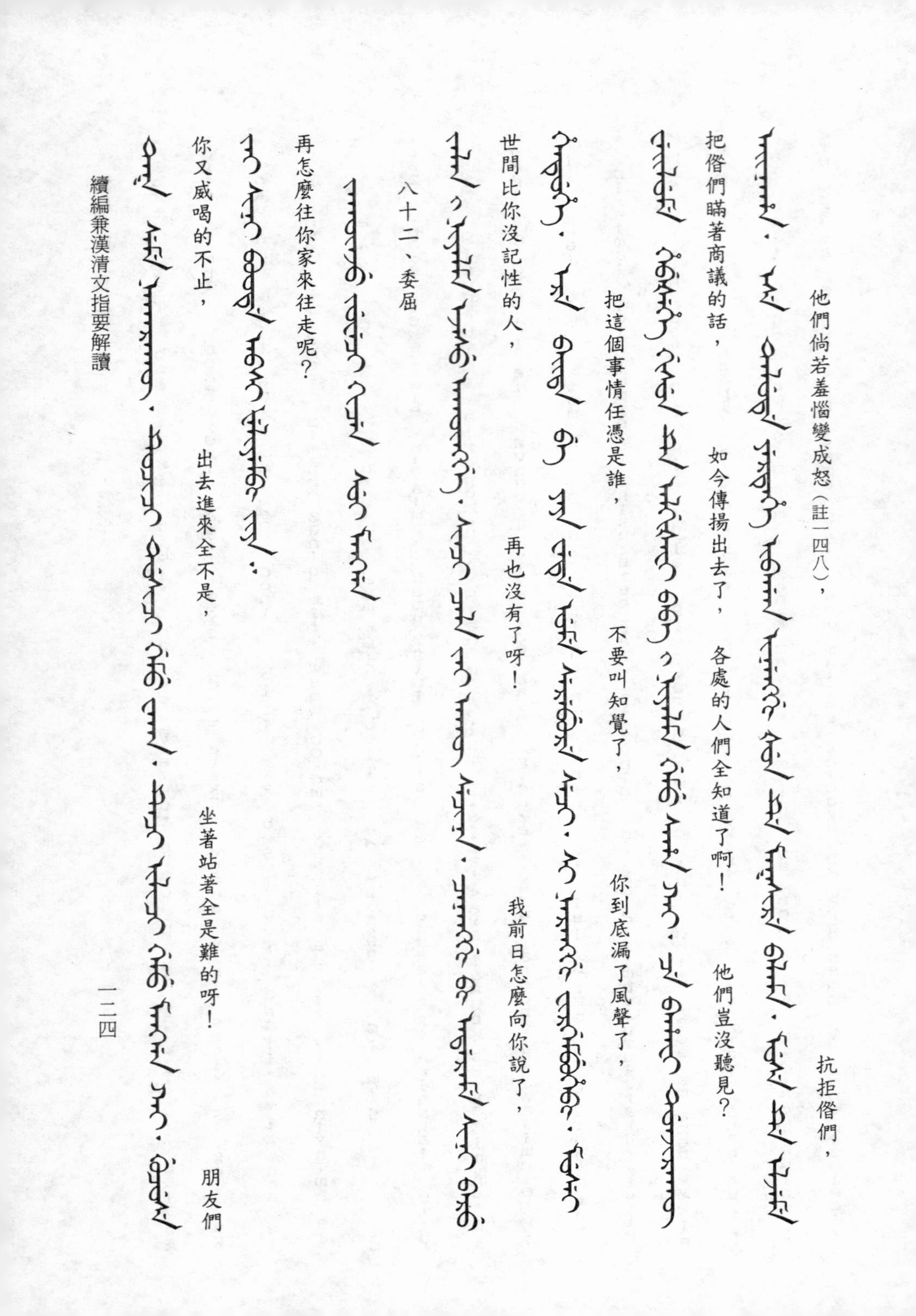

他們倘若羞惱變成怒（註一四八），抗拒俺們，

把俺們瞞著商議的話，如今傳揚出去了，各處的人們全知道了啊！他們豈沒聽見？

把這個事情任憑是誰，不要叫知覺了，你到底漏了風聲了，

世間比你沒記性的人，再也沒有了呀！我前日怎麼向你說了，

八十二、委屈

再怎麼往你家來往走呢？

你又威喝的不止，出去進來全不是，坐著站著全是難的呀！朋友們

*ɛnəχ, əs talud irtəx ivaχən inəŋ sun d maχɕir balam, məs əd əlʤim

ainaha, ese talude yertehe ibagan inenggi šun de maksire balama, muse de el;eme

*vəilum xəvsəx gisun tə ɛlxisifi baba i nan gum saχ qai, ʨə baχəfi dœnʤirqu

weilume hebešehe gisun te algišafi baba i niyalma gemu saha kai, ce bahafi don;iraku

*xənɗux, ər bait əv ;a;a vəɗ əm sərəvər siʨi, ɕi naraŋi firxəvəxəi, məsə;

henduhe, ere baita be yaya wede ume serebure seci, si naranggi firgembuhebi, musei

*ʤalən i nan əʤəsu aquŋ, ɕinʨi ʨalə ʤai aqu siʨina, ʨanəŋʤi bi aɗarəm ɕini baru

;alan i niyalma e;esu akūngge, sinci cala ;ai akū secina, cananggi bi adarame sini baru

* 八十二、sui maŋ 委屈

八十二、sui mangga 委屈

*ʤai ɕini boɗ avɕi fəlim ʤia.

;ai sini boode absi feliyembi ;iya.

*taq sim naqərqu, tiʨiʨi ɗœɕyʨi gum vaq, təʨi iʨi gum maŋ qai, guʨus

tak seme nakaraku, tucici dosici gemu waka, teci ilici gemu mangga kai, gucuse

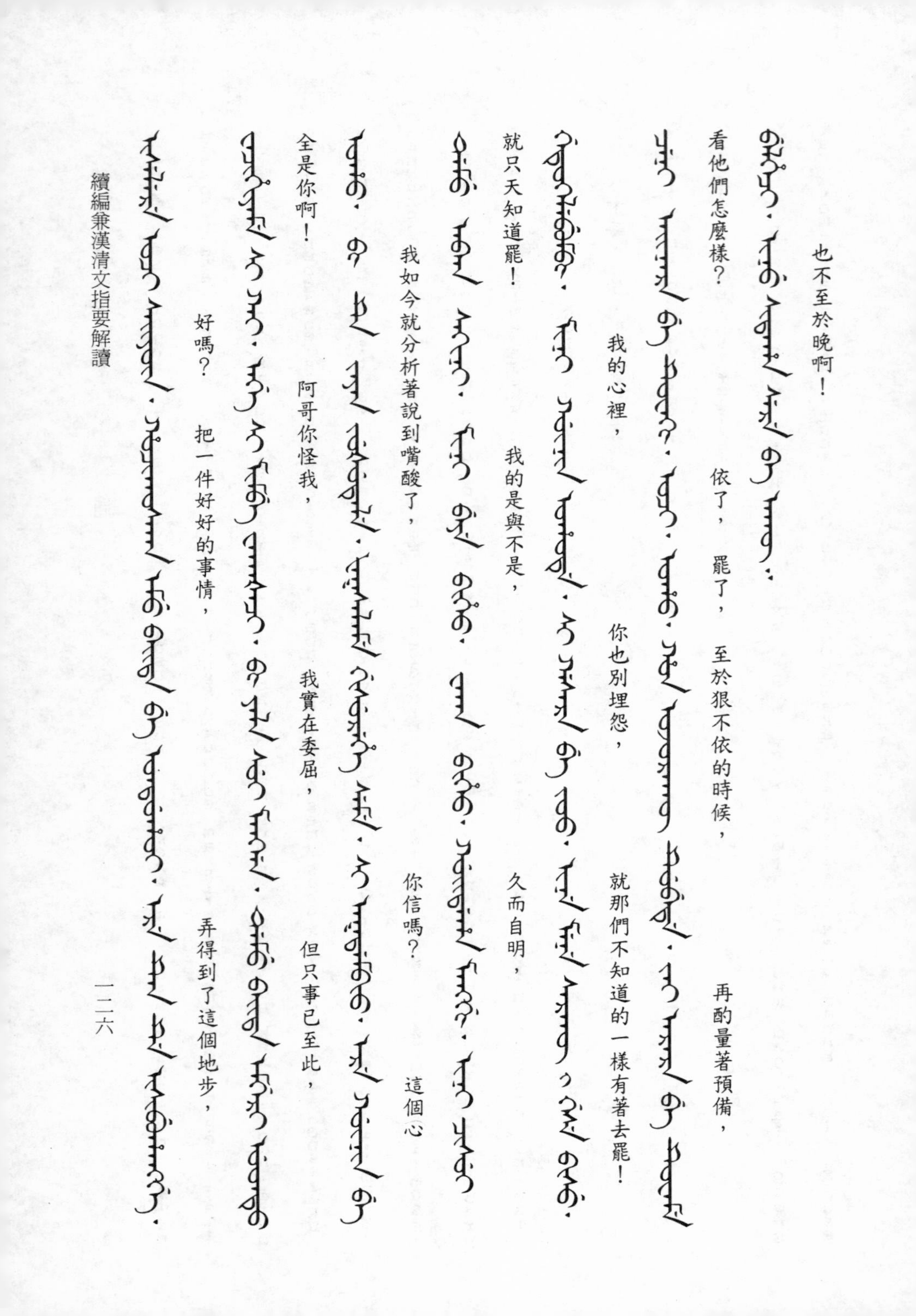

也不至於晚啊！

看他們怎麼樣？ 依了， 罷了， 至於狠不依的時候， 再酌量著預備，

我的心裡， 你也別埋怨， 就那們不知道的一樣有著去罷！

就只天知道罷！ 我的是與不是， 久而自明，

我如今就分析著說到嘴酸了， 你信嗎？ 這個心

全是你啊！ 阿哥你怪我， 我實在委屈， 但只事已至此，

好嗎？ 把一件好好的事情， 弄得到了這個地步，

* bəlxəʨi, in ɕitaX Sir ba aqu.

bəlheCi, inu Sitaha sere ba akū.

* ʨəni ɛnər əv taki, oʨi, oXu, Xon oʥurqu duvd, ʥai arər əv tam

ceni ainara be tuwaki, OCi, OhO, hOn O;OrakŪ dubede, ;ai arara be tuwame

* gətxuluvum, mini Gonin oXod, ɕi GaSir əv ʥau, inə mənə Sarqu i gəS biSu,

getukelebumbi, mini gūnin OhOde, Si gasara be ;OO, ine mene sarkū i gese biSu,

* dam avqa Sakini, mini bəi bixə na, vaq bixə na, Guidax maŋi, ini ʨiSui

damu abka Sakini, mini beye biheO, waka biheO, gOidaha manggi, ini CiSui

* oXu, bi tə ʥajin ʥyɕitələ, faXSələm giSirəX Sim, ɕi aXdəm na, ər Gonin b

OhO, bi te ;ayan ;ušutele, faksalame gisurehe seme, Si akdambiO, ere gūnin be

* vaʨixim ɕi qai, agə ɕi minb vaqəʂiʨi, bi jal Sui maŋ, dam bait əmgəri utu

waCihiyame Si kai, age Si mimbe wakašaCi, bi yala Sui mangga, damu baita emgeri uttu

* iSilər oʨi ɕan na, Xoʨiqusaq əm bait əv onduXui, ər tən d iɕivəXəŋ,

iSelere OCi saiyūn, hOCikOsaka emu baita be OndOhOi, ere ten de iSibuhangge,

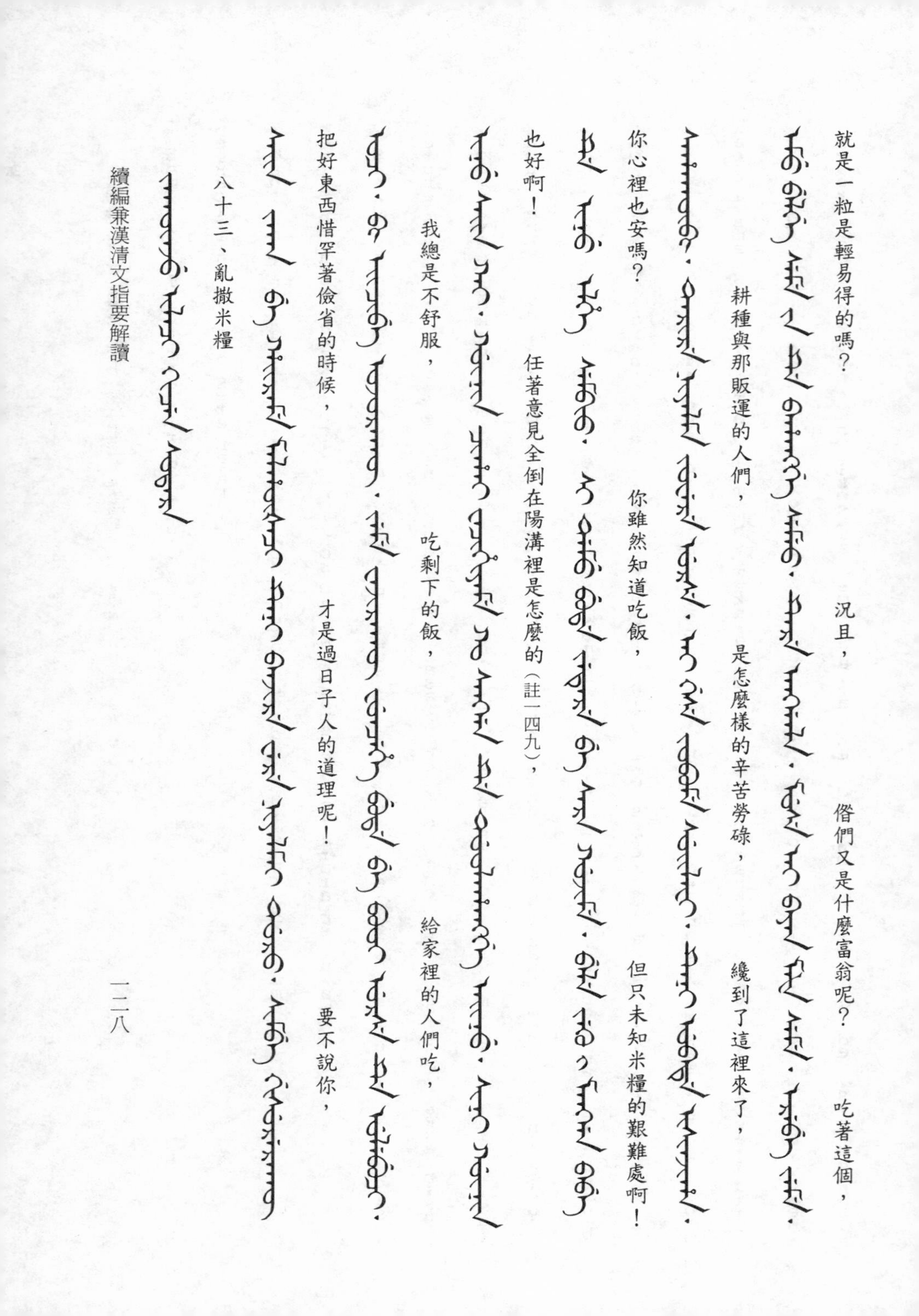

就是一粒是輕易得的嗎？　況且，　咱們又是什麼富翁呢？　吃著這個，

耕種與那販運的人們，　是怎麼樣的辛苦勞碌，　纔到了這裡來了，

你心裡也安嗎？　你雖然知道吃飯，　但只未知米糧的艱難處啊！

也好啊！　任著意見全倒在陽溝裡是怎麼的（註一四九），

我總是不舒服，　吃剩下的飯，　給家裡的人們吃，

把好東西惜罕著儉省的時候，　才是過日子人的道理呢！　要不說你，

八十三、亂撒米糧

*əm bəlg Sim ʤad baχəŋ Simna, tər aŋəl, məS ai baǰin maf Sim, ərəv ʤim,
emu belge seme ǰa de bahangge semeo, tere anggala, muse ai bayan mafa seme, erebe ǰeme,
*Saχəqui, tiərir nan ʤor urS, ai gəS ʤovum Suilafi, təni əvad iɕinʥiχ,
Sahakūbi, tarire niyalma ǰuwere urse, ai gese ǰobome suilafi, teni ubade isinǰiha,
*d in əlx Sim na, ɕi dam bəda ʤitər əv Sar Goʥim, bəl ʤiku i maŋ bav
de inu elhe sembio, Si damu buda ǰetere be sara goǰime, bele ǰeku i mangga babe
*in ɕan qai, Gonin tɕiχai vatɕixim qo Saŋ əd dauləχəŋ an, ɕini Gonin
inu sain kai, gūnin cihai wacihiyame ko sangga de doolahangge ainu, Sini gūnin
*otɕi, bi əitɕivə oʤurqu, ʤim vaʤirqu fəntɕəx bəda v boǰ urS əd uluvutɕi,
oci, bi eicibe oǰorakū, ǰeme waǰirakū funcehe buda be booi urse de ulebuci,
*ɕan ʤaq əv χairəm malχuʂitɕi təni banʥir vər nanəǰ dor, ɕinb giSirərqu
sain ǰaka be haireme malhūšaci teni banǰire were niyalmai doro, Simbe gisurerakū

* 八十三、sotər 亂撒米糧

八十三、sotara 亂撒米糧

想著那個，想來想去，就買了來，拋拋撒撒的花費了（註一五〇），嘴有什麼規矩（註一五一），吃有什麼盡休啊（註一五二）！一味的要是這樣的時候，不但折福啊！就有什麼不完呢？有老家兒們說的，惜食長飽（註一五三），惜衣長暖的話呀！你能有多大福啊！這樣的拋撒五穀，緊著，到了折受的（註一五四），受餓的時候，纔悔之不及呢呀！

八十四、病入膏肓

夏天的時候，還可以勉強來著，久而久之，越發添了病，

* ʤœri forχun ɗ, kəməni qatənʤiʨi ombixə, bixə bixəi ulxin i nymku niɔŋuvəfi
;uwari forgon de, kemuni katun;aci ombihe, bihe bihei ulhiyen i nimeku nonggibufi

* 八十四、nymku faʨuχun bad dœɕyr 病入膏肓

八十四、nimeku facuhūn bade dosire 病入膏肓

* bəid sui ai iɕifi, œmχun ɗ amʦəvəχ ərinɗ, ɛliχ sim amʦəvərqu qai.
beyede sui ai isifi, omihon de amcabuha erinde, aliyaha seme amcaburakū kai.
* ututʂi utku i ɗa sixəi, ɕini χuturi giyanəqu uɗu, ər ɗurun i sotəʨi, fəɗə,
etuci etuku i da sehebi, sini hūturi giyanakū udu, ere durun i sotaci, fede,
* aŋəl, ai bixə sim vaʤirqu, səxdəs əi gisun, χairəm ʤiʨi ʤiku i ɗa, χairəm
anggala, ai bihe seme wa;irakū, sakdasa i gisun, hairame ;eci ;eku i da, hairame
* ai kəmun, ʤitər əɗ ai ɗuv, ʨiŋqai utu oʨi, χuturi əkivəm, sir
ai kemun, ;etere de ai dube, cingkai uttu oci, hūturi ekiyembumbi, sere
* tərəv kiɗum, Goniχ Goniχəi utχai uɗafi, vialin gəmin i mamgiam, aŋ əɗ
terebe kidume, gūniha gūnihai uthai udafi, waliyan gemin i mamgiyambi, angga de

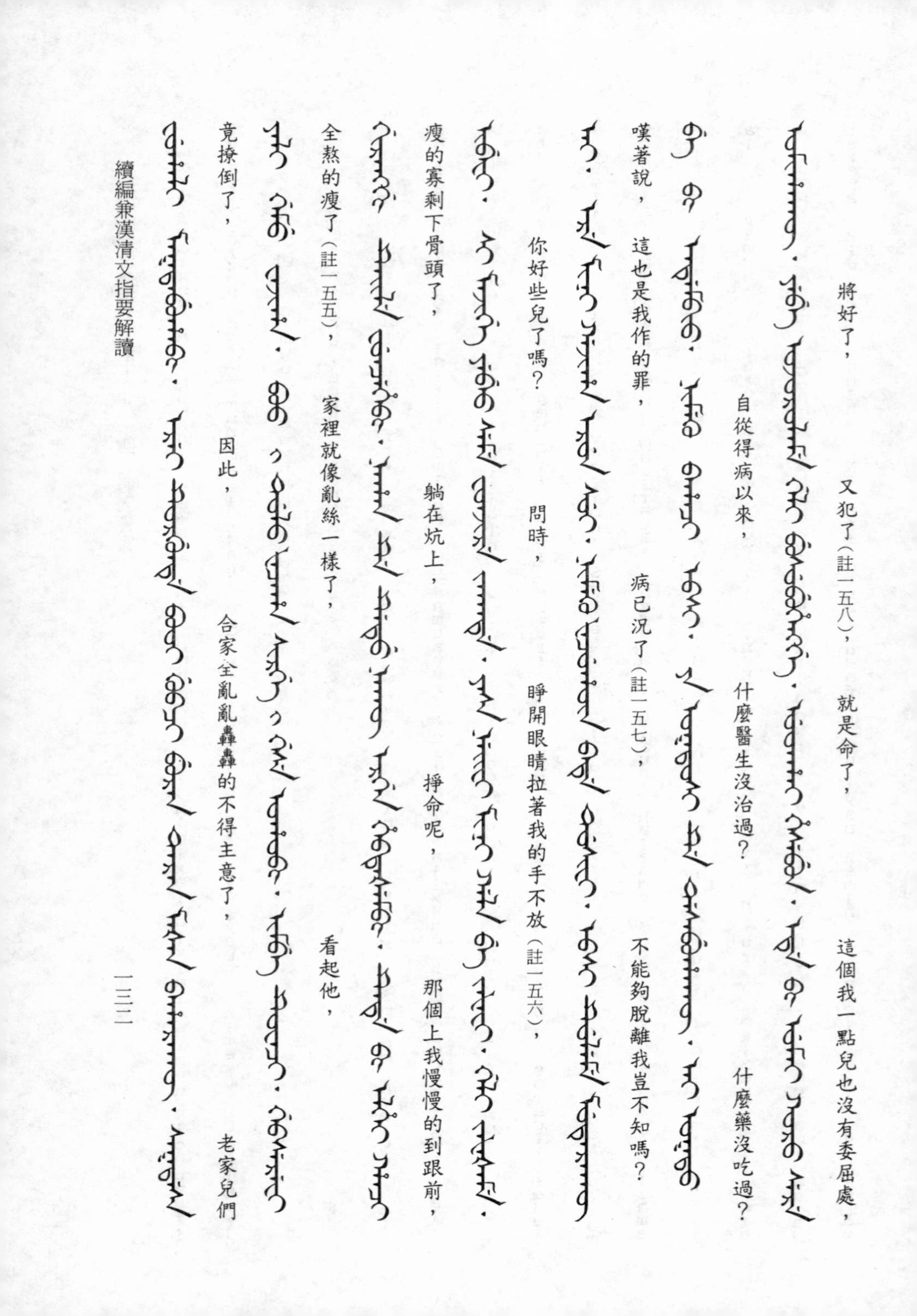

將好了，又犯了（註一五八），就是命了，這個我一點兒也沒有委屈處，

自從得病以來，什麼醫生沒治過？什麼藥沒吃過？

嘆著說，這也是我作的罪，病已沉了（註一五七），不能夠脫離我豈不知嗎？

你好些兒了嗎？問時，睜開眼睛拉著我的手不放（註一五六），

瘦的寡剩下骨頭了，躺在炕上，掙命呢，那個上我慢慢的到跟前，

全熬的瘦了（註一五五），家裡就像亂絲一樣了，看起他，

竟撩倒了，因此，合家全亂亂轟轟的不得主意了，老家兒們

*œmiχəɋu, iv oʤurulum gəl busuvuxuŋ, utχai xəsəvun, ədə bi umai ɋor sir

Omihakū, yebe ojorolame geli busubuhengge, uthai hesebun, ede bi umai koro sere

*v bi ənɗəm na, nymku baχəʨi əvɕi, ja oχtuɕi ɗ ɗasivəχəɋu, ai oχtu

be bi endembio, nimeku bahaci ebsi, ya oktosi de dasabuhakū, ai okto

*ai, ər mini ɢaʤiχ ərun sui, nymku faʨuχun bad ɗœɕyfi, əvɕi ɗulum muturɋu

ai, ere mini gajiha erun sui, nimeku facuhūn bade dosifi, ebsi duleme muterakū

*ivəfi, ɕi maʤig iv na sim fœnʤir ʤaɋaɗ, jaS lifi mini ɢal əv ʤavəfi, gəl ʤavəʂəm,

ibefi, si majige yebeo seme fonjire jakade, yasa neifi mini gala be jafafi, geli jafašame,

*giraŋ təilə fənʨəxəi, naχən ɗ ɗuɗu naɋu ərxən xəvtəsəm, təɗə bi əlxəi χanʨi

giranggi teile funcehebi, nahan de dedu nakū ergen hebtešembi, tede bi elhei hanci

*jəli gum vaʤiχ, bo i ɗolo faʨəχ ɕirxə i gəS oχui, inb taʨi, gəvsərəfi

yali gemu wajiha, boo i dolo facaha sirge i gese ohobi, imbe tuwaci, gebserefi

*fuχali maχtəvəχəi, ərəj turgunɗ boj guvʨi bəran tarən masən baχərɋu, səxɗəs

fuhali maktabuhabi, erei turgunde booi gubci buran taran mašan baharakū, sakdasa

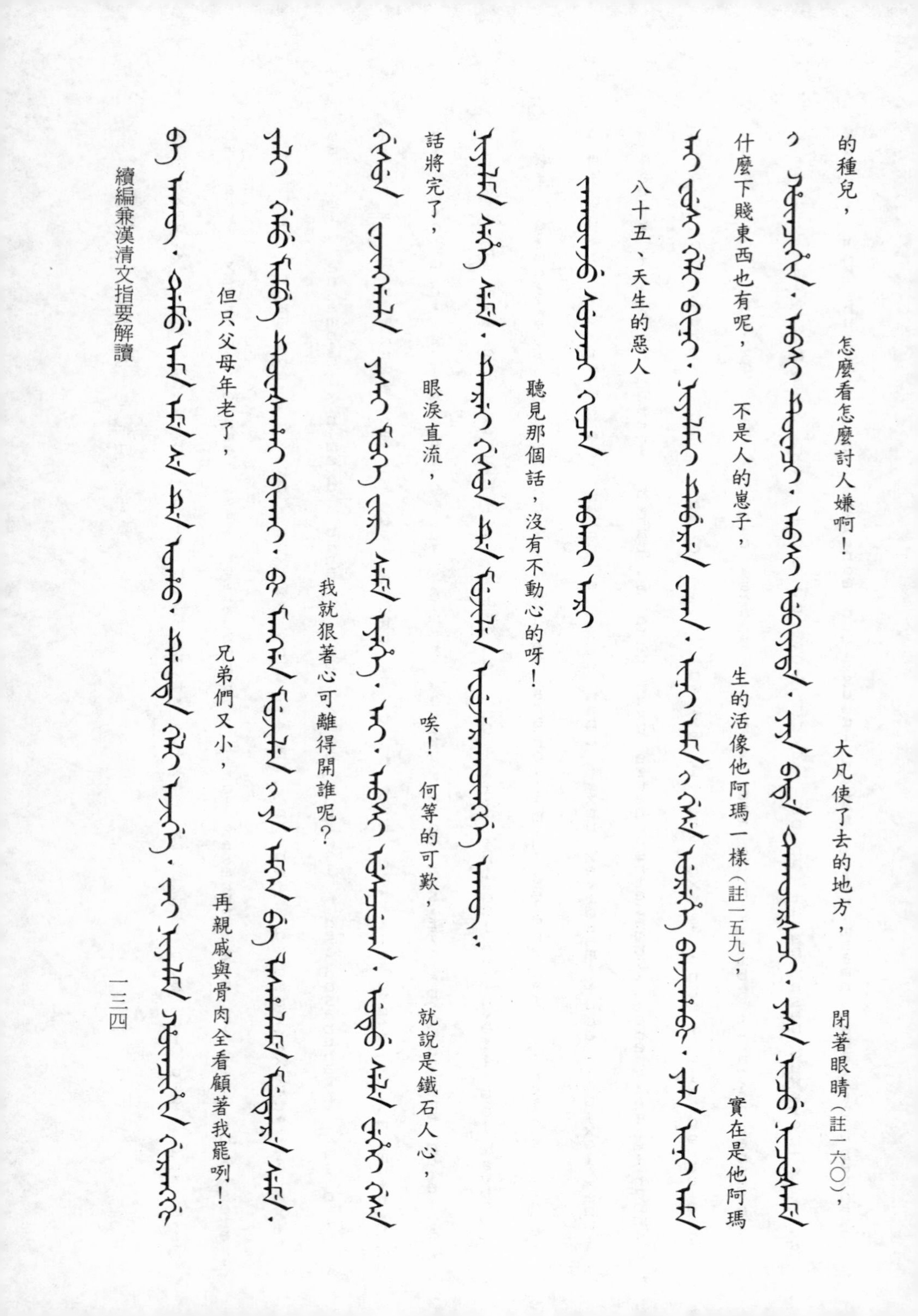

但只父母年老了，兄弟們又小，再親戚與骨肉全看顧著我罷咧！我就狠著心可離得開誰呢？話將完了，眼淚直流，唉！何等的可歎，就說是鐵石人心，聽見那個話，沒有不動心的呀！

八十五、天生的惡人

什麼下賤東西也有呢，不是人的崽子，生的活像他阿瑪一樣（註一五九），實在是他阿瑪的種兒，怎麼看怎麼討人嫌啊！大凡使了去的地方，閉著眼睛（註一六〇），

* i χontɕixi, avɕi taɕi, avɕi iviaď, jaja bad taqurʂiɕi, jas niʈu niʈuʂim

i hūncihin, absi tuwaci, absi ubiyada, yaya bade takūršaci, yasa nicu nicušame

* ai fuɕi gəl bini, nanəj dəvərxən vaq, ini amə i gəs urux banʤiχəi, jal ini amə

ai fusi geli bini, niyalmai deberen waka, ini ama i gese urehe banjihabi, yala ini ama

* 八十五、avqai ari 天生的惡人

八十五、abkai ari 天生的惡人

* nan six sim, tərəj gisun ď muʤilən əvəʤirquŋ aqu.

niyalma sehe seme, terei gisun de mujilen efujerakūngge akū.

* gisun vaʤiŋələ jasəj muku fir sim əjix, ai, avɕi usaʈik, uďu səl vəxəi gəs

gisun wajinggala yasai muke fir seme eyehe, ai, absi usacuka, udu sele wehei gese

* jəli gum minb taʂiχəi biqai, bi maŋ muʤilən i ja əmkən b lasχələm mutur sim,

yali gemu mimbe tuwašahai bikai, bi mangga mujilen i ya emken be lashalame mutere seme,

* ba aqu, ďam amə əni sə ď oχu, ďutə gəl aʤig, ʤai nan χonʈixi giraŋ

ba akū, damu ama eme se de oho, deote geli ajige, jai niyalma hūncihin giranggi

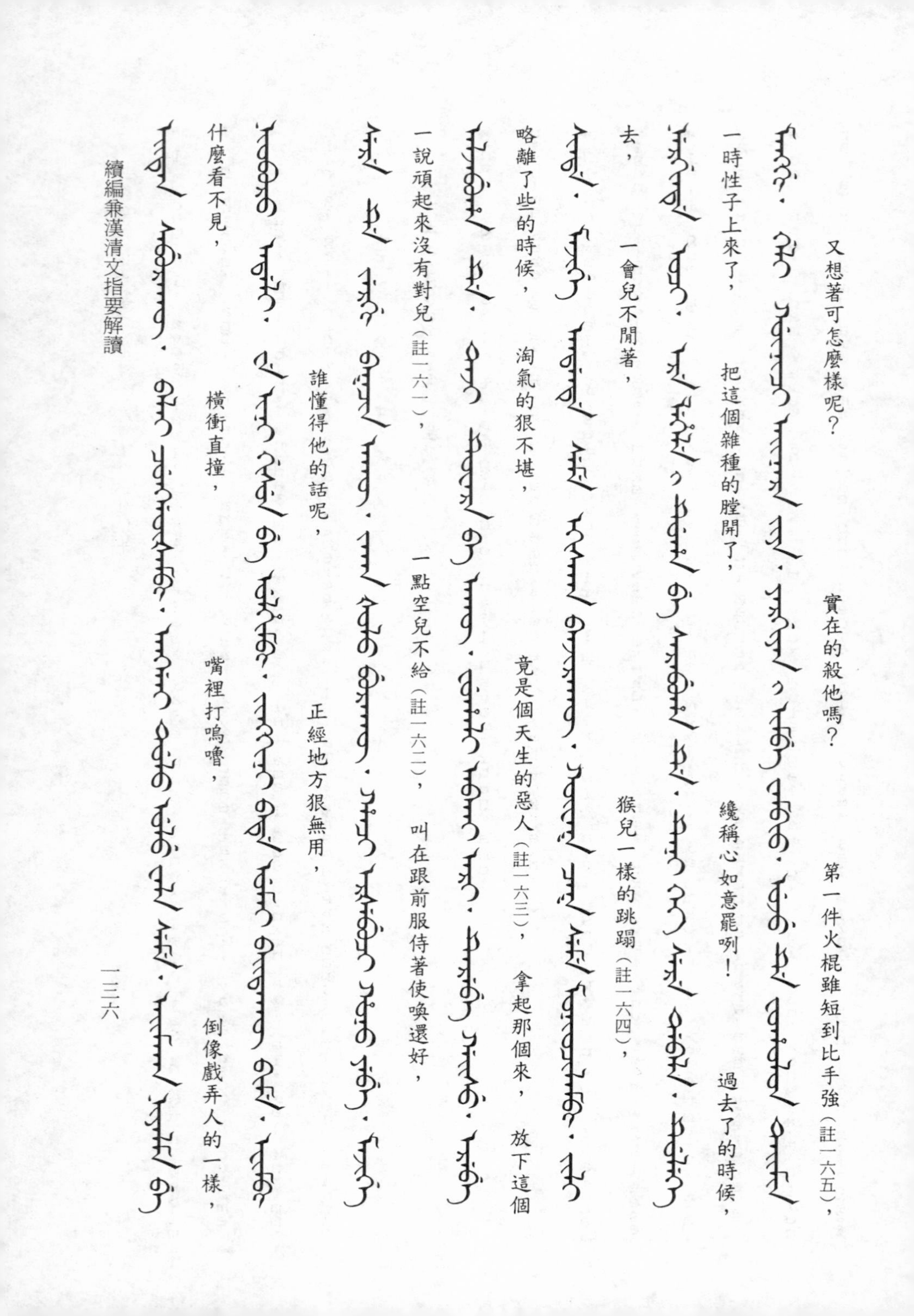

又想著可怎麼樣呢？ 實在的殺他嗎？ 第一件火棍雖短到比手強（註一六五），一時性子上來了， 把這個雜種的膛開了， 纔稱心如意罷咧！ 過去了的時候，

去， 一會兒不閒著， 猴兒一樣的跳蹋（註一六四），

略離了些的時候， 淘氣的狠不堪， 竟是個天生的惡人（註一六三）， 拿起那個來， 放下這個

一說頑起來沒有對兒（註一六一）， 一點空兒不給（註一六二）， 叫在跟前服侍著使喚還好，

誰懂得他的話呢， 正經地方狠無用，

什麼看不見， 橫衝直撞， 嘴裡打嗚嚕， 倒像戲弄人的一樣，

*maŋi, gəl Goniʨi ɛnər ʥia, jarxin i inb vam na, uʥu d fœXulun taimin
manggi, geli gūnici ainara jiya, yargiyan i imbe wambiO, uju de fOhOlOn taimin
*nərxind oʨi, ər ləxəl əi duXa v sarəvəX əd, təni kək Sir davliə, dulxə
nerginde Oci, ere lehele i duha be sarabuha de, teni kek sere dabala, duleke
*ɕinda, maʥig andand Sim əkiSaq banʥirqu, quaq ʨaq Sim moniʨiləm, ʥil
Sinda, majige andande seme ekisaka banjirakū, kūwak cak seme mOniOcilambi, jili
*alʥivəX əd, taʥi tar ba aqu, fuXali avqai ari, tərəv giasə, ərəv
aljabuha de, taji tuwara ba akū, fuhali abkai ari, terebe gaisu, erebe
*Sir əd ʥirxi baXʨin aqu, ʥaq Solo burqu, Xanʨi ərSivəʨi Xonu iv, maʥig
sere de jergi bakcin akū, jaka šOlO burakū, hanci ersebuci hOnO yebe, majige
*niovur adali, və ini giSun b ulxim, ʥiŋkin bad umai baitaqu bim, ivim
niObOrO adali, we ini gisun be ulhimbi, jingkini bade umai baitakū bime, efimbi
*əitən Savərqu, balai ʨuŋuSim, aŋəj dolo ulu vala Sim, aimaq nan əv
eiten saburakū, balai cunggūšambi, anggai dOlO ulu wala seme, aimaka niyalma be

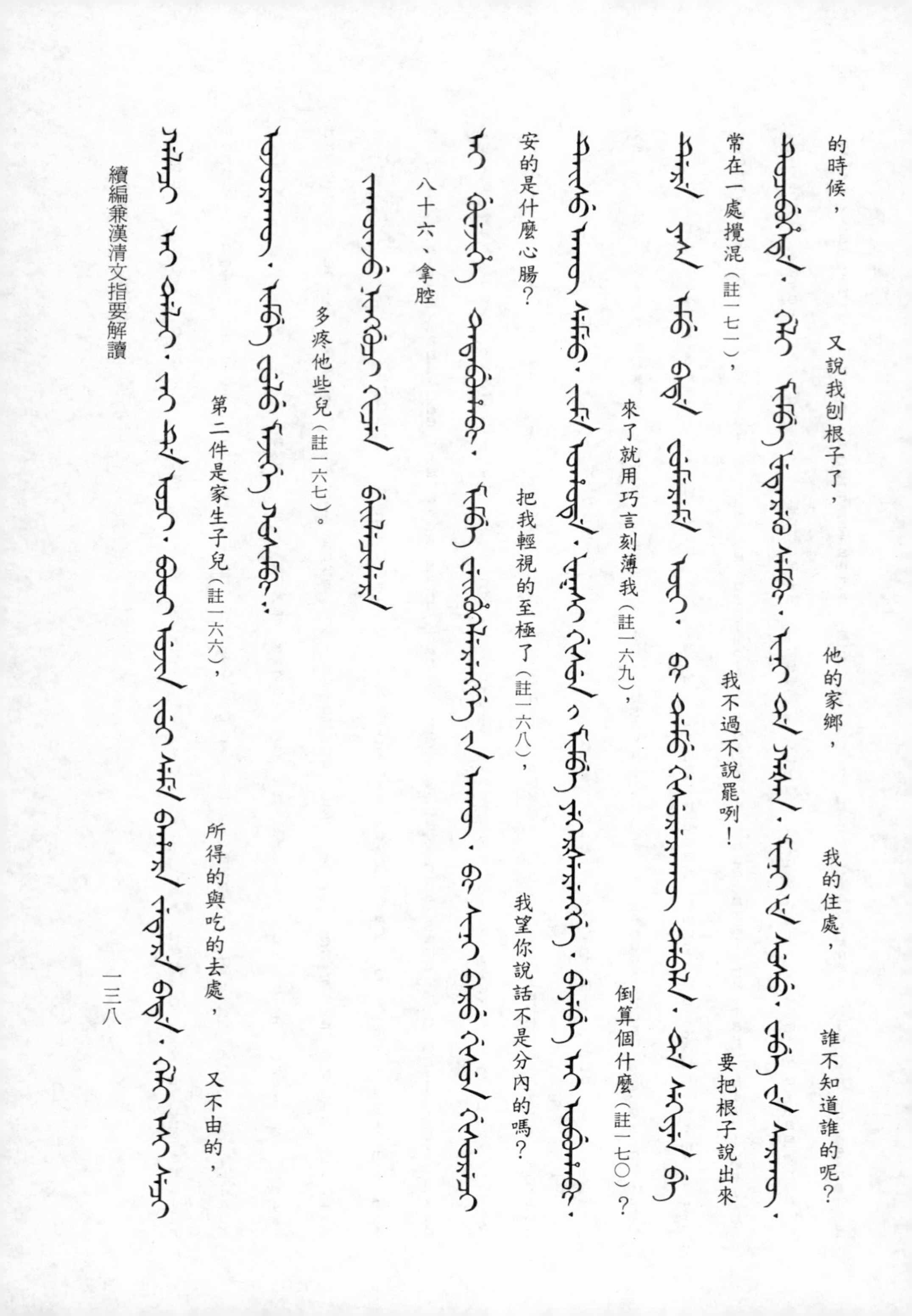

的時候，　又說我刨根子了，　他的家鄉，　我的住處，　誰不知道誰的呢？

常在一處攪混（註一七一），　我不過不說罷咧！　要把根子說出來

來了就用巧言刻薄我（註一六九），　倒算個什麼（註一七〇）？

安的是什麼心腸？　把我輕視的至極了（註一六八），　我望你說話不是分內的嗎？

八十六、拿腔

多疼他些兒（註一六七）。

第二件是家生子兒（註一六六），　所得的與吃的去處，　又不由的，

* tiʨivəxəd, gəl minb fətərəku sim, ini da Gasən, mini fə susu, vəv və sarqu,

tucibuhede, geli mimbe feterekū sembi, ini da gašan, mini fe susu, webe we sarkū,

* dər jas əm bad fumurum ofi, bi dam gisirərqu davliə, da səkin b

dere yasa emu bade fumereme ofi, bi damu gisurerakū dabala, da sekiyen be

* təisu aqu sim na, ʥim oχod, faχɕi gisun i minb ikərsirəŋ, bəiv ai ovuχui,

teisu akū seme, jime ohode, faksi gisun i mimbe yekeršerengge, beyebe ai obuhabi,

* ai guvəʥix tatəvəχəi, minb vəixukələrəŋ ʥa aqu, bi ɕini baru gisun gisirəʨi

ai guwejihe tatabuhabi, mimbe weihukelerengge ja akū, bi sini baru gisun gisureci

* 八十六、bəiləʨilər 拿腔

八十六、beilecilere 拿腔

* oʥurqu, inb fulu maʥig Goɕim.

ojorakū, imbe fulu majige gosimbi.

* Galʨi ai dalʥi, ʥai d oʨi, boj uʥin ʥi sim baχər ʥitər bad, gəl əɕi siʨi

galaci ai dalji, jai de oci, booi ujin jui seme bahara jetere bade, geli esi seci

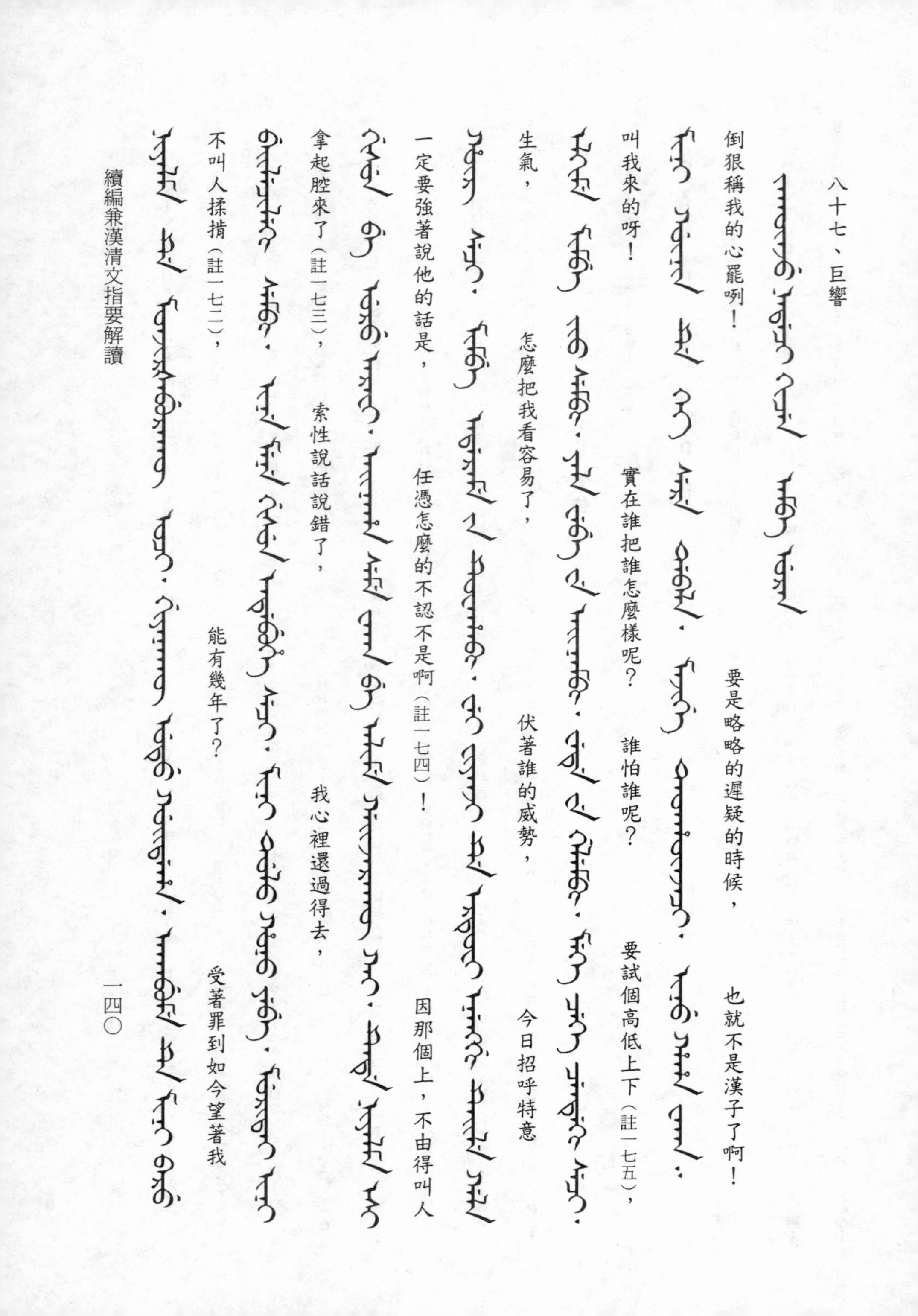

八十七、巨響

倒狠稱我的心罷咧！要是略略的遲疑的時候，也就不是漢子了啊！

叫我來的呀！實在誰把誰怎麼樣呢？誰怕誰呢？要試個高低上下（註一七五），

生氣，怎麼把我看容易了，伏著誰的威勢，今日招呼特意

一定要強著說他的話是，任憑怎麼的不認不是啊（註一七四）！因那個上，不由得叫人

拿起腔來了（註一七三），索性說話說錯了，我心裡還過得去，

不叫人揉搓（註一七二），能有幾年了？受著罪到如今望著我

* 八十七、am uran 巨響

八十七、amba uran 巨響

* mini Gonin ɗ kək sir ɗavliə, maʤig tatXunʤitɕi, in Xaχ vaq.

mini gūnin de kek sere dabala, maǰige tathūnǰaci, inu haha waka.

* əlkim minb ʤu sim, ǰal vəv və ɛnəm, vəɗ və gələm, məkə tɕəkə tɕənɗəki sitɕi,

elkime mimbe ǰiO sembi, yala webe we ainambi, wede we gelembi, meke ceke cendeki seci,

* χur sitɕi, minb aɗarəm ʤa taχəi, vəi fianʤi ɗ ərtəfi ənəŋ təilə Gal

hūr seci, mimbe adarame ǰa tuwahabi, wei fiyanǰi de ertufi enenggi teile gala

* gisun b uru arəfi, ɛnəχ sim vaq əv ɛlim giaʤərqu qai, təɗə nan əɕi

gisun be uru arafi, ainaha seme waka be alime gaiǰarakū kai, tede niyalma eṣi

* bəiləɕiləki sim, inə mənə gisun ənɗəvəx sitɕi, mini ɗolo χonu iv, mœrtəi ini

beilecileki sembi, ine mene gisun endebuhe seci, mini dolo hono yebe, muritai ini

* nan əɗ monʤirʂivərqu otɕi, gianəqu uɗu Guiɗaχ, aqəvəm tə mini baru

niyalma de monǰirṣaburakū oci, giyanakū udu goidaha, akabume te mini baru

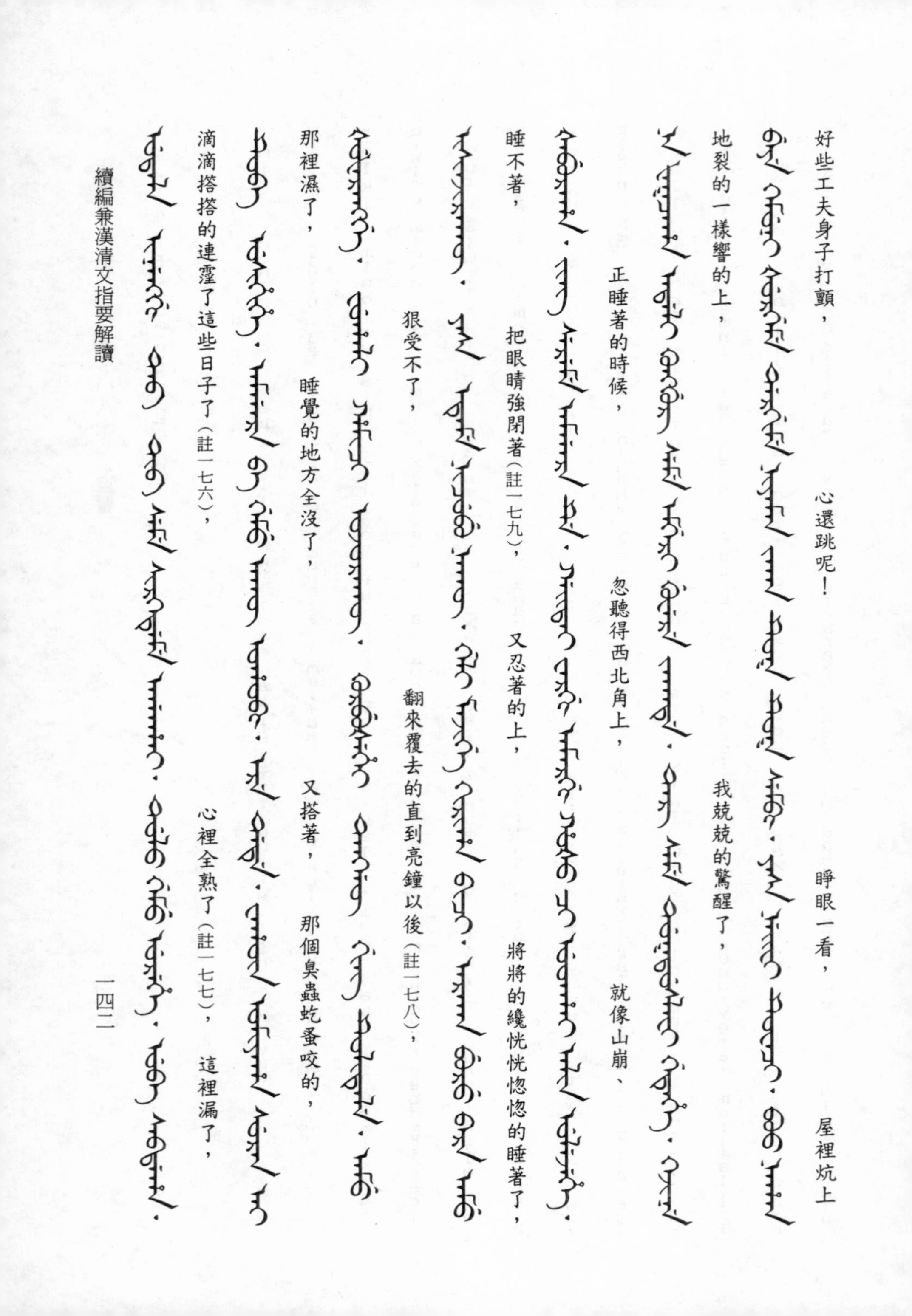

滴滴搭搭的連霪了這些日子了（註一七六），心裡全熟了（註一七七），這裡漏了，

那裡濕了，睡覺的地方全沒了，又搭著，那個臭蟲蛇蚤咬的，

狠受不了，翻來覆去的直到亮鐘以後（註一七八），

睡不著，把眼睛強閉著（註一七九），又忍著的上，將將的纔恍恍惚惚的睡著了，

正睡著的時候，忽聽得西北角上，就像山崩、

地裂的一樣響的上，我兢兢的驚醒了，

好些工夫身子打顫，心還跳呢！睜眼一看，屋裡炕上

* bəi kəməni surxunum ɗarxim niamən ʤaq tuk tuk sim, jas lifi taʨi, bo naχən
beye kemuni surgeme dargime niyaman jaka tuk tuk sembi, yasa neifi tuwaci, boo nahan

* na faχʨəχ adali kuŋur sim əmgəri guvur ʤaqad, tar sim ɗoχɗosləfi gətəx, kəʥinə
na fakcaha adali kunggur seme emgeri guwere jakade, tar seme dokdoslafi getehe, kejine

* savərəχ, ʥiŋ sərəm amχər əd, Gaiti vɛrxi amərxi χos ʨi utχai ɛlin uluʤux,
šaburaha, jing sereme amgara de, gaitai wargi amargi hošo ci uthai alin ulejehe,

* iɕinʥirqu, jas ətəm niʨuvu naqu, gəl maʥig kiriχ biʨi, arqan bur barə jasim
isinjirakū, yasa eteme nicubu nakū, geli majige kiriha bici, arkan buru bara amu

* suvarəŋ, fuχali χamiʨi oʤurqu, kurvusixəi taŋ giŋ tylitələ, jasim
šufarangge, fuhali hamici ojorakū, kurbušehei tanggū ging tulitele, amu

* təva uɕixix, amχər ba gum aqu oχui, ər ɗaɗ, vaxun nimaχ suran ai
tuba usihihe, amgara ba gemu akū ohobi, ere dade, wahūn umiyaha suran ai

* utala inəŋ tav tiv sim ɕirkəɗəm aχaχəi, ɗolo gum urux, əva savɗəχ,
utala inenggi tab tib seme sirkedeme agahai, dolo gemu urehe, uba sabdaha,

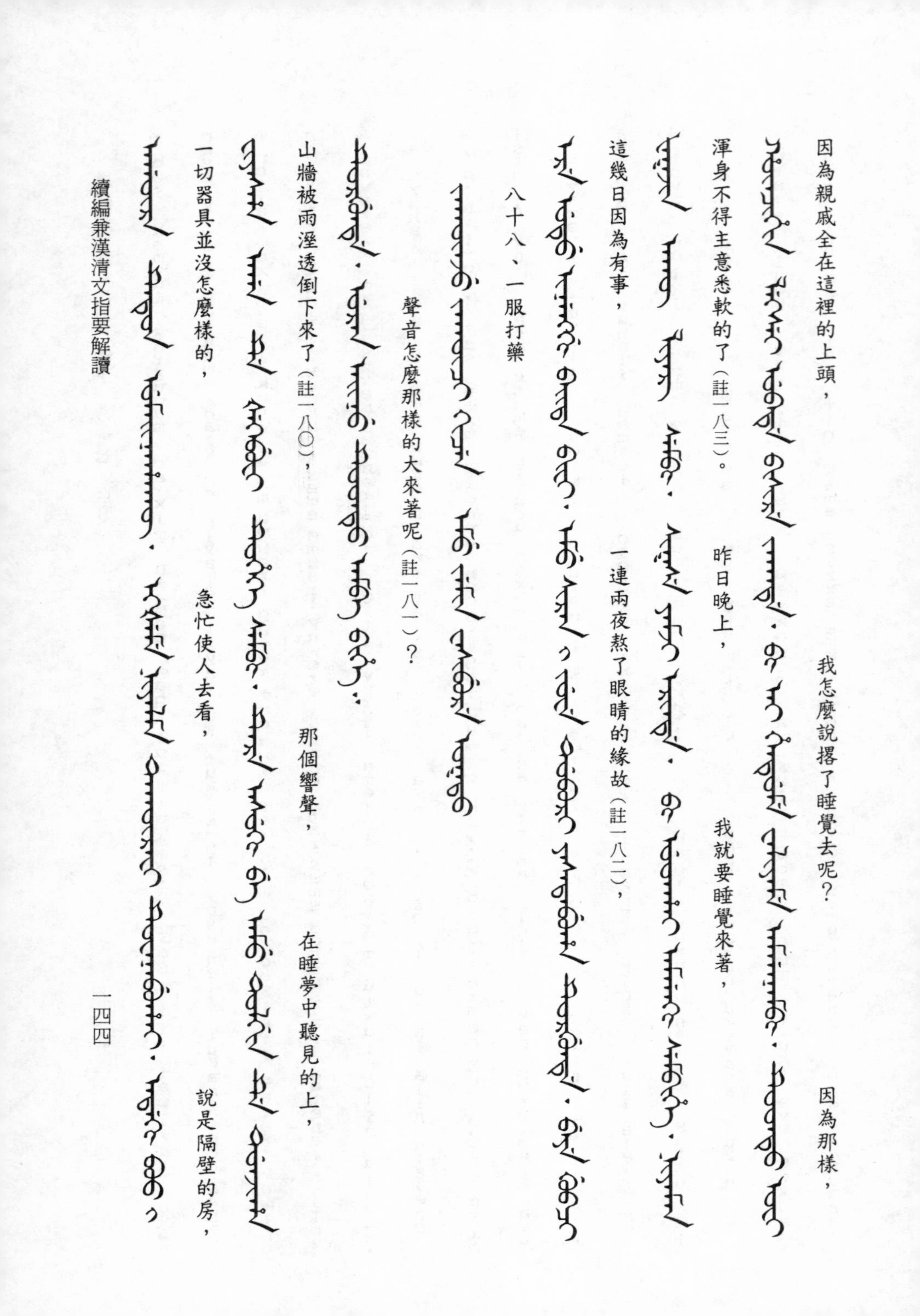

因為親戚全在這裡的上頭，我怎麼說撂了睡覺去呢？因為那樣，

渾身不得主意悉軟的了（註一八三）。昨日晚上，我就要睡覺來著，

這幾日因為有事，一連兩夜熬了眼睛的緣故（註一八二），

八十八、一服打藥

聲音怎麼那樣的大來著呢（註一八一）？

山牆被雨溼透倒下來了（註一八〇），那個響聲，在睡夢中聽見的上，

一切器具並沒怎麼樣的，急忙使人去看，說是隔壁的房，

*Xonɕixi ləksəi əvad biɕir ʥaqad, bi ai xəndum vialim amXənəm, tutu ofi
hūncihin leksei ubade bisire ǰakade, bi ai hendume waliyame amganambi, tuttu ofi
*faXʥin aqu liar Sim, ʦəksə jamʥi ərind, bi utXai amXəki Simbixə, niamən
fakǰin akū liyar sembi, sikse yamǰi erinde, bi uthai amgaki sembihe, niyaman
*ər udu inəŋ bait bifi, əm ɕiran i ʥu dœvir jaSətəvəX turgund, bəi guvɕi
ere udu inenggi baita bifi, emu siran i ǰuwe dobori yasatabuha turgunde, beye gubci

* 八十八、əm ʥimin vaɕivər oXtu 一服打藥

八十八、emu ǰemin wasibure okto 一服打藥

*turgund, uran an tutu am bixə.
turgunde, uran ainu tuttu amba bihe.
*fiaSX aXa d Səvəfi tuxuk Sim, tər aSki v jaSim tœlxin d dœnʥiX
fiyasha aga de šekebufi tuheke sembi, tere asuki be amu tolgin de donǰiha
*aXur tətun umainəXəqu, əxSəm nan taqurufi tanəvəXəi, ɛdki bo i
agūra tetun umainahakū, ekšeme niyalma takūrafi tuwanabuhai, adaki boo i

我說這想必是存住食了罷！吃了一服打藥的時候（註一八六），

拉扯的牙花子全腫了，吃飯、喝茶，沒味兒，坐著、站著，不安，

就像火烤的一樣，又搭著耳底疼，

也不知涼著了些，或者怎麼樣的了，心裡狠悵悶，渾身發熱，

穿著衣裳，把頭一倒竟自睡熟了，到了第二更的時候纔醒了，那個上，

抹搭下來（註一八五），恍恍惚惚的去了，後來客們將散了，我就放了一個枕頭，

雖然勉強著又勉強，打著精神坐著（註一八四），眼睛不由的

* aqu, bi ər ainʨi ʤiku taxɕiləvəX aʝau Sim, əm ʤimin vaɕivər oXtu œmir

akū, bi ere ainci ʝeku taksilabuha ayoo seme, emu ʝemin wasibure okto omire

* tatəvəfi ʤaʝin ərxi gum suxsurəxəi, ʤiʨi œmiʨi amtən aqu, təʨivə iʨivə əlx

tatabufi ʝayan ergi gemu suksurekebi, ʝeci omici amtan akū, tecibe ilicibe elhe

* vənʤirəŋ, utXai tua d fiaqəvəX adali, ər dad San gəl Sulxum ofi,

wenʝerengge, uthai tuwa de fiyakūbuha adali, ere dade šan geli sulhume ofi,

* maʤig SaXərəq ɛnəX əv Sarqu, dolo uməɕi kusun ɒiŋ Sim, bəi i guvʨi

maʝige šahūraka ainaha be sarkū, dolo umesi kušun ping sembi, beye i gubci

* ɕindafi, utku niɕiXai uʤu maXtə xir amXəX, ʤai giŋ otolo təni gətəx, tədə

sindafi, etuku nisihai uʝu makta hiri amgaha, ʝai ging otolo teni getehe, tede

* oʤurqu dəvsəxun, murxu farXun om gənəm, aməl antX faʨəm, bi əm ʨunuŋku

oʝorakū debsehun, murhu farhūn ome genembi, amala antaha facame, bi emu cirku

* qatənʤir dad gəl qatənʤim, bəi udu ɕimən arəm təʨəʨivə, ʝas əɕi Siʨi

katunʝara dade geli katunʝame, beye udu simen arame tececibe, yasa esi seci

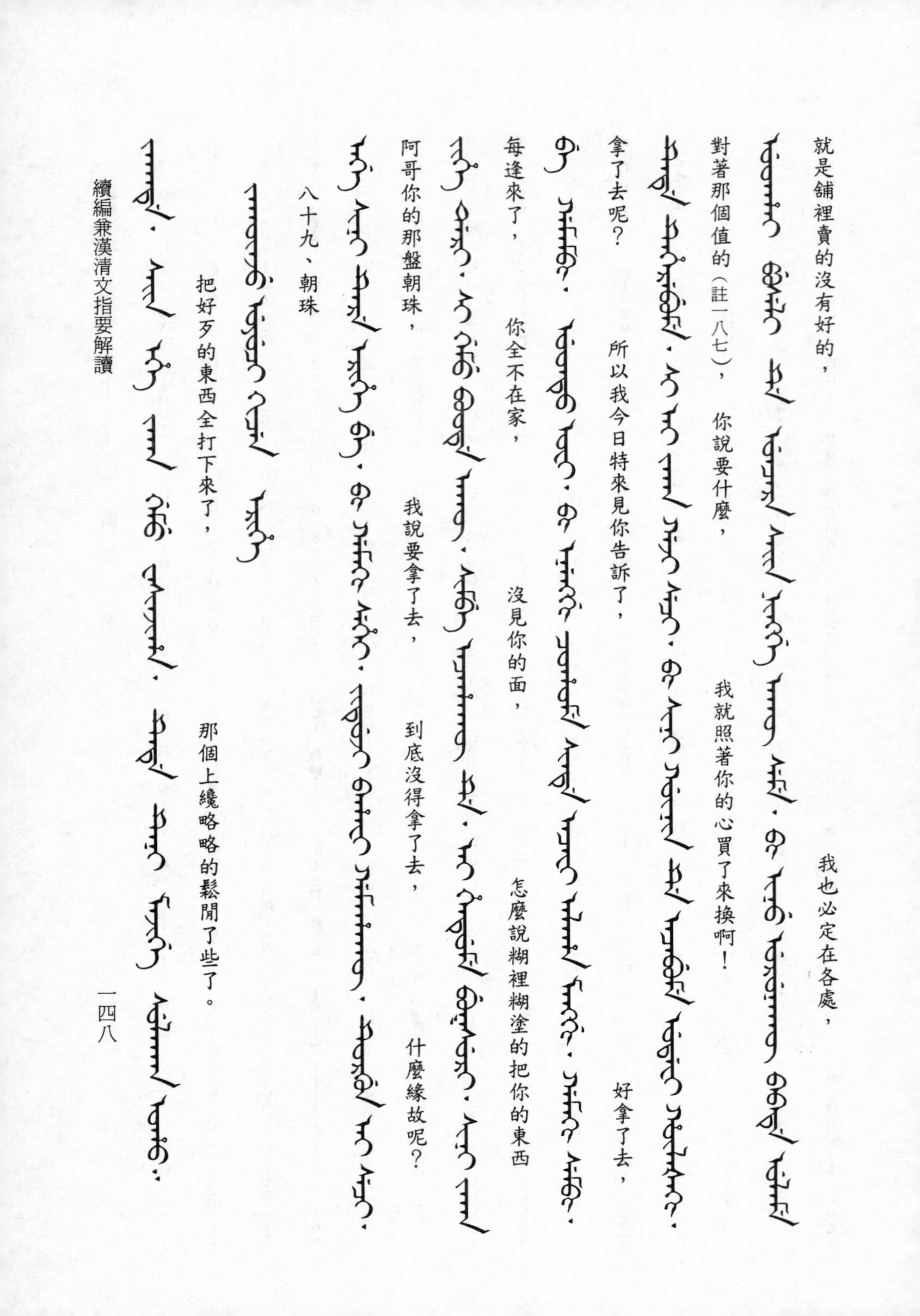

把好歹的東西全打下來了， 那個上纔略略的鬆閒了些了。

八十九、朝珠

阿哥你的那盤朝珠， 我說要拿了去， 到底沒得拿了去， 什麼緣故呢？

每逢來了， 你全不在家， 沒見你的面， 怎麼說糊裡糊塗的把你的東西

拿了去呢？ 所以我今日特來見你告訴了， 好拿了去，

對著那個值的（註一八七）， 你說要什麼， 我就照著你的心買了來換啊！

就是鋪裡賣的沒有好的， 我也必定在各處，

*utXai pus ed untşar ɕan niŋ aqu Sim, bi in urunaqu babad ulam
uthai puseli de uncara sain ningge akū seme, bi inu urunakū babade ulame
*tədə təxərəvəm, ɕi ai ʤaq Gaʤi Sitşi, bi ɕini Gonin d atşəvəm udafi Xuliasiki,
tede teherebume, Si ai ǰaka gaǰi seci, bi Sini gūnin de acabume udafi hūlašaki,
*əv Gaməm, utu ofi, bi ənəŋ tşoXum ɕind atşəfi aləX maŋi, Gaməki Sim,
be gamambi, uttu ofi, bi enenggi cohome sinde acafi alaha manggi, gamaki sembi,
*ʥix dari, ɕi gum bod aqu, ɕinb atşəXəqu d, ai Xəndum buxSuxuri, ɕini ʤaq
ǰihe dari, Si gemu boode akū, simbe acahakū de, ai hendume bukSuri, Sini ǰaka
*agə ɕini tər irəX əv, bi Gaməki Sixəi, ʥidutşi baXəfi GaməXəqu, turgun ai Sitşi,
age Sini tere erihe be, bi gamaki sehei, ǰiduǰi bahafi gamahakū, turgun ai seci,

* 八十九、irəX 朝珠

八十九、erihe 朝珠

*ʤaqad, ɕan əx ʤaq gum vaɕinʥiX, tədə təni maʥig Sulakən oXu.
ǰakade, sain ehe ǰaka gemu wasinǰiha, tede teni maǰige sulakan oho.

想著找了個狗，　總沒找著（註一八八）。

回來找時，　哪裡有？　連影兒也不見了，　也不知被誰偷了去了，

也是該丟的上，　去月裡我們往園裡去的時，　忘了沒收起來，

狠光潤了，　不拿了往別處去的時候，　把他裝在箱子裡來著，

可惜趕得上那個的狠少啊！　可不是什麼？　每日拿著的上，　汗全浸透的，

也好來著，　如何至於丟了呢？　菩提子的豈少嗎？

轉找了來給你，　你心裡怎麼樣，　你還提什麼，　不論怎麼拿了去

* sarqu, mərkim biaX sim fuXali baXəqu.
sarkū, merkime baiha seme fuhali bahakū.

* amɕi ʥifi biaʨi, avə arun durun savərqu oXu, vəd XulXavəX əv in
amasi jifi baici, aba arun durun saburakū oho, wede hūlhabuha be inu

* in vialivər gian ofi, manəX biad bo jafXən d gənərəd, oŋufi barxixəqu,
inu waliyabure giyan ofi, manaha biyade be yafan de genere de, onggofi bargiyahakū,

* uməɕi nilgian oXui, ʥavəʂərqu Guavɕi gənəmbixəd, tərəv XorXun d aʂirəmbix,
umesi nilgiyan ohobi, jafašarakū gūwabsi genembihede, terebe horho de asarambihe,

* iɕirəŋ uməɕi qomsu, tutu vaq oʨi ai, inəŋdari ʥavəʂəXəi gum ɕivər daX
isirengge umesi komso, tuttu waka oci ai, inenggidari jafašahai gemu šiberi daha

* biʨi ɕan bixə, ɛnəXəi vialivəmni, Xairəqən bodisu niŋ ai jadər, dam tədə
bici sain bihe, ainahai waliyabumbini, hairakan bodisu ningge ai yadara, damu tede

* biafi ɕind bur, ɕini Gonin d antaq, ɕi kəmni ʥondufi ɛnəm, inə mənə GaməX
baifi sinde bure, sini gūnin de antaka, si kemuni jondofi ainambi, ine mene gamaha

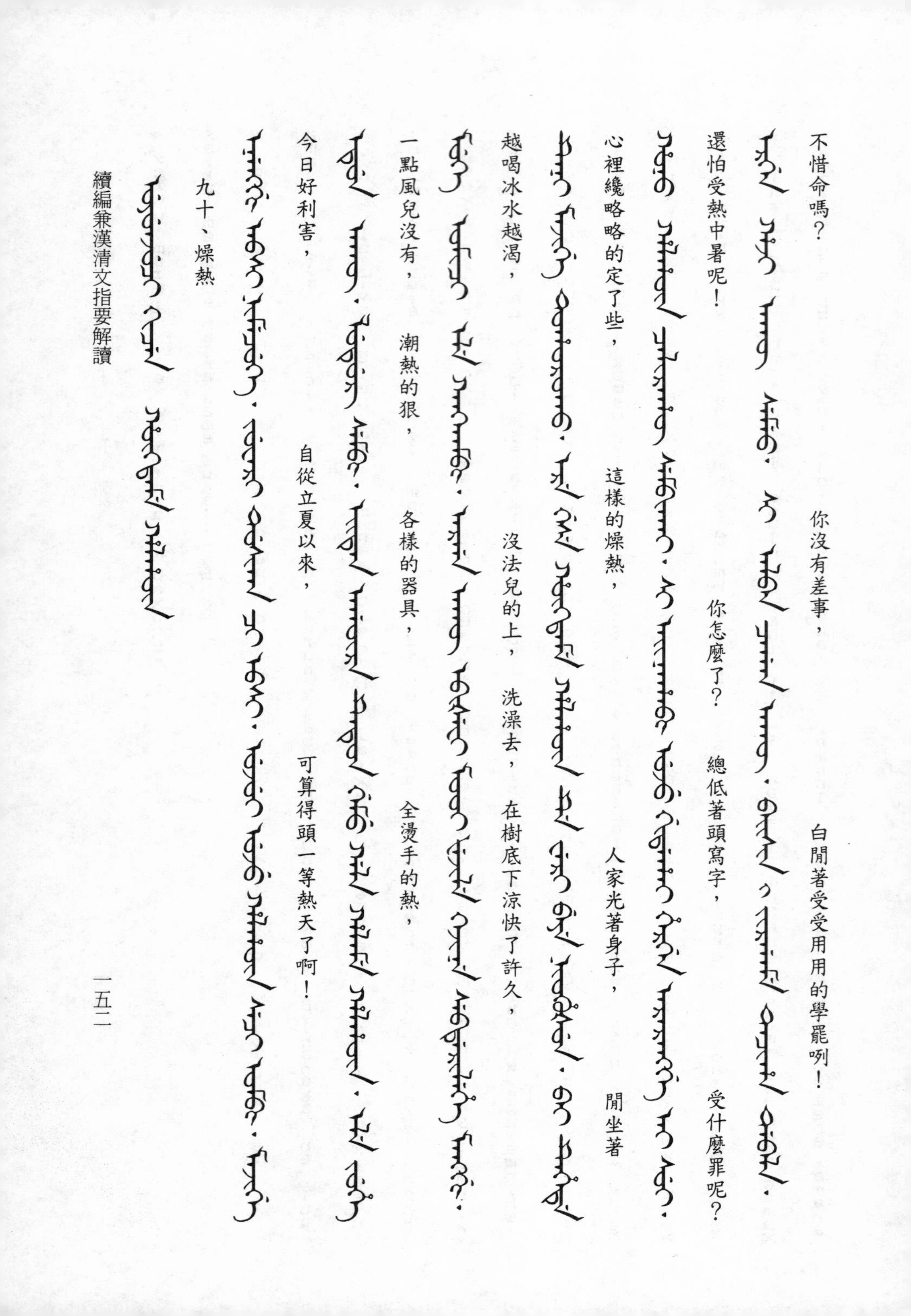

九十、燥熱

今日好利害，自從立夏以來，可算得頭一等熱天了啊！

一點風兒沒有，潮熱的狠，各樣的器具，全燙手的熱，

越喝冰水越渴，沒法兒的上，洗澡去，在樹底下涼快了許久，

心裡纔略略的定了些，這樣的燥熱，人家光著身子，閒坐著

還怕受熱中暑呢！你怎麼了？總低著頭寫字，受什麼罪呢？

不惜命嗎？你沒有差事，白閒著受受用用的學罷咧！

* ərxən χaʤi aqu ʂim na, ɕi alvən ʦaχən aqu, baiɕin i ʤirχam taʦiχ davliə,
ergen haʝi akū semeo, ʂi alban cagan akū, baiʂin i ʝirgame taciha dabala,
* χonu χalχun ʦalirχu ʂimqai, ɕi ɛnəχəi uʤu gidaχəi xərxən arərəŋ ai ʂui,
hono halhūn caliraha sembikai, ʂi ainahabi uʝu gidahai hergen ararangge ai ʂui,
* təni maʤig toχuruχ, ər gəs χuxtəm χalχun ɗ vəri bəi nioχuʂun, bai təxəɗ
teni maʝige tohoroko, ere gese hūktame halhūn de weri beye niohušun, bai tehede
* muku œmiʦi ələ qaŋqəm, arχ aqu əvsəfi moi fəʤil kəʤinə ʂəvɗərilɘx maŋi,
muke omici ele kangkambi, arga akū ebišefi mooi fejile kejine sebderilehe manggi,
* uɗun aqu, luɗur ʂim, əitən aχur tətun gum Gal χaləm χalχun, ələ ʤuxo
edun akū, ludur sembi, eiten agūra tetun gemu gala halame halhūn, ele juhe
* ənəŋ avɕi niməʦiku, ʤœri ɗœɕyq ʦi əvɕi, uʤuʝ uʤu χalχun ʂiʦi om, maʤig
enenggi abʂi nimecuke, ʝuwari dosika ci ebʂi, uʝui uʝu halhūn seci ombi, maʝige

* 九十、χuxtəm χalχun 燥熱

九十、hūktame halhūn 燥熱

九十一、討人嫌的

煩躁會有何用呢？ 能夠免得嗎？

自古不移一定的理啊！ 要是不論怎麼樣的靜靜的受去也可以涼快罷咧！

況且， 冬天冷， 夏天熱，

像我吃著現成的， 安安靜靜的寫字能夠得嗎？

往各處奔走吆喝， 壓的渾身是汗（註一八九）， 將將的剩個一百多錢養命，

譬如買賣人們， 挑著沉重的東西， 伸著脖子，

* 九十一、usun daqul 討人嫌的

九十一、usun dakūla 討人嫌的

* omdər, fatχsaχ sim ai bait, baχəfi guvutɕi om na.

ombidere, fathašaha seme ai baita, bahafi guweçi ombio.

* χalətɕi odʑurqu toχtuχ dor, inə mənə əkisaq dosuvutɕi, əmbitɕi sərxun

halaçi oɉorakū toktoho doro, ine mene ekisaka dosobuçi, embiçi serguwen

* baχəm na, tər aŋəl, tyri bəjikun, dʑœri χalχun odʑuruŋ, dʑulxətɕi əvçi

bahambio,|| tere| anggala,|| tuweri beikuwen, ɉuwari halhūn oɉoronggo, ɉulgeçi ebsi

* bətafi ərxən xətəmbumbiqai, mini adali bələniŋ əv dʑifi, ələxun i xərxən arəki siçi

butafi ergen hetumbumbikai, mini adali beleningge be ɉefi, elehun i hergen araki seçi

* sampi, ba bad sodum χulaχəi, li tarən vialitəl arqan təni taŋ dʑiχa fəntʂər

sampi, ba bade sodome hūlahai, nei taran waliyatala arkan teni tanggū ɉiha funcere

* duivulətɕi χudaj urs okini, χaidʑəŋ sir udʑin dʑaq əv damdʑiləfi, moŋun

duibuleçi hūdai urse okini, haiɉung sere uɉen ɉaka be damɉalafi, monggon

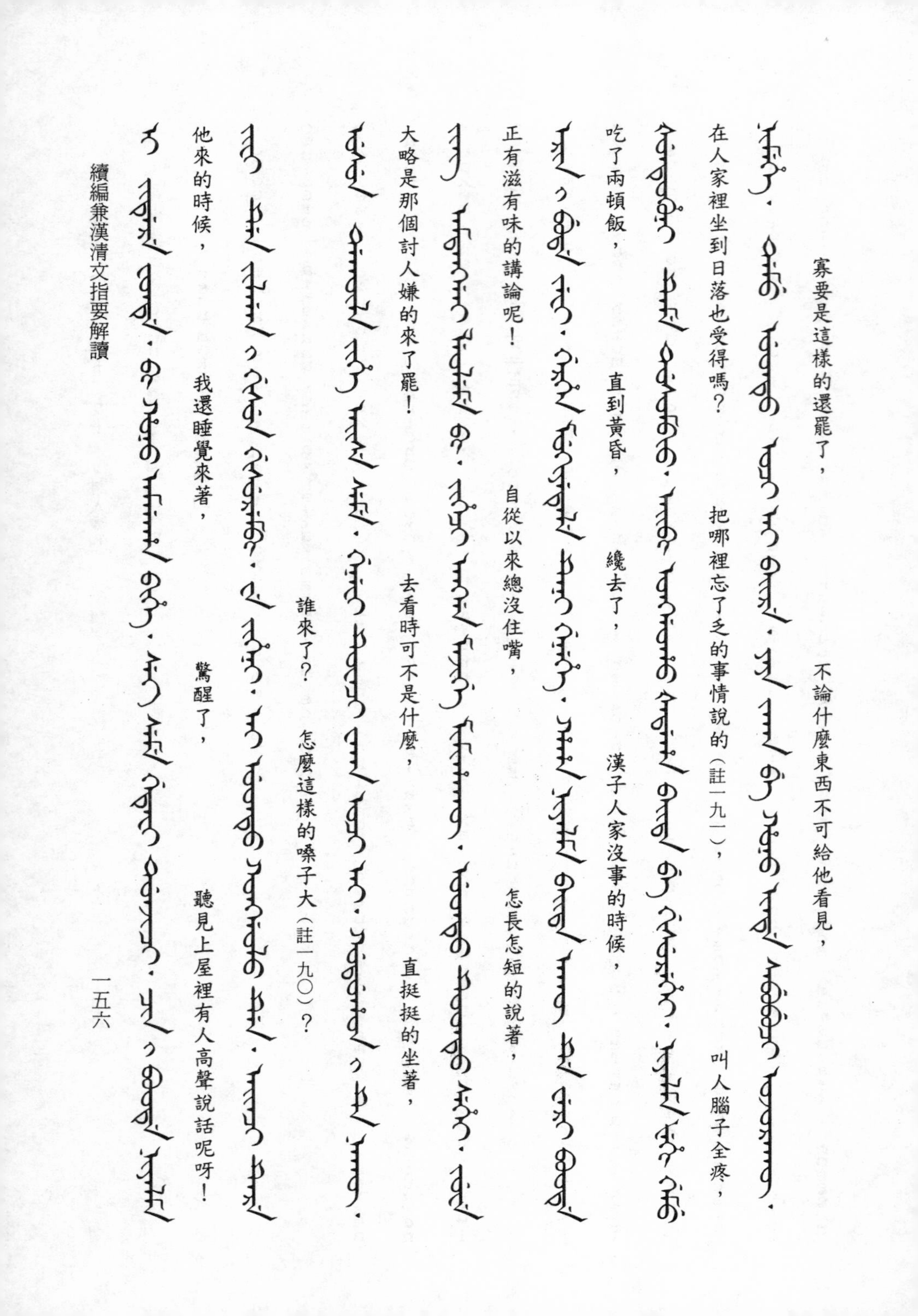

寡要是這樣的還罷了，　不論什麼東西不可給他看見，

在人家裡坐到日落也受得嗎？　把哪裡忘了乏的事情說的（註一九一），　叫人腦子全疼，

吃了兩頓飯，　直到黃昏，　纔去了，　漢子人家沒事的時候，

正有滋有味的講論呢！　自從以來總沒住嘴，　怎長怎短的說著，

大略是那個討人嫌的來了罷！　去看時可不是什麼，　直挺挺的坐著，

誰來了？　怎麼這樣的嗓子大（註一九〇）？

他來的時候，　我還睡覺來著，　驚醒了，　聽見上屋裡有人高聲說話呢呀！

* nimex, dam utu oʨi ai biar, jaja ʤaq əv Xonu ind savəvəʨi oʤurqu,

nimehe, damu uttu oci ai baire, yaya jaka be hono inde sabubuci ojorakū,

* suntuxuni təm dosum na, aibi oŋuX sadəX bait əv gisirəxəi, nan fix gum

šuntuhuni teme dosombio, aibi onggoho šadaha baita be gisurehei, niyalma fehi gemu

* ərin i bəda ʤifi, gərxən mukutul təni gənəx, XaX nan bait aqu d vəri bod

erin i buda jefi, gerhen mukiyetele teni genehe, haha niyalma baita akū de weri boode

* ʥiŋ amtəŋəi ləuləm bi, ʥixʨi aŋ maʥig mimiXəqu, utu tutu Sixəi, ʤu

jing amtanggai leoleme bi, jiheci angga majige mimihakū, uttu tuttu sehei, juwe

* uSun daqul ʥix aisə Sim, gənəfi taʨi vaq oʨi ai, GoduXun i tə naqu,

usun dakūla jihe aise seme, genefi tuwaci waka oci ai, godohon i te nakū,

* ʥifi dən ʥilXan i gisun gisirəm, və ʥixni, ai utu qoŋul dən, ainʨi tər

jifi den jilgan i gisun gisurembi, we jiheni, ai uttu konggolo den, ainci tere

* i ʥidər fond, bi Xonu amXəX bixə, Sək Sim gətəfi dœnʥiʨi, ʨin i bod nan

I jidere fonde, bi hono amgaha bihe, sek seme getefi donjici, cin i boode niyalma

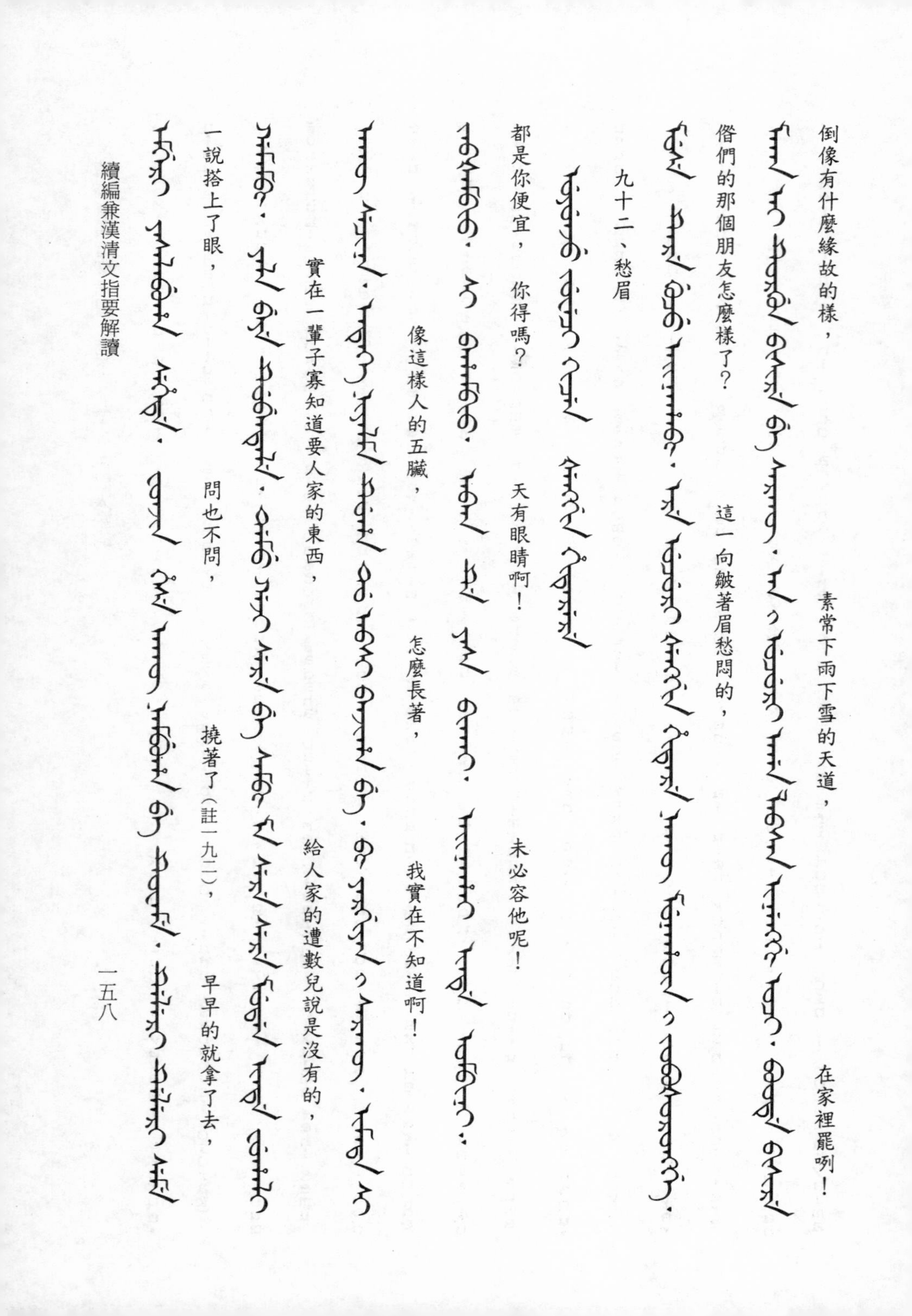

倒像有什麼緣故的樣，　素常下雨下雪的天道，　在家裡罷咧！

偺們的那個朋友怎麼樣了？　這一向皺著眉愁悶的，

九十二、愁眉

都是你便宜，你得嗎？　天有眼睛啊！　未必容他呢！

像這樣人的五臟，　怎麼長著，　我實在不知道啊！

實在一輩子寡知道要人家的東西，　給人家的遭數兒說是沒有的，

一說搭上了眼，　問也不問，　撓著了（註一九二），　早早的就拿了去，

*maqən ai turgun biɕir əv Sarqu, an i uʈʂuri aXa lavSən inəŋ oʈʂi, bod biɕir

maka ai turgun bisire be sarkū, an i ucuri aga labsan inenggi oci, boode bisire

*məS tər guʈʂu ɛnəXəi, ər uʈʂuri ɕiŋə kitərəm naqu munaXun i ʥovusiruŋ,

muse tere gucu ainahabi, ere ucuri šenggin hitere nakū munahūn i jobošorongge,

*九十二、ɕiŋə kitərər 愁眉

九十二、šenggin hitere 愁眉

*ʥavSəm na, ɕi baXəm na, avqa d jaS biqai, ɛnəXəi ind omni.

jabšambio, si bahambio, abka de yasa bikai, ainahai inde ombini.

*aqu Siʈʂina, ənkə nan duXa do avɕi banʥiX əv, bi jarxin i Sarqu, imatə ɕi

akū secina, enteke niyalma duha do absi banjiha be, bi yargiyan i sarkū, imata si

*Gaməm, jal bəi duvəntələ, dam Gaʥi Sir əv Sam ma SirSir mədan ind fuXali

gamambi, yala beye dubentele, damu gaji sere be sambi ma sere sere mudan inde fuhali

*əmgəri jasələvəX Sixəd, fœnʥin xəSə aqu naməvəx əv tam, dələri dələri Sim

emgeri yasalabuha sehede, fonjin hese akū nambuha be tuwame, deleri deleri seme

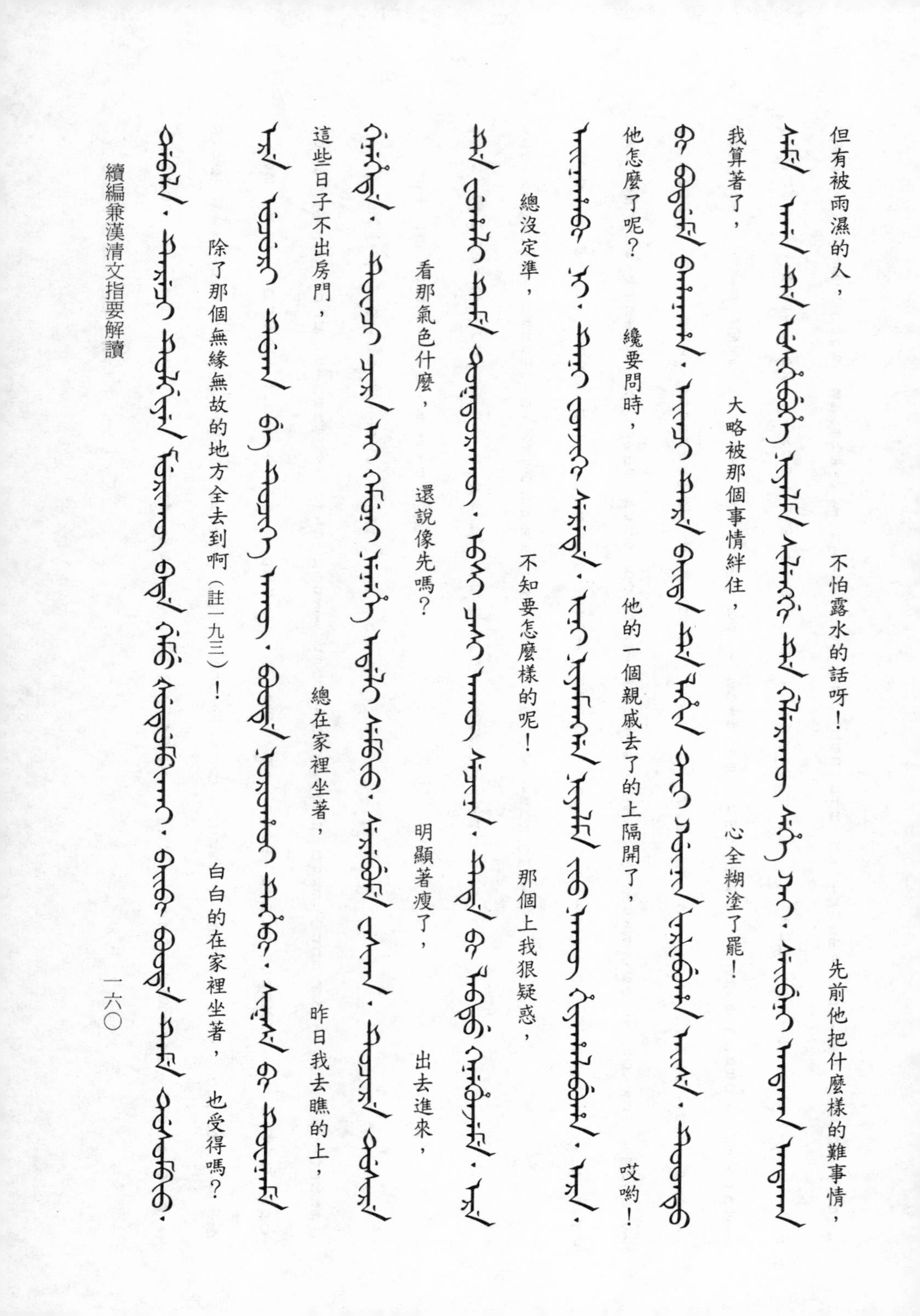

但有被雨濕的人，不怕露水的話呀！先前他把什麼樣的難事情，

我算著了，大略被那個事情絆住，心全糊塗了罷！

他怎麼了呢？纔要問時，他的一個親戚去了的上隔開了，哎喲！

總沒定準，不知要怎麼樣的呢！那個上我狠疑惑，

看那氣色什麼，還說像先嗎？明顯著瘦了，出去進來，

這些日子不出房門，總在家裡坐著，昨日我去瞧的上，

除了那個無緣無故的地方全去到啊（註一九三）！白白的在家裡坐著，也受得嗎？

* Sim aXa d uɕixivəx nan ɕiliŋ əd gələrqu Six qai, Səivəni antaq antaq

seme aga de usihibuhe niyalma silenggi de gelerakū sehe kai, seibeni antaka antaka

* bi bodum baXənəX, aintɕi tər bait əd laxin tafi Gonin farvəvəX aiSə, tutu

bi bodome bahanaha, ainci tere baita de lahin tafi gūnin farfabuha aise, tuttu

* ɛnəXəi ni, təni fœndʑiki Sirəd, ini niamaŋ nan dʑu naqu xiaXələvəX, ar,

ainahabi ni, teni fonjiki serede, ini niyamangga niyalma jio nakū hiyahalabuha, ara,

* əd fuXali təm toXturqu, əvɕi tɕəɕi aqu Sitɕina, tədə bi lavdu kənxundʑim, ər

de fuhali teme toktorakū, ebsi casi akū secina, tede bi labdu kenehunjeme, ere

* gənəxəd, tatɕi tɕira ai kəməni nənəx adali Sim na, Sərəvəm vaɕiq, titɕir dœɕyr

genehede, tuwaci cira ai kemuni nenehe adali sembio, serebume wasika, tucire dosire

* ər utɕuri duqa v titɕikə aqu, bod noruXui təxəi, tɕəksə bi tanəm

ere ucuri duka be tucike akū, boode nohoi tehebi, sikse bi tuwaname

* davliə, tərətɕi tylxin mœrqu bad gum Sudəmbiqai, baibi bod təm dosum na,

dabala, tereci tulgiyen murikū bade gemu šudumbikai, baibi boode teme dosombio,

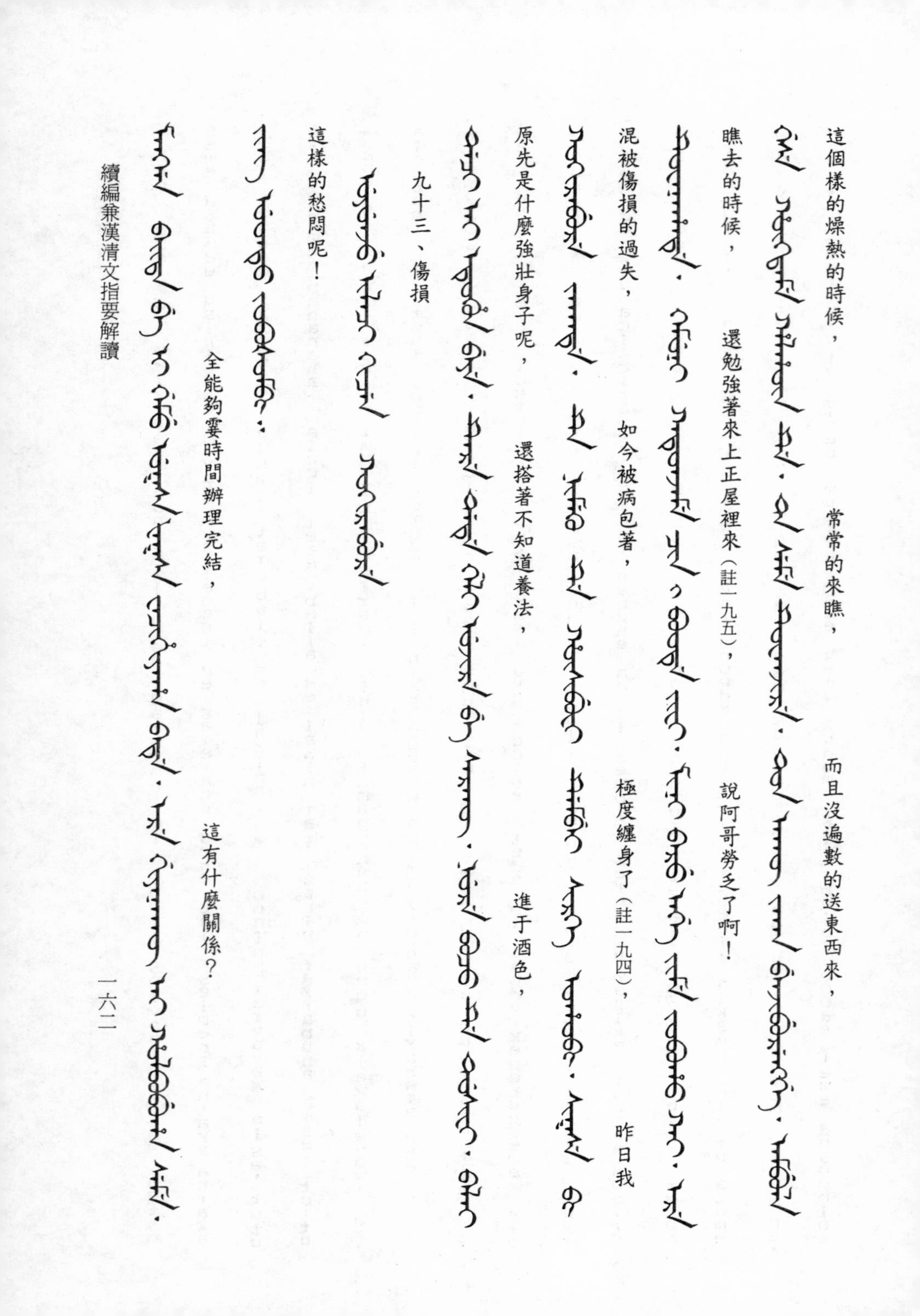

這個樣的燥熱的時候，　常常的來瞧，　而且沒遍數的送東西來，

瞧去的時候，　還勉強著來上正屋裡來（註一九五），　說阿哥勞乏了啊！

混被傷損的過失，　如今被病包著，　極度纏身了（註一九四），　昨日我

原先是什麼強壯身子呢，　還搭著不知道養法，　進于酒色，

九十三、傷損

這樣的愁悶呢！　全能夠霎時間辨理完結，　這有什麼關係？

*gəs xuxtəm xalxun d, ta sim tanʥir, ton aqu ʤaq bənʤivərəŋ, ambu
gese hūktame halhūn de, ta seme tuwanjire, ton akū jaka benjiburengge, ambula
*tanəxəd, kəməni qatənʤim ʨin i bod ʥifi, mini baru agə ʥim ʤovux qai, ər
tuwanahade, kemuni katunjame cin i boode jifi, mini baru age jime joboho kai, ere
*xokirəvər ʤaqad, tə nymku d xoɕivəfi dəmbəi ɕirkə oxui, ʨəksə bi
kokirabure jakade, te nimeku de hūsibufi dembei sirke ohobi, sikse bi
*daʨi ai ətxun bəi, tər dad gəl uʥir əv sarqu, nur boʨo d dəɕyfi, balai
daci ai etuhun beye, tere dade geli ujire be sarkū, nure boco de dosifi, balai

* 九十三、xokirəvər 傷損

九十三、kokirabure 傷損

*ʥiŋ utu ʤovuʂim.
jing uttu jobošombi.
*maŋ bait əv i gum uxsa faxs vaʨixix bad, ər gianəqu ai xolvuvux sim,
mangga baita be I gemu uksa faksa wacihiyaha bade, ere giyanakū ai holbobuha seme,

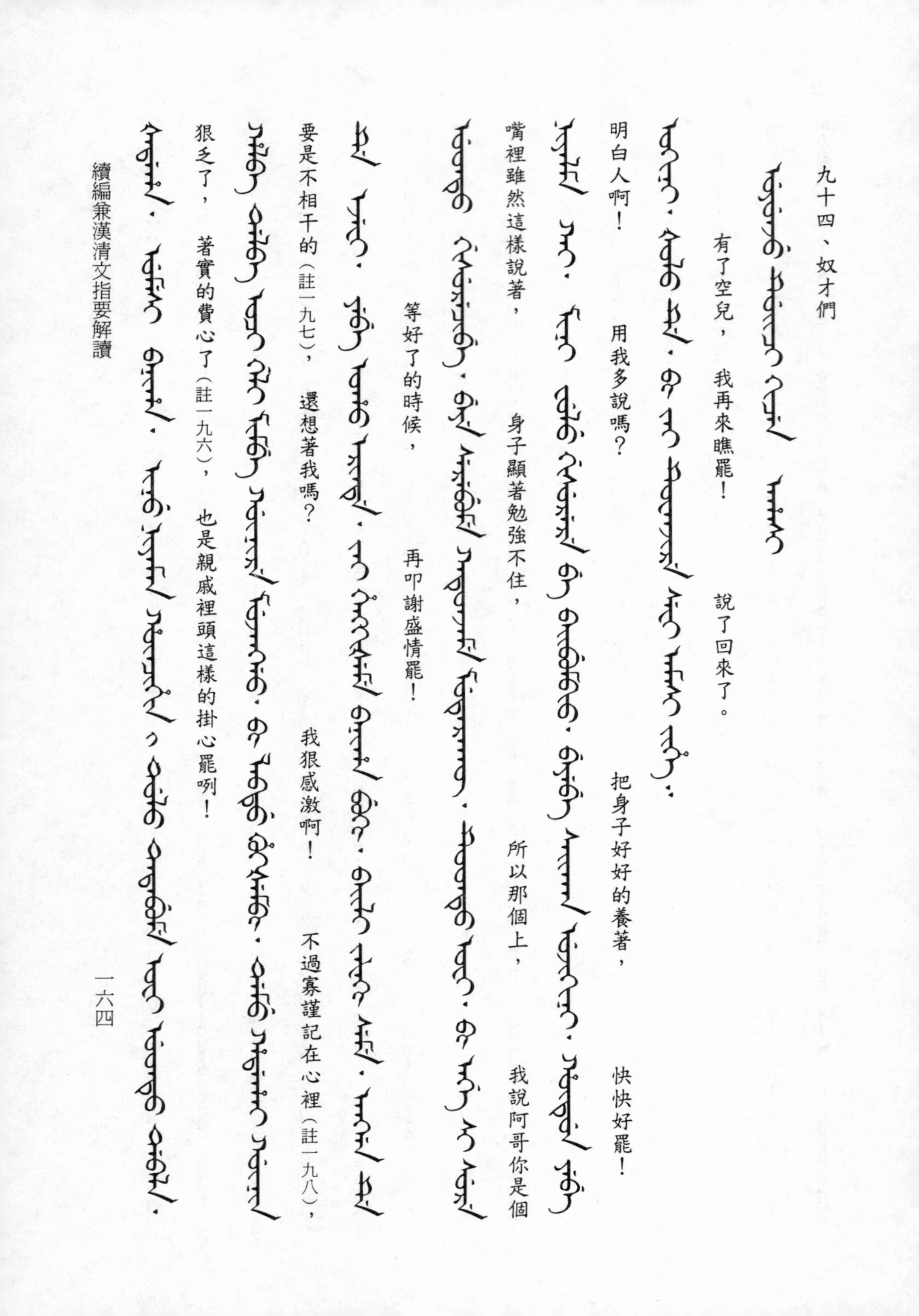

狠乏了，著實的費心了（註一九六），也是親戚裡頭這樣的掛心罷咧！

要是不相干的（註一九七），還想著我嗎？我狠感激啊！不過寡謹記在心裡（註一九八），

等好了的時候，再叩謝盛情罷！

嘴裡雖然這樣說著，身子顯著勉強不住，所以那個上，我說阿哥你是個

明白人啊！用我多說嗎？把身子好好的養著，快快好罷！

有了空兒，我再來瞧罷！說了回來了。

九十四、奴才們

* 九十四、 aχS 奴才們

九十四、 ahasi 奴才們

* okini, Solo ɗ, bi ʥai tanʨir Sifi amɕi ʨix.

okini, šolo de, ɓi ʝai tuwanʝire sefi amasi ʝihe.

* nan qai, mini fulu gisirər əv biavəm na, ɓəiv Saiqan uʨikini, χodun iv

niyalma kai, mini fulu gisurere ɓe ɓaiɓumɓio, ɓeyeɓe saikan uʝikini, hūdun yeɓe

* utu gisirəʨivə, bəi Sərəvəm qatənʥim muturqu, tutu ofi, bi agə ɕi Sur

uttu gisureciɓe, ɓeye sereɓume katunʝame muterakū, tuttu ofi, ɓi age si sure

* ɗ əʥifi, iv oχu ərinɗ, ʥai xiŋkəSəm baniχa buki, bailli ʥavəki Sim, aŋ əɗ

de eʝefi, yeɓe oho erinde, ʝai hengkišeme ɓaniha ɓuki, ɓailli ʝafaki seme, angga de

* χalv ɗalvə oʨi gəl minɓ Gonir mənʥaŋ na, bi lavɗu xuksim, ɗam χaɗəχəi Gonin

halɓa dalɓa oci geli mimɓe gūnire muʝanggo, ɓi labdu hukšembi, damu hadahai gūnin

* Saɗəχ, uməɕi baniχa, in niamən χonʨixi i ɗolo tatəvəm ofi utu ɗavliə,

šadaha, umesi ɓaniha, inu niyaman hūncihin i dolo tataɓume ofi uttu daɓala,

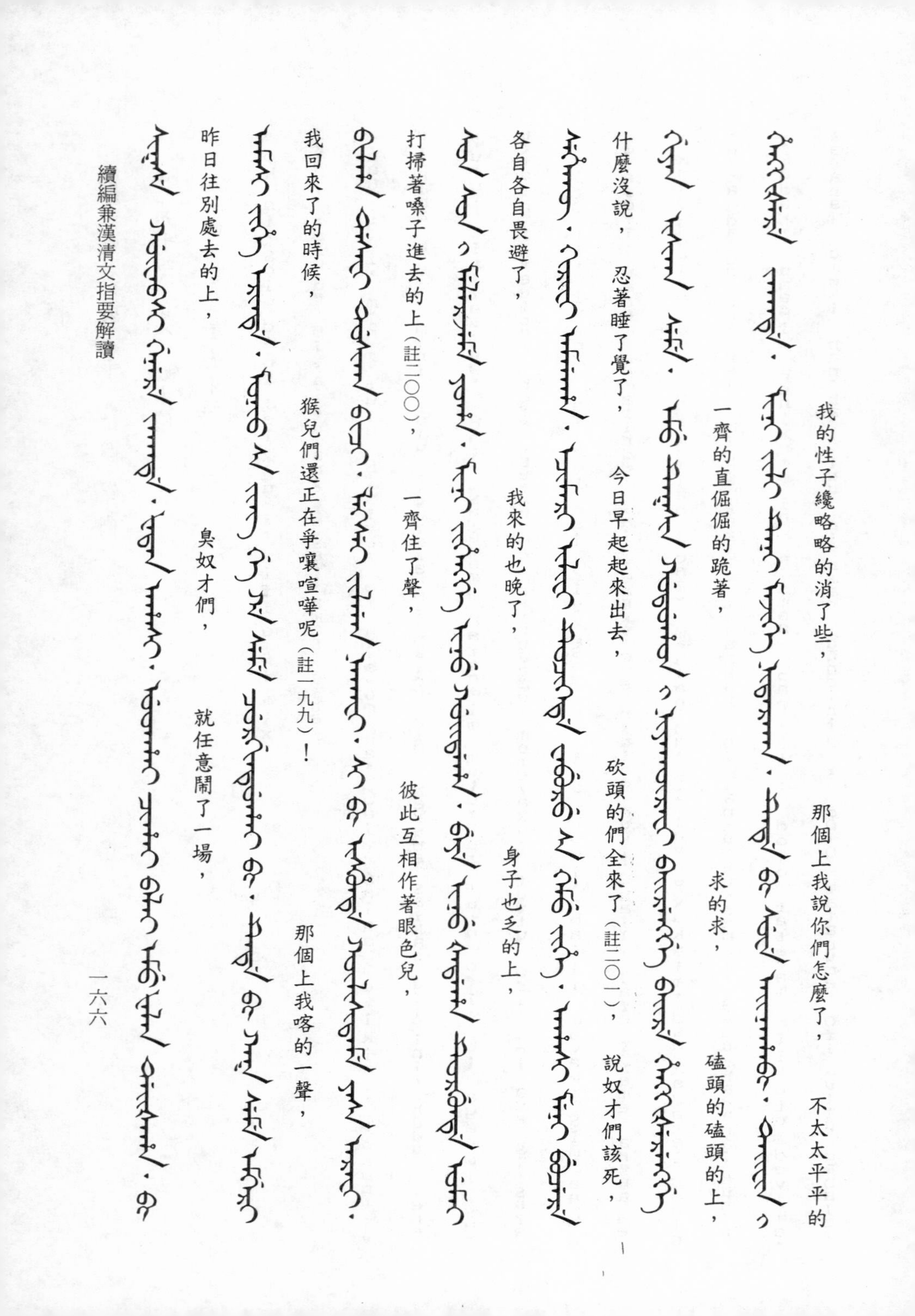

昨日往別處去的上，　臭奴才們，　就任意鬧了一場，

我回來了的時候，　猴兒們還正在爭嚷喧嘩呢（註一九九）！　那個上我喀的一聲，

打掃著嗓子進去的上（註二〇〇），　一齊住了聲，　彼此互相作著眼色兒，

各自各自畏避了，　我來的也晚了，　身子也乏的上，

什麼沒說，　忍著睡了覺了，　今日早起起來出去，　砍頭的們全來了（註二〇一），　說奴才們該死，

一齊的直倔倔的跪著，　求的求，　磕頭的磕頭的上，

我的性子纔略略的消了些，　那個上我說你們怎麼了，　不太太平平的

* xiŋkəsər ʤaqad, mini ʥil təni maʥig intarəq, tədə bi so ɛnəχəi, taivin i
hengkišere jakade, mini jili teni majige nitaraka, tede bi suwe ainahabi, taifin i
* gian iɕiq sim, əm təχɕin ɢoduχun i jakurəfi biarəŋ biar xiŋkəsərəŋ
giyan isika seme, emu teksin gohon i niyakūrafi baire engge baire hengkišerengge
* sixəqu, kirifi amχəχ, əʨimar ifi tiʨikəd vavər sa gum ʥix, aχs məni bəʈʂər
sehekū, kirifi amgaha, ecimari ilifi tucikede waburu sa gemu jihe, ahasi meni bucere
* son son i mələrʤim joχ, mini ʥixəŋ in ɢuidaχ, bəi in sadəχ turgund umai
son son i melerjeme yoha, mini jihengge inu goidaha, beye inu šadaha turgunde umai
* bilχa dasifi dœɕyq biʨi, ləksəi ʥilχan naqəfi, ɕi bi isxund qulistəm jas arəfi,
bilha dasafi dosika bici, leksei jilgan nakafi, si bi ishunde kūlisitame yasa arafi,
* amɕi ʥix ərind, moni sa ʥiŋ gə ɢa sim ʈʂurxinduχəi bi, tədə bi qaq sim əmgəri
amasi jihe erinde, monio sa jing ge ga seme curgindunhai bi, tede bi kak seme emgeri
* ʈʂəksə ɢuavɕi gənər ʤaqad, fatən aχs, utχai ʨiχai balai əm falən daiʨiχ, bi
sikse gūwabsi genere jakade, fatan ahasi, uthai cihai balai emu falan daišaha, bi

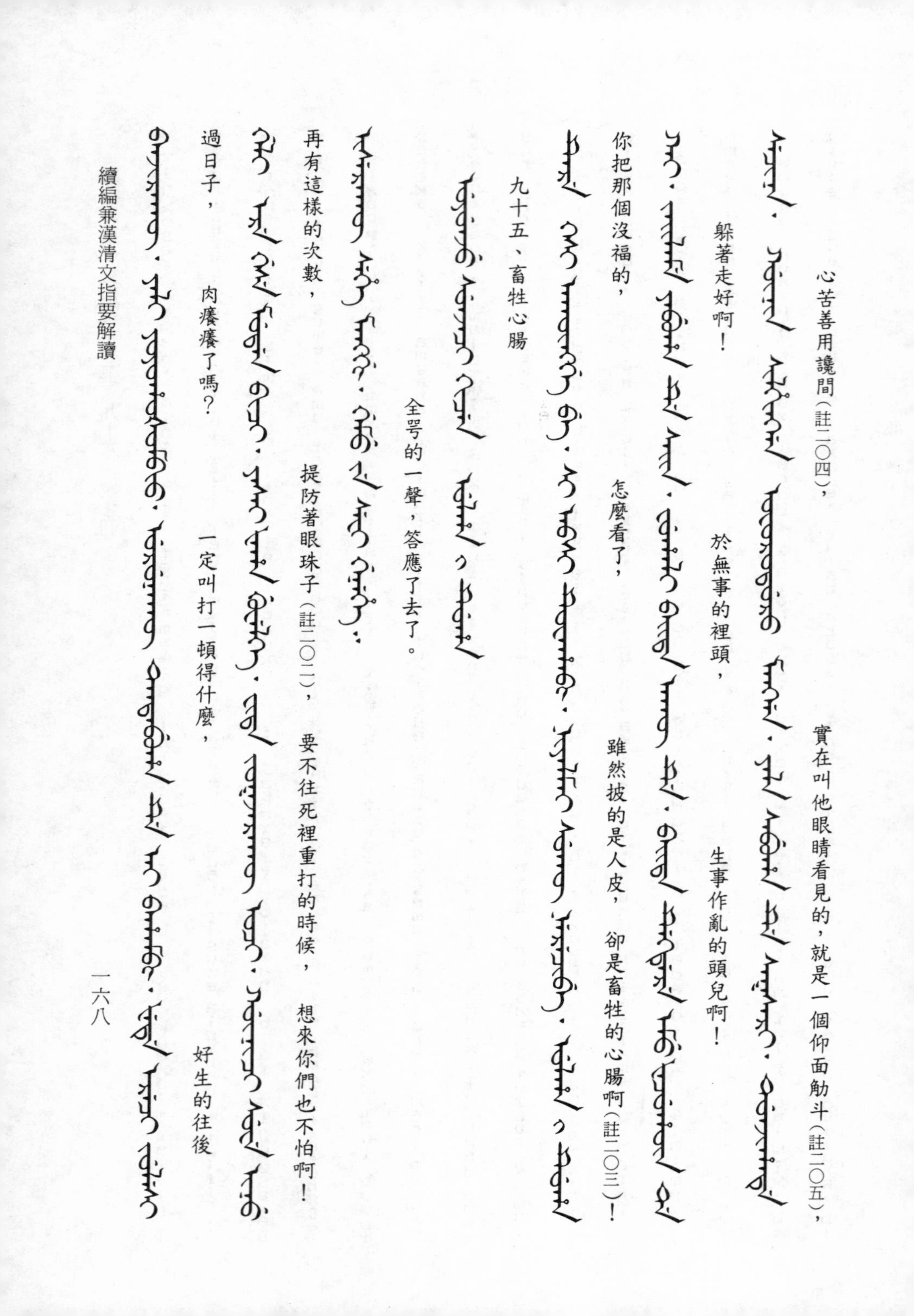

心苦善用讒間（註二〇四），實在叫他眼睛看見的，就是一個仰面觔斗（註二〇五），

躲著走好啊！於無事的裡頭，生事作亂的頭兒啊！

你把那個沒福的，怎麼看了，雖然披的是人皮，卻是畜牲的心腸啊（註二〇三）！

九十五、畜牲心腸

全号的一聲，答應了去了。

再有這樣的次數，提防著眼珠子（註二〇二），要不往死裡重打的時候，想來你們也不怕啊！

過日子，肉癢癢了嗎？一定叫打一頓得什麼，好生的往後

* Sitʂina, Gonin ɕilxiŋ ovurudur maŋ, jal savəX əd saXsəri, dœnʥiXəd

secina, gūnin silhingga oforodoro mangga, yala sabuha de saksari, donjihade

* qai, ʥəlim javəX əd ɕan, fuXali bait aqu d, bait dəxdər əm faʈuXun da

kai, jailame yabuha de sain, fuhali baita akū de, baita dekdere emu facuhūn da

* tər kəɕi aquŋ əv, ɕi avɕi taXəi, nanəj Soqu nərəʈivə, ulXa i duXa

tere kesi akūngge be, si absi tuwahabi, niyalmai sukū nerecibe, ulha i duha

* 九十五、ulXa i duXa 畜牲心腸

九十五、ulha i duha 畜牲心腸

* iSirqu Six maŋi, gum ʥə Sifi gənəx.

iserakū sehe manggi, gemu je sefi genehe.

* gəl ər gəS mədan biʈi, jaSəj faX guvək, fita ʥoXʥirqu oʈi, Goniʈi So in

geli ere gese mudan bici, yasai faha guwelke, fita jokjarakū oci, gūnici suwe inu

* banʥirqu, jəli joJoXuʂim na, urunaqu tandəvəX əd ai baXəm, fədə ərəʈi ʥulɕi

banjirakū, yali yoyohošombio, urunakū tantabuha de ai bahambi, fede ereci julesi

九十六、復元

聽見了的，就抖露起來，有像蟣子一樣的小事兒（註二○六）， 到了他的嘴裡的時候，

說到一個離乎了（註二○七）， 把這裡的事情告訴那裡去， 那裡的話兒告訴這裡來，

把兩下裡成了仇了（註二○八）， 他一溜神氣的從中間作好人，

要說我們的話沒憑據， 你看， 不但沒人和他交結朋友，

若不指著脊背罵， 就是他的便宜（註二○九）， 唉！ 可嘆啊！

他的父母無緣無故的（註二一○）， 受這個下賤東西拉扯的（註二一一）、 叫人罵的， 怎麼樣的一個冤枉呢？

* 九十六、 aitər 復元

九十六、 aiture 復元

* əni fili fixtun aqu, ər fuɕi d usavəfi, nan əd tovuruŋ, ai sui.

eme fili fiktu akū, ere fuši de ušabufi, niyalma de tooburengge, ai sui.

* aŋəl, fisa ʥœrim torqu oʨi, utχai ini ʥavsən, ai, nasiʦiqu, ərəj amə

anggala, fisa jorime toorakū oci, uthai ini jabšan, ai, nasacuka, erei ama

* məni gisun b təmxətu aqu siʨi, ɕi ta, ini baru guʦulur nan aqu sir

meni gisun be temgetu akū seci, si tuwa, ini baru guculere niyalma akū sere

* aləʥim, ʥu ərxid kimun ʥavəvə naqu, i ixir tatəm ɕidəndəri ɕan nan arəm,

alanjime, ju ergide kimun jafabu nakū, I ikiri tatame sidenderi sain niyalma arambi,

* ʥuvusixəi fiqatəl gənəm, əvaj bait əv təvad ulanəm, təvaj gisun b əvad

jubešehei fikatala genembi, ubai baita be tubade ulaname, tubai gisun be ubade

* doχdori, ʨixə uso i gəs maʥig bait biʨi, ini aŋ əd iɕinəχ sixəd,

dokdori, cihe use i gese majige baita bici, ini angga de isinaha sehede,

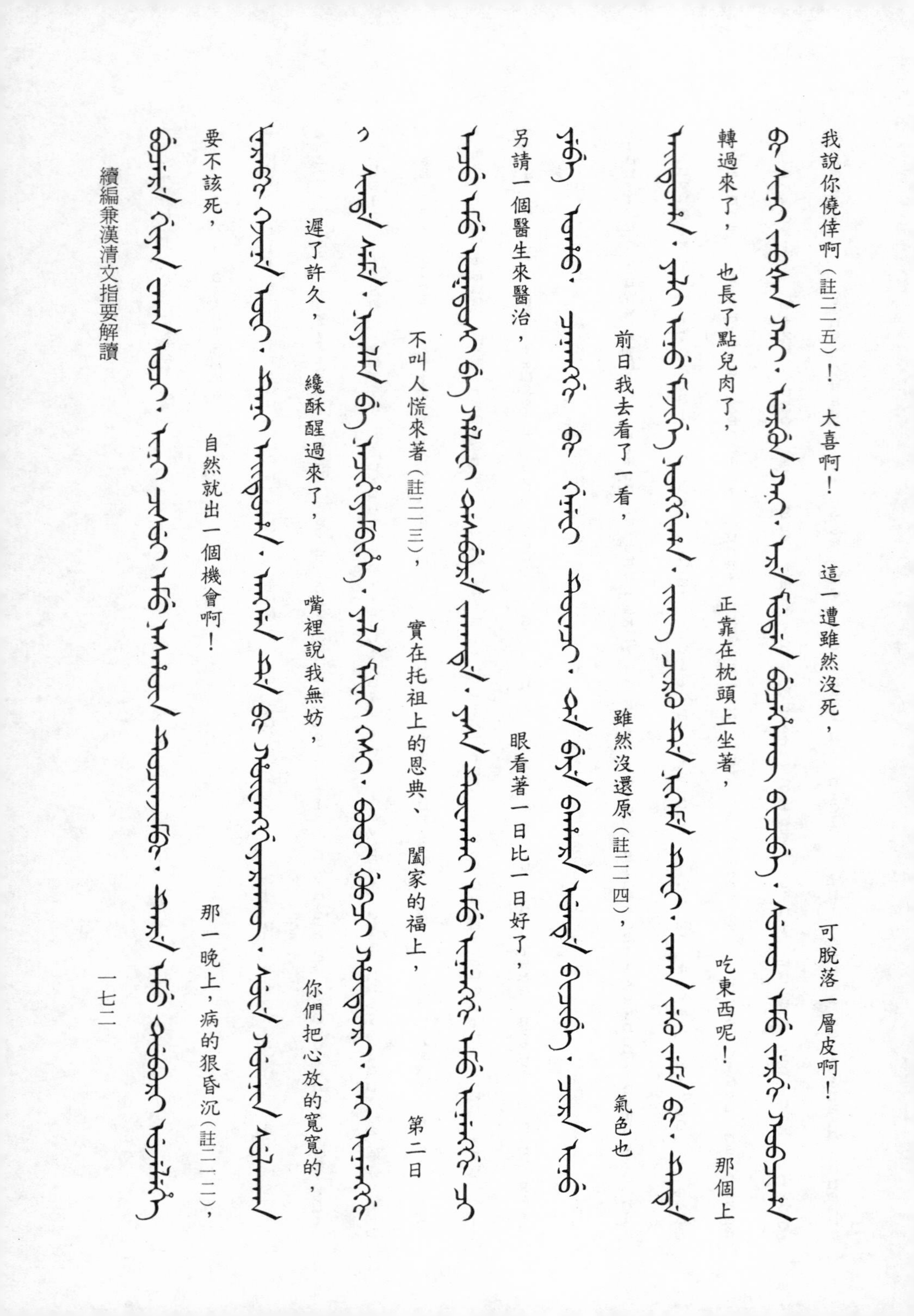

要不該死，自然就出一個機會啊！那一晚上，病的狠昏沉（註二一二），

遲了許久，纔酥醒過來了，嘴裡說我無妨，你們把心放的寬寬的，

不叫人慌來著（註二一三），實在托祖上的恩典、闔家的福上，第二日

另請一個醫生來醫治，眼看著一日比一日好了，

前日我去看了一看，雖然沒還原（註二一四），氣色也

轉過來了，也長了點兒肉了，正靠在枕頭上坐著，吃東西呢！那個上

我說你僥倖啊（註二一五）！大喜啊！這一遭雖然沒死，可脫落一層皮啊！

* bi Gini ʥavsən qai, urxun qai, ər mədan bəʈʂəxəqu biʈʂivə, soqu əm ʥirxi qovʈʂiX
bi Sini ʝabsan kai, urgun kai, ere mudan bucehekū bicibe, sukū emu ʝergi kobciha
* aitəX, ʝəli in maʥig nioŋuX, ʥiŋ ʈʂunuŋku d nikəm təfi, ʥaq ʥiku ʥim bi, tədə
aituha, yali inu maʝige nonggiha, ʝing cirku de nikeme tefi, ʝaka ʝeku ʝeme bi, tede
* iv oXu, ʈʂanəŋʥi bi gənəfi taʈʂi, da bəi baXər əndi biʈʂivə, ʈʂira in
yebe oho, cananggi bi genefi tuwaci, da beye bahara unde bicibe, cira inu
* ənʈʂu əm oXtuGi v Xaləfi dasivər ʥaqad, ʝas taXəi əm inəŋ əm inəŋ ʈʂi
encu emu oktosi be halafi dasabure ʝakade, yasa tuwahai emu inenggi emu inenggi ci
* i Ginda Sim, nan əv naʈʂiximbixə, ʝal mafəi kəGi, boʝ guvʈʂi Xuturi, ʥai inəŋ
i Sinda seme, niyalma be nacihiyambihe, yala mafai kesi, booi gubci hūturi, ʝai inenggi
* farəpi kəʥinə ofi, təni aitəX, aŋ əd bi Xuaŋgiarqu, so Gonin sulakən
farapi keʝine ofi, teni aituha, angga de bi hūwanggiyarakū, suwe gūnin sulakan
* bəʈʂər gian vaq oʈʂi, ini ʈʂiSui əm nasXun tiʈʂinʥim, tər əm dævir uʥiləx
bucere giyan waka oci, ini cisui emu nashūn tucinʝimbi, tere emu doobori uʝelehe

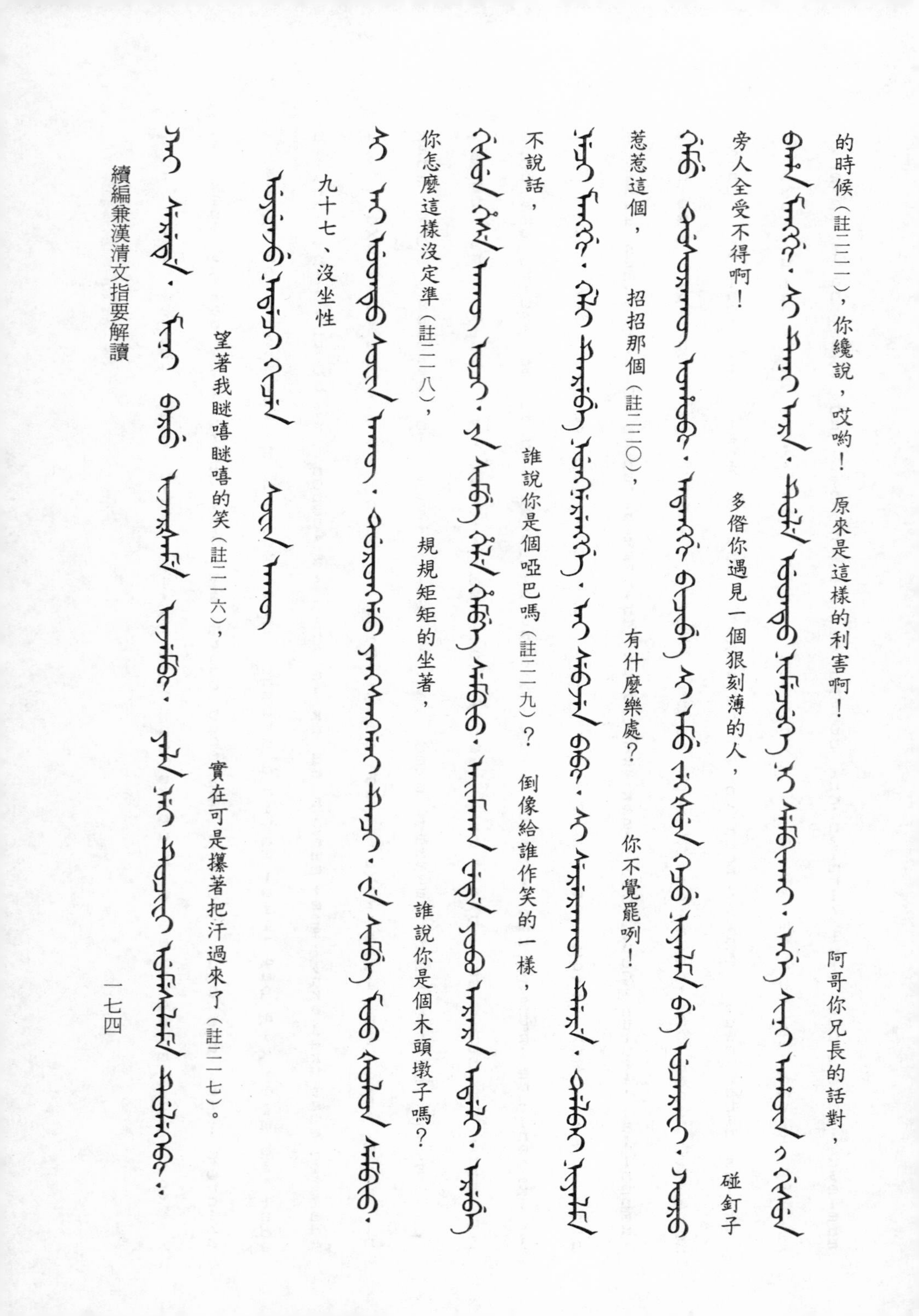

望著我瞇嘻瞇嘻的笑（註二一六）， 實在可是攮著把汗過來了（註二一七）。

九十七、沒坐性

你怎麼這樣沒定準（註二一八）， 規規矩矩的坐著， 誰說你是個木頭墩子嗎？ 不說話， 誰說你是個啞巴嗎（註二一九）？ 倒像給誰作笑的一樣， 惹惹這個， 招招那個（註二二〇）， 有什麼樂處？ 你不覺罷咧！ 旁人全受不得啊！ 多偺你遇見一個狠刻薄的人， 碰釘子的時候（註二二一），你纔說，哎喲！ 原來是這樣的利害啊！ 阿哥你兄長的話對，

* baX maŋi, ɕi təni ar, dulə utu nimətʂiku ni simqai, agə ɕini aXun i gisun
baha manggi, si teni ara, dule uttu nimecuke ni sembikai, age sini ahūn i gisun
* gum dosurqu oXui, ɛtiŋ bitʂivə ɕi əm dʐixsun kətʂu nan əv utʂarəfi, qor
gemu dosorakū ohobi, atanggi bicibe si emu jekšun kecu niyalma be ucarafi, koro
* nətʂi maŋi, gəl tərəv nuŋnuruŋ, ai səvdʐən babi, ɕi sərərqu dər, dalvəi nan
neci manggi, geli terebe nungnerengge, ai sebjen babi, si sererakū dere, dalbai niyalma
* gisun xəsə aqu otʂi, ja ɕinb xəl xəmpə sim na, aimaq vəd jovun arər adali, ərəv
gisun hese akū oci, ya simbe hele hempe sembio, aimaka wede yobo arara adali, erebe
* ɕi ai utu sovin aqu, doruŋ jaŋsəŋəi tətʂi, və ɕinb mo solun sim na,
si ai uttu sofin akū, dorongge yangsanggai teci, we simbe moo šolon sembio,

* 九十七、sovin aqu 沒坐性

九十七、sofin akū 沒坐性

* qai sirəd, mini baru idʐarsim indʐim, jal li titʂifi uməɕiləm dulxəi.
kai serede, mini baru ijaršame injembi, yala nei tucifi umesileme dulekebi.

要是旁不相干的人，豈肯這樣說嗎？頑啊！是拌嘴的引子啊（註二二二）！

久而久之，怎麼能夠變好呢？總而言之，他的身子雖然長大成漢子了，歲數沒到呢！

偺們沒從那個時候過過嗎？正是好頑的時候啊！自然是這樣的，

這個時候這樣，只有請個有名的先生教書啊！

演習規矩啊！日子久了，一歷一歷懂得了（註二二三），一朝要說是知道了世間上

的事情的時候，自然就改了，

何愁不能成人呢（註二二四）！

* aisim ʤovum ʤia.

aiseme ʒobombi ʒiya.

* i bait əv saχ sixəd, ini ʧisui dasivəm, χuasirqu nan oʤurqu ʤəlin

i baita be saha sehede, ini cisui dasabumbi, hūwašarakū niyalma oʒorakū ʒalin

* uv uruvukini, inəŋ Guidaχ maŋi, ʧun ʧun i ulxinʤəfi, əm ʧimar andand ʤalən

be urebukini, inenggi goidaha manggi, cun cun i ulhinʒefi, emu cimari andande ʒalan

* oʧi, ər Gidənd utu, dam gəvəŋ səf əv Gœlifi bitxə v taʧivəkini, dor

oci, ere sidende uttu, damu gebungge sefu be solifi bithe be tacibukini, doro

* əndi, məs tər fonʧi duləmbuxəqu na, ʤiŋ ivin d amərən ərin qai, əGi utu

unde, muse tere fonci dulembuhekū nio, ʒing efin de amuran erin kai, esi uttu

* bixə bixəi ai Gan banʤinər, əitərʧivə, ini bəi bai χaχərdəχ Goʤim, sə orun

bihe bihei ai sain banʒinara, eiterecibe, ini beye bai hahardaha goʒime, se oron

* in, xətu dalʤaqu nan utu gisirər aibi, ivin sirəŋ, bəʧən i dərivun qai,

inu, hetu dalʒakū niyalma uttu gisurere aibi, efin serengge, becen i deribun kai,

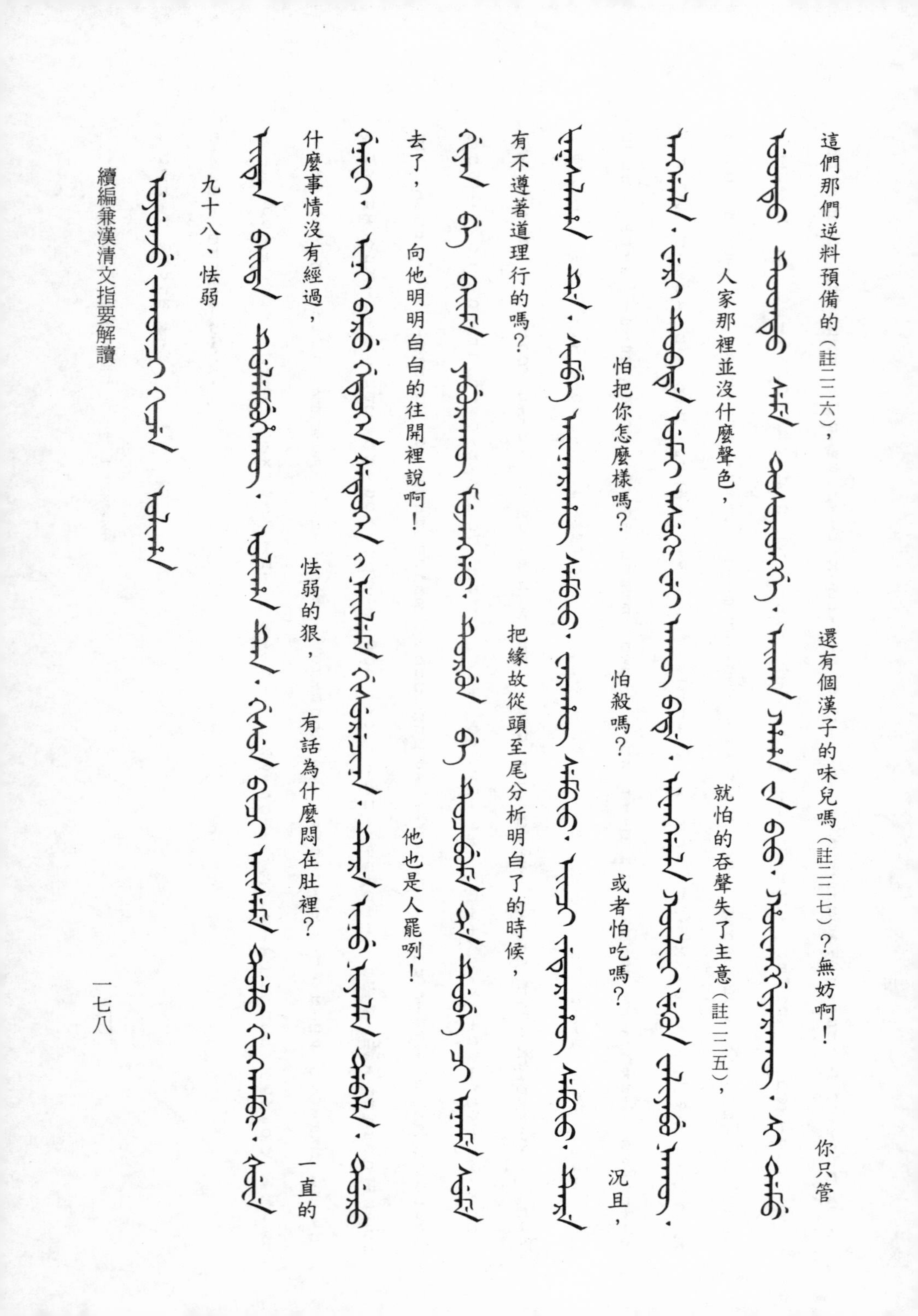

這們那們逆料預備的（註二二六），還有個漢子的味兒嗎（註二二七）？無妨啊！你只管

人家那裡並沒什麼聲色，就怕的吞聲失了主意（註二二五），

怕把你怎麼樣嗎？怕殺嗎？或者怕吃嗎？況且，

有不遵著道理行的嗎？把緣故從頭至尾分析明白了的時候，

去了，向他明明白白的往開裡說啊！他也是人罷咧！

什麼事情沒有經過，怯弱的狠，有話為什麼悶在肚裡？一直的

九十八、怯弱

* utu tutu sim tosuruŋ, aiqa χaχ va bi na, χuaŋgiarqu, ɕi dam
uttu tuttu seme tosoronggе, aika haha wa bio, hūwanggiyarakū, si damu
* aŋəl, vəri təvad umai aski vəi aqu bad, avaŋəl qulifi fəkən vialivə naqu,
anggala, weri tubade umai asuki wei akū bade, afanggala kūlifi fekun waliyabu nakū,
* faχsələχ əd, ɕinb ɛnərəχu sim na, varəχu sim na, əitɕi ʥitərəχu sim na, tər
faksalaha de, simbe ainarahū sembio, warahū sembio, eiči jeterahū sembio, tere
* gian b biam ʤavərqu mənʥaŋ na, turgun b titɕivəm da duv tɕi anəm som
giyan be baime yaburakū mujanggo, turgun be tučibume da dube či aname sume
* gənəfi, ini baru gətxun sətukən i liləm gisirətɕina, tər in nan davliə, dor
genefi, ini baru getuken šetuken i neileme gisurečina, tere inu niyalma dabala, doro
* əitən bait duləmbuxəqu, œliχo tən, gisun bitɕi aisim dolo giŋqam, su
eiten baita dulembuhekū, oliha ten, gisun bici aiseme dolo gingkambi, šuwe

* 九十八、œliχo 怯弱
九十八、oliha 怯弱

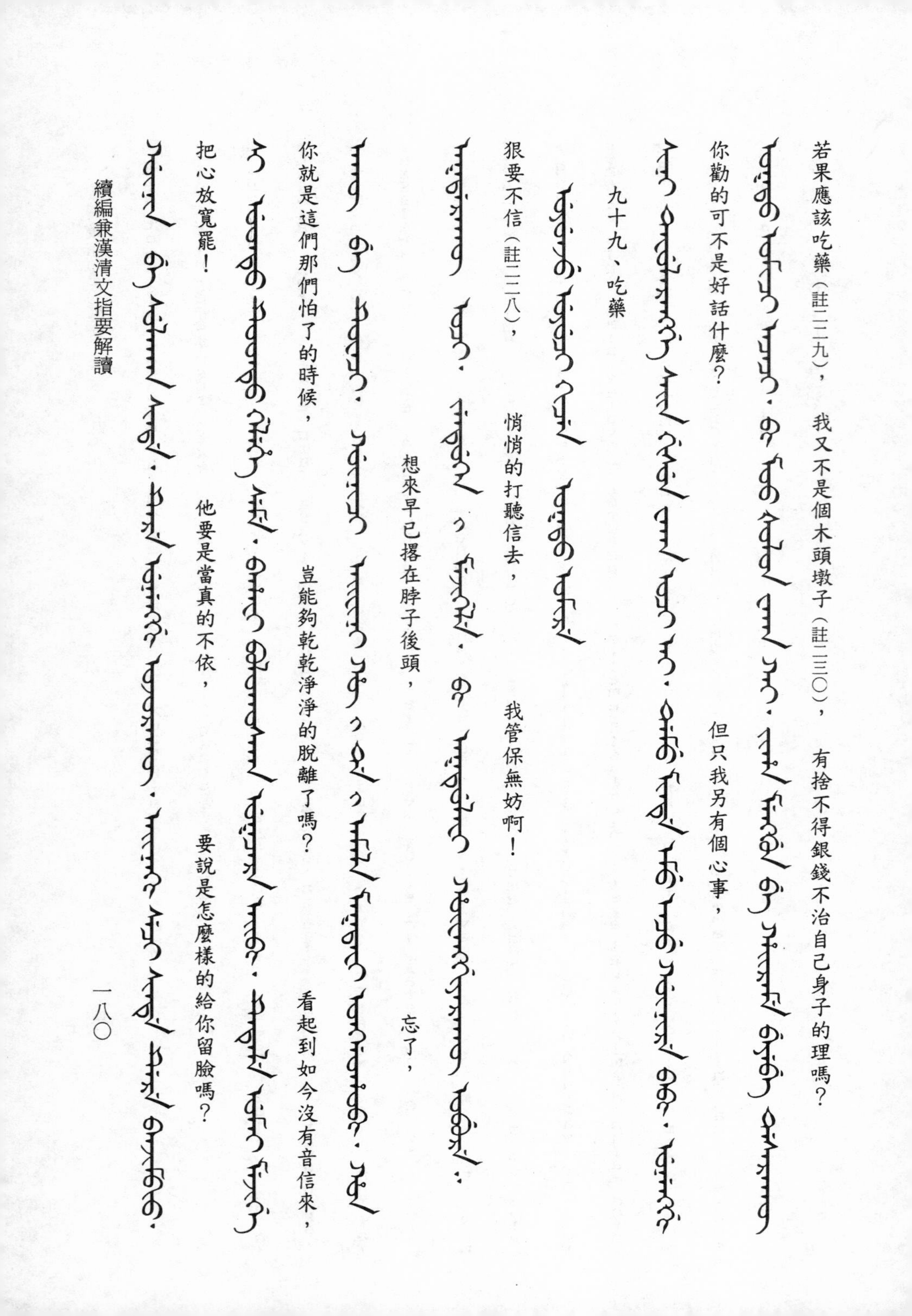

若果應該吃藥（註二二九），我又不是個木頭墩子（註二三〇），有捨不得銀錢不治自己身子的理嗎？

你勸的可不是好話什麼？但只我另有個心事，

九十九、吃藥

狠要不信（註二二八），悄悄的打聽信去，我管保無妨啊！

想來早已擱在脖子後頭，忘了，

你就是這們那們怕了的時候，豈能夠乾乾淨淨的脫離了嗎？看起到如今沒有音信來，

把心放寬罷！他要是當真的不依，要說是怎麼樣的給你留臉嗎？

*oXtu œmiʨi aʧəʨi, bi mo solun vaq qai, ʥiXa muŋun b Xaiɤəm bəiv dasiɤqu

okto omiCi acaCi, ɒi moo šolon waka kai, ʝiha menggun ɒe haiɤame ɒeyeɒe dasaɤakū

*ɕini tavələɤəŋ ɕan gisun vaq oʨi ai, dam mind əm ənʧu Goniɤ babi, uniŋ

sini tafulaɤangge sain gisun waka oCi ai, damu minde emu encu gūniɤe ɒaɒi, unenggi

*九十九、oXtu œmiɤ 吃藥

九十九、okto omiɤe 吃藥

*aXdəɤ oʨi, ʥəndukən i məʥiglə, bi audulufi Xuaŋgiaɤqu ovuɤ.

akdaɤakū oCi, ʝenduken i meʝigele, ɒi akdulafi hūwanggiyaɤakū oɒuɤe.

*aqu v taʨi, Goniʨi aifini Xu i da i aməl maXtəfi oŋuXui, Xon

akū ɒe tuwaCi, gūniCi aifini hū i da i amala maktafi onggohoɒi, hon

*ɕi utu tutu gələx sim, baXəfi boluqəsaq uxʧaɤ aibi, tətələ umai məʥig

si uttu tuttu gelehe seme, ɒahafi ɒolokosaka ukCaɤa aiɒi, tetele umai meʝige

*Gonin b sulakən ɕinda, təɤ uniŋ oʥuɤqu, ɛnəki siʨi ɕind dəɤ banʥim na,

gūnin ɒe sulakan sinda, teɤe unenggi oʝoɤakū, ainaki seCi sinde deɤe ɒanʝimɒio,

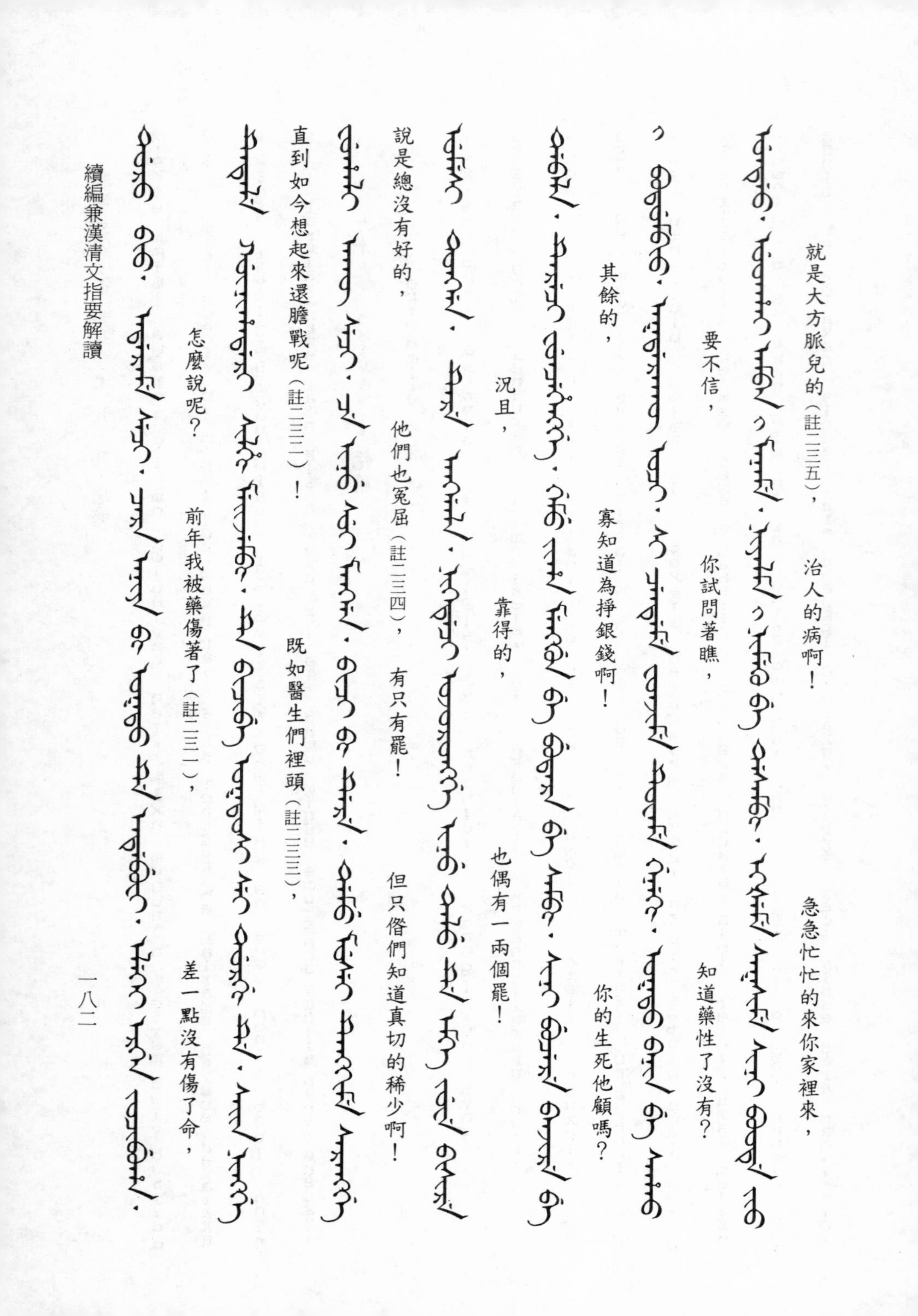

怎麼說呢？前年我被藥傷著了（註二三一），差一點沒有傷了命，

直到如今想起來還膽戰呢（註二三二）！既如醫生們裡頭（註二三三），

說是總沒有好的，他們也冤屈（註二三四），有只有罷！但只偺們知道真切的稀少啊！

況且，靠得的，也偶有一兩個罷！

其餘的，寡知道為掙銀錢啊！你的生死他顧嗎？

要不信，你試問著瞧，知道藥性了沒有？

就是大方脈兒的（註二三五），治人的病啊！急急忙忙的來你家裡來，

* ǝndi na, utXai amban i manǝm, nan ǝi nymku v dasim, ǝxsǝm saXɕim ɕini bod ʥu
undeO, uthai amban i maname, niyalma i nimeku be dasambi, ekšeme saksime sini bOOde ʝiO

* i bodum na, aXdǝr oʨi, ɕi ʨǝndǝm fœnʥim tam gǝnǝki, oXtu banin b saX na
i bOdOmbiO, akdarakū Oci, si cendeme fOnʝime tuwame geneki, OktO banin be sahaO

* davliǝ, tǝrǝʨi fǝnʨǝxǝŋ, gum ʥiXa muŋun b bǝtar ǝv sam, ɕini bǝʨǝr banʥir ǝv
dabala, tereci funcehengge, gemu ʝiha menggun be butara be sambi, sini bucere banʝire be

* umǝɕi toŋǝ, tǝr aŋǝl, nikǝdǝʨi oʥuruŋ in talu d ǝmkǝ ʥu biɕir
umesi tOngga, tere anggala, nikedeci Oʝorongge inu talu de emke ʝuwe bisire

* fuXali aqu siʨi, ʨǝ in sui maŋ, biʨi bi dǝr, dam mǝsǝʝ tǝŋkim sarǝŋ
fuhali akū seci, ce inu sui mangga, bici bi dere, damu musei tengkime sarangge

* tǝtǝlǝ GoniXǝdari ɕilx miʥim, tǝ biʨivǝ oXtuɕi sǝi dœrxi d, ɕan niŋ
tetele gūnihadari silhi meiʝembi, te bicibe OktOsi sei dorgi de, sain ningge

* dor bi na, adarǝm siʨi, ʨar ani bi oXtu d ǝndǝvǝfi, ǝlki ǝrxǝn ʥœʨivǝX,
dOrO biO, adarame seci, cara aniya bi OktO de endebufi, elekei ergen ʝOcibuha,

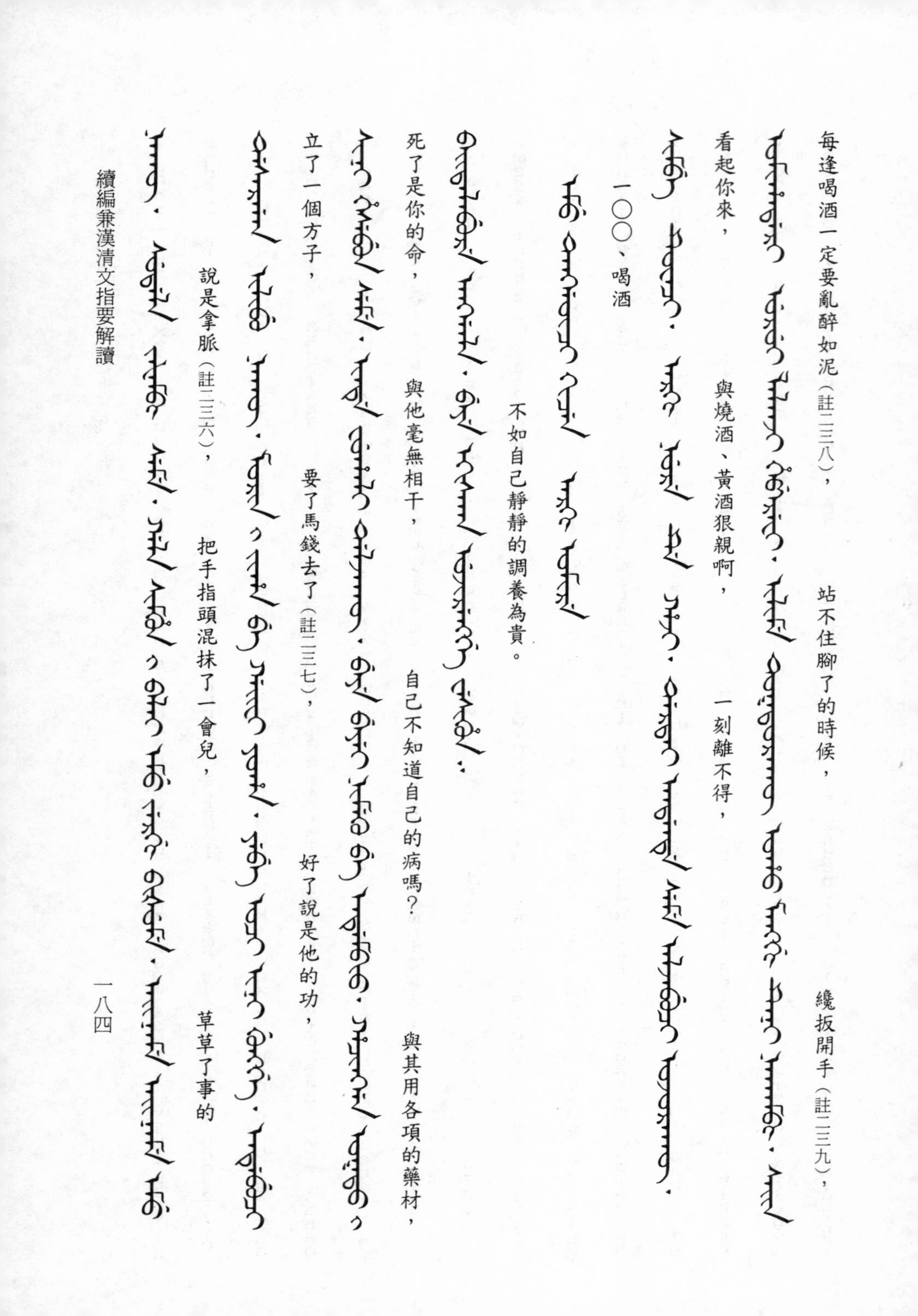

說是拿脈（註二三六），　把手指頭混抹了一會兒，　草草了事的

立了一個方子，　要了馬錢去了（註二三七），　好了說是他的功，

死了是你的命，　與他毫無相干，　自己不知道自己的病嗎？　與其用各項的藥材，

不如自己靜靜的調養為貴。

一〇〇、喝酒

看起你來，　與燒酒、黃酒狠親啊，　一刻離不得，

每逢喝酒一定要亂醉如泥（註二三八），　站不住腳了的時候，　纔扳開手（註二三九），

*œmiXdari urui lalənʥi xəpərəfi, im toXturqu oXu maŋi təni naqəm, ɕan
Omihadari urui lalanʝi heperefi, ilime tokTOrakū OhO manggi teni nakambi, sain
*ɕinb taʨi, ɛrki nur əd Xaʥi, diarti andand Sim alʥivəʨi oʥurqu,
Simbe tuwaci, arki nure de haʝi, dartai andande seme alʝabuci OʝOrakū,

*一〇〇、ɛrki œmir 喝酒

一〇〇、arki Omire 喝酒

*baitələvər aŋəl, bəi əkiSaq uʥirəŋ vəɕixun.
baitalabure anggala, beye ekisaka uʝirengge wesihun.
*ɕini xəSəvun Sim, ind fuXali dalʥaqu, bəi bəiʝ nymku v əndəm na, Xaʨiŋ oXtu i
Sini hesebun seme, inde fuhali dalʝakū, beye beyei nimeku be endembiO, hacingga OktO i
*dasirXan ivə naqu, mœrin i ʥiXa v giafi ʝoX, iv oʨi ini guŋ, əndəvəʨi
dasargan ilibu nakū, mOrin i ʝiha be gaifi yOha, yebe Oci ini gungge, endebuci
*naqu, Sudas ʥavəm Sim, Gal ɕimxun i balai əm ʥirxi bisim, ɛnəm ɛnəm əm
nakū, sudala ʝafambi seme, gala simhun i balai emu jergi bišume, ainame ainame emu

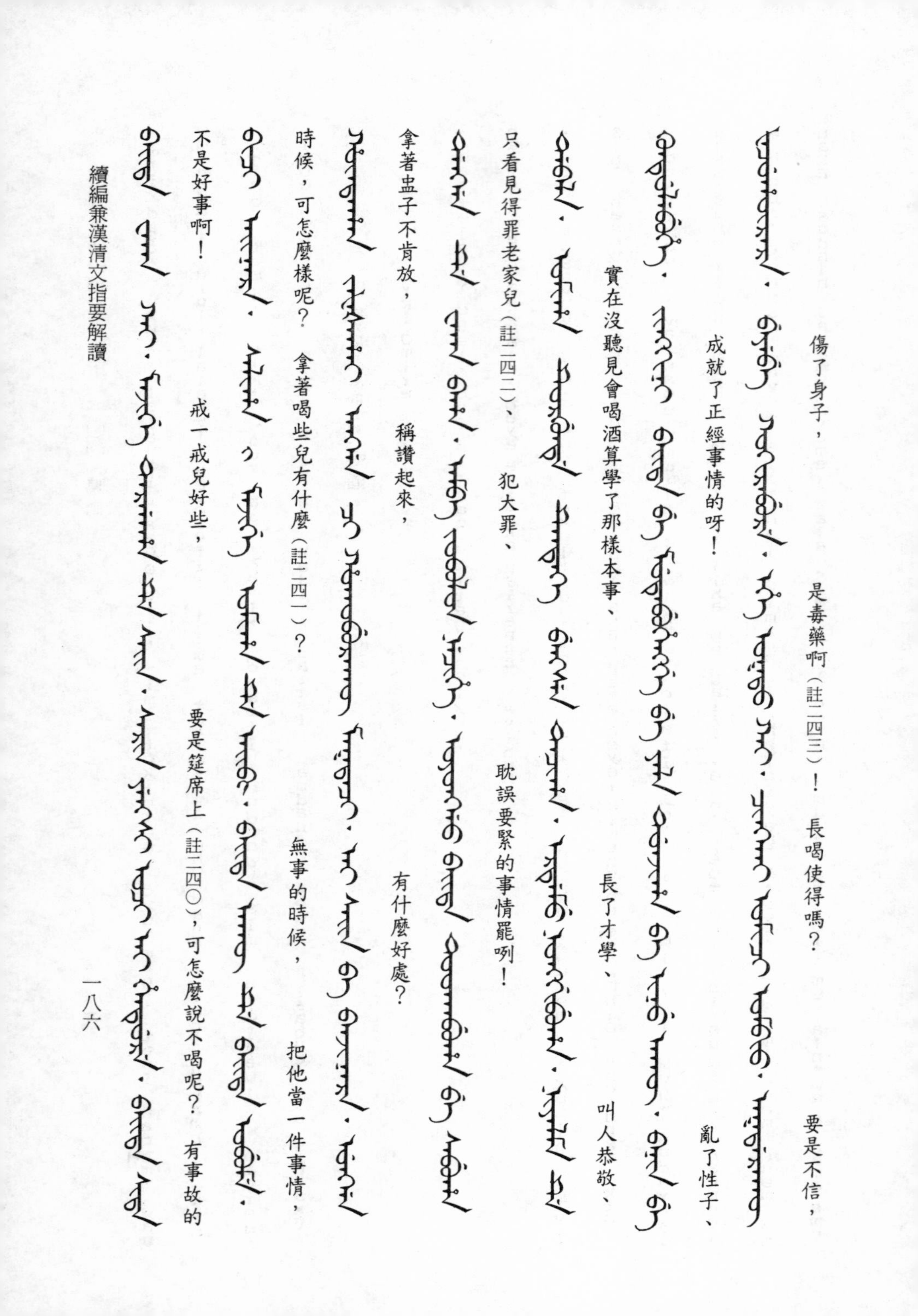

要是不信，長喝使得嗎？是毒藥啊（註二四三）！傷了身子，

亂了性子、成就了正經事情的呀！

叫人恭敬、長了才學、實在沒聽見會喝酒算學了那樣本事、

耽誤要緊的事情罷咧！犯大罪、只看見得罪老家兒（註二四二）、

有什麼好處？稱讚起來，拿著盅子不肯放，

把他當一件事情，無事的時候，拿著喝些兒有什麼（註二四一）？時候，可怎麼樣呢？

有事故的要是筵席上（註二四〇），可怎麼說不喝呢？戒一戒兒好些，不是好事啊！

* fatʂuXurur, bəiv Xokirəvər, əx oXtu qai, tʂiŋqai œmitʂi om na, aXdər
facuhūrara, beyebe kokirabure, ehe okto kai, cingkai omici ombio, akdarakū
* kundulUvux, dʑiŋkin bait əv mutuvuxuŋ əv jal dœndʑiX ba in aqu, banin b
kundulebuhe, jingkini baita be mutebuhengge be yala donjiha ba inu akū, banin be
* davliə, œmiX turgund tənk bəŋsən tatʂiX, ərdəm nioŋuvəX, nan əd
dabala, omiha turgunde tenteke bengsen taciha, erdemu nonggibuha, niyalma de
* daŋan d vaq baX, am dʑovulun nətʂix, ojyŋ bait toquvuX əv savəX
dangga de waka baha, amba jobolon necihe, oyonggo baita tookabuha be sabuha
* XunXan dʑavəʂəXəi aŋ ətʂi Xoquvurqu maXtətʂi, ai ɕan ba bandʑinər, uŋan
hūntahan jafašahai angga ci hokoburakū maktaci, ai sain ba banjinara, ungga
* bitʂi ɛnər, ɕəliX əi madʑig œmiX əd aibi, bait aqu d bait ovum,
bici ainara, saliha i majige omiha de aibi, baita akū de baita obume,
* bait vaq qai, madʑig tarXəX əd ɕan, ɕarin jəŋɕi otʂi ai xəndur, bait ɕita
baita waka kai, majige targaha de sain, sarin yengsi oci ai hendure, baita sita

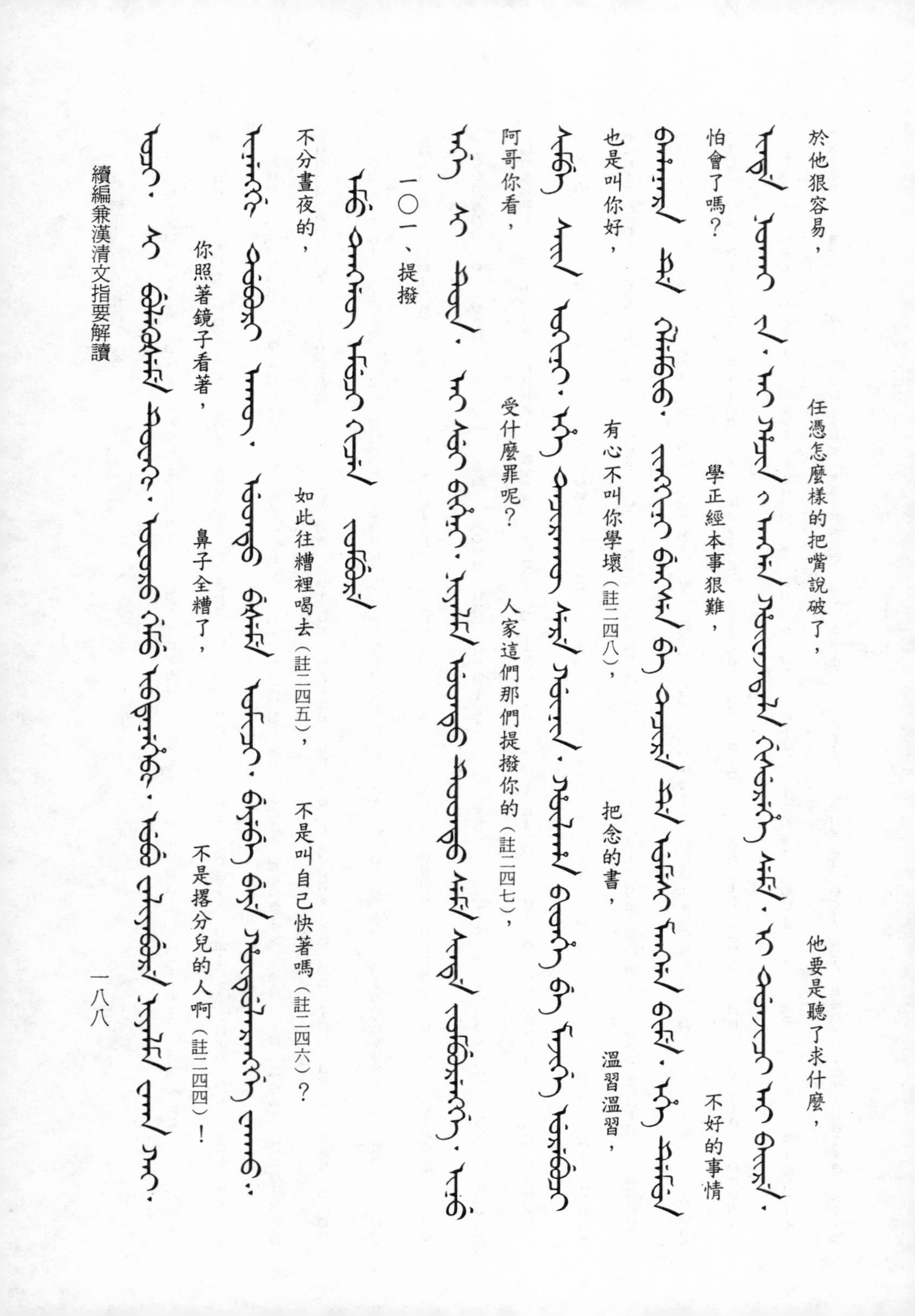

於他狠容易，任憑怎麼樣的把嘴說破了，他要是聽了求什麼，

怕會了嗎？學正經本事狠難，不好的事情

也是叫你好，有心不叫你學壞（註二四八），把念的書，溫習溫習，

阿哥你看，受什麼罪呢？人家這們那們提撥你的（註二四七），

一〇一、提撥

不分晝夜的，如此往糟裡喝去（註二四五），不是叫自己快著嗎（註二四六）？

你照著鏡子看著，鼻子全糟了，不是撂分兒的人啊（註二四四）！

*ind noqai ʤa, ai Xaʨin i aŋ Xuaʤitəl gisirəx sim, i dœnʤiʨi ai biar,

inde nokai ǰa, ai hacin i angga hūwaǰatala gisurehe seme, I doniǰici ai baire,

*baXənər əd gələm na, ʤiŋkin bəŋsən b taʨir əd uməɕi maŋ bim, əx dəmən

bahanara de gelembio, ǰingkini bengsen be tacire de umesi mangga bime, ehe demun

*ɕinb ɕan okini, əx taʨirqu sir Gonin, Xulaх bitxə v maʤig uruvuʨi

simbe sain okini, ehe taciraku sere gūnin, hūlaha bithe be maǰige urebuci

*agə ɕi ta, ai sui bixəni, nan utu tutu sim ɕind ʤomburəŋ, in

age si tuwa, ai sui biheni, niyalma uttu tuttu seme sinde ǰomburengge, inu

*一〇一、ʤombur 提撥

一〇一、ǰombure 提撥

*inəŋ dœvir aqu, utu bəsəm œmiʨi, bəiv bəi Xoduluruŋ vaq na.

inenggi dobori akū, uttu beseme omici, beyebe beye hūdularangge wakao.

*oʨi, ɕi buluksəm taki, ovur gum ivtənəxəi, uv vialivər nan vaq qai,

oci, si bulekušeme tuwaki, oforo gemu ibtenehebi, ubu waliyabure niyalma waka kai,

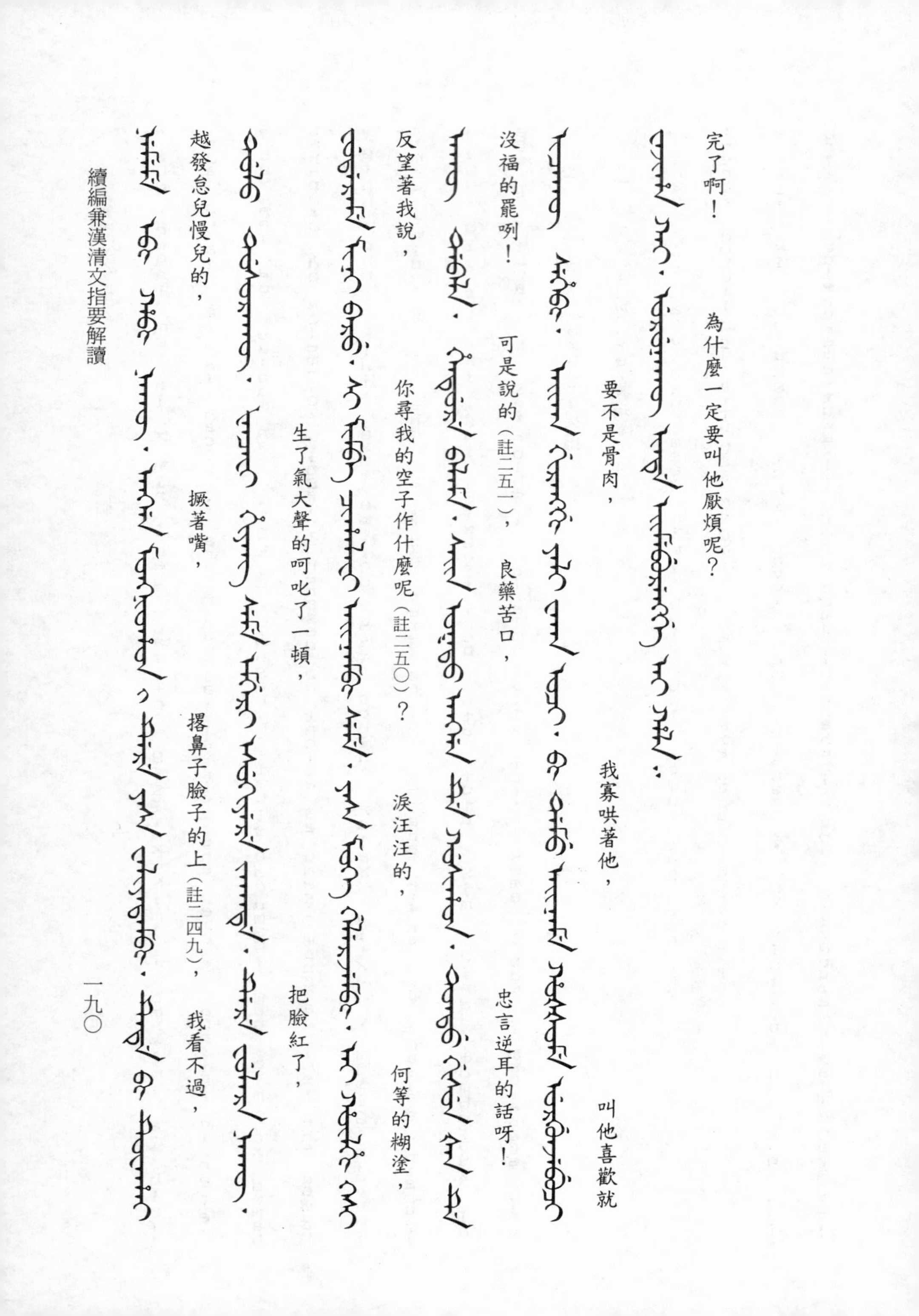

越發怠兒慢兒的，撅著嘴，撂鼻子臉子的上（註二四九），我看不過，

生了氣大聲的呵叱了一頓，把臉紅了，

反望著我說，你尋我的空子作什麼呢（註二五〇）？淚汪汪的，何等的糊塗，

沒福的罷咧！可是說的（註二五一），良藥苦口，忠言逆耳的話呀！

要不是骨肉，我寡哄著他，叫他喜歡就

完了啊！為什麼一定要叫他厭煩呢？

* vadʑiX qai, urunaqu ind əimərəŋ ai Xal.
waʑiha kai, urunakū inde eimeburengge ai hala.

* itɕaqu Sixəi, aiqa giraŋ jəli vaq otɕi, bi dam ɛnəm Xotɕum urxundʑivətɕi
icakū sehebi, aika giranggi yali waka oci, bi damu ainame hoššome urgunjebuci

* aqu davliə, xəndur balam, ɕan oXtu aŋ əd GoɕiXun, tondo gisun san d
akū dabala, hendure balama, sain okto angga de gosihon, tondo gisun šan de

* fədarəm mini baru, ɕi minb tɕiXaləfi ɛnəm Sim, jaS muku gələrdʑim, ai Xulxin kəɕi
fudarame mini baru, si mimbe cihalafi ainambi seme, yasa muke gelerjembi, ai hūlhi kesi

* dolo dosurqu, fantɕəfi xiaŋ Sim əmgəri iSxənər dʑaqad, dər fəlarə naqu,
dolo dosorakū, fancafi hiyang seme emgeri esukiyere jakade, dere fulara nakū,

* nəməm əvi Xavi naqu, aŋ moŋniXun i dər jaS vialitəm, tədə bi taXəi
nememe ebi habi nakū, angga mongniohon i dere yasa waliyatambi, tede bi tuwahai

註釋

續編兼漢清文指要

ᠰᡠᡥᡝᠨ

ᠰᡳᡵᠠᠮᡝ ᠪᠠᠨᠵᡳᠪᡠᡥᠠ ᠨᡳᡴᠠᠨ ᡥᡝᡵᡤᡝᠨ ᡳ ᡴᠠᠮᠴᡳᠪᡠᡥᠠ ᠮᠠᠨᠵᡠ ᡤᡳᠰᡠᠨ ᠣᠶᠣᠩᡤᠣ ᠵᠣᡵᡳᠨ ᠪᡳᡨᡥᡝ

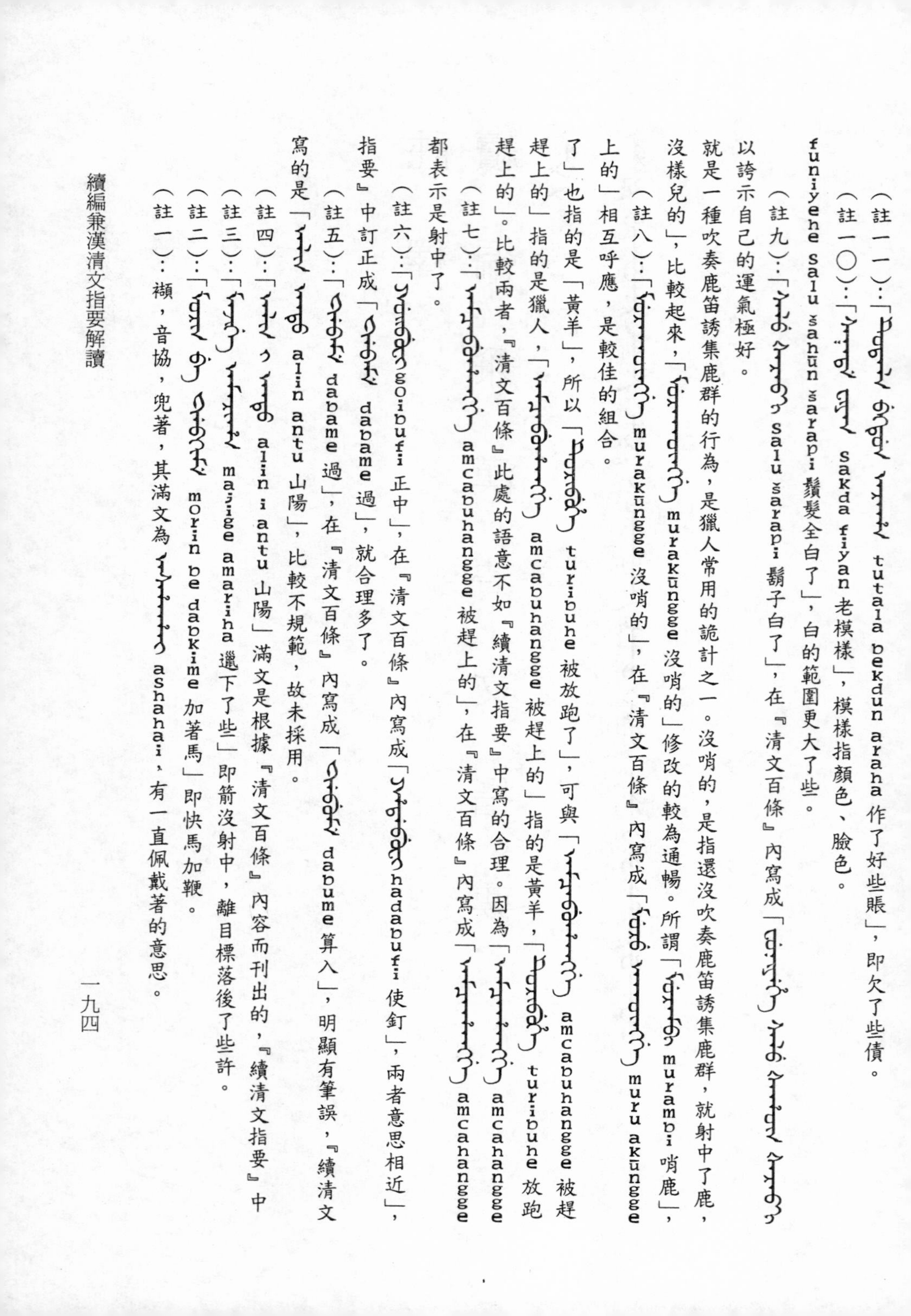

（註一一）：「tutala bekdun araha 作了好些賬」，即欠了些債。

（註一〇）：「sakda fiyan 老模樣」，模樣指顏色、臉色。

funiyehe salu šahūn šarapi 鬚髮全白了」，白的範圍更大了些。

（註九）：「salu šarapi 鬍子白了」，在『清文百條』內寫成「

以誇示自己的運氣極好。

就是一種吹奏鹿笛誘集鹿群的行為，是獵人常用的詭計之一。沒哨的，是指還沒吹奏鹿笛誘集鹿群，就射中了鹿，

沒樣兒的」，比較起來，「murakūngge 沒哨的」修改的較為通暢。所謂「murambi 哨鹿」，

（註八）：「murakūngge 沒哨的」，在『清文百條』內寫成「muru akūngge

上的」相互呼應，是較佳的組合。

了」也指的是「黃羊」，所以「turibuhe 被放跑了」，可與「amcabuhangge 被趕

趕上的」指的是獵人，「turibuhe 放跑

趕上的」。比較兩者，『清文百條』此處的語意不如『續清文指要』中寫的合理。因為「amcahangge

（註七）：「amcabuhangge 被趕上的」，在『清文百條』內寫成「amcahangge

都表示是射中了。

（註六）：「goibufi 正中」，在『清文百條』內寫成「hadabufi 使釘」，兩者意思相近，

指要』中訂正成「dabame 過」，就合理多了。

（註五）：「dabame 過」，在『清文百條』內寫成「dabume 算入」，明顯有筆誤，『續清文

寫的是「alin antu 山陽」，比較不規範，故未採用。

（註四）：「alin i antu 山陽」滿文是根據『清文百條』內容而刊出的，『續清文指要』中

（註三）：「majige amariha 遲下了些」即箭沒射中，離目標落後了些許。

（註二）：「morin be dabkime 加著馬」即快馬加鞭。

（註一）：褯，音協，兜著，其滿文為「ashahai，有一直佩戴著的意思。

（註一二）：「ᡝᠨᡩᡝᠮᠪᡳᠣ endembio 不知道嗎」，也有「瞞得住人嗎」的意思在。

（註一三）：「ᡩᡠᠪᡝ dube 了手」，指末端、結束的時候。

（註一四）：「ᠯᡳᡶᠠ ᡩᠣᠰᡳᡴᠠ lifa dosika 貪進去了」，指陷進去了，原意為深入敵營。

（註一五）：「ᡩᠠᡴᠰᡳᠨ daksin 罪戾」，這個字另外有一個寫法 ᡩᠠᡴᠰᠠ daksa，意思相同。

（註一六）：ᡥᡝᡩᡝ hede 指「腫瘡癒合痕」，表示毫無痕跡、毫無所存。

（註一七）：「ᡧᠠᠨ šan 耳躲」，即耳朵。

（註一八）：「ᠸᡝᡳ ᡤᡠᠸᠠᠨᡨᠠ wei guwanta 與誰什麼相干」，這裡的 ᡤᡠᠸᠠᠨ guwan 是漢語的「關」字，指關係。

（註一九）：「ᡠᠮᠠᡳ ᡝᡩᡠᠨ ᠰᡠ ᠠᡴᡡ umai edun su akū 並沒風」，其中 ᠰᡠ ᠠᡴᡡ su akū 指「一絲風沒有」，以與後來的「亂起大風來了」作對比。又旋風為 ᠰᡠ ᡝᡩᡠᠨ su edun。

（註二〇）：日色由「ᠰᠣᡥᠣᠨ sohon 清清亮亮的」忽然變的「ᡶᡠᠨᡩᡝᡥᡠᠨ fundehun 冷颼颼的」了，其中 ᠰᠣᡥᠣᠨ sohon 原意為「葵黃色」，ᡶᡠᠨᡩᡝᡥᡠᠨ fundehun 為「慘淡，蕭索」，書中翻譯的用字略有更動。

（註二一）：在『續清文指要』原書中沒有翻譯出「不妥」二字，現在則加以補上。

（註二二）：「ᡥᠣᠣ ᠰᡝᠮᡝ hoo seme 亂起」，有「豪、澎湃」的意思，在『清文百條』第八十六條中，這個詞用的是 ᡥᡡᠩ ᠰᡝᠮᡝ hūng seme，有「火轟轟燒起來聲音」的意思。

（註二三）：「ᡥᡡᠵᡳᠮᡝ ᡩᠠᡥᠠᡳ hūjime dahai 吹哨子樣的一直響」，原意為「一直刮著風鳴」。

（註二四）：「ᡝᡩᡠᠨ ᡳ ᡳᠰᡥᡠᠨ edun i ishun 迎著風」，在『續清文指要』原書中，將『清文百條』中有的「ᡝᡩᡠᠨ ᡳ edun i」省去了。衡量文句通暢程度，「ᡝᡩᡠᠨ ᡳ ᡳᠰᡥᡠᠨ edun i ishun 迎著風」中有「ᡝᡩᡠᠨ edun 風」字時，讀者比較容易了解，故本書決定還是依照『清文百條』中有「ᡝᡩᡠᠨ ᡳ edun i」的情況刊印。

（註二五）：「ᠵᡠᡥᡝᠨᡝ ᠨᠠᡴᡡ juhene nakū 凍成冰」，在去掉 ᠨᠠᡴᡡ nakū 的請況下，juhene 要說成「ᠵᡠᡥᡝᠨᡝᠮᠪᡳ juhenembi 凍成冰」，才符合滿語語法。偏偏在『續清文指要』原書中，編者將 ᠨᠠᡴᡡ nakū 去掉了，卻沒有恢復 ᠵᡠᡥᡝᠨᡝ juhene 的 ᠮᠪᡳ mbi 詞綴成分，還是寫成 ᠵᡠᡥᡝᠨᡝ juhene，於是句子帶有了命令式的意味存在，當然那樣寫是有違原意的，所以本書又把 ᠨᠠᡴᡡ nakū 加回去，以求完整。

（註二六）：「bihe 來著」，原書遺漏 bihe，現已根據漢譯補回。

（註二七）：「basilara 鬧硬浪」為漢語「把式」的借詞，表示喜歡打打鬧鬧、耍刀弄棒。

（註二八）：「mukūn 戶中」即宗族裡。

（註二九）：「ini beyede hanci fimeci ojorakū 不能到他的跟前」，也可以翻譯成「不能貼近他的身子」，而 fimeci ojorakū 是一個成語，有「惹不得」的意思。

（註三〇）：「maksime 耍」指舞蹈、舞刀。「bahanambi sembi 說是會」，sembi 是引稱動詞，不影響 bahanambi 句尾的語法結構，所以這句話在句尾上會有兩個代表句子結束的 mbi 詞綴出現。

（註三一）：「dargiyafi 顫動」按照滿文的意思實為「舉棍」。

（註三二）：「往」字對應的滿文是 baime，有「求望，尋找」的意思在，因此本句的直譯是「尋找著心窩扎了一下」。

（註三三）：本句的「也不慌也不忙」翻譯的有些冗贅，按照滿文的意思是「majige ekšerakū 一點不慌」。

（註三四）：所謂「慢慢的」與滿文意思並不貼切。原文 elhe nuhan 是一個成語，有「從容」的意思在。要抵擋長鎗，動作「慢慢的」會很危險，而「從容的」就很穩健。如果動作從容，就正好與上一句的「majige ekšerakū 一點不慌」能相互呼應。

（註三五）：「jabdunggala 時」這個字有「來得及時」的意味在，其附加成分 gala 可翻譯成「況且」。

（註三六）：譯文裡漏翻了「lasihime 搖擺」這個字，致使文意上有些欠缺。一般字典多把 lasihime 解為「摔」，就會讓人弄不清楚書裡的人如何比武了。因為此處那個瘸子的「腰刀早已放在脖子上了」、「被刀把脖子纏住」，刀要如何「摔」呢？這是一個問題，所以譯文就沒翻這個「摔」字。可是，在山本謙吾著的『滿洲語口語基礎語彙集』這個字有很清楚的註解，可用在「gala lasihime 搖手」、「kiru lasihime 搖旗」、「uju lasihime 搖頭」等詞裡，都有「搖擺」的意思在。假若這個字當成「搖擺」，那意思就會清楚了。因為在用刀砍以前，「放在脖子上了」的腰刀是無法砍的，總要讓腰刀離開阿哥的脖子遠些才能動作，所以把刀「搖擺開來」是必要的，這正是譯文所說「跟著就要砍的上」的詳細情形。因此這兩句的翻譯，如果翻成「既被刀把脖子纏住，然卻擺開刀作勢要砍」，或許更貼近原文意思。由於譯文裡也漏翻了「nakū 既」字，文句才會較不明朗。厚田萬福在『清文虛字指南』中說，「manggi、nakū 講既字，上用半截字連著，彼而又此使 manggi，然而未果 nakū 合」。這裡所謂的半截字，就是指詞幹。動詞「hahūrambi 掐脖子」的詞幹就是 hahūra。

（註三七）：「dubede maktafi 倒退」中的 dubede 直譯為「往後面」。又本句省略了主語「阿哥」。

（註三八）：「tuheke 跌倒了」，有時會有隱諱的含意在。好比在打仗時，戰陣上的跌倒，其實就是死亡，如「dain de tuheke 陣亡」。

（註三九）：「ai sembi 說什麼」，也可以連寫成「aisembi」。

（註四〇）：「edun i ici wasihūn genehei 順著風去」，在『清文百條』中是「eyen i ici wasihūn genehei 順著水下去」，略有差異。

（註四一）：「alin i oforo 山嘴子」，指山脈的尾端，其中 oforo 有「鼻子」的意思。

（註四二）：『續清文指要』將 hūwai sembi 譯成「幽靜匪常」，翻譯得有些勉強。在『清文百條』中本句譯成「大水無邊」，與一般字典上解「水大貌」是相符的。

（註四三）：「ulhū noho šumin bade 蘆葦深處」，noho 有「盡是，純是」的意思在，故本段可譯為「盡是蘆葦的深處」。

（註四四）：「šan de bahabure 聽見」，其中 bahabure 有「使得到」的意思。

又「yang seme 喈喈的」，喈音街，形容聲音協調的樣子。

（註四五）：「geterembuhekūngge akū 無有不乾乾淨淨了」，其中「geterembuhekūngge 不使洗淨了的」的結構是由「geterembi 洗淨」，去掉字尾 bi，加上「bu 使」、「he 了」、「kū 不」、「ngge 的」等附加成分而成，字長而且內容豐富，值得記誦研究。

（註四六）：本句的「udu 幾遭」，和前面句子「雖說是超凡出世的神仙」裡的「udu 雖說」，同樣的滿文 udu，位置不同，涵義就不相同，請比較其異同。

（註四七）：「ilihai andande uthai uju nimeme deribuhe 立刻的頭就疼起來了」，在『續清文指要』原書中寫的是「ilihai uthai nimeme deribuhe」，直譯成漢字是「立就疼起來了」，文意有些怪異，而漢譯卻是「立刻的頭就疼起來了」，恰巧與『清文百條』中的滿文文句相合。推測『續清文指要』原書中本句滿文應該是遺漏了 andande 及 uju 二字所致，現在則已依照『清文百條』中的原文補齊了。

（註四八）：「wanggiyanaha 齉了」，齉音饢，意為鼻塞不能嗅。而 wanggiyanaha 意為「傷風了」。

（註四九）：「beye tugi de tehe adali 渾身發冷」，直譯滿文的意思是「身子在雲端一般」。

（註五〇）：「boo 房子」，依照文中內容看來，就是指傳統的四合院。四合院的標準規格包括大門、垂花門、外院、中院、遊廊、後院、罩房等。四合院大門稱為廣亮大門，通常因風水因素位於房子的東南方，門房獨占倒座房一整間。進了大門，可以看到裝飾用的影壁，向左行進月亮門即為前院，可見南房三至五間，南房有客廳、佣人房、小主人的書房等，到前院西側又有一月亮門，通廁所及利用宅院西南角所設的車庫、倉庫或轎房等。前院北側正中有一垂花門，入門即為中院。中院屬於內屋，一般外人嚴禁入內，家中閨秀也不會踏出垂花門一步。門內有屏風，門兩側為花牆，左右有遊廊連接東西廂房各三間，廂房可作成年家人房、餐廳、廚房等用，中院十字甬路寬過六尺，庭院正中擺放有太湖石、魚缸或種植果樹。北房即為正房五至七間，中間是客廳兼飯廳，西屋作臥室，是老爺夫人的居所，東屋作書房兼臥室。左右側東西廂房可通後院。後院另有罩房和東西廂房，罩房又名照房，是四合院最北的房間，主要是未出閣女子的居住。所謂三進五層，因四面房屋固合起為一個庭院，是四合院的基本單位，稱為一進，所以標準四合院的三個院落，即外院、中院、後院等三進，就稱為三進四合院。五層指門房、遊廊垂花門、東西廂房、正房、罩房等五層。四合院規模可從一進到九進分成許多種組合形式，通常為一門一戶，居住者是清朝的官員富戶，屬於中上階層，而多戶合居的四合院俗稱為大雜院，是清朝窮人家的居住方式。

（註五一）：「sangsaraka 朽爛」的朽字，原文是「曹少」爛。「曹少」是一個字，曹左少右，電腦裡沒有，只好用朽字來代替了。「曹少」，音曹，指粗糙簡陋。

（註五二）：「fudešeci 送祟」即燒紙錢巴結討好鬼魂的行為，fudešeci 原意是跳神送崇。

（註五三）：「jakūn hergen tuwara niyalma 算命的」即算八字的人。

（註五四）：「enduri adali banjihabi 神仙」直譯是「生來像神一樣」。

（註五五）：「dulekele 過去的」字尾 le 作什麼解釋？『清文虛字指南』說「暗含所有翻 le 字，文意猶如用 ele」，所以 dulekele 可以翻譯成「過去所有的」。

（註五六）：「atanggi 多偺」，即何時。

（註五七）：「sargašara 閒曠」，即遊玩。

（註五八）：「albatu okini 當作」，是一個習慣用語，指湊個數目。

（註五九）：「albatu 村粗」即粗野。

（註六〇）：「fancame injebumbi duha be lakcatala fancame injebumbi 腸子都笑斷了」，其中「fancame injebumbi 大笑」是一個習慣用語，fancame 一字與生氣的原意無關。

（註六一）：「isika 分兒」即充分、將要過界了。

（註六二）：「gala alibuhabi 遞手」即遞出手，因為爛醉站不住腳，準備以手平衡身子。

（註六三）：「hele 啞叭」即啞吧。

（註六四）：「gashūkini 說誓了」即發誓以表示決心。

（註六五）：「ama 阿瑪」為音譯，即父親。

（註六六）：「fiyanggū 老搭兒」即老生子，指老年時所生的兒子。

（註六七）：「mama erseheo 出了花兒了嗎」即出了痘子，痘子出了在『滿和辭典』作 mama erseke。

（註六八）：「taksiha 存下了」即存活了。

（註六九）：「yobodorongge 頑」即開玩笑。

（註七〇）：「mergen 好手段」即賢慧，指善養孩子。

（註七一）：「urehebi 熟了」意思是「傷透心了」。

（註七二）：「banin wen 模樣兒」是一個習慣用語，指相貌。

（註七三）：「simen 火力」指皮襖中皮革中所含的油性。

（註七四）：「tulesi etuci 反穿」，一般皮襖帶毛的一面是穿在裏面的，這樣冬天才能保暖，反穿則有炫燿作用。台灣北港媽祖祭儀的報馬仔裝備，則固定反穿一件羊皮襖背心，用來表示報馬仔為了能在天后媽祖駕前服務，急忙中穿錯了襖面那種忠誠的態度和興奮的心情。

（註七五）：「jobolon de acanahao akūn 道惱去來沒有」即去弔唁誌哀了沒有。

（註七六）：「gasabuha se 說是道惱了」即代為說弔唁誌哀了。

（註七七）：「sebsihiyan 親熱」，『滿和辭典』中作「sebsihiyen」，『滿漢辭典』

中作「sebsihiyan」，本書寫法是根據『清文百條』內容而定，與『滿漢辭典』同。

(註七八)：此處的「etuku 衣裳」指的是滿族服飾旗袍。清代滿族基本都編入八旗，有旗人之稱，故這種滿族男女老少四季皆宜的服裝被人們稱為旗袍，式樣分男女兩種，本文所指的是男式的。清初男子旗袍為圓領、大襟、箭袖、四面開衩、繫扣袢、腰中束帶。箭袖又稱馬蹄袖，是為射箭方便，又可禦寒保護手背的服裝設計。四面開衩、腰中束帶也全是為了騎射自如而設。

(註七九)：「彀」即夠。

(註八〇)：「jurgan gocimbi 行」即「jurgalambi 作條子」。將旗袍縫製的剩餘布料，做成條子，然後用編繩結的方法，打成紐扣結，以為旗袍扣袢的製作過程稱之為「行」。如此做則衣裳和扣袢的花色相同，看起來較為協調一致。

(註八一)：「monggon 領子」，應為「monggon hūsiku」的簡寫。

(註八二)：「hethe huwešeme 烙袖子」即熨燙袖襞，滿族服飾袖口帶摺，需要熨燙定形。

(註八三)：「gio turibuhe 旗杆底下誤了操」也可以解釋成「跑了狍子」，是一句雙關語，都是拘泥誤事的意思。

(註八四)：「geri fari 一仰一合」即恍惚、不知不覺間。

(註八五)：「etuci fiyan tucirakū 穿的沒樣兒」即穿衣服不出色，不好看。

(註八六)：「dababume mamgiyarakū 不過費」即太節省了。

(註八七)：「dabali seci ojorakū 要說是過於了是使不得的」即「說我太節省我並不同意」。

(註八八)：「bai tubišeme 約模著」即平白的揣度。

(註八九)：「boo uncafi 花了產業」即賣了房屋。

(註九〇)：「bekdun arafi 作下賬」即舉債借款。

(註九一)：「anatahai 悞」即誤。

(註九二)：「ᠶᠠᠪᡠᠴᡳ yabuci 走」即做。

(註九三)：「ᡨᠠᠩᡤᡡᠯᡳ tanggūli 明間」即正房中央的房間，又稱堂屋，常設有祖堂、佛堂，是家人集會待客與祭祀先祖的地方。

(註九四)：「ᠯᡝᡴᡩᡝᡥᡠᠨ lekdehun 蓬著」即垂遮著。

(註九五)：「湊手不及」即「措手不及」。

(註九六)：「ᠪᡠᡨᡠ ᡥᡡᠯᡥᠠ butu hūlha 竊賊」指不帶凶器的小偷。

(註九七)：「ᠯᠣᠣᠶᡝᠰᠠ looyesa 老爺們」，也有寫成ᠯᠣᠣᠶᡝᠰᡝ looyese 的，因為本書的上集『清文指要解讀』用了「ᠯᠣᠣᠶᡝᠰᠠ looyesa 老爺們」一字，為求一貫，本書仍然依例沿用。

(註九八)：「ᠮᡝᠨᡨᡠᡥᡠᠨ ᠰᠠᡵᡤᠠᠨ ᠵᡠᡳ mentuhun sargan jui 傻女兒」，原書譯為醜女兒。

(註九九)：「ᡤᡡᠨᡳᠨ ᡩᡝ ᠠᠴᠠᠨᠠᡥᠠ gūnin de acanaha 合式了」即合意。

(註一〇〇)：「ᠠᠨᠠᡥᠠᠪᡳ anahabi 妨了」指挨著男人了，意思是這個女人也是跟過或再嫁過好幾次的了。原書將「ᡝᠮᡳᠯᡝ emile 女人」譯為老婆。

(註一〇一)：「ᡤᠠᠯᠠ ᠸᡝᡳᠯᡝ gala weile 針指兒」，常寫作「針黹兒」，指縫紉手藝。

(註一〇二)：「ᡤᡠᠸᡝᠯᡝᡴᡠ ᠰᡳᠨᡩᠠᠮᠪᡳ guweleku sindambi 放妾」即「置妾」，「ᠰᡠᠯᠠ ᡥᡝᡥᡝ ᡨᠠᡴᡡᡵᠠᡴᡳ sula hehe takūraki 使小」，「使」即「差使」，說穿了還是指「置妾」一事。

(註一〇三)：「ᡥᠣᡵᠣᠨ ᡤᠠᡳᠪᡠᡥᠠ horon gaibuha 不能施威」直譯即「威風讓老婆取走了」。

(註一〇四)：「ᠣᡥᠣ ᡳ ᡶᡠᠨᡳᠶᡝᡥᡝ oho i funiyehe 寶貝」即「胳肢窩的毛」，比喻十分珍愛，拔了會疼的東西。

(註一〇五)：「ᡶᡝᠯᡝᡥᡠᠨ felehun 惹禍的」在『清文百條』中是ᡶᡝᠴᡠᡥᡠᠨ fecuhun 即「外遇的」。

(註一〇六)：「ᡨᠠᠨᡨᠠᠮᡝ ᠸᠠᡥᠠ tantame waha 打殺了」，在原書中作「打死了」。

(註一〇七)：「ᠠᡴᡨᠠᠯᠠᠮᡝ ᡨᡝᡶᡳ aktalame tefi 跨坐著」，在『續清文指要』原書中沒有翻譯出來，現在給補上了。

語，天高則王法遠，天低則王法近，說「如今的天低啊」，暗示王法已經近在咫尺了，要小心觸法了呢。

（註一一六）：「abka fangkala 天低」，這是一句警告的話。有所謂「天高皇帝遠」的諺

（註一一五）：「hamu dundara 吃屎」，單字解釋是「hamu 屎」、「dundara 餵豬」，都表示行為低賤。

（註一一四）：「baibi 寡」，即「僅只」。又「teile 也可翻譯成「寡」，意思也是「僅只」。「guwele cele，意思與此類似。「gohodorongge 擺浪子的」，即裝扮成花花公子。

（註一一三）：「guwele mele 躲躲閃閃的晃著稀軟的身子」由「guwelembi 鬼祟」、「melembi 畏縮」兩個字的詞幹所組合起來的詞組，意思仍是「鬼祟畏縮」。在『續清文指要』中作貌。

（註一一三）：本課從頭到這裡的這段是『續編兼漢清文指要』中被刪略了的部分，即『清文百條』第二十條的前半段，原書略掉的原因不明。幸而有『清文百條』這個母本存在，我們才有機會加以補齊並一窺原文的全貌。

（註一一二）：「aisin šoge 金錠子」，此處金錠子和前面的金錠子，寫為「aisin i šoge 金錠子」，略有差異，可知屬格的格助詞「i」有時是可以省略的。

（註一一一）：「錠」，在『續清文指要』中原文為「（金果）」，音「課」，與錠同義，只是外觀略小些。因電腦中缺（金果、左金右果）字，即暫以錠字代替。兩書在文字上有相當的差異。

（註一一〇）：「ehe niyalma de ehe karulan bi 惡人自有惡人報應啊」，這句成語在『清文百條』中則寫的是「gūran i uihe gūran gio be hadaha」，意思是「公狍用公狍的角釘弓面」，弓是用來射殺公狍用的，公狍此舉、當然是「自作自受」了。

（註一〇九）：「nahan be susubuha 鬧了個七零八落」即「把炕搗毀了」。炕是北方禦寒的一種設施，也就是一種有暖氣通過的床。隨著電毯的普及，炕在大陸北方也有逐漸減少的趨勢。炕在房屋中因為是固定設施，通常佔了臥室一大半的面積，因此「把炕搗毀了」，就房屋損傷的情況來說是相當嚴重的。

（註一〇八）：「borhome 攢」即聚集。

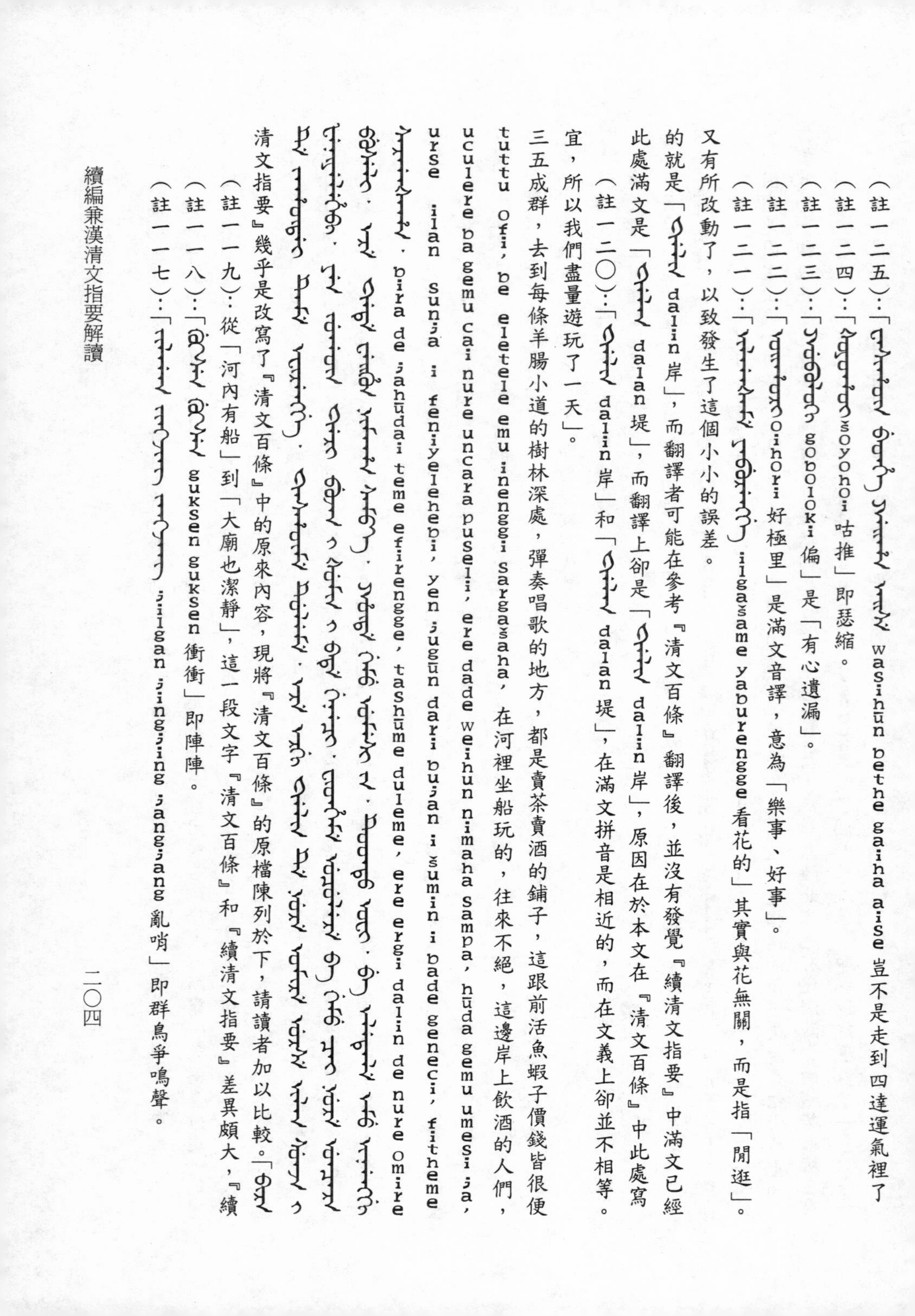

（註一一七）：「jilgan jingjing jangjang 亂哨」即群鳥爭鳴聲。

（註一一八）：「guksen guksen 衝衝」即陣陣。

（註一一九）：從「河內有船」到「大廟也潔靜」，這一段文字『清文百條』和『續清文指要』差異頗大，『續清文指要』幾乎是改寫了『清文百條』中的原來內容，現將『清文百條』的原檔陳列於下，請讀者加以比較。「

bira de jahūdai teme efirengge, tashūme duleme, ere ergi dalin de nure omire urse ilan sunja i feniyelehebi, yen jugūn dari bujan i šumin i bade geneci, fitheme uculere ba gemu cai nure uncara puseli, ere dade weihun nimaha sampa, hūda gemu umesi ja, tuttu ofi, be eletele emu inenggi sargašaha, 在河裡坐船玩的，往來不絕，這邊岸上飲酒的人們，三五成群，去到每條羊腸小道的樹林深處，彈奏唱歌的地方，都是賣茶賣酒的鋪子，這跟前活魚蝦子價錢皆很便宜，所以我們盡量遊玩了一天」。

（註一二〇）：「dalin 岸」和「dalan 堤」，在滿文拼音是相近的，而在文義上卻並不相等。此處滿文是「dalan 堤」，而翻譯上卻是「dalin 岸」，原因在於本文在『清文百條』中此處寫的就是「dalin 岸」，而翻譯者可能在參考『清文百條』翻譯後，並沒有發覺『續清文指要』中滿文已經又有所改動了，以致發生了這個小小的誤差。

（註一二一）：「ilgašame yaburengge 看花的」其實與花無關，而是指「閒逛」。

（註一二二）：「oihori 好極里」是滿文音譯，意為「樂事、好事」。

（註一二三）：「goboloki 偏」是「有心遺漏」。

（註一二四）：「šoyohoi 咕推」即瑟縮。

（註一二五）：「wasihūn bethe gaiha aise 豈不是走到四達運氣裡了

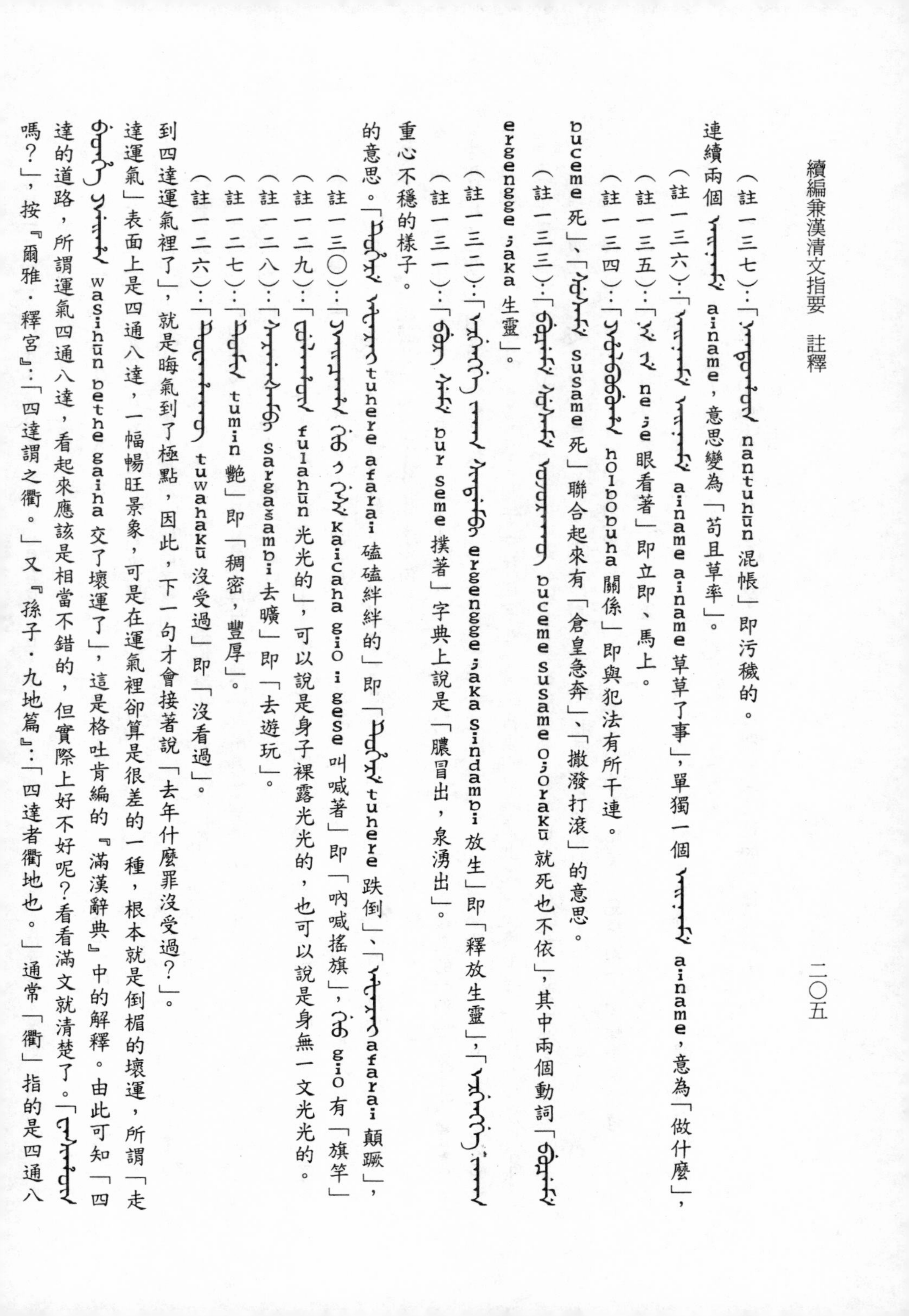

嗎？」，按『爾雅．釋宮』：「四達謂之衢。」又『孫子．九地篇』：「四達者衢地也。」通常「衢」指的是四通八達的道路，所謂運氣四通八達，看起來應該是相當不錯的，但實際上好不好呢？看看滿文就清楚了。「wasihūn bethe gaiha 交了壞運了」，這是格吐肯編的『滿漢辭典』中的解釋。由此可知「四達運氣」表面上是四通八達，一幅暢旺景象，可是在運氣裡卻算是很差的一種，根本就是倒楣的壞運，所謂「走到四達運氣裡了」，就是晦氣到了極點，因此，下一句才會接著說「去年什麼罪沒受過？」。

（註一二六）：「tuwahakū 沒受過」即「沒看過」。

（註一二七）：「tumin 艷」即「稠密，豐厚」。

（註一二八）：「sargašambi 去曠」即「去遊玩」。

（註一二九）：「fulahūn 光光的」，可以說是身子裸露光光的，也可以說是身無一文光光的。

（註一三〇）：「kaicaha gio i gese 叫喊著」即「吶喊搖旗」，gio 有「旗竿」的意思。「tuhere afarai 磕磕絆絆的」即「tuhere 跌倒」、「afarai 顛蹶」，重心不穩的樣子。

（註一三一）：「bur seme 撲著」字典上說是「膿冒出，泉湧出」。

（註一三二）：「ergengge jaka sindambi 放生」即「釋放生靈」，「ergengge jaka 生靈」。

（註一三三）：「buceme susame ojorakū 就死也不依」，其中兩個動詞「buceme 死」、「susame 死」聯合起來有「倉皇急奔」、「撒潑打滾」的意思。

（註一三四）：「holbobuha 關係」即與犯法有所干連。

（註一三五）：「ne je 眼看著」即立即、馬上。

（註一三六）：「ainame ainame 草草了事」，單獨一個 ainame，意為「做什麼」，連續兩個 ainame，意思變為「苟且草率」。

（註一三七）：「nantuhūn 混帳」即污穢的。

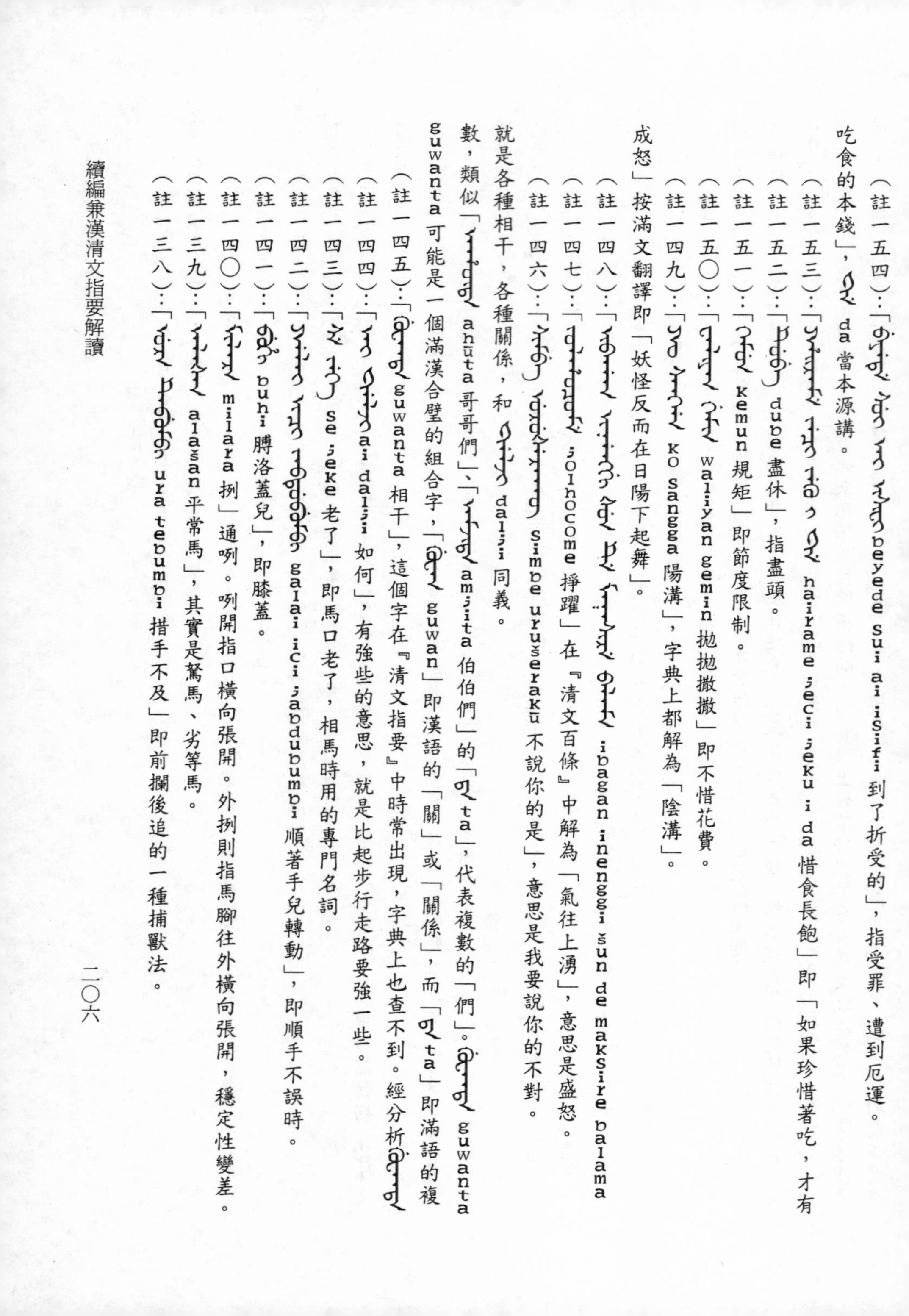

（註一三八）：「ura tebumbi 措手不及」即前擱後追的一種捕獸法。

（註一三九）：「alašan 平常馬」，其實是駑馬、劣等馬。

（註一四〇）：「milara 挒」通咧。咧開指口橫向張開。外挒則指馬腳往外橫向張開，穩定性變差。

（註一四一）：「buhi 膊洛蓋兒」，即膝蓋。

（註一四二）：「galai ici jabdubumbi 順著手兒轉動」，即順手不誤時。

（註一四三）：「se jeke 老了」，即馬口老了，相馬時用的專門名詞。

（註一四四）：「ai dalji 如何」，有強些的意思，就是比起步行走路要強一些。

（註一四五）：「guwanta 相干」，這個字在『清文指要』中時常出現，字典上也查不到。經分析 guwanta 可能是一個滿漢合璧的組合字，「guwan」即漢語的「關」或「關係」，而「ta」即滿語的複數，類似「ahūta 哥哥們」、「amjita 伯伯們」的「ta」，代表複數的「們」。guwanta 就是各種相干，各種關係，和 dalji 同義。

（註一四六）：「simbe urušeraku 不說你的是」，意思是我要說你的不對。

（註一四七）：「jolhocome 掙躍」在『清文百條』中解為「氣往上湧」，意思是盛怒。

（註一四八）：「ibagan inenggi šun de maksire balama 成怒」按滿文翻譯即「妖怪反而在日陽下起舞」。

（註一四九）：「ko sangga 陽溝」，字典上都解為「陰溝」。

（註一五〇）：「waliyan gemin 拋拋撒撒」即不惜花費。

（註一五一）：「kemun 規矩」即節度限制。

（註一五二）：「dube 盡休」，指盡頭。

（註一五三）：「hairame jeci jeku i da 惜食長飽」即「如果珍惜著吃，才有吃食的本錢」，da 當本源講。

（註一五四）：「beyede sui ai isifi 到了折受的」，指受罪、遭到厄運。

的阿瑪就是府裡長工之類的家奴。

意思，而是指「一樣、相同」。至於「ᡳᠨᡳ ᠠᠮᠠ ini ama 他阿瑪」，指的是這個下賤東西的「父親」，推測應他

（註一五九）：「ᡠᡵᡝᡥᡝ ᠪᠠᠨᠵᡳᡥᠠᠪᡳ urehe banjihabi 生的一樣」，ᡠᡵᡝᡥᡝ urehe 並沒有熟了、悲傷了的

可以採取比較包容的態度，以理解為重，仔細對應即可。

醉後醒了」、「ᡧᡠᡨᡠᡥᠠ šutuha 長大了」、「ᠮᡠᡨᡠᡥᠠᠪᡳ mutuhabi 長了」等，對於這些與規則相異的文字，我們淵源，規則卻是後來才定的，因此，元音和諧律不是嚴厲的天條，字典上同樣有違反規律的「ᠰᡠᠪᡠᡥᠠ subuha「ᠪᡠᠰᡠᠪᡠᡥᠠᠩᡤᡝ busubuhangge」大致上是一個錯字。不過，文字的發展過程是相當複雜的，許多字有其歷史所以到這裡就相當明白了，『清文百條』的「ᠪᡠᠰᡠᠪᡠᡥᡝᠩᡤᡝ busubuhengge 犯了」寫的是對的，而『續清文指要』還有一條細則，是我們所必須知道的。就是含有「ᡠ u ᡠ u」、「ᡳ i ᡠ u」的詞幹，其詞綴的元音必須是 ᡝ e，那麼詞綴的元音，可以是陽性元音 ᠠ a，也可能是陰性元音 ᡝ e，這樣說對嗎？其實和諧律並非如此粗放，它能和陽性元音和諧，又能和陰性元音和諧。「ᠪᡠᠰᡠᠪᡠᠮᠪᡳ busubumbi 犯重病」中詞幹的元音主要是中性元音 ᡠ u，中性元音 ᡳ i、ᡠ u，一般來說，陽性元音只能和陽性元音和諧，陰性元音只能和陰性元音和諧，中性元音既分、語法附加成分中出現的規律，可以分為三類，一、陽性元音 ᠠ a、ᠣ o、ᡡ ū，二、陰性元音 ᡝ e，三、判別，值得我們深入探討。烏拉熙春的『滿語語法』中說，滿語中有六個元音，根據它們在詞中和構詞的附加成原書中卻寫成「ᠪᡠᠰᡠᠪᡠᡥᠠᠩᡤᡝ busubuhangge」，雖只是 e 和 a 字綴的小小差異，但其中牽涉到元音和諧律的

（註一五八）：在『清文百條』中「犯了」寫的是「ᠪᡠᠰᡠᠪᡠᡥᡝᠩᡤᡝ busubuhengge」，而在『續清文指要』

中解為「病入膏肓」，意思是病情已經失控了、壓制不住了。

（註一五七）：「ᠨᡳᠮᡝᡴᡠ ᡶᠠᠴᡠᡥᡡᠨ ᠪᠠᡩᡝ ᡩᠣᠰᡳᡶᡳ nimeku facuhūn bade dosifi 病已沉了」在『清文百條』

手不放」即把我的手拉了又拉，以表達一種懇切的心情。

（註一五六）：「ᠮᡳᠨᡳ ᡤᠠᠯᠠ ᠪᡝ ᠵᠠᡶᠠᡶᡳ᠈ ᡤᡝᠯᡳ ᠵᠠᡶᠠᡧᠠᠮᡝ mini gala be jafafi, geli jafašame 拉著我的

老家兒們」，在『清文百條』中寫為 ᠰᠠᡴᡩᠠᠰᡳ sakdasi。

（註一五五）：「ᠶᠠᠯᡳ ᡤᡝᠮᡠ ᠸᠠᠵᡳᡥᠠ yali gemu wajiha 全熬的瘦了」即肉都完了，又「ᠰᠠᡴᡩᠠᠰᠠ sakdasa

一書中曾說過尼山洗臉的事，也有 *dere yasa* 字樣。文中說「*dere yasa be*

yasa 指的是「臉、面」，「*yasa* 眼」對漢語來說則是衍文，「臉在一處」，當然是會常見面了。『尼山薩滿』*dere yasa dere*

（註一七一）：「*dere yasa emu bade* 常在一處」即「常見面」。文中 *dere yasa dere*

這裡的 *beyebe*，指的是「自己」而不是「身體」。

（註一七〇）：「*beyebe ai obuhabi* 倒算個什麼」即「把自己當成什麼了」，注意

（註一六九）：「*yekerserengge* 刻薄」，即「*kederserengge* 刻薄」。

要仔細分辨。

（註一六八）：「*ja aku* 至極了」，即「了不得」，這裡不能解釋成「不便宜」、「不容易」，所以需

（註一六七）：「*esi seci ojoraku* 不由的」是一句慣用語。

（註一六六）：「*booi ujin juui seme* 家生子兒」即家奴生的孩子當兒子一般對待。

滿族家奴又稱「*booi* 包衣」。

字尾存在時，意思就變成「比較強」。

（註一六五）：「*ai dai jii* 強」，單純直譯是「有何干涉」，但是前面有 *galaci* 的 *ci*

象。『清文百條』解為「棍棒相打聲」。

（註一六四）：「*guwak cak seme* 跳蹋」，即蹦跳踢踏、喀喀嚓嚓，一種過動的症候現

（註一六三）：「*ari* 惡人」，*ari* 有難纏的、通天鬼的意思。

隙，以致主人家無法指揮使喚。

（註一六二）：「*jaka solo buraku* 一點空兒不給」，指玩的時候，毫無停下來的空

（註一六一）：「*bakcin* 對兒」，指對手。

中，*nicusame*，其間沒有用一般副動詞連接形式 me 連接，可知這兩個動詞相當獨立，代表兩種涵義。其

nicu 代表一般閉眼，*nicusame* 代表眨眼，兩種閉眼的方式，是略有不同的。

（註一六〇）：「*yasa nicu nicusame* 閉著眼睛」，這裡連著出現兩個動詞 *nicu*、

obufi 洗臉」，直譯即「洗了臉眼」，也因為「yasa 眼」從漢語看來是衍文，所以翻譯成「洗臉」即可。

（註一七二）：「niyalma de monjiršaburakū 不叫人揉搓」，即不讓人氣得搓手。「monjiršambi 揉搓」有惱怒、氣得發抖的意味在。

（註一七三）：「beilecileki 拿腔」，講話故作姿態來抬高身份。

（註一七四）：「alime gaijarakū 不認」是「alime gaimbi 承認」的否定式，gaimbi 是不規則變化動詞，所以否定式要寫成 gaijarakū。

（註一七五）：「meke ceke 高低上下」，原來 meke 和 ceke 分屬「gacuha 背式骨」的裡面和上面，所以把這兩個部分擺在一起說，就有一較高下的意味在。

（註一七六）：「tab tib seme 滴滴搭搭」，在『續清文指要』原書中寫成「ta ti ta ti seme」，這個詞在字典上卻是作「一齊努力」解，並不是所謂的滴滴搭搭。在『清文百條』中這個詞是「tab tib seme 水滴聲」，比較起來本書改採用 tab tib seme 較能配合文章進展的連貫性。

（註一七七）：「urehe 熟了」是滿文直譯，一語雙關，其實真正的意思是「urehe 傷透心了」。

（註一七八）：「tanggū ging 亮鐘」意指天將亮的時分。古時天將亮時打五更鐘。又滿文 gerendere ging 也稱「亮鐘」，意思和 tanggū ging 相同。

（註一七九）：「yasa eteme nicubu nakū 把眼睛強閉著」在『續清文指要』原書中遺漏 nakū 一字，現按照『清文百條』中詞句補上。

（註一八〇）：「fiyasha 山牆」指房屋兩旁的牆壁。

（註一八一）：「uran 聲音」在『清文百條』中是「urkin 聲響」。

（註一八二）：「yasatabuha 熬了眼睛」，其實就是熬夜，之所以會提到眼睛，是因為熬夜必然使眼睛張開不得閒，而且熬夜後眼睛會感到特別疲累，所以說成熬了眼睛，這也是滿語的一種表達方式。

（註一八三）：「fakjin 主意」，通常只看漢字，會以為「主意」就是「主張」的意思。其實，按照滿文 fakjin 來看，「主意」就是「主宰」，代表一種「支配的力量」。而所謂「渾身不得主意」，就是生病了「渾身無力」，和想法的「主張」無關。

（註一八四）：「simen arame 打著精神」，即湊趣。

（註一八五）：「debsehun 抹搭下來」，『清文百條』作「humsun debsehun 眼瞼下垂」。均表示睡意甚濃，眼皮不由自主的垂了下來。

（註一八六）：「wasibure okto 打藥」，直譯滿文是「使其下來的藥」其實內容就是「瀉藥」。

（註一八七）：「teherebume 值的」，指相稱等價值的東西，『續清文指要』寫成了「置的」，如果不看滿文，實在很難理解是什麼意思。

（註一八八）：「bahakū 沒找著」，字典上作 baharakū，都對。

（註一八九）：「waliyatala 壓的」，即拼命幹活。

（註一九〇）：「konggolo konggolo 嗉子」，按 konggolo 原指鳥的嗉囊，此處引申為像鳥叫似的破鑼嗓。

（註一九一）：「onggoho šadaha baita 忘了乏的事情」，指一些雞毛蒜皮不值一提而且一提就很累的囉唆事情。

（註一九二）：「nambuha 撓著」這個字在『清文指要解讀』第二十八課裡借音直譯為漢語「撈把」，現在譯為「撓著」，還是借音直譯，都有「恰好被拿著、撞見」的意味在。

（註一九三）：「tulgiyan murikū bade 無緣無故的地方」，按滿文翻譯即「除了迂遠的地方外」。

（註一九四）：「dembei sirke ohobi 極度纏身了」，在『續清文指要』中寫為「dembei sirge ohobi 瘦得一條兒了」，差異只在「sirke 被病纏身」、「sirge 一條絲」一字之上，表達的意思卻有相當的不同。

（註一九五）：「ᠴᡳᠨ ᡳ ᠪᠣᠣ cin i boo 正屋」，即為四合院中的北房，有五至七間，中間一間是四合院中最開闊高大的房屋，常當作客廳兼飯廳用。文中的「上正屋裡來」字句，指的是由臥室出來進入正屋裡迎客。

（註一九六）：「ᡠᠮᡝᠰᡳ ᠪᠠᠨᡳᡥᠠ umesi baniha 著實的費心了」，滿文說的是「太謝謝了」。

（註一九七）：「ᡥᠠᠯᠪᠠ ᡩᠠᠯᠪᠠ halba dalba 不相干」，ᡥᠠᠯᠪᠠ halba 是肩胛骨，語意看似費解。其實在『清文百條』中本句作「ᡥᡝᡨᡠ ᡩᠠᠯᠪᠠ hetu dalba」，ᡥᡝᡨᡠ hetu 有旁邊的語意在，而肩胛骨在人身上也是成對的位於身體的兩旁，所以ᡥᡝᡨᡠ hetu、ᡥᠠᠯᠪᠠ halba 語意相通，以致本句都有不相干的意思在。

（註一九八）：「ᡥᠠᡩᠠᡥᠠᡳ hadahai 謹」在『清文百條』中解釋為「ᡥᠠᡩᠠᡥᠠᡳ hadahai 牢牢」。

（註一九九）：「ᠮᠣᠨᡳᠣ ᠰᠠ monio sa 猴兒們」，指家裡的奴才們。

（註二〇〇）：「ᠪᡳᠯᡥᠠ ᡩᠠᠰᠠᡶᡳ bilha dasafi 打掃著嗓子」，從滿文來看就知道意思是「理了理喉嚨」，跟上一句「我喀的一聲」相互呼應，而和一般掃地的「打掃」無關。

（註二〇一）：「ᠸᠠᠪᡠᡵᡠ ᠰᠠ waburu sa 砍頭的們」，「們」是滿語 ᠰᠠ sa 的直譯。北方話受滿語的影響較大，複數名詞常加上「們」，像猴兒們、臭奴才們等就是一些明顯的例子。

（註二〇二）：「ᠶᠠᠰᠠᡳ ᡶᠠᡥᠠ ᡤᡠᠸᡝᠯᡴᡝ yasai faha guwelke 提防著眼珠子」，即眼睛要看清楚一點。

（註二〇三）：「ᡠᠯᡥᠠ ᡳ ᡩᡠᡥᠠ ulha i duha 畜牲的心腸」，ᡩᡠᡥᠠ duha 意為腸子。原書把這個詞翻譯成「畜牲的心」，有些勉強，因此改譯為「畜牲心腸」，以貼近滿文。

（註二〇四）：「ᡤᡡᠨᡳᠨ ᠰᡳᠯᡥᡳᠩᡤᠠ ᠣᡶᠣᡵᠣᡩᠣᡵᠣ ᠮᠠᠩᡤᠠ gūnin silhingga oforodoro mangga 心苦善用讒間」，這句話如果只看漢字，實在不容易懂。看看滿文直譯是些什麼意思？「ᡤᡡᠨᡳᠨ gūnin 心 ᠰᡳᠯᡥᡳᠩᡤᠠ silhingga 嫉妒 ᠣᡶᠣᡵᠣᡩᠣᡵᠣ oforodoro 挑唆 ᠮᠠᠩᡤᠠ mangga 善於」，就是說，「心裡嫉妒則善於挑唆」，這樣的句子就比較容易了解了。

（註二〇五）：「ᠰᠠᡴᠰᠠᡵᡳ saksari 仰面觔斗」，這是摔跤角力用語，就是說有什麼把柄讓他看見了，就讓人摔個四腳朝天，決不輕輕放過。

（註二〇六）：文中的「蟣子」，在滿文其實是「ᠴᡳᡥᡝ ᡠᠰᡝ cihe use 蝨子、蟣子」兩種蟲，因為「蟣子」

意思是蝨子的幼蟲，和蝨子是同類，所以翻譯上漢字就有些節略。

(註二〇七)：「jubešehei fikatala genembi 到一個離乎了」，即背後毀謗到離譜的地步了。

(註二〇八)：「kimun jafabu 成了仇了」，即使其結仇，與 kimulebu 同。

(註二〇九)：「jabšan 便宜」的滿文還有另外一個意思，就是「幸運、造化」，如果這一句翻譯成「不指著脊背罵，就是他的運氣」，或許比較容易為現代人所接受。

(註二一〇)：「fili fiktu akū 無緣無故」，是一句慣用語，滿文的意思其實是「無冤無仇」。

(註二一一)：「ušabufi 拉扯」，即連累。

(註二一二)：「farapi 昏」，有 pi 結尾的動詞，稱為深入副動詞，表示比原動詞意義更為深刻。farapi 這個字尾在季永海著的『滿語語法』中稱之為「延伸副動詞」，附加成分是 mpi。而在烏拉熙春著的『滿語語法』中稱為「深入副動詞」，附加成分是 pi。這兩種講法十分相似，不過烏拉熙春在選擇字尾時用了 pi，跟『清文虛字指南』的傳統說法相同，應用的範圍也較廣，故本書採用她的講法。

(註二一三)：「niyalma be nacihiyambihe 不叫人慌來著」，在『清文百條』中作「sakdasa be nacihiyacibe 雖安慰老人們」。

(註二一四)：「da beye bahara unde 沒還原」，指病後未康復，「da beye 本色」，指原本健康的身體。

(註二一五)：「sini jabšan kai 你僥倖啊」，這裡從 sini 開始到 serede 這一段話都是引稱來的，sere 叫做引稱動詞，就是一個引述和稱說的動詞，具有修飾語的作用，等於是一套引號標記，明白表示這是一個引述出來的句子。

(註二一六)：「ijaršame 瞇嘻瞇嘻的」，『清文百條』中解為「笑盈盈」。

(註二一七)：「neitucifi 攥著把汗」，就是「出汗」。「攥」，音鑽，原來的意思是「緊抓不放」。

（註二一八）：「sofin akū 沒定準」，即沒坐性。

（註二一九）：「ya simbe hele hempe sembio 誰說你是個啞巴嗎」，原文卻是「ya simbe hele hempe akū sembio 誰說你不是個啞巴嗎」，按照漢文及前後語意，這個「akū 不」字顯然有些多餘，所以將之刪除了。

（註二二〇）：「erebe neci manggi, geli terebe nungnerengge 惹惹這個，招招那個」，句子裡「neci 惹惹」使用了字根形式，這時句意上就有「既」的意思了。『清文虛字指南』中的口訣說「manggi 本講虛時候，翻作而後然後說，ka ha ko ho 與 ke he，字句之上緊連著，上接口氣作既講，緊接下句 geli 托」。就是說在一般句子中，manggi 的前面有過去時的語尾字綴時，句意上就有「然後」的意思，而 manggi 的後面再接「jai 再」或接「geli 又」等字時，而且前面的動詞使用了字根形式，整句就有「既」的意思在。這種滿語語法，可是在字典上查不到的，請讀者務必牢記。

（註二二一）：「baha 碰了」，bahambi 的過去時是 baha，是一個不規則變化動詞。

（註二二二）：「becen 拌嘴」，就是「鬥嘴、吵架」。

（註二二三）：「cun cun i 一歷一歷」，漸漸的。歷就是「經過」的意思，「一歷一歷」有「一回生、二回熟」的含意在。

（註二二四）：「jiya 呢」，語氣詞，一般字典上查不到。這個字在烏拉熙春著的『滿語語法』中才有詳細的例子介紹。用法是放在句尾，表示感嘆語氣，也可寫為 jiye，意思相同。『清文百條』這裡寫成 ni，可知 jiya 和 ni 的語意相似，可以互換。

（註二二五）：「afanggala kūlifi fekun waliyabu nakū 就怕的吞聲失了主意」，這句話頗不好懂，先說漢字的意思。「吞聲」即「忍氣吞聲」，不敢作聲，以呼應前面的話「有話為什麼悶在肚裡」。「失了主意」即「頭腦變迷糊了」。翻譯這句的滿文的意思是「未見怎麼樣的就先驚懼，嚇得頭腦變迷糊了」。

（註二二六）：「ᡨᠣᠰᠣᡵᠣᠩᡤᡝ tosoronge 逆料預備的」，即防範的。

（註二二七）：「ᡥᠠᡥᠠ ᠸᠠ haha wa 漢子的味兒」，在『清文百條』中作 ᡥᠠᡥᠠ ᡳ ᠸᠠ haha i wa。

（註二二八）：「ᡥᠣᠨ hon 狠」，和 ᡠᠮᡝᠰᡳ umesi 同，就是「非常的不相信」。

（註二二九）：「ᠣᡴᡨᠣ ᠣᠮᡳᠴᡳ okto omici 吃藥」，吃藥的「吃」，滿文其實是「ᠣᠮᡳᠴᡳ omici 喝」，解為漢語時只能說「吃藥」，而不適合說成「喝藥」，因為漢語的習慣裡是不大會說成「喝藥」的。

（註二三〇）：「ᠮᠣᠣ ᡧᠣᠯᠣᠨ moo šolon 木頭墩子」，按 ᡧᠣᠯᠣᠨ šolon 是叉子，ᠮᠣᠣ ᡧᠣᠯᠣᠨ moo šolon 該翻譯成「木頭叉子」才對，墩子是土堆的意思。不過此處譯成什麼並不重要，因為這句話的重點在「木頭」，而不在「叉子」上。大意是說，「我又不是塊木頭，生病的時候，就應該吃藥，不能捨不得花錢」。

（註二三一）：「ᠣᡴᡨᠣ ᡩᡝ ᡝᠨᡩᡝᠪᡠᡶᡳ okto de endebufi 被藥傷著了」，即吃錯藥傷了身了。

（註二三二）：「ᠰᡳᠯᡥᡳ ᠮᡝᡳᠵᡝᠮᠪᡳ silhi meijembi 膽戰」，按 ᠮᡝᡳᠵᡝᠮᠪᡳ meijembi 是碎裂，與膽戰的「戰」字並無關聯，滿文的原意為「膽碎」，即十分害怕。

（註二三三）：「ᠣᡴᡨᠣᠰᡳ ᠰᡝᡳ oktosi sei 醫生們」，這個「sei 們」字，在『清文百條』裡卻是用「ᠰᠠᡳ sai 們」字，略有差異。據烏拉熙春著的『滿語語法』中的說法，滿語的複數規定不是很嚴格，所以這兩種寫法應該都算是對的。

（註二三四）：「ᠰᡠᡳ ᠮᠠᠩᡤᠠ sui mangga 冤屈」，ᠰᡠᡳ ᠮᠠᠩᡤᠠ sui mangga 意為「難以定罪」，引申為「冤屈」。

（註二三五）：「ᠠᠮᠪᠠᠨ ᡳ ᠮᠠᠨᠠᠮᡝ amban i maname 大方脈兒」，又作「大方模」，意為迂腐疏忽。

（註二三六）：「ᠰᡠᡩᠠᠯᠠ ᠵᠠᡶᠠᠮᠪᡳ sudala jafambi 拿脈」，即中醫的「ᠮᡝ ᠵᠠᡶᠠᠮᠪᡳ me jafambi 把脈」。

（註二三七）：「ᠮᠣᡵᡳᠨ ᡳ ᠵᡳᡥᠠ morin i jiha 馬錢」，即車馬費、出診費。

（註二三八）：「ᠯᠠᠯᠠᠨᠵᡳ lalanji 亂醉」，即軟癱了、爛醉如泥。

（註二三九）：「ᡨᡝᠨᡳ ᠨᠠᡴᠠᠮᠪᡳ teni nakambi 纔扳開手」，即「才歇住手、放手」。

（註二四〇）：「ᠰᠠᡵᡳᠨ ᠶᡝᠩᠰᡳ sarin yengsi 筵席」，ᠰᠠᡵᡳᠨ sarin、ᠶᡝᠩᠰᡳ yengsi 兩個字都是「筵席」的

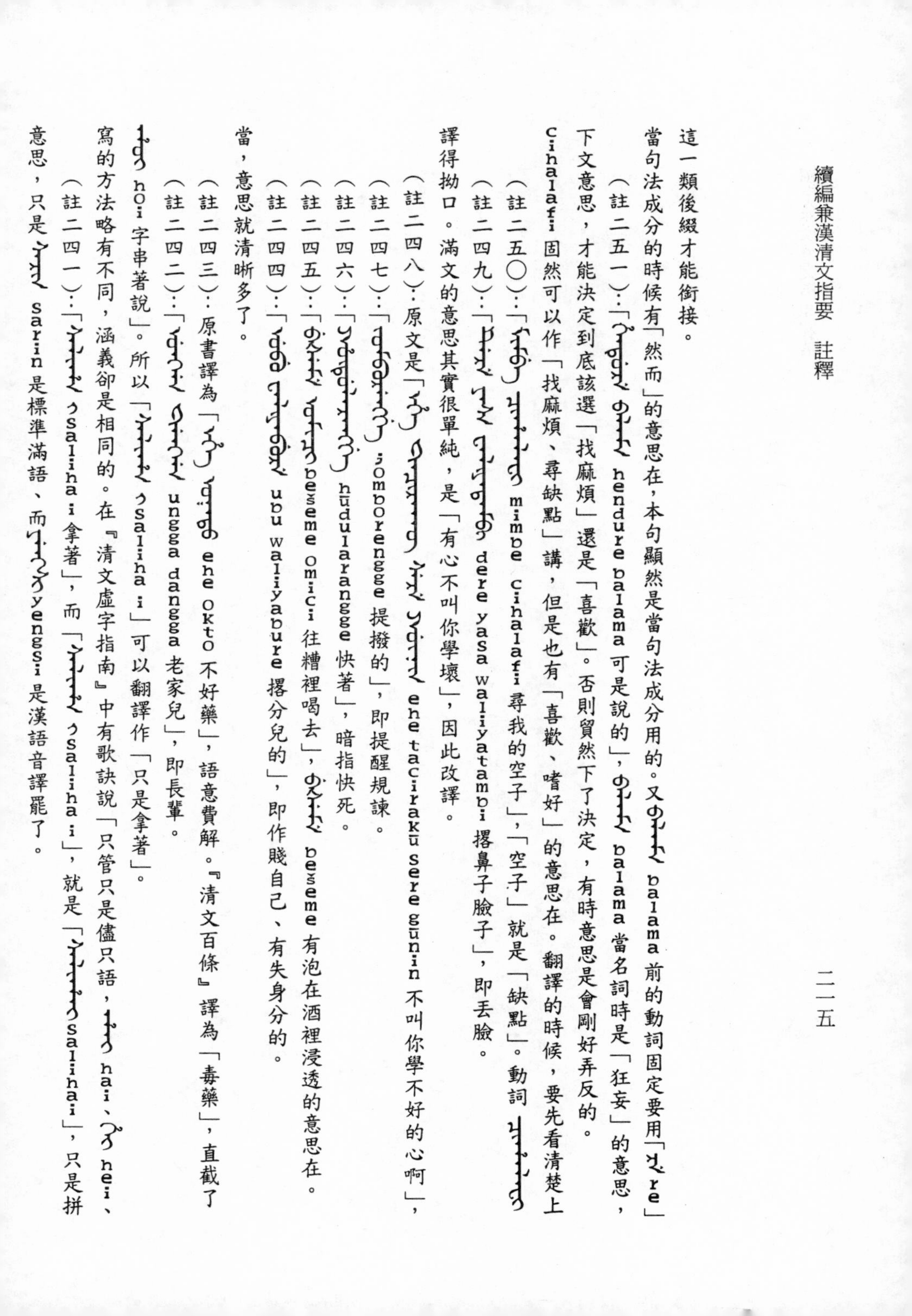

意思，只是 sarin 是標準滿語、而 yengsi 是漢語音譯罷了。

（註二四一）：「saliha i 拿著」，而「saliha i」，就是「saliha i」，只是拼寫的方法略有不同，涵義卻是相同的。在『清文虛字指南』中有歌訣說「只管只是儘只語，hai、hei、hoi 字串著說」。所以「saliha i」可以翻譯作「只是拿著」。

（註二四二）：「ungga dangga 老家兒」，即長輩。

（註二四三）：原書譯為「ehe okto 不好藥」，語意費解。『清文百條』譯為「毒藥」，直截了當，意思就清晰多了。

（註二四四）：「ubu waliyabure 撂分兒的」，即作賤自己、有失身分的。

（註二四五）：「beseme omici 往糟裡喝去」，beseme 有泡在酒裡浸透的意思在。

（註二四六）：「hūdularangge 快著」，暗指快死。

（註二四七）：「jomborengge 提撥的」，即提醒規諫。

（註二四八）：原文是「ehe tacirakū sere gūnin 不叫你學不好的心啊」，譯得拗口。滿文的意思其實很單純，是「有心不叫你學壞」，因此改譯。

（註二四九）：「dere yasa waliyatambi 撂鼻子臉子」，即丟臉。

（註二五〇）：「mimbe cihalafi 尋我的空子」，「空子」就是「缺點」。動詞 cihalafi 固然可以作「找麻煩、尋缺點」講，但是也有「喜歡、嗜好」的意思在。翻譯的時候，要先看清楚上下文意思，才能決定到底該選「找麻煩」還是「喜歡」。否則貿然下了決定，有時意思是會剛好弄反的。

（註二五一）：「hendure balama 可是說的」，balama 當名詞時是「狂妄」的意思，當句法成分的時候有「然而」的意思在，本句顯然是當句法成分用的。又 balama 前的動詞固定要用「re」這一類後綴才能銜接。

生字索引

續編兼漢清文指要

ᡳᠴᡝ ᡥᡝᡵᡤᡝᠨ ᠪᠠᡳᠴᠠᡴᡡ

ᠰᡳᡵᠠᠮᡝ ᠪᠠᠨᠵᡳᠪᡠᡥᠠ ᠨᡳᡴᠠᠨ ᡥᡝᡵᡤᡝᠨ ᡳ ᡴᠠᠮᠴᡳᠪᡠᡥᠠ ᠮᠠᠨᠵᡠ ᡤᡳᠰᡠᠨ ᠣᠶᠣᠩᡤᠣ ᠵᠣᡵᡳᠨ ᠪᡳᡨᡥᡝ

滿文生字	羅馬拼音	口語音標	漢譯	總次數	頁次一	頁次二	頁次三
ᠠᠴᠠᡵᠠᡴᡡ	acarakū	atʂərqu	不和好，不對當	二	九二	一一八	
ᠠᠴᠠᡵᠠ	acara	atʂər	和好，會見，該	一	一一四		
ᠠᠴᠠᠨᠠᡵᠠ	acanara	atʂənər	去會見，對	一	四八		
ᠠᠴᠠᠨᠠᠮᡝ	acaname	atʂənəm	去會見，對	一	五〇		
ᠠᠴᠠᠨᠠᠮᠪᡳ	acanambi	atʂənəm	去會見，對	一	四八		
ᠠᠴᠠᠨᠠᡥᠠᠣ	acanahao	atʂənəX na	去會見了嗎	一	五〇		
ᠠᠴᠠᠨᠠᡥᠠ	acanaha	atʂənəX	去會見了，對了	三	三〇	三〇	七二
ᠠᠴᠠᠮᠪᡳᡥᡝ	acambihe	atʂəmbixə	應當來著	一	九二		
ᠠᠴᠠᠮᠪᡳ	acambi	atʂəm	會見，應當	三	三二	八四	九〇
ᠠᠴᠠᡥᠠᡴᡡ	acahakū	atʂəXəqu	沒會見，沒和好	二	四	一四八	
ᠠᠴᠠᡥᠠ	acaha	atʂəX	會見了	一	三二		
ᠠᠴᠠᡶᡳ	acafi	atʂəfi	會見，應當	一	一四八		
ᠠᠴᠠᠴᡳ	acaci	atʂətɕi	若會見，若應當	二	五〇	一八〇	
ᠠᠴᠠᠪᡠᠮᡝ	acabume	atʂəvəm	使合，使對	一	一四八		
ᠠᠴᠠᠪᡠᡶᡳ	acabufi	atʂəvəfi	使合，使對	一	五二		
ᠠᠴᠠᠪᡠᠴᡳ	acabuci	atʂəvətɕi	若使合，若成對	一	七〇		
ᠠᠪᠰᡳ	absi	avɕi	往哪，怎麼	二一	八	一〇	三三
ᠠᠪᡴᠠᡳ	abkai	avqai	天的	三	一六	一三四	一三六
ᠠᠪᡴᠠ	abka	avqa	天	七	八	一八	四二
ᠠᠪᡩᠠᡥᠠ	abdaha	avX	葉子	一	九〇		
ᠠᠪᠠᠯᠠᡵᠠ	abalara	avələr	打圍，打獵	一	二		
ᠠᠪᠠᠯᠠᠮᡝ	abalame	avələm	打圍，打獵	一	二		
ᠠᠪᠠ	aba	avə	圍獵，何處	四	二	四二	一一八

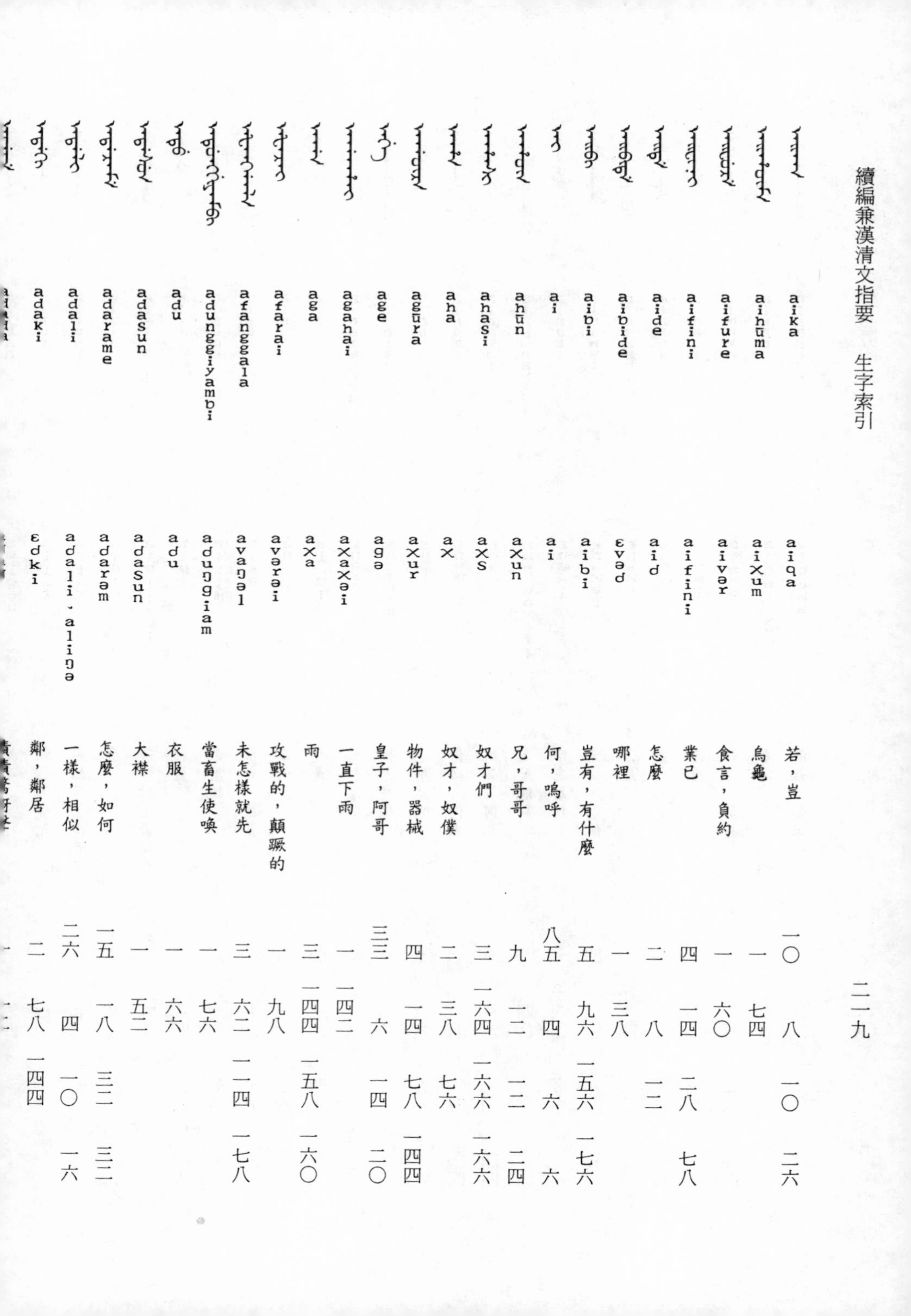

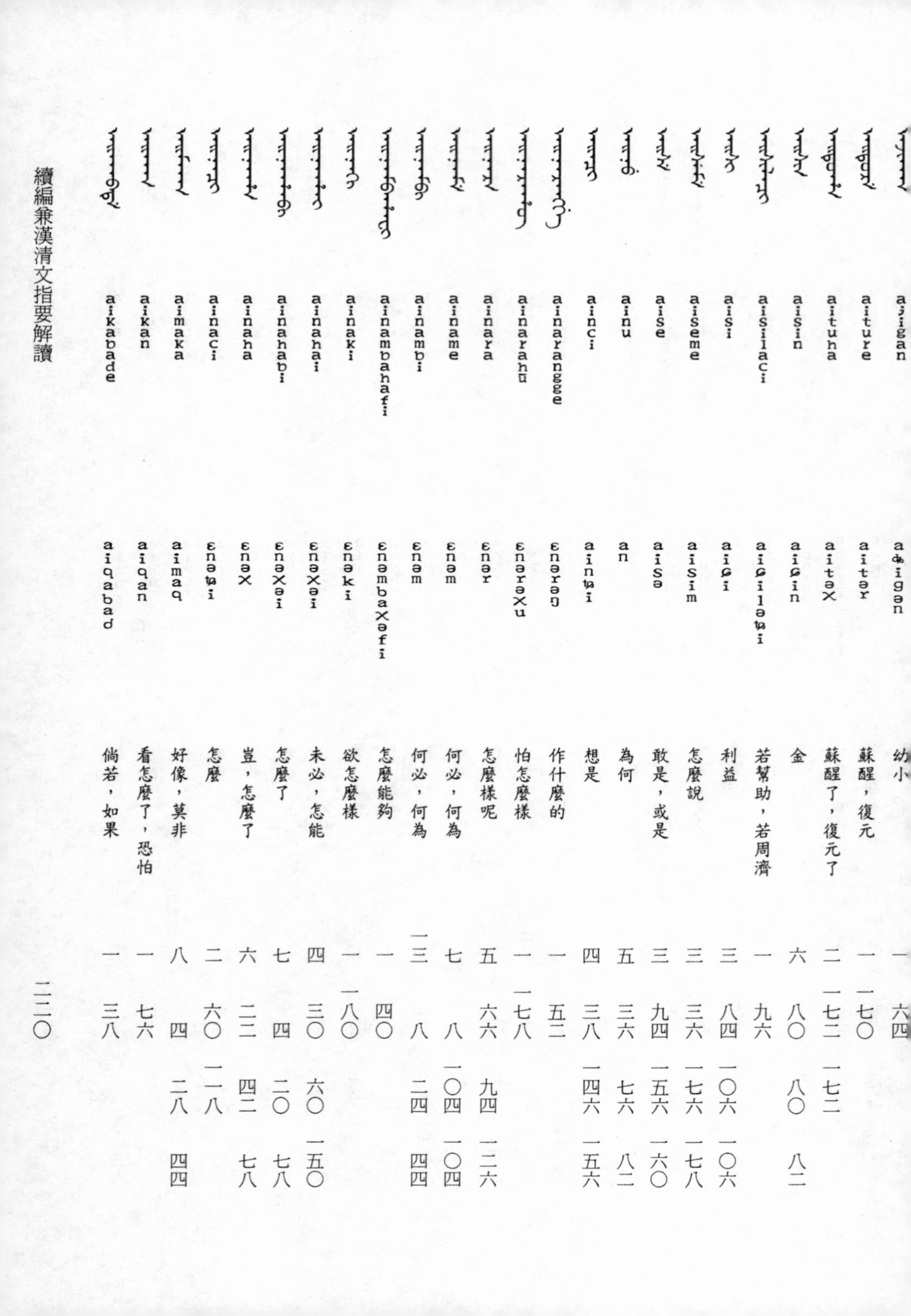

ajigan	aʥigən	幼小	一 六四
aiture	aitər	蘇醒，復元	一 一七〇
aituha	aitəχ	蘇醒了，復元了	二 一七二 一七二
aisin	aiɕin	金	六 八〇 八〇 八二
aisilaci	aiɕiləʨi	若幫助，若周濟	一 九六
aisi	aiɕi	利益	三 八四 一〇六 一〇六
aiseme	aiSim	怎麼說	三 三六 一七六 一七八
aise	aiSə	敢是，或是	三 九四 一五六 一六〇
ainu	an	為何	五 三六 七六 八二
ainci	ainʨi	想是	四 三八 一四六 一五六
ainarangge	ɛnərəŋ	作什麼的	一 五二
ainarahū	ɛnərəχu	怕怎麼樣	一 一七八
ainara	ɛnər	怎麼樣呢	五 六六 九四 一二六
ainame	ɛnəm	何必，何為	七 八 一〇四 一〇四
ainambi	ɛnəm	何必，何為	一三 八 二四 四四
ainambahafi	ɛnəmbaχəfi	怎麼能夠	一 四〇
ainaki	ɛnəki	欲怎麼樣	一 一八〇
ainahai	ɛnəχəi	未必，怎能	四 三〇 六〇 一五〇
ainahabi	ɛnəχəi	怎麼了	七 四 二〇 七八
ainaha	ɛnəχ	豈，怎麼了	六 二三 四二 七八
ainaci	ɛnəʨi	怎麼	二 六〇 一一八
aimaka	aimaq	好像，莫非	八 四 二八 四四
aikan	aiqan	看怎麼了，恐怕	一 七六
aikabade	aiqabad	倘若，如果	一 三八

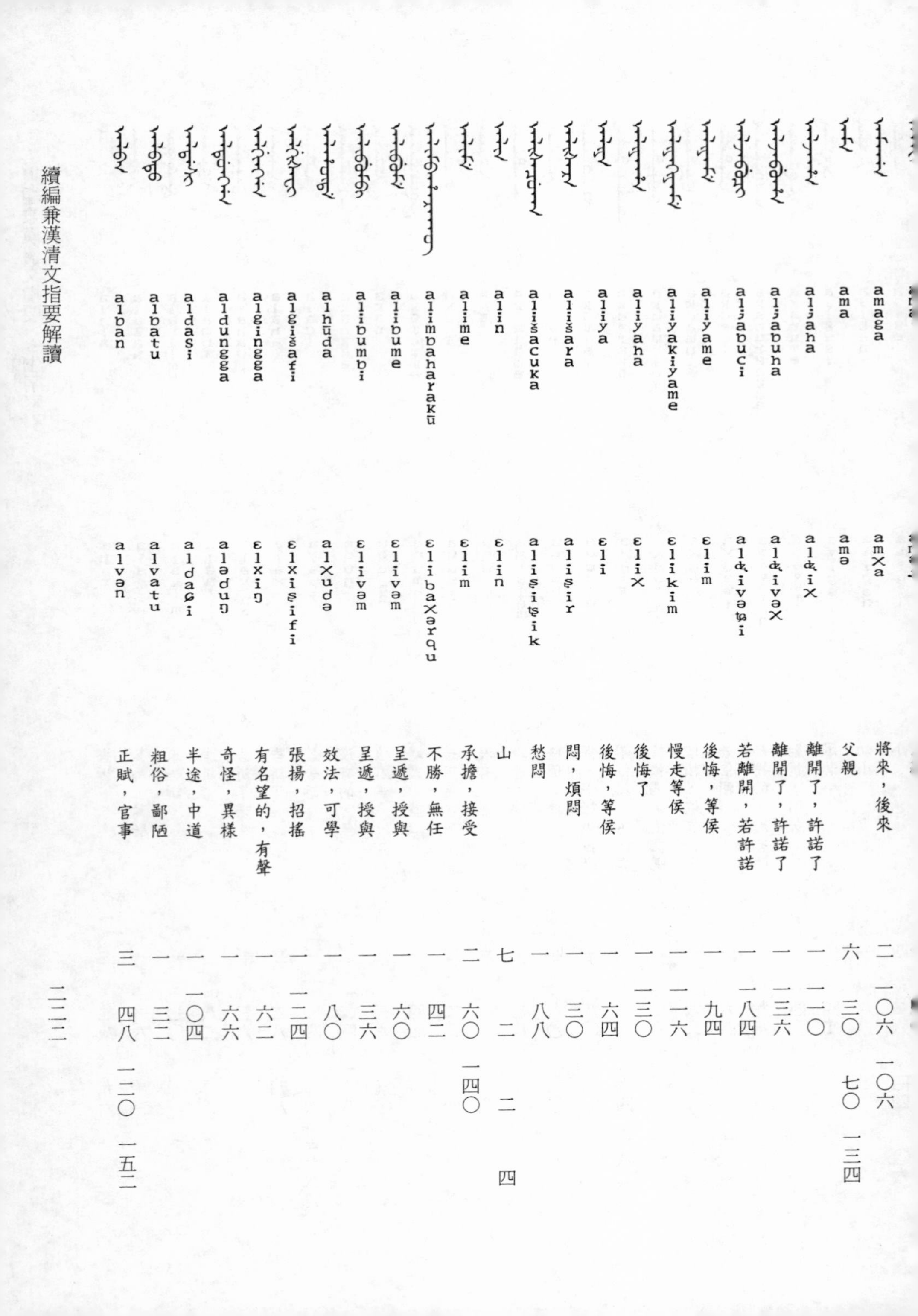

amaga	amχa	將來，後來	二	一〇六 一〇六
ama	amə	父親	六	三〇 七〇 一三四
aljaha	alʤiχ	離開了，許諾了	一	一一〇
aljabuha	alʤivəχ	離開了，許諾了	一	一三六
aljabuci	alʤivəʨi	若離開，若許諾	一	一八四
aliyame	ɛlim	後悔，等侯	一	九四
aliyakiyame	ɛlikim	慢走等侯	一	一一六
aliyaha	ɛliχ	後悔了	一	一三〇
aliya	ɛli	後悔，等侯	一	六四
ališara	aliʂir	悶，煩悶	一	三〇
ališacuka	aliʂiʈʂik	愁悶	一	八八
alin	ɛlin	山	七	二 二 四
alime	ɛlim	承擔，接受	二	六〇 一四〇
alimbaharakū	ɛlibaχərqu	不勝，無任	一	四二
alibume	ɛlivəm	呈遞，授與	一	六〇
alibumbi	ɛlivəm	呈遞，授與	一	三六
alhūda	alχuɗə	效法，可學	一	八〇
algišafi	ɛlxiʂifi	張揚，招搖	一	一二四
alginngga	ɛlxiŋ	有名望的，有聲	一	六二
aldungga	aləɗuŋ	奇怪，異樣	一	六六
aldasi	alɗaɕi	半途，中道	一	一〇四
albatu	alvatu	粗俗，鄙陋	一	三二
alban	alvən	正賦，官事	三	四八 一二〇 一五二

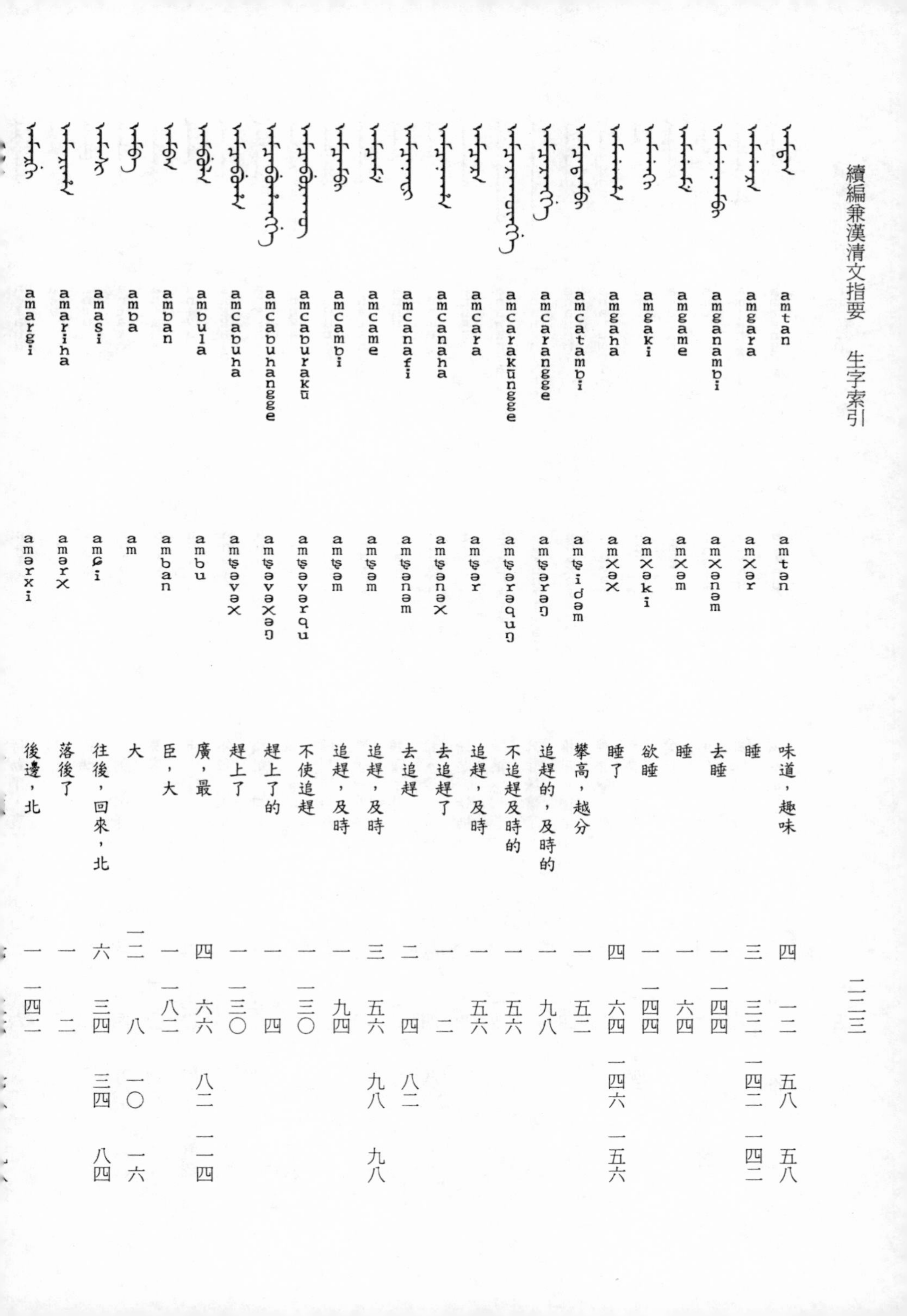

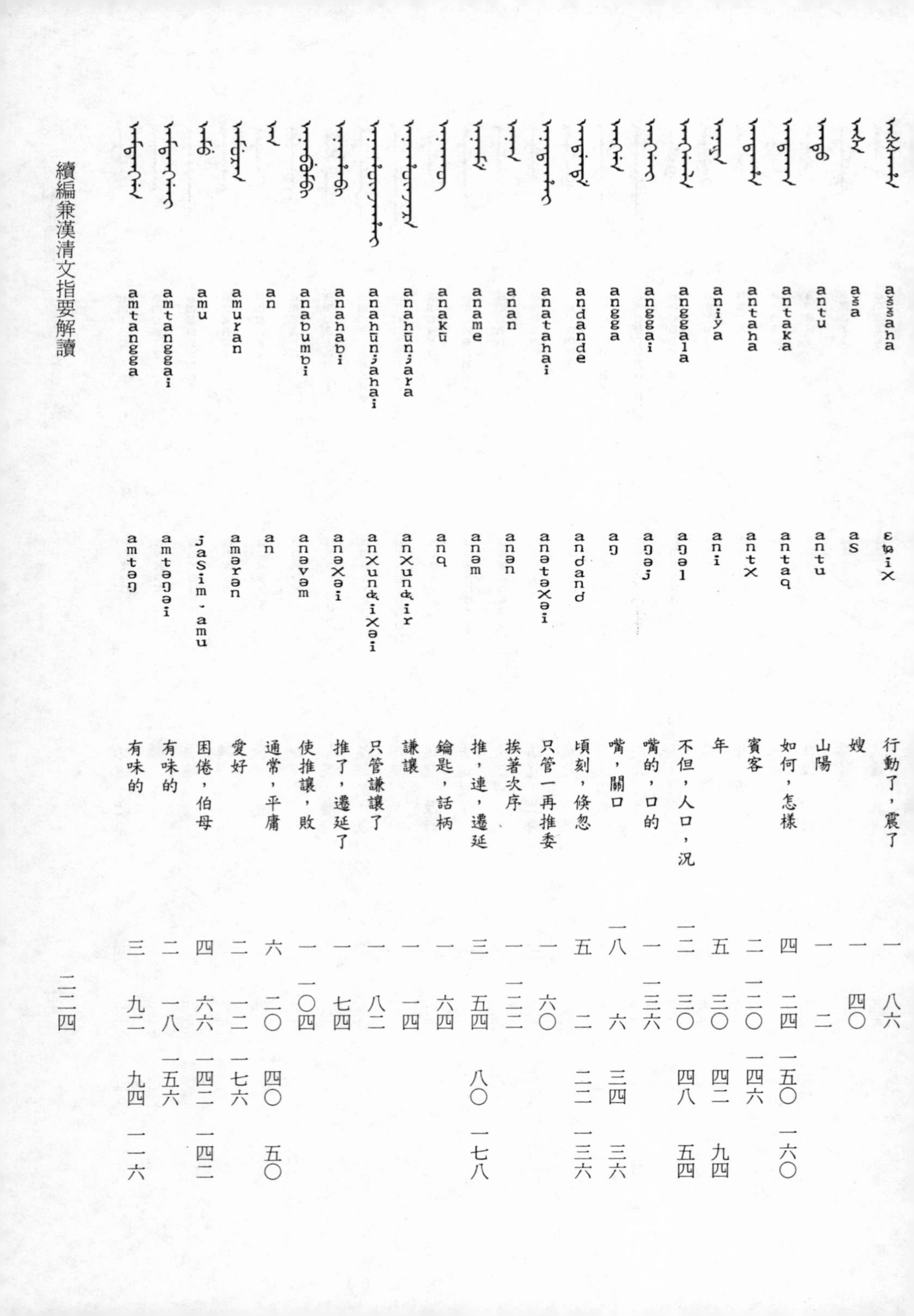

aššaha	ɛɕiX	行動了，震了	一	八六		
aša	aS	嫂	一	四〇		
antu	antu	山陽	一	二		
antaka	antaq	如何，怎樣	四	二四	一五〇	一六〇
antaha	antX	賓客	二	一二〇	一四六	
aniya	ani	年	五	三〇	四二	九四
anggala	aŋəl	不但，人口，況	一二	三〇	四八	五四
anggai	aŋəj	嘴的，口的	一	一三六		
angga	aŋ	嘴，關口	一八	六	三四	三六
andande	anɗanɗ	頃刻，倏忽	五	二	二二	一三六
anatahai	anətəXəi	只管一再推委	一	六〇		
anan	anən	挨著次序	一	一二二		
aname	anəm	推，連，遷延	三	五四	八〇	一七八
anakū	anq	鑰匙，話柄	一	六四		
anahūnjara	anXunʥir	謙讓	一	一四		
anahūnjahai	anXunʥiXəi	只管謙讓了	一	八二		
anahabi	anəXəi	推了，遷延了	一	七四		
anabumbi	anəvəm	使推讓，敗	一	一〇四		
an	an	通常，平庸	六	二〇	四〇	五〇
amuran	amərən	愛好	二	一二	一七六	
amu	jaSim·amu	困倦，伯母	四	六六	一四二	一四二
amtanggai	amtəŋəi	有味的	二	一八	一五六	
amtangga	amtəŋ	有味的	三	九二	九四	一一六

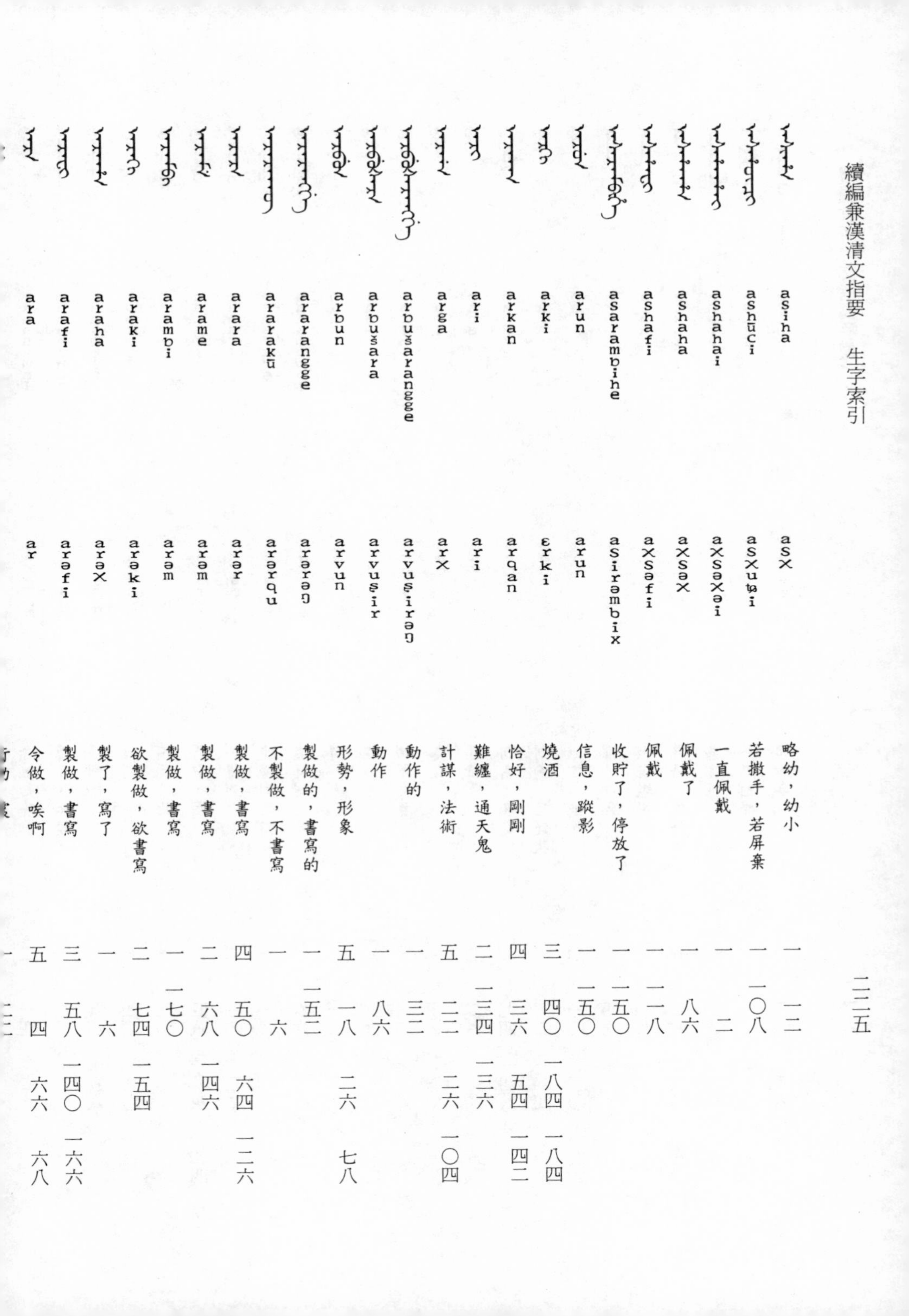

ᠪᠠᡥᠠᠨᠠᠮᠪᡳ	bahanambi	baXənəm	會，知曉	二 一四 二八
ᠪᠠᡥᠠᠨᠠᡥᠠ	bahanaha	baXənəX	會了，知曉了	一 一六〇
ᠪᠠᡥᠠᠮᠪᡳᠣ	bahambio	baXəm na	得到嗎	二 一五四 一五八
ᠪᠠᡥᠠᠮᠪᡳ	bahambi	baXəm	得到	三 四六 六〇 一六八
ᠪᠠᡥᠠᡴᡡ	bahakū	baXəqu	不得之物	一 一五〇
ᠪᠠᡥᠠᡶᡳ	bahafi	baXəfi	得以，因	六 四八 一〇四 一二四
ᠪᠠᡥᠠᠴᡳ	bahaci	baXəʨi	若得到	二 一〇四 一三二
ᠪᠠᡥᠠᠪᡠᡵᡝ	bahabure	baXəvər	使得到	一 一八
ᠪᠠᡥᠠᠪᡠᠮᠪᡳ	bahabumbi	baXəvəm	使得到	一 六六
ᠪᠠᡥᠠ	baha	baX	得	九 一二 四六 六二
ᠪᠠᡩᡝ	bade	bad	在地方	二二 一四 一八 三〇
ᠪᠠᠴᡳᡥᡳ	bacihi	baʨix	結髮夫妻	一 七二
ᠪᠠᠪᡳ	babi	babi	處有	四 三〇 一〇六 一七四
ᠪᠠᠪᡝ	babe	bav	等情	七 二六 三二 三八
ᠪᠠᠪᠠᡩᡝ	babade	babad	到處，凡處	二 九四 一四八
ᠪᠠᠪᠠ	baba	baba	到處，語鈍狀	二 三二 一二四
ᠪᠠ	ba	ba	地方，里數	一七 一四 五〇 五六
ᠠᠶᠣᠣ	ayoo	ajau	惟恐口氣	一 一四六
ᠠᠶᠠᠨ	ayan	ajan	大，蠟燭	一 八
ᠠᡨᠠᠩᡤᡳ	atanggi	εtiŋ	幾時，何時	五 二八 三〇 五〇
ᠠᠰᡠᡵᡠ	asuru	aSur	甚，很	一 二三
ᠠᠰᡠᡴᡳ	asuki	aSki	一點點聲音	六 一〇 二六 六六
ᠠᠰᡳᡥᠠᡨᠠ	asihata	aɕita	衆少年	三 四六 八六 一一八

ᠪᠠᡵᡤᡳᠶᠠᡥᠠᡴᡡ	bargiyahakū	barxixəqu	沒收成	一 一五〇
ᠪᠠᡵᡤᡳᠶᠠᡥᠠ	bargiyaha	barxix	收成了	一 六
ᠪᠠᡵᠠ	bara	barə	沒把握，混	一 一四二
ᠪᠠᠨᠵᡳᡵᡝᠩᡤᡝ	banjirengge	banʤirəŋ	相與生活的	一 一五六
ᠪᠠᠨᠵᡳᡵᡝ	banjire	banʤir	相與生活	七 八 三二 四〇
ᠪᠠᠨᠵᡳᡵᠠᡴᡡ	banjirakū	banʤirqu	不過活，不留臉	二 一三六 一六八
ᠪᠠᠨᠵᡳᠨᠠᡵᠠ	banjinara	banʤinər	生成，轉世	二 一七六 一八六
ᠪᠠᠨᠵᡳᠮᠪᡳᠣ	banjimbio	banʤim na	生活嗎，留臉嗎	一 一八〇
ᠪᠠᠨᠵᡳᠮᠪᡳ	banjimbi	banʤim	相與生活，留臉	一 四二
ᠪᠠᠨᠵᡳᡥᠠᠩᡤᡝ	banjihangge	banʤiχəŋ	與生活了的	一 八四
ᠪᠠᠨᠵᡳᡥᠠᡳ	banjihai	banʤiχəi	只管生了	一 七四
ᠪᠠᠨᠵᡳᡥᠠᠪᡳ	banjihabi	banʤiχəi	長了，過活了	三 二八 三二 一三四
ᠪᠠᠨᠵᡳᡥᠠ	banjiha	banʤiχ	長了，親生的	四 一二 五〇 一一四
ᠪᠠᠨᠵᡳᡶᡳ	banjifi	banʤifi	長，過活	三 一八 四〇 五二
ᠪᠠᠨᠵᡳᠴᡳ	banjici	banʤitɕi	若長，若過活	一 六〇
ᠪᠠᠨᠵᡳᠪᡠᡥᠠᠩᡤᡝ	banjibuhangge	banʤivəχəŋ	使編派了的	一 六
ᠪᠠᠨᡳᡨᠠᡳ	banitai	banitai	稟性，本性	二 四〇 六二
ᠪᠠᠨᡳᠨ	banin	banin	生性，長相	五 四二 七四 九六
ᠪᠠᠨᡳᡥᠠ	baniha	baniχa	謝謝	二 一六四 一六四
ᠪᠠᠮᠪᡳ	bambi	bam	倦怠	一 二二
ᠪᠠᠯᠠᠮᠠ	balama	balam	狂，俗，僅，反	五 三八 五六 一〇八
ᠪᠠᠯᠠᡳ	balai	balai	妄，放肆	五 七〇 一三六 一六二
ᠪᠠᡴᠴᡳᠨ	bakcin	baχtɕin	對頭，對	二 二四 一三六

bini	bini	有呢	三	三四	三八	一三四
bime	bim	而且	一一	一二	四六	四八
bilha	bilχa	咽喉，灶孔	二	二三	一六六	
bikini	bikini	欲有啊，欲在啊	一	一二〇		
biki	biki	欲有，欲在	一	一二三		
bikai	biqai	有啊	五	二八	五六	一一六
bijafi	biʥafi	折斷	一	一六		
biheo	bixə na	來著嗎	三	六二	一二六	一二六
biheni	bixəni	來著	二	一二	一八八	
bihengge	bixəŋ	來著的	三	八	二〇	三四
bihei	bixəi	久之，來著	三	二四	一三〇	一七六
bihe	bixə	來著	一九	六	一〇	一〇
bigan	biχan	野外	二	八〇	九〇	
bifi	bifi	有，在	八	六	六八	九二
bicina	biʨina	有是呢	一	四二		
bicibe	biʨivə	雖，若有	一三	八	二八	三〇
bici	biʨi	若有	二二	二	一〇	一八
bi	bi	我，有，在	一〇五	二	二	二
beyei	bəij	身體的，自己的	四	六	二〇	六六
beyede	bəiɗ	於身體，於自己	四	一二	七四	八八
beyebe	bəiv	把身體，把自己	八	二〇	四二	七四
beye	bəi	身體，自己	二七	六	二二	二二
bethe	bətk	腳，足	六	一四	三四	九四

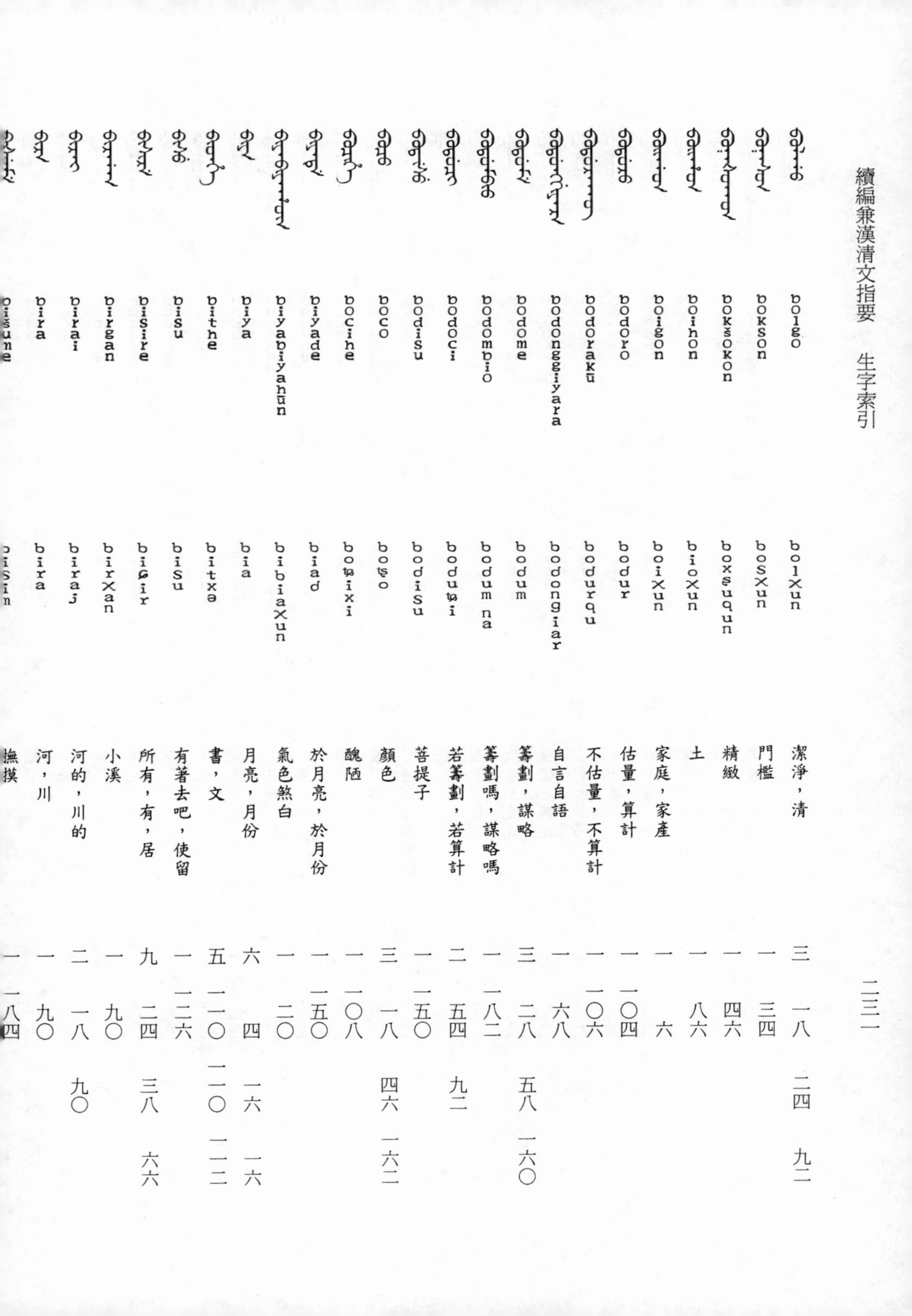

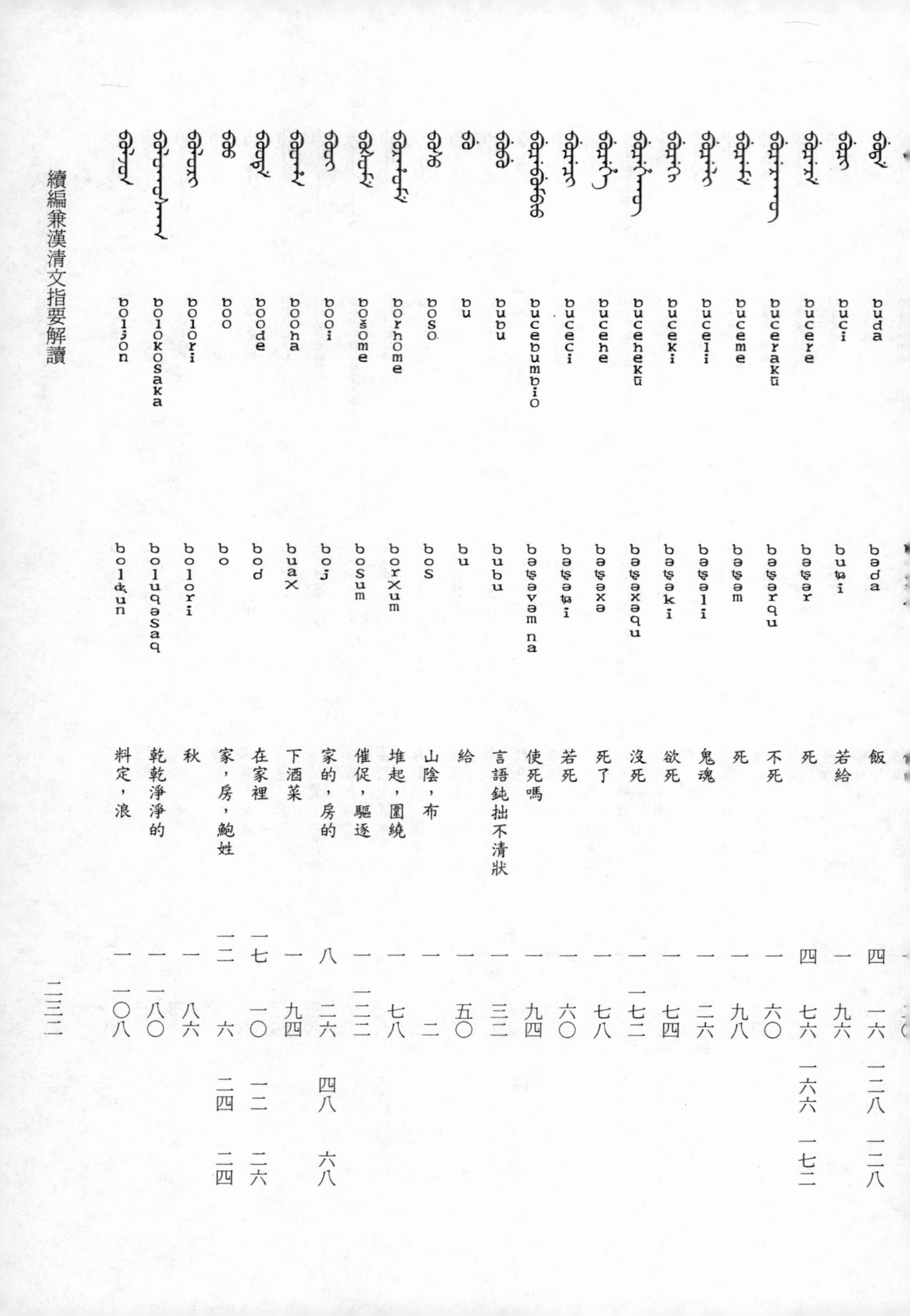

buda	bəda	飯	四一六 一二八 一二八
buci	butɕi	若給	一九六
bucere	bətʂər	死	四七六 一六六 一七二
bucerakū	bətʂərqu	不死	一六〇
buceme	bətʂəm	死	一九八
buceli	bətʂəli	鬼魂	一二六
buceki	bətʂəki	欲死	一七四
bucehekū	bətʂəxəqu	沒死	一一七二
bucehe	bətʂəxə	死了	一七八
buceci	bətʂətɕi	若死	一六〇
bucebumbio	bətʂəvəm na	使死嗎	一九四
bubu	bubu	言語鈍拙不清狀	一三二
bu	bu	給	一五〇
boso	bos	山陰，布	一二
borhome	borxum	堆起，圍繞	一七八
bošome	bosum	催促，驅逐	一一二二
booi	boj	家的，房的	八二六 四八 六八
booha	buax	下酒菜	一九四
boode	bod	在家裡	一七一〇 一二 二六
boo	bo	家，房，鮑姓	一二六 二四 二四
bolori	bolori	秋	一八六
bolokosaka	boluqəsaq	乾乾淨淨的	一一八〇
boljon	boldʑun	料定，浪	一一〇八

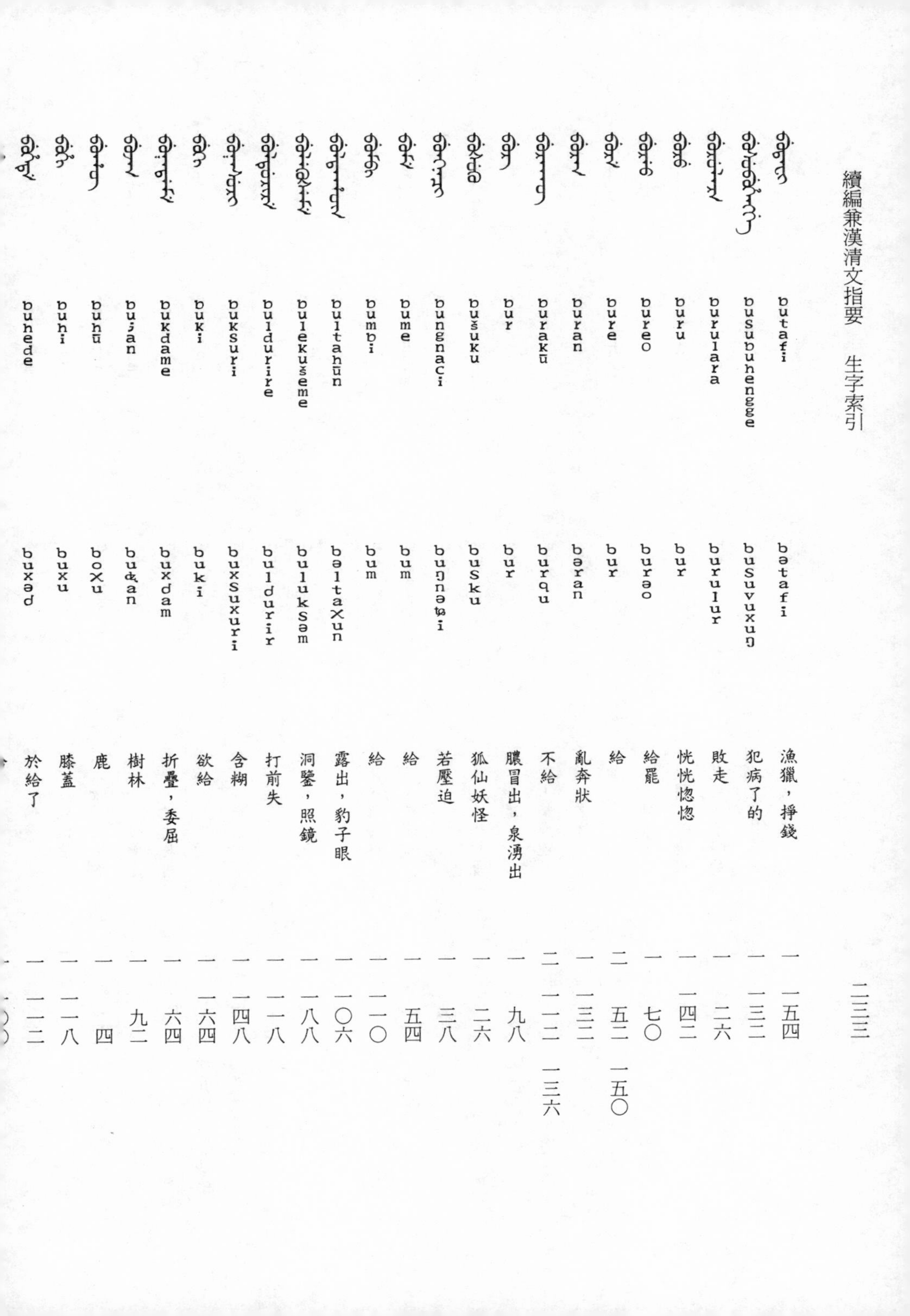

ᠴᡝᠨᡩᡝᠮᡝ	cendeme	tʂəndəm	試驗，估量	一	一八二
ᠴᡝᠨᡩᡝᡴᡳ	cendeki	tʂəndəki	欲試，欲估量	二	一四 一四〇
ᠴᡝᠨᡩᡝᡥᡝᡴᡡ	cendehekū	tʂəndəxəqu	沒試驗，沒估量	一	一四
ᠴᡝᠨᡩᡝᡥᡝ	cendehe	tʂəndəx	試驗了，估量了	一	一一八
ᠴᡝᡴᡝ	ceke	tʂəkə	稍兒，獸皮馬褂	一	一四〇
ᠴᡝᠴᡳᡴᡝ	cecike	tɕitɕikə	雀	五	九〇 九六 九六
ᠴᡝ	ce	tʂə	他們，冊	二	一二四 一八二
ᠴᠠᠰᡳ	casi	tɕəɕi	往那邊	一	一六〇
ᠴᠠᠰᡥᡡᠨ	cashūn	tʂasχun	逆，背，順風	一	一〇
ᠴᠠᡵᡤᡳᠴᡳ	cargici	tɕərxitɕi	從以前	一	四
ᠴᠠᡵᠠ	cara	tʂar	前年，酒海杯	一	一八二
ᠴᠠᠨᠠᠩᡤᡳ	cananggi	tɕanəŋʥi	前日，前者	七	一六 二〇 三〇
ᠴᠠᠮᠠᠩᡤᠠ	camangga	tʂamaŋ	難纏	一	六四
ᠴᠠᠯᡳᡵᠠᡥᡡ	calirahū	tʂalirχu	恐累倒，恐中暑	一	一五二
ᠴᠠᠯᠠ	cala	tʂalə	差，那邊	二	一〇八 一二四
ᠴᠠᡴ	cak	tʂaq	寒貌，整齊貌	三	一〇 一〇 一三六
ᠴᠠᡤᠠᠨ	cagan	tʂaχən	書籍，差事	一	一五二
ᠪᡠᠶᡝᠴᡠᡴᡝ	buyecuke	bujətʂuku	可愛	一	九〇
ᠪᡠᠶᠠ	buya	buja	細小，卑微	一	九八
ᠪᡠᡨᡠᠯᡝᠴᡳ	butuleci	butulutɕi	若封閉，若堵塞	一	一〇六
ᠪᡠᡨᡠᡳ	butui	butui	封閉的，陰暗的	一	八八
ᠪᡠᡨᡠ	butu	butu	封閉的，陰，暗	一	六八
ᠪᡠᡨᠠᡵᠠ	butara	bətar	漁獵，掙錢	一	一八二

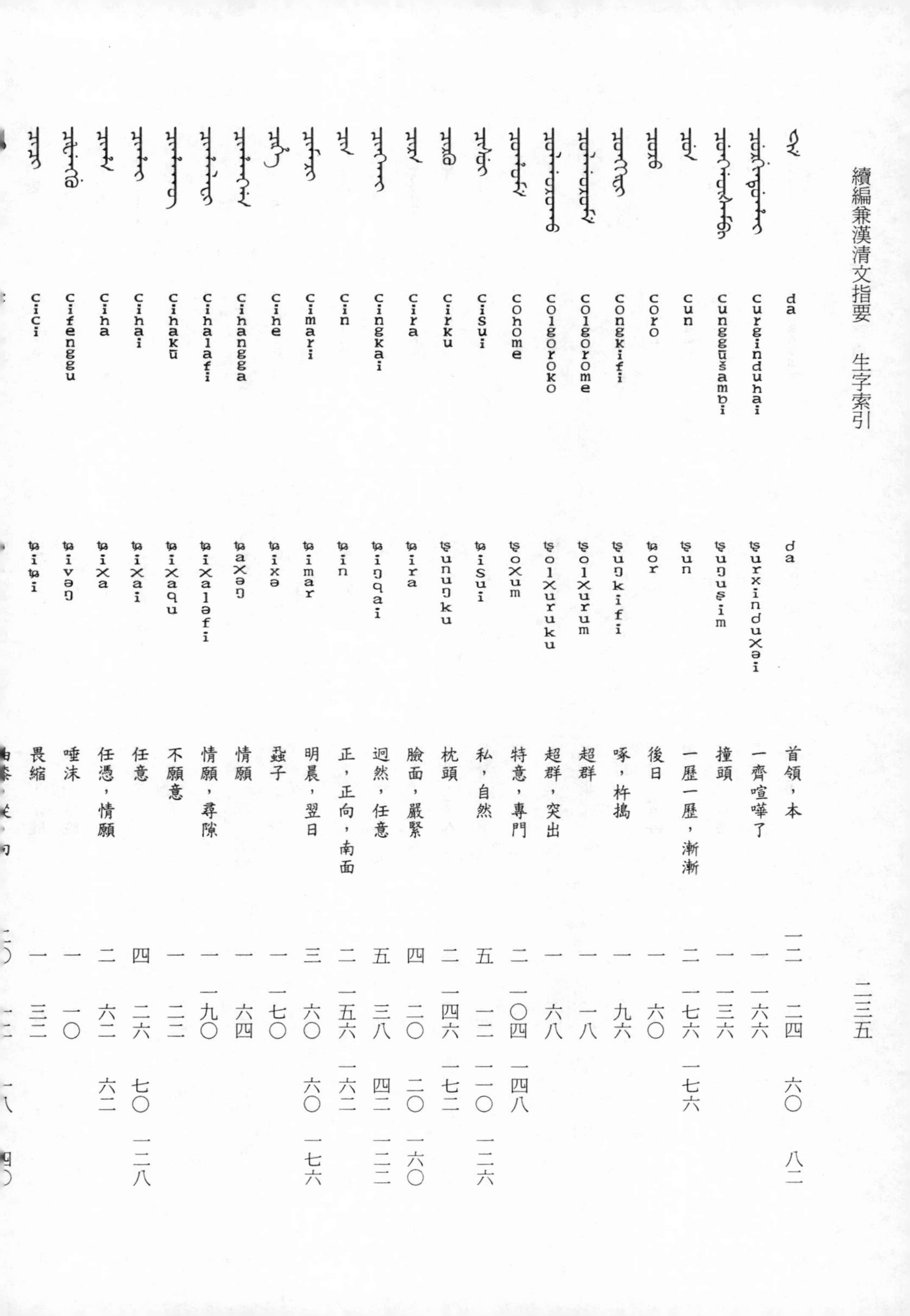

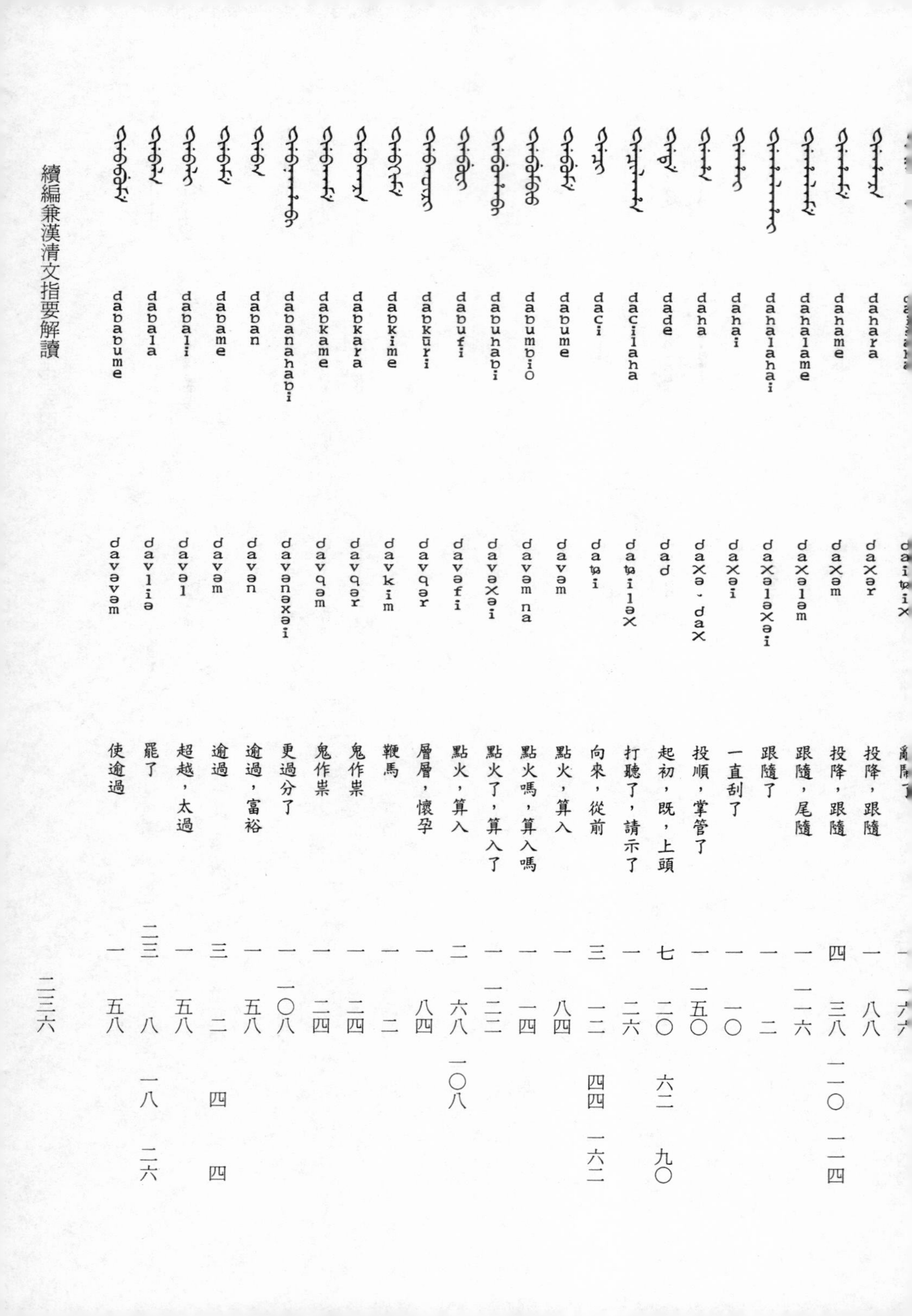

[illegible]	daiʨiX	亂鬧了	一	一六六
dahara	daXər	投降，跟隨	一	八八
dahame	daXəm	投降，跟隨	四	三八 一一〇 一一四
dahalame	daXələm	跟隨，尾隨	一	一一六
dahalahai	daXələXəi	跟隨了	一	二
dahai	daXəi	一直刮了	一	一〇
daha	daXə、daX	投順，掌管了	一	一五〇
dade	dad	起初，既，上頭	七	二〇 六二 九〇
dacilaha	daʨiləX	打聽了，請示了	一	二六
daci	daʨi	向來，從前	三	一二 四四 一六二
dabume	davəm	點火，算入	一	八四
dabumbio	davəm na	點火嗎，算入嗎	一	一四
dabuhabi	davəXəi	點火了，算入了	一	一二三
dabufi	davəfi	點火，算入	二	六八 一〇八
dabkūri	davqər	層層，懷孕	一	八四
dabkime	davkim	鞭馬	一	二
dabkara	davqər	鬼作祟	一	二四
dabkame	davqəm	鬼作祟	一	二四
dabanahabi	davənəxəi	更過分了	一	一〇八
daban	davən	逾過，富裕	一	五八
dabame	davəm	逾過	三	二 四 四
dabali	davəl	超越，太過	一	五八
dabala	davliə	罷了	二三	八 一八 二六
dababume	davəvəm	使逾過	一	五八

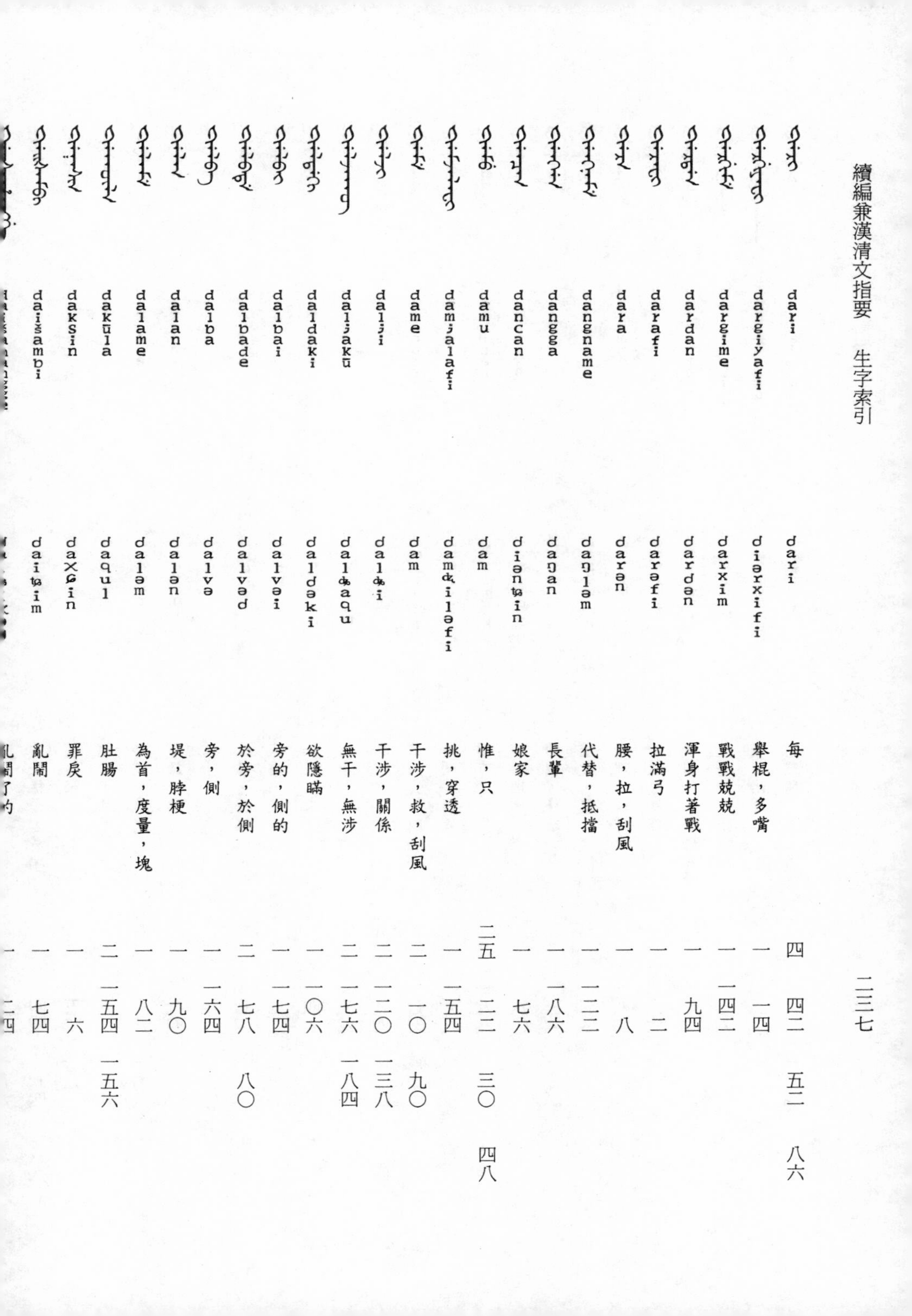

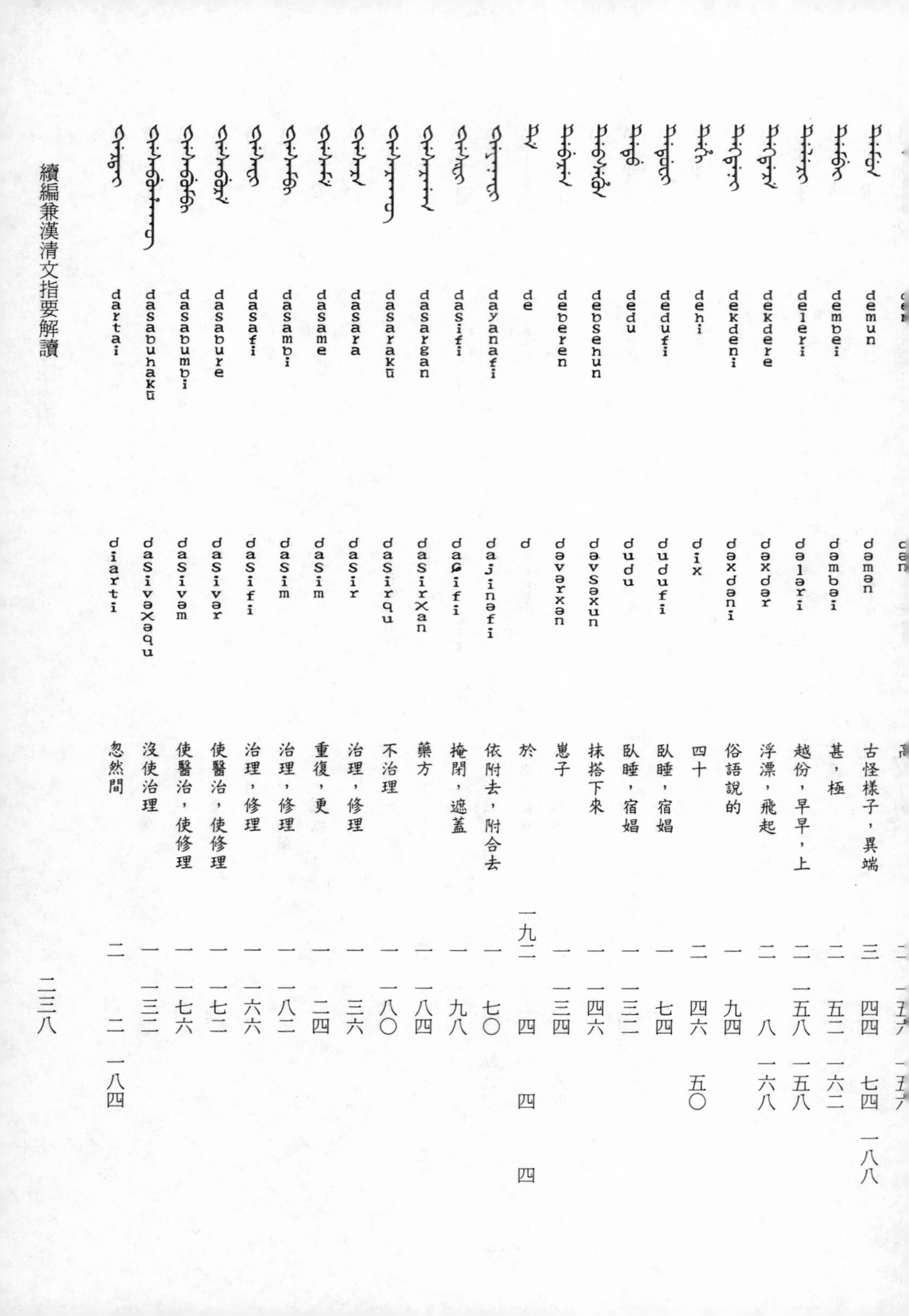

de	dən	高	二 一五六 一五六
demun	dəmən	古怪樣子，異端	三 四四 七四 一八八
dembei	dəmbəi	甚，極	二 五二 一六二
deleri	dələri	越份，早早，上	二 一五八 一五八
dekdere	dəxdər	浮漂，飛起	二 八 一六八
dekdeni	dəxdəni	俗語說的	一 九四
dehi	dix	四十	二 四六 五〇
dedufi	dudufi	臥睡，宿娼	一 七四
dedu	dudu	臥睡，宿娼	一 一三二
debsehun	dəvsəxun	抹搭下來	一 一四六
deberen	dəvərxən	崽子	一 一三四
de	d	於	一九二 四 四 四
dayanafi	dajinəfi	依附去，附合去	一 七〇
dasifi	daɕifi	掩閉，遮蓋	一 九八
dasargan	dasirχan	藥方	一 一八四
dasarakū	dasirqu	不治理	一 一八〇
dasara	dasir	治理，修理	一 一三六
dasame	dasim	重復，更	一 二四
dasambi	dasim	治理，修理	一 一八二
dasafi	dasifi	治理，修理	一 一六六
dasabure	dasivər	使醫治，使修理	一 一七二
dasabumbi	dasivəm	使醫治，使修理	一 一七六
dasabuhakū	dasivəχəqu	沒使治理	一 一三二
dartai	diarti	忽然間	二 二 一八四

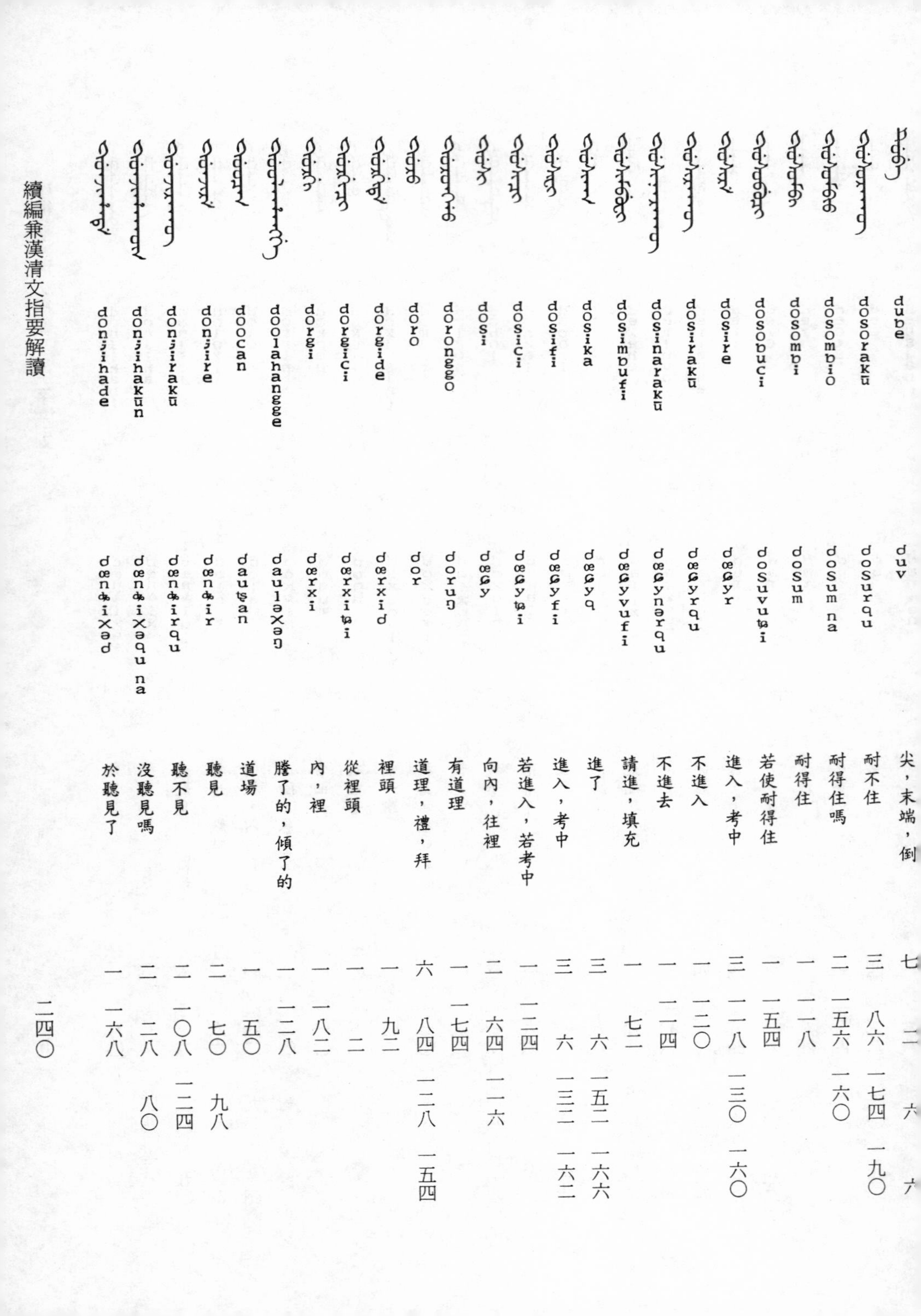

dube	duv	尖，末端，倒	七　二　六　六
dosorakū	dosurqu	耐不住	三　八六　一七四　一九〇
dosombio	dosum na	耐得住嗎	二　一五六　一六〇
dosombi	dosum	耐得住	一　一一八
dosobuci	dosuvuʨi	若使耐得住	一　一五四
dosire	dœɕyr	進入，考中	三　一一八　一三〇　一六〇
dosirakū	dœɕyrqu	不進入	一　一二〇
dosinarakū	dœɕynərqu	不進去	一　一一四
dosimbufi	dœɕyvufi	請進，填充	一　七二
dosika	dœɕyq	進了	三　六　一五二　一六六
dosifi	dœɕyfi	進入，考中	三　六　一三二　一六二
dosici	dœɕyʨi	若進入，若考中	一　一二四
dosi	dœɕy	向內，往裡	二　六四　一一六
doronggo	doruŋ	有道理	一　一七四
doro	dor	道理，禮，拜	六　八四　一二八　一五四
dorgide	dœrxid	裡頭	一　九二
dorgici	dœrxiʨi	從裡頭	一　二
dorgi	dœrxi	內，裡	一　一八二
doolahangge	daulәχәŋ	謄了的，傾了的	一　一二八
doocan	dauʦan	道場	一　五〇
donjire	dœnʥir	聽見	二　七〇　九八
donjirakū	dœnʥirqu	聽不見	二　一〇八　一二四
donjihakūn	dœnʥiχәqu na	沒聽見嗎	二　二八　八〇
donjihade	dœnʥiχәd	於聽見了	一　一六八

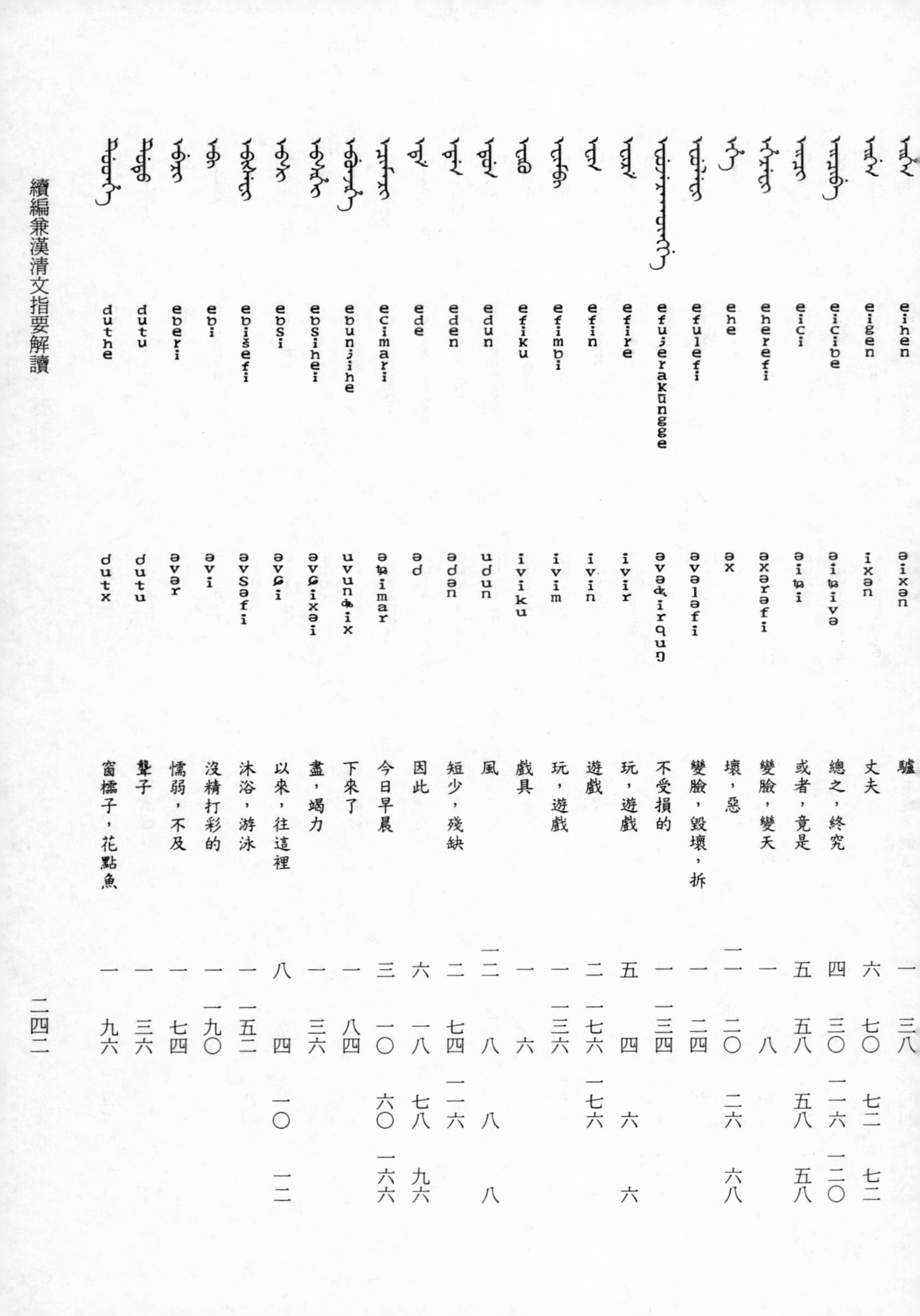

eihen	əixən	驢	一三八		
eigen	ixən	丈夫	六七〇	七二	七二
eicibe	əitɕivə	總之，終究	四三〇	一一六	一二〇
eici	əitɕi	或者，竟是	五五八	五八	五八
eherefi	əxərəfi	變臉，變天	一八		
ehe	əx	壞，惡	一一二〇	二六	六八
efulefi	əvələfi	變臉，毀壞，拆	一二四		
efujerakūngge	əvədʑirquŋ	不受損的	一一三四		
efire	ivir	玩，遊戲	五四	六	六
efin	ivin	遊戲	二一七六	一七六	
efimbi	ivim	玩，遊戲	一一三六		
efiku	iviku	戲具	一六		
edun	udun	風	一二八	八	八
eden	ədən	短少，殘缺	二七四	一一六	
ede	əd	因此	六一八	七八	九六
ecimari	ətɕimar	今日早晨	三一〇	六〇	一六六
ebunjihe	uvunʥix	下來了	一八四		
ebsihei	əvɕixəi	盡，竭力	一三六		
ebsi	əvɕi	以來，往這裡	八四	一〇	一二
ebišefi	əvSəfi	沐浴，游泳	一一五二		
ebi	əvi	沒精打彩的	一一九〇		
eberi	əvər	懦弱，不及	一七四		
dutu	dutu	聾子	一三六		
duthe	dutx	窗櫺子，花點魚	一九六		

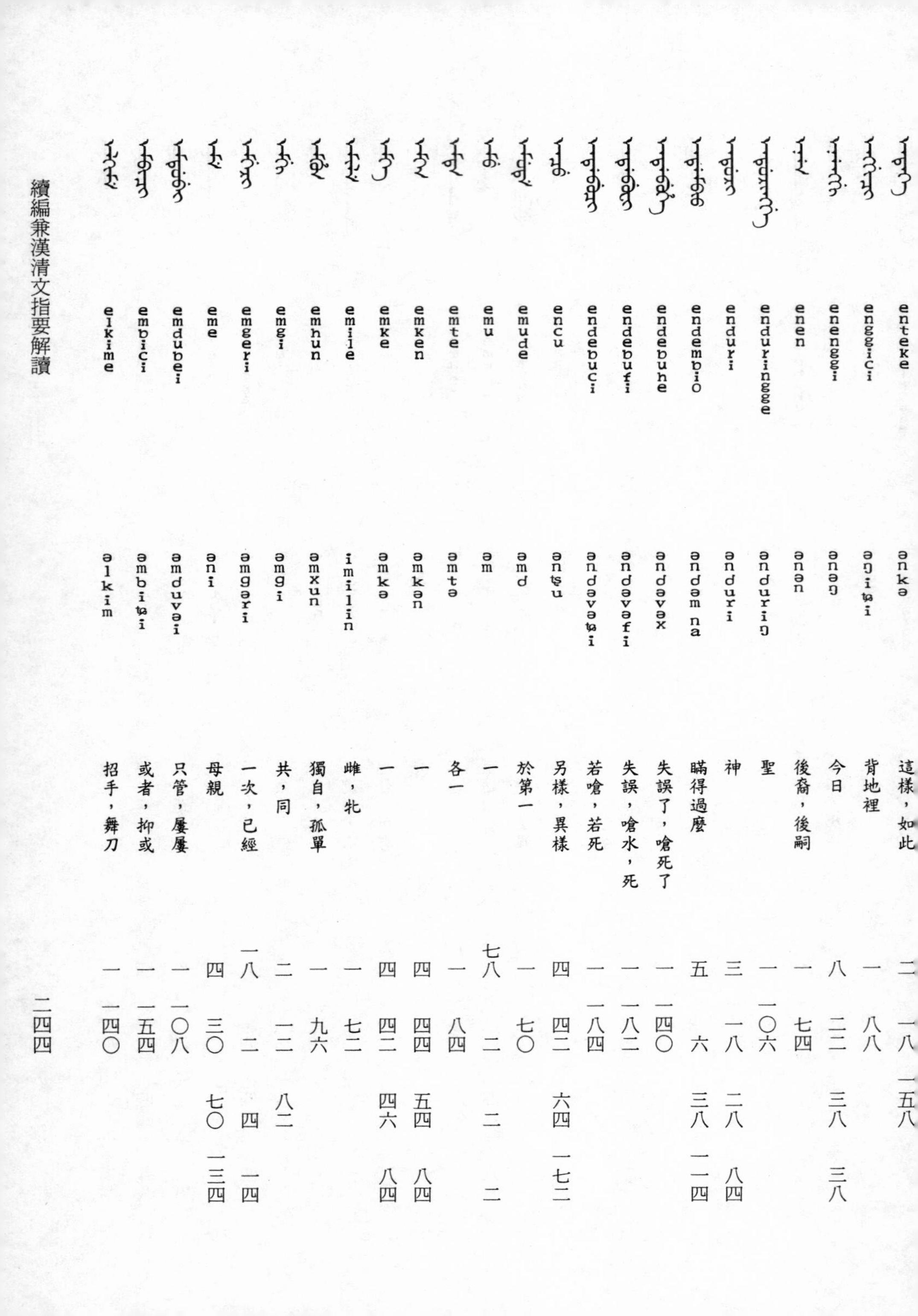

enteke	ənkə	這樣，如此	二 一八 一五八
enggiCi	əŋiʨi	背地裡	一 八八
enenggi	ənəŋ	今日	八 二二 三八 三八
enen	ənən	後裔，後嗣	一 七四
enduringge	ənduriŋ	聖	一 一〇六
enduri	ənduri	神	三 一八 二八 八四
endembiO	əndəm na	瞞得過麼	五 六 三八 一一四
endebuhe	əndəvəx	失誤了，嗆死了	一 一四〇
endebufi	əndəvəfi	失誤，嗆水，死	一 一八二
endebuci	əndəvəʨi	若嗆，若死	一 一八四
encu	ənʦu	另樣，異樣	四 四二 六四 一七二
emude	əmd	於第一	一 七〇
emu	əm	一	七八 二 二 二
emte	əmtə	各一	一 八四
emken	əmkən	一	四 四四 五四 八四
emke	əmkə	一	四 四二 四六 八四
emile	imilin	雌，牝	一 七二
emhun	əmxun	獨自，孤單	一 九六
emgi	əmgi	共，同	二 一二 八二
emgeri	əmgəri	一次，已經	一八 二 四 一四
eme	əni	母親	四 三〇 七〇 一三四
emdubei	əmduvəi	只管，屢屢	一 一〇八
embici	əmbiʨi	或者，抑或	一 一五四
elkime	əlkim	招手，舞刀	一 一四〇

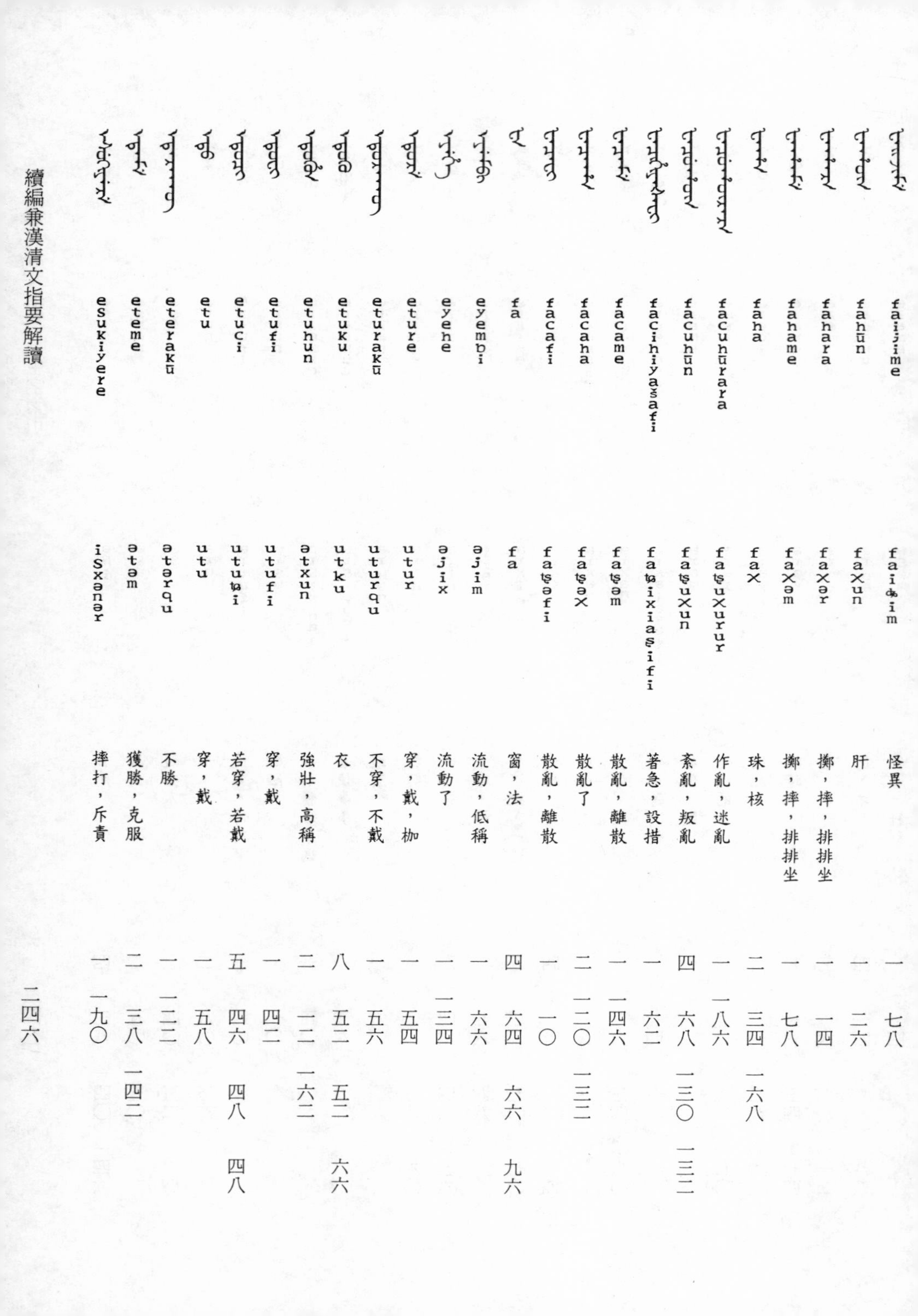

faijime	faiʥim	怪異	一	七八		
fahūn	faXun	肝	一	二六		
fahara	faXər	擲，摔，排排坐	一	一四		
fahame	faXəm	擲，摔，排排坐	一	七八		
faha	faX	珠，核	二	三四	一六八	
facuhūrara	faʈʂuXurur	作亂，迷亂	一	一八六		
facuhūn	faʈʂuXun	紊亂，叛亂	四	六八	一三〇	一三二
facihiyašafi	faʨixiaʂifi	著急，設措	一	六二		
facame	faʈʂəm	散亂，離散	一	一四六		
facaha	faʈʂəX	散亂了	二	一二〇	一三二	
facafi	faʈʂəfi	散亂，離散	一	一〇		
fa	fa	窗，法	四	六四	六六	九六
eyembi	əjim	流動，低稱	一	六六		
eyehe	əjix	流動了	一	一三四		
eture	utur	穿，戴，枷	一	五四		
eturakū	uturqu	不穿，不戴	一	五六		
etuku	utku	衣	八	五二	五二	六六
etuhun	ətxun	強壯，高稱	二	一二	一六二	
etufi	utufi	穿，戴	一	四二		
etuci	utuʨi	若穿，若戴	五	四六	四八	四八
etu	utu	穿，戴	一	五八		
eterakū	ətərqu	不勝	一	一三二		
eteme	ətəm	獲勝，克服	二	三八	一四二	
esukiyere	iSxənər	摔打，斥責	一	一九〇		

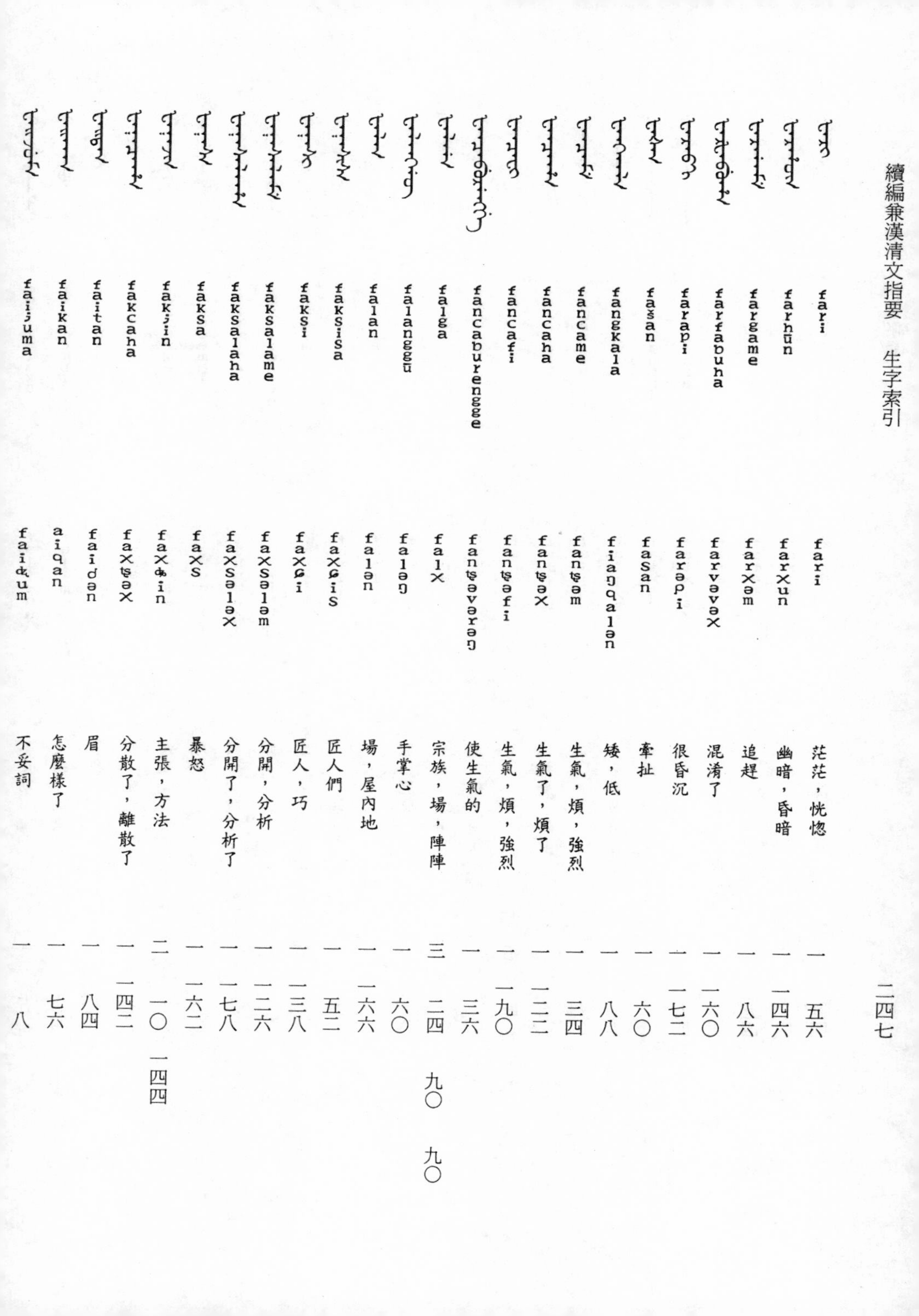

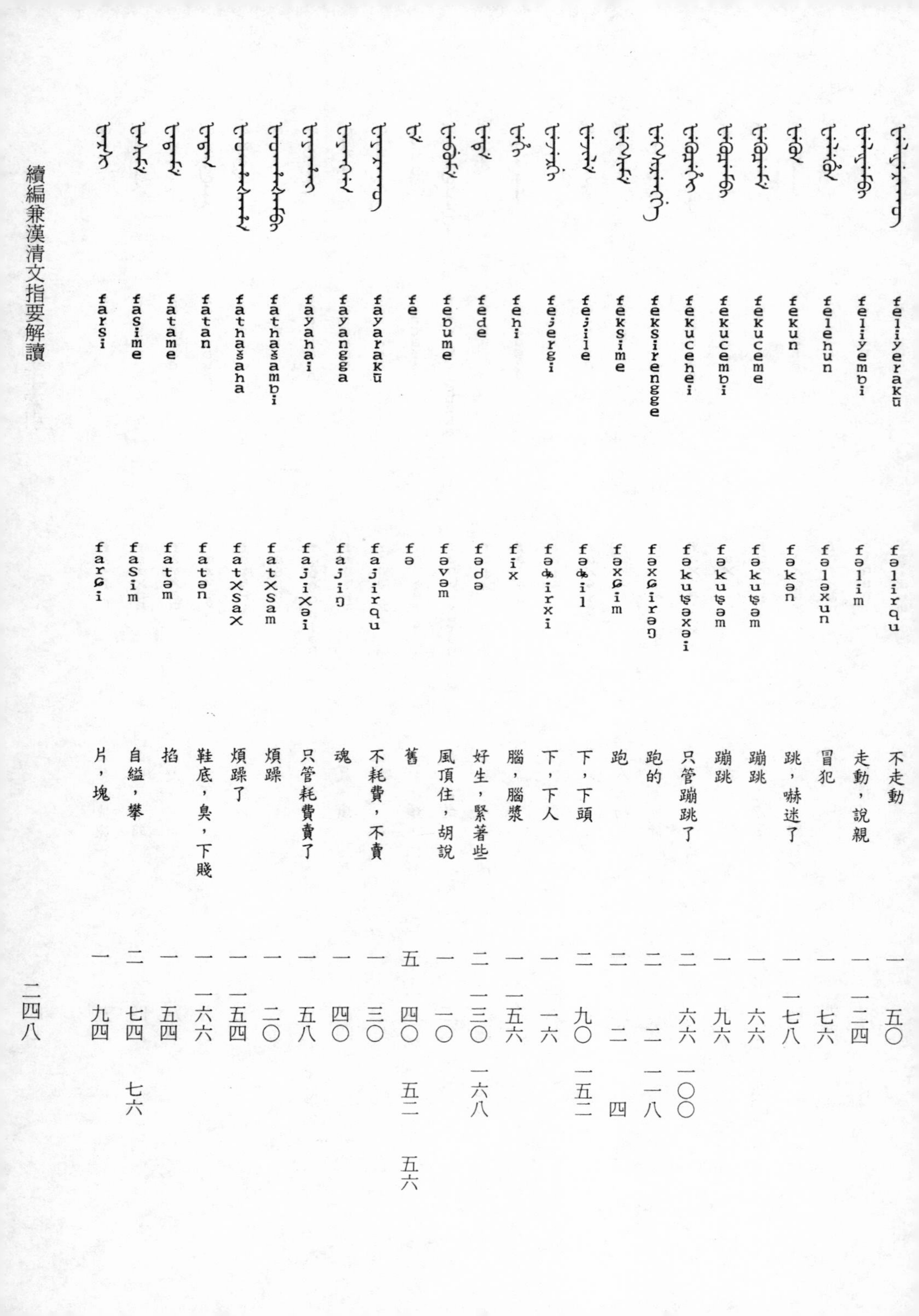

feliyerakū	fəliirqu	不走動	一　五〇
feliyembi	fəliim	走動，說親	一　一二四
felehun	fələxun	冒犯	一　七六
fekun	fəkən	跳，嚇迷了	一　一七八
fekuceme	fəkutʂəm	蹦跳	一　六六
fekucembi	fəkutʂəm	蹦跳	一　九六
fekucehei	fəkutʂəxəi	只管蹦跳了	二　六六　一〇〇
feksirengge	fəxɕirəŋ	跑的	二　二　一一八
feksime	fəxɕim	跑	二　二　四
fejile	fədʑil	下，下頭	二　九〇　一五二
fejergi	fədʑirxi	下，下人	一　一六
fehi	fix	腦，腦漿	一　一五六
fede	fədə	好生，緊著些	二　一三〇　一六八
febume	fəvəm	風頂住，胡說	一　一〇
fe	fə	舊	五　四〇　五二　五六
fayarakū	fajirqu	不耗費，不賣	一　三〇
fayangga	fajiŋ	魂	一　四〇
fayahai	fajiχəi	只管耗費賣了	一　五八
fathašambi	fatχsam	煩躁	一　二〇
fathašaha	fatχsaχ	煩躁了	一　一五四
fatan	fatən	鞋底，臭，下賤	一　一六六
fatame	fatəm	掐	一　五四
fasime	fasim	自縊，攀	二　七四　七六
farsi	farɕi	片，塊	一　九四

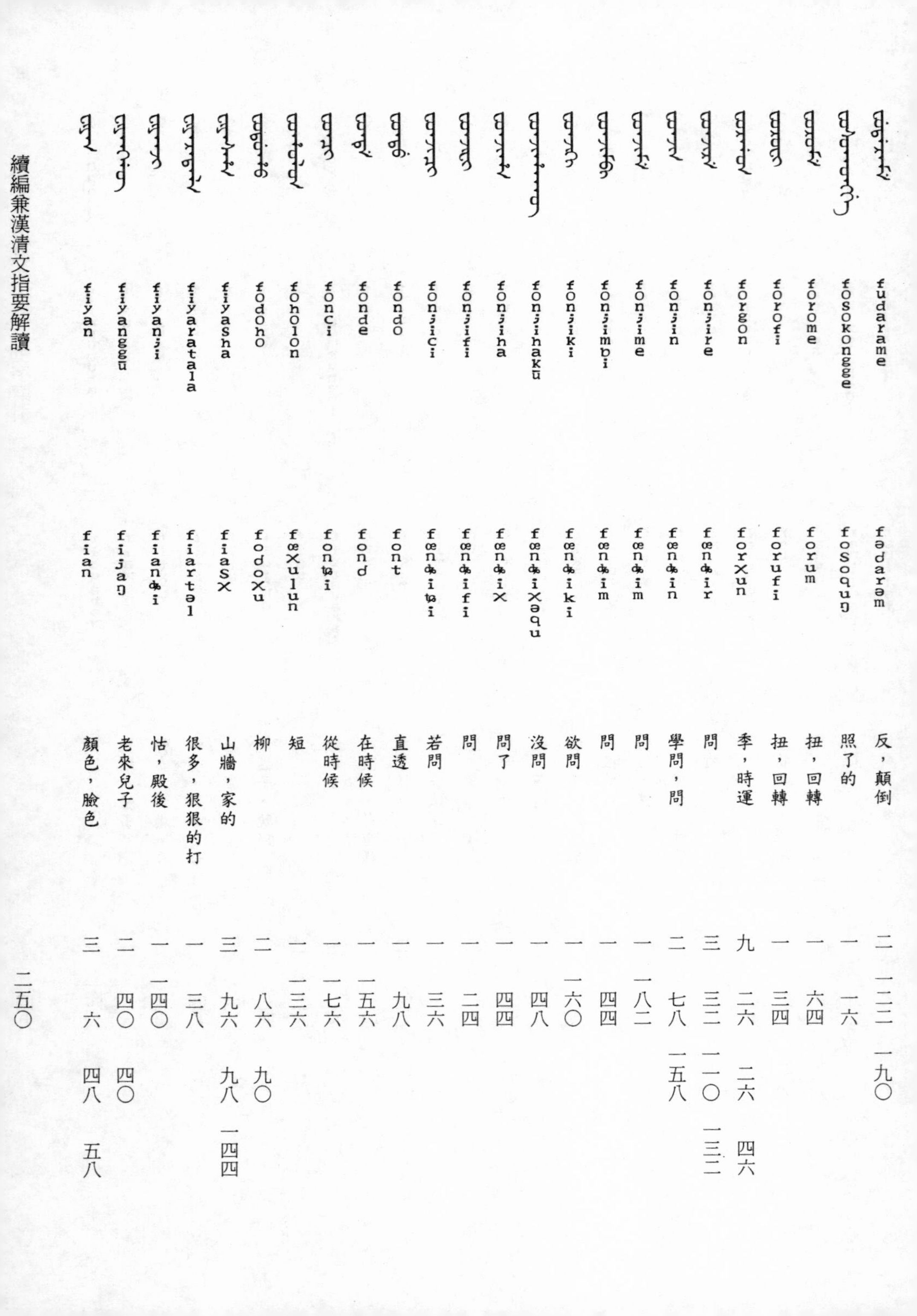

fudarame	fədarəm	反，顛倒	二 一二二 一九〇
fosokongge	fosoquŋ	照了的	一 一六
forome	forum	扭，回轉	一 六四
forofi	forufi	扭，回轉	一 三四
forgon	forχun	季，時運	九 二六 二六 四六
fonjire	fœnʤir	問	三 三二 一一〇 一三二
fonjin	fœnʤin	學問，問	二 七八 一五八
fonjime	fœnʤim	問	一 一八二
fonjimbi	fœnʤim	問	一 四四
fonjiki	fœnʤiki	欲問	一 一六〇
fonjihakū	fœnʤiχəqu	沒問	一 四八
fonjiha	fœnʤiχ	問了	一 四四
fonjifi	fœnʤifi	問	一 二四
fonjici	fœnʤiʨi	若問	一 三六
fondo	font	直透	一 九八
fonde	fonɗ	在時候	一 一五六
fonci	fonʨi	從時候	一 一七六
foholon	fœχulun	短	一 一三六
fodoho	foɗoχu	柳	二 八六 九〇
fiyasha	fiasχ	山牆，家的	三 九六 九八 一四四
fiyaratala	fiartəl	很多，狠狠的打	一 三八
fiyanji	fianʤi	怙，殿後	一 一四〇
fiyanggū	fijaŋ	老來兒子	二 四〇 四〇
fiyan	fian	顏色，臉色	三 六 四八 五八

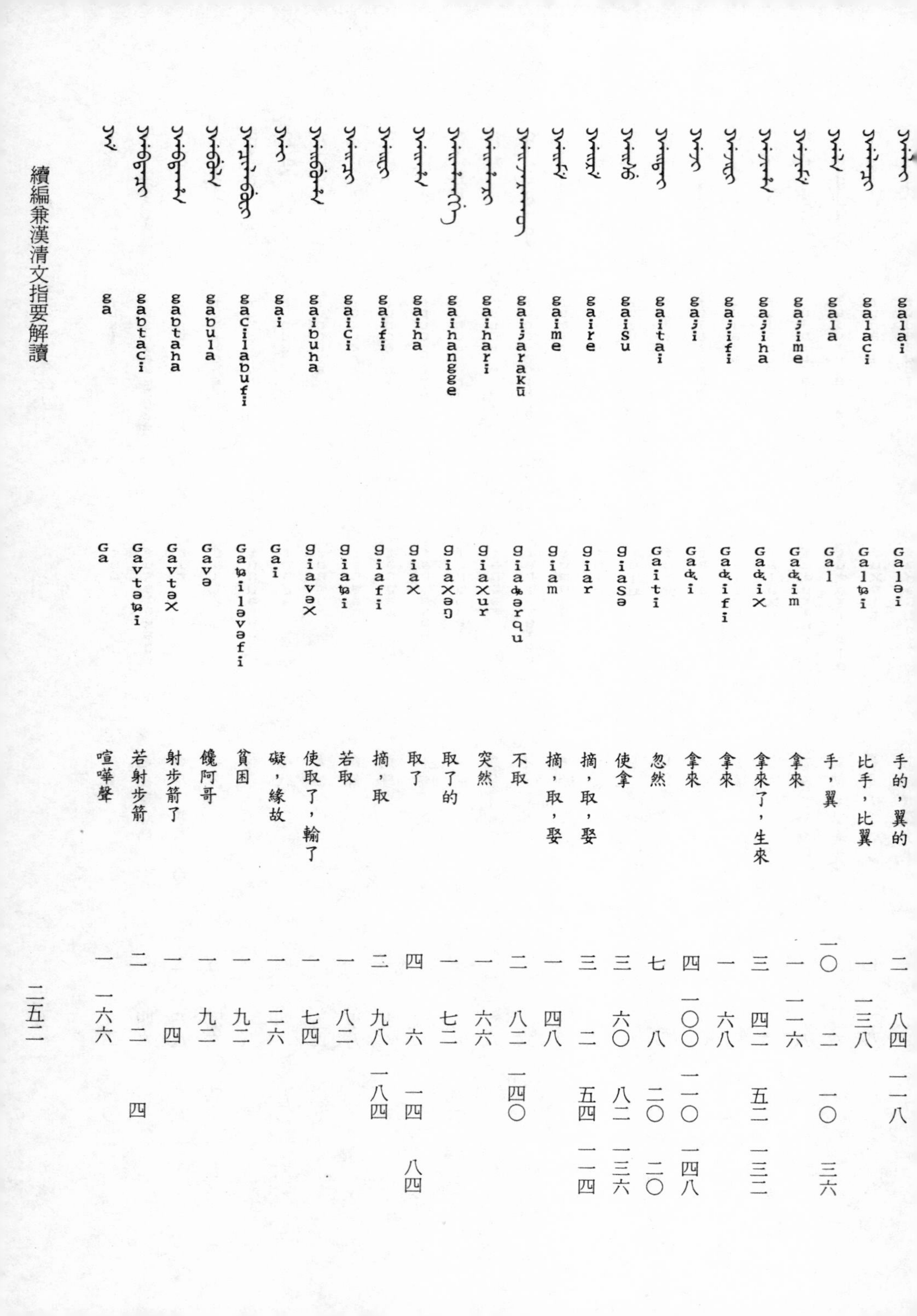

galai	Galəi	手的，翼的	二	八四 一一八
galaci	Galʨi	比手，比翼	一	一三八
gala	Gal	手，翼	一〇	二 一〇 三六
gajime	Gaʥim	拿來	一	一一六
gajiha	GaʥiX	拿來了，生來	三	四二 五二 一三二
gajifi	Gaʥifi	拿來	一	六八
gaji	Gaʥi	拿來	四	一〇〇 一一〇 一四八
gaitai	Gaiti	忽然	七	八 二〇 二〇
gaisu	giaSə	使拿	三	六〇 八二 一三六
gaire	giar	摘，取，娶	三	二 五四 一一四
gaime	giam	摘，取，娶	一	四八
gaijarakū	giaʥərqu	不取	二	八二 一四〇
gaihari	giaXur	突然	一	六六
gaihangge	giaXəŋ	取了的	一	七二
gaiha	giaX	取了	四	六 一四 八四
gaifi	giafi	摘，取	二	九八 一八四
gaici	giaʨi	若取	一	八二
gaibuha	giavəX	使取了，輸了	一	七四
gai	Gai	凝，緣故	一	二六
gacilabufi	Gaʨiləvəfi	貧困	一	九二
gabula	Gavə	饞阿哥	一	九二
gabtaha	GavtəX	射步箭了	一	四
gabtaci	Gavtəʨi	若射步箭	二	二 四
ga	Ga	喧嘩聲	一	一六六

ᡤᡝᠩᡤᡳᠶᡝᠨ	genggiyen	gəŋin	明，清	四	一六	一八	一八
ᡤᡝᠨᡝᡵᡝᡩᡝ	generede	gənərəd	於去	二	八二	一五〇	
ᡤᡝᠨᡝᡵᡝ	genere	gənər	去	五	二八	三四	四八
ᡤᡝᠨᡝᠮᠪᡳᡥᡝᡩᡝ	genembihede	gənəmbixəd	於去了	一	一五〇		
ᡤᡝᠨᡝᠮᠪᡳ	genembi	gənəm	去	二	一四六	一七〇	
ᡤᡝᠨᡝᡴᡳ	geneki	gənəki	請去	一	一八二		
ᡤᡝᠨᡝᡥᡝᠩᡤᡝ	genehengge	gənəxəŋ	去了的	一	二八		
ᡤᡝᠨᡝᡥᡝᡴᡡ	genehekū	gənəxəqu	沒去	一	三八		
ᡤᡝᠨᡝᡥᡝᡳ	genehei	gənəxəi	去了	一	一六		
ᡤᡝᠨᡝᡥᡝᡩᡝ	genehede	gənəxəd	於去了	三	二	二	一六〇
ᡤᡝᠨᡝᡥᡝᠪᡳ	genehebi	gənəxəi	去了	一	二		
ᡤᡝᠨᡝᡥᡝ	genehe	gənəx	去了	一一	二	一四	三四
ᡤᡝᠨᡝᡶᡳ	genefi	gənəfi	去	七	六四	八二	八二
ᡤᡝᠨᡝᠴᡳ	geneci	gənəʨi	若去	一	三〇		
ᡤᡝᠨᠴᡝᡥᡝᠯᡝᡵᡝ	gencehelere	gənʈʂəxələr	用刀背砍	一	六八		
ᡤᡝᠮᡠ	gemu	gum	皆，同，俱	五二	六	六	八
ᡤᡝᠮᡳᠨ	gemin	gəmin	不惜費	一	一三〇		
ᡤᡝᠯᡳ	geli	gəl	又，復	三六	二	四	一〇
ᡤᡝᠯᡥᡠᠨ	gelhun	gəlxun	不敢，豈敢	一	七六		
ᡤᡝᠯᡝᡵᠵᡝᠮᠪᡳ	gelerjembi	gələrʤim	眼淚水汪汪	一	一九〇		
ᡤᡝᠯᡝᡵᠠᡴᡡ	gelerakū	gələrqu	不怕，不畏懼	一	一六〇		
ᡤᡝᠯᡝᠮᠪᡳᠣ	gelembio	gələm na	怕嗎，畏懼嗎	一	一八八		
ᡤᡝᠯᡝᠮᠪᡳ	gelembi	gələm	怕，畏懼	一	一四〇		
ᡤᡝᠯᡝᡥᡝ	gelehe	gələx	怕了，畏懼了	一	一八〇		

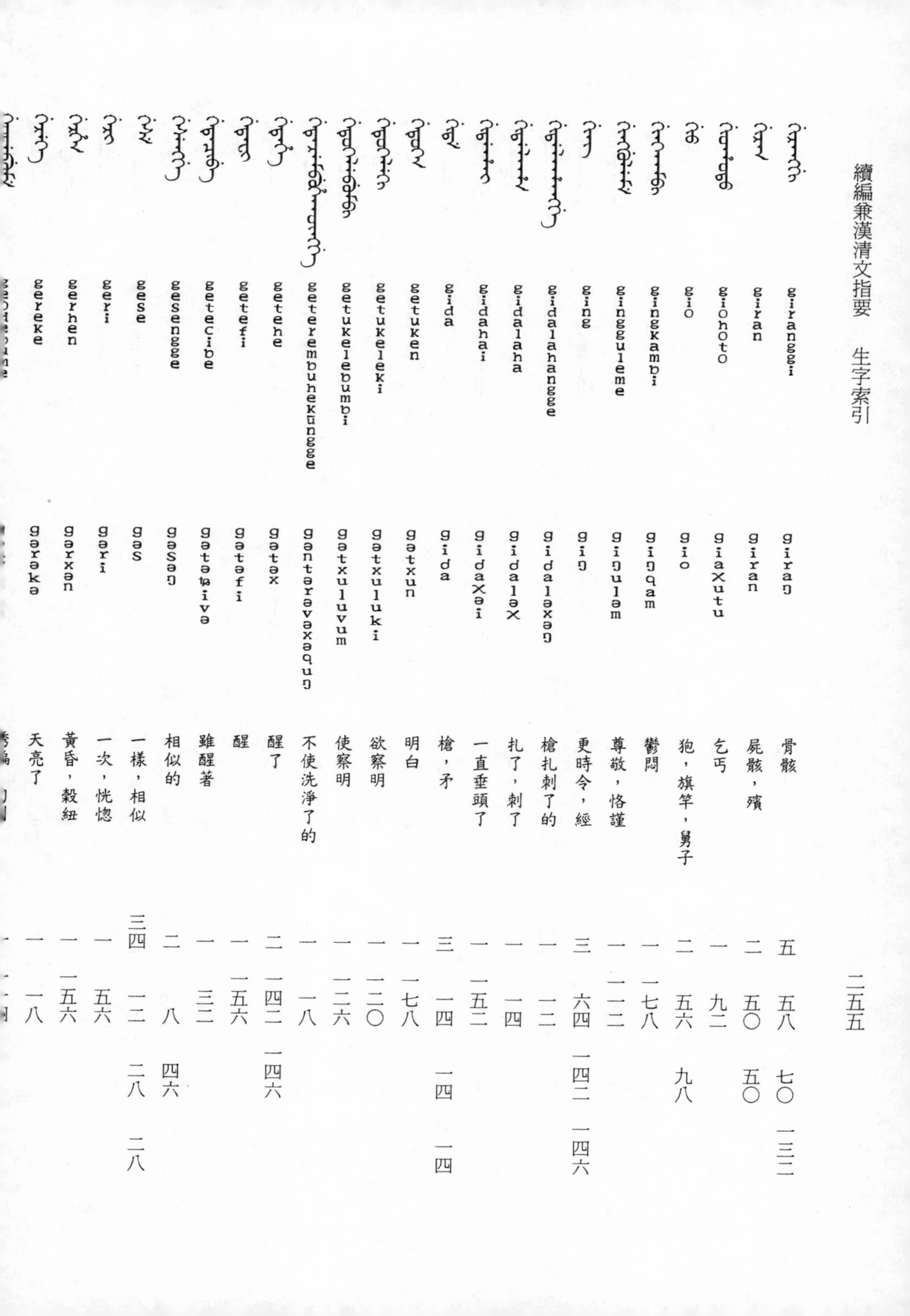

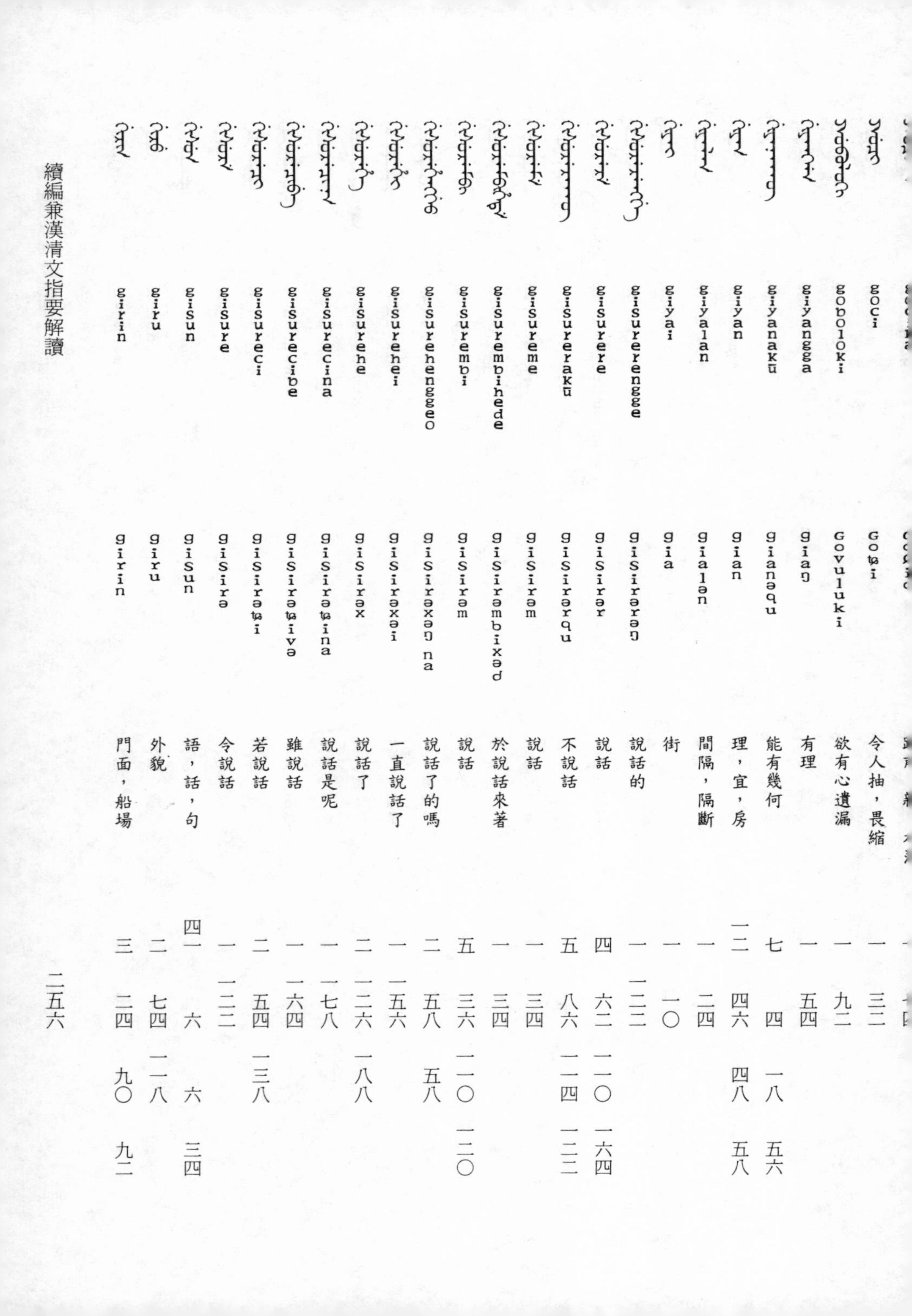

goci	goʨi	令人抽，畏縮	一 三二
goboloki	govuluki	欲有心遺漏	一 九二
giyangga	giaŋ	有理	一 五四
giyanakū	gianəqu	能有幾何	七 四 一八 五六
giyan	gian	理，宜，房	一二 四六 四八 五八
giyalan	gialən	間隔，隔斷	一 二四
giyai	gia	街	一 一〇
gisurerengge	giSirərəŋ	說話的	一 一二二
gisurere	giSirər	說話	四 六二 一一〇 一六四
gisurerakū	giSirərqu	不說話	五 八六 一一四 一二二
gisureme	giSirəm	說話	一 三四
gisurembihede	giSirəmbixəd	於說話來著	一 三四
gisurembi	giSirəm	說話	五 三六 一一〇 一二〇
gisurehenggeo	giSirəxəŋ na	說話了的嗎	二 五八 五八
gisurehei	giSirəxəi	一直說話了	一 一五六
gisurehe	giSirəx	說話了	二 一二六 一八八
gisurecina	giSirəʨina	說話是呢	一 一七八
gisurecibe	giSirəʨivə	雖說話	一 一六四
gisureci	giSirəʨi	若說話	二 五四 一三八
gisure	giSirə	令說話	一 一二二
gisun	giSun	語，話，句	四一 六 六 三四
giru	giru	外貌	二 七四 一一八
girin	girin	門面，船場	三 二四 九〇 九二

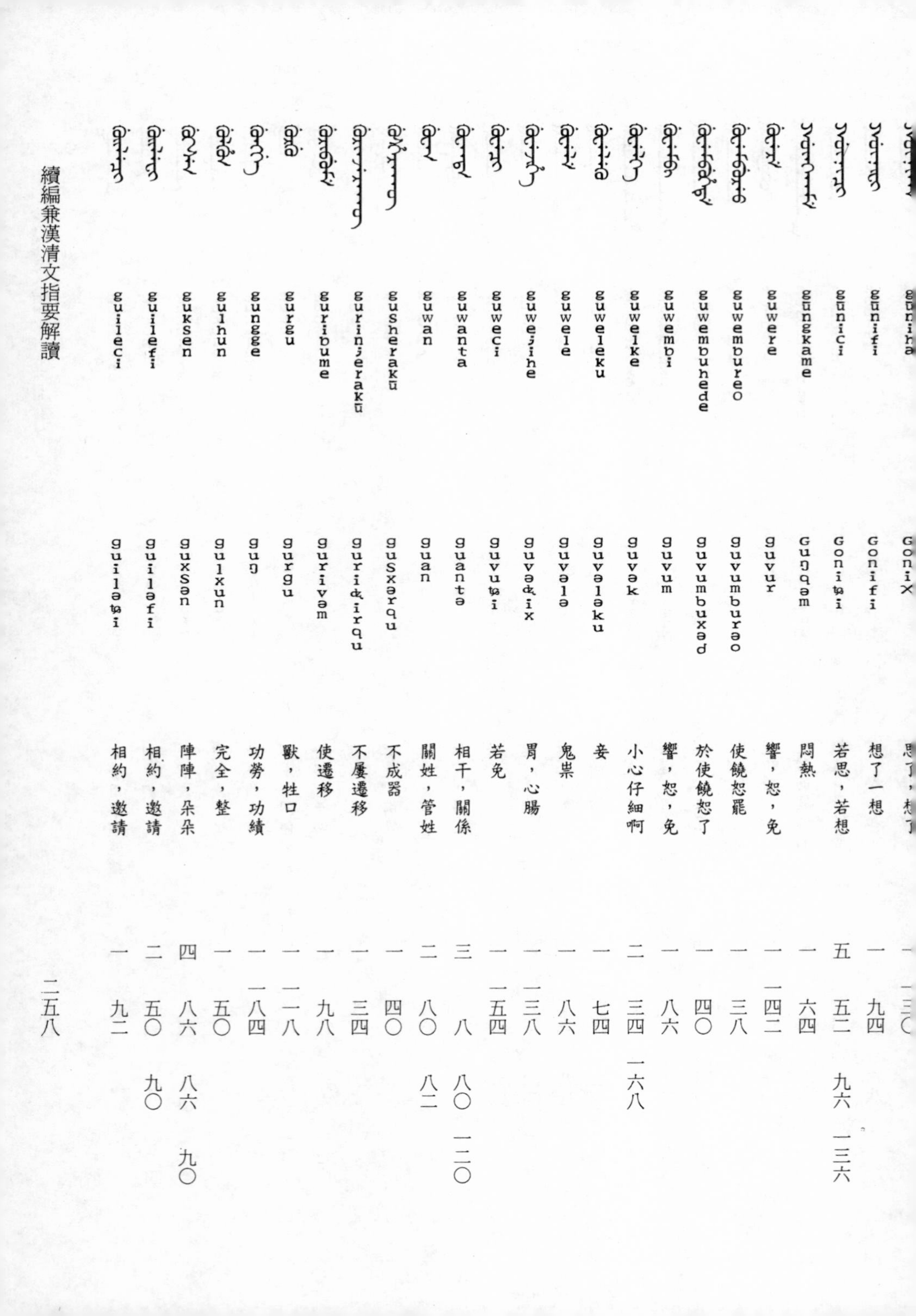

gūniha	Gonix	思了，想了	一 一三〇
gūnifi	Gonifi	想了一想	一 九四
gūnici	Goniʨi	若思，若想	五 五二 九六 一三六
gūngkame	Guŋqəm	悶熱	一 六四
guwere	guvur	饗，恕，免	一 一四二
guwembureo	guvumburəo	使饒恕罷	一 三八
guwembuhede	guvumbuxəd	於使饒恕了	一 四〇
guwembi	guvum	饗，恕，免	一 八六
guwelke	guvək	小心仔細啊	二 三四 一六八
guweleku	guvələku	妾	一 七四
guwele	guvələ	鬼祟	一 八六
guwejihe	guvəʥix	胃，心腸	一 一三八
guweci	guvuʨi	若免	一 一五四
guwanta	guantə	相干，關係	三 八 八〇 一二〇
guwan	guan	關姓，管姓	二 八〇 八二
gusherakū	guSxərqu	不成器	一 四〇
gurinjerakū	guriʥirqu	不屢遷移	一 三四
guribume	gurivəm	使遷移	一 九八
gurgu	gurgu	獸，牲口	一 一一八
gungge	guŋ	功勞，功績	一 一八四
gulhun	gulxun	完全，整	一 五〇
guksen	guxSən	陣陣，朵朵	四 八六 八六 九〇
guilefi	guiləfi	相約，邀請	二 五〇 九〇
guileci	guiləʨi	相約，邀請	一 九二

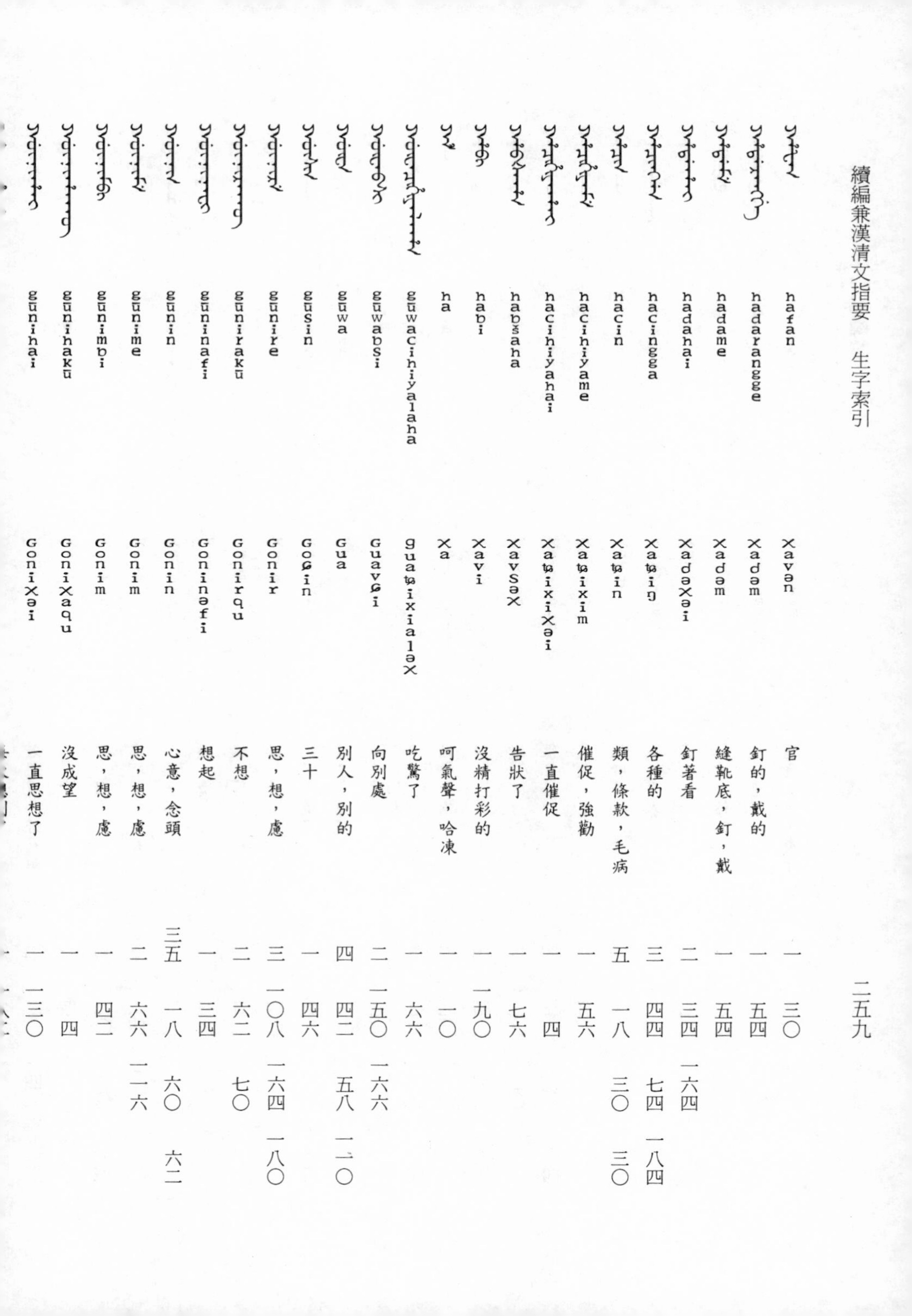

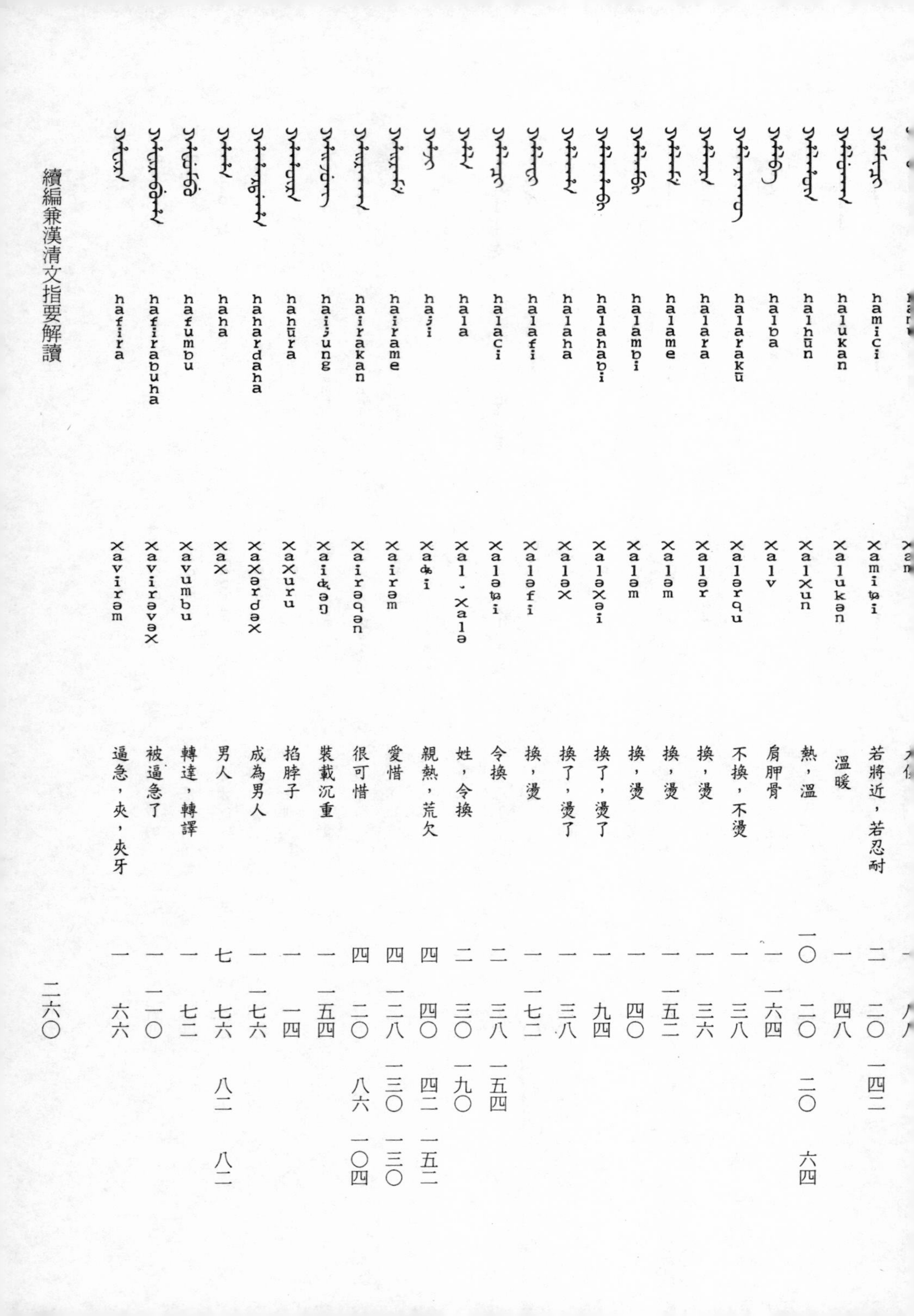

hamici	xamiʨi	若將近，若忍耐	二	二〇 一四二
halukan	xalukən	溫暖	一	四八
halhūn	xalxun	熱，溫	一〇	二〇 二〇 六四
halba	xalv	肩胛骨	一	一六四
halarakū	xalərqu	不換，不燙	一	三八
halara	xalər	換，燙	一	三六
halame	xaləm	換，燙	一	一五二
halambi	xaləm	換，燙	一	四〇
halahabi	xaləxəi	換了，燙了	一	九四
halaha	xaləx	換了，燙了	一	三八
halafi	xaləfi	換，燙	一	一七二
halaci	xaləʨi	令換	二	三八 一五四
hala	xal、xalə	姓，令換	二	三〇 一九〇
haji	xaʥi	親熱，荒欠	四	四〇 四二 一五二
hairame	xairəm	愛惜	四	一二八 一三〇 一三〇
hairakan	xairəqən	很可惜	四	二〇 八六 一〇四
haijung	xaiʥəŋ	裝載沉重	一	一五四
hahūra	xaxuru	掐脖子	一	一四
hahardaha	xaxərdəx	成為男人	一	一七六
haha	xax	男人	七	七六 八二 八二
hafumbu	xavumbu	轉達，轉譯	一	七二
hafirabuha	xavirəvəx	被逼急了	一	一一〇
hafira	xavirəm	逼急，夾，夾牙	一	六六

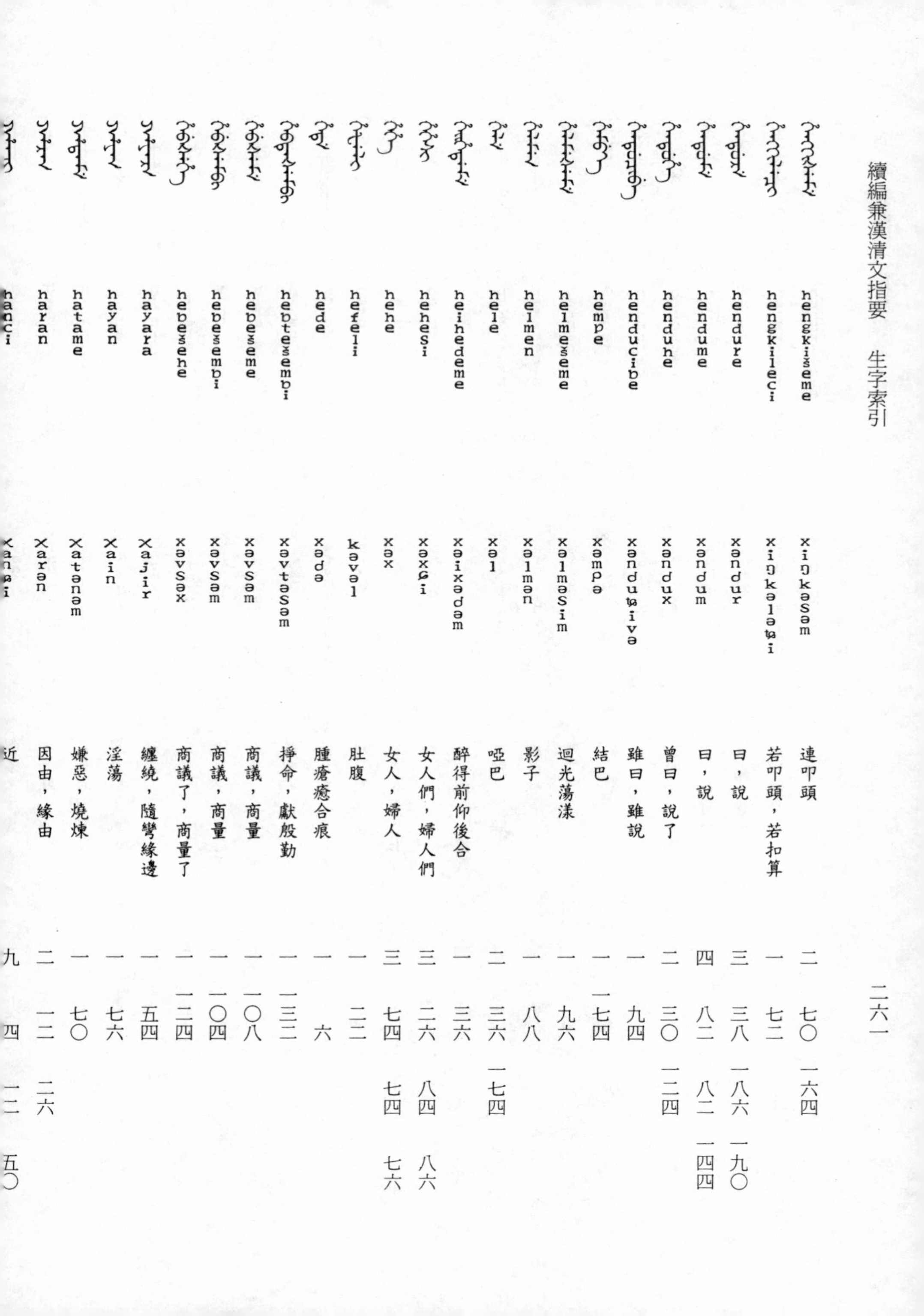

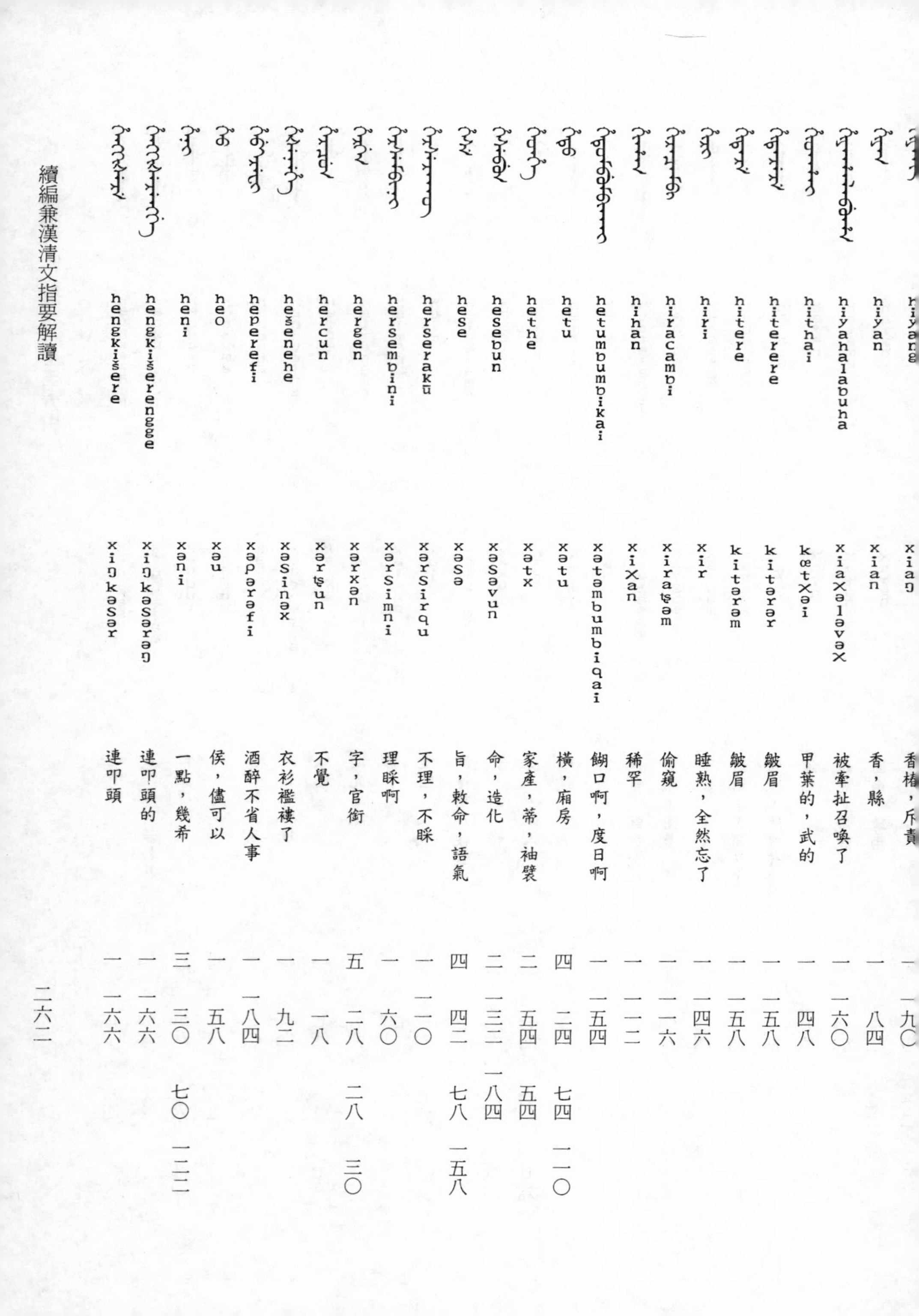

hiyang	xiaŋ	香椿，斥責	一 九〇		
hiyan	xian	香，縣	一 八四		
hiyahalabuha	xiaχəlavəχ	被牽扯召喚了	一 六〇		
hithai	kœtχəi	甲葉的，武的	一 四八		
hiterere	kitərər	皺眉	一 五八		
hitere	kitərəm	皺眉	一 五八		
hiri	xir	睡熟，全然忘了	一 四六		
hiracambi	xiraʈʂəm	偷窺	一 一六		
hihan	xiχan	稀罕	一 一二		
hetumbumbikai	xətəmbumbiqai	餬口啊，度日啊	一 五四		
hetu	xətu	橫，廂房	四 二四	七四	一一〇
hethe	xətx	家產，蒂，袖襞	二 五四	五四	
hesebun	xəsəvun	命，造化	二 一三二	一八四	
hese	xəsə	旨，敕命，語氣	四 四二	七八	一五八
herserakū	xərsirqu	不理，不睬	一 一一〇		
hersembini	xərsimni	理睬啊	一 六〇		
hergen	xərxən	字，官銜	五 二八	二八	三〇
hercun	xərʈʂun	不覺	一 一八		
hešenehe	xəsinəx	衣衫襤褸了	一 九二		
heperefi	xəpərəfi	酒醉不省人事	一 一八四		
heo	xəu	侯，儘可以	一 五八		
heni	xəni	一點，幾希	三 三〇	七〇	一一二
hengkišerengge	xiŋkəsərəŋ	連叩頭的	一 一六六		
hengkišere	xiŋkəsər	連叩頭	一 一六六		

ᡥᡡᠮᠪᡠᡵ	hūmbur	xomvur	汗大出	一　二〇
ᡥᡡᠯᡠᡵᡳ	hūluri	xulur	怠慢潦草	一　六二
ᡥᡡᠯᡥᡳ	hūlhi	xulxin	糊塗，昏庸	二　三二　一九〇
ᡥᡡᠯᡥᠠᠪᡠᡥᠠ	hūlhabuha	xulxavəx	被偷盜了	一　一五〇
ᡥᡡᠯᡥᠠ	hūlha	xulxa	賊，盜	一　六八
ᡥᡡᠯᠠᡧᠠᡴᡳ	hūlašaki	xuliaSiki	欲兌換	一　一四八
ᡥᡡᠯᠠᠮᡝ	hūlame	xulam	呼叫，誦讀	二　六八　七二
ᡥᡡᠯᠠᡥᠠᡳ	hūlahai	xulaxəi	一直呼叫了	一　一五四
ᡥᡡᠯᠠᡥᠠ	hūlaha	xulax	呼叫了	一　一八八
ᡥᡡᡴᡨᠠᠮᡝ	hūktame	xuxtəm	燥熱	三　一五二　一五二　一六二
ᡥᡡᠵᡳᠮᡝ	hūjime	xuʤim	風鳴	一　一〇
ᡥᡡᡳ	hūi	xui	任憑，發暈	一　一三
ᡥᡡᡩᡠᠨ	hūdun	xodun	快	三　二　四　一六四
ᡥᡡᡩᡠᠯᠠᡵᠠᠩᡤᡝ	hūdularangge	xodulurun	加快的	一　一八八
ᡥᡡᡩᠠᡳ	hūdai	xudaj	生意的	二　四四　一五四
ᡥᡡᡩᠠ	hūda	xuda	生意，價值	二　二六　四六
ᡥᡡᠪᡳᠨ	hūbin	xuvin	圈套	一　一一四
ᡥᡡ	hū	xu	斛，麵糊，脖子	一　一八〇
ᡥᡠᠸᡝᡧᡝᡵᡝᠩᡤᡝ	huwešerengge	xuʂirəŋ	烙的，熨衣服的	一　五四
ᡥᡠᠸᡝᡧᡝᠮᡝ	huwešeme	xuʂim	烙，熨燙衣服	一　五四
ᡥᡠᡨᡠ	hutu	xutu	鬼，醜	五　二四　六四　六六
ᡥᡠᡴᡧᡝᠮᠪᡳ	hukšembi	xukʂim	頂著，感激	一　一六四
ᡥᡠᡴᡧᡝᡥᡝ	hukšehe	xukʂix	頂了，感激	一　七六
ᡥᠣᡨᠣᠨ	hoton	xotun	城	四　二八　五〇　九〇

ᡳᠯᠯᡳᠴᡳᠪᡝ	illicibe	ilaʨivə iʨivə、	雖站立，雖停止	一一四六
ᡳᠯᠯᡳᠴᡳ	illici	iʨi、ilaʨi	若站立，若停止	一一二四
ᡳᠯᡳᠪᡠᡥᠠᠪᡳᠣ	ilibuhabio	ilavəχəi na ivəχəi na、	使立使停了嗎	一六四
ᡳᠯᡳᠪᡠᡶᡳ	ilibufi	ilavəfi ivəfi、	使立，使停止	一七八
ᡳᠯᡳᠪᡠ	ilibu	ivə、ilavə	使立，使停止	一一八四
ᡳᠯᡥᠠᠩᡤᠠ	ilhangga	ilχaŋ	有花的	一四六
ᡳᠯᡥᠠ	ilha	ilχa	花	三八六 九〇 九二
ᡳᠯᡤᠠᡧᠠᠮᡝ	ilgašame	ilχaʂim	閒逛	一九〇
ᡳᠯᡤᠠᠪᡠᡵᠠᡴᡡ	ilgaburakū	ilχavərqu	不使辨別	一一八
ᡳᠯᡝᡨᡠᠰᠠᡴᠠ	iletusaka	ilətusaq	明顯的	一一〇六
ᡳᠯᡝᡨᡠᠯᡝᠪᡠᠮᠪᡳ	iletulebumbi	ilətuləvəm	使顯露	一一〇六
ᡳᠯᡩᡠᠨ	ildun	ildun	順便，方便	一九〇
ᡳᠯᡩᠠᠮᡠ	ildamu	ildam	風流，敏捷	一一一八
ᡳᠯᠪᠠᠨ	ilban	ilva	光，都沒有	一九四
ᡳᠯᠠᠨ	ilan	ilan	三	二八〇 九〇
ᡳᠯᠠᠴᡳ	ilaci	ilaʨi	第三	一六四
ᡳᡴᡳᡵᡳ	ikiri	ixir	一連，沿	二四〇 一七〇
ᡳᠵᠠᡵᡧᠠᠮᡝ	ijaršame	iʥarʂim	笑盈盈	一一七四
ᡳᡩᡠᠴᡳ	iduci	iduʨi	從值班	一五〇
ᡳᡩᡠ	idu	idu	值班	一四八
ᡳᠴᡳ	ici	iʨi	右，向	七二 一六 一八

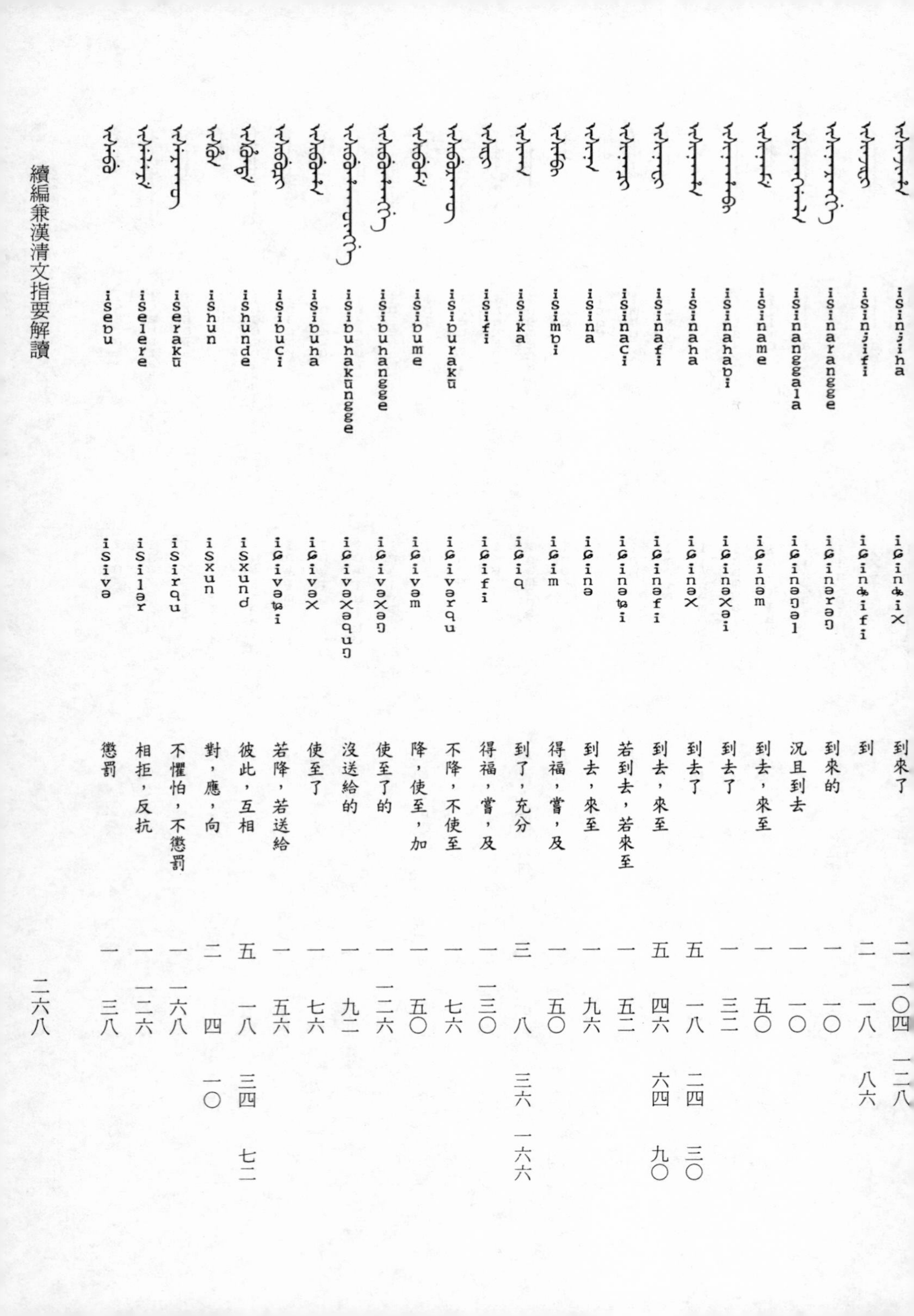

isinjiha	iɕinʥiχ	到來了	二一〇四　一二八
isinjifi	iɕinʥifi	到	二一八　八六
isinarangge	iɕinəɾəŋ	到來的	一一〇
isinanggala	iɕinəŋəl	況且到去	一一〇
isiname	iɕinəm	到去，來至	一五〇
isinahabi	iɕinəχəi	到去了	一三二
isinaha	iɕinəχ	到去了	五一八　二四　三〇
isinafi	iɕinəfi	到去，來至	五四六　六四　九〇
isinaci	iɕinəʨi	若到去，若來至	一五二
isina	iɕinə	到去，來至	一九六
isimbi	iɕim	得福，嘗，及	一五〇
isika	iɕiq	到了，充分	三八　三六　一六六
isifi	iɕifi	得福，嘗，及	一一三〇
isiburakū	iɕivəɾqu	不降，不使至	一七六
isibume	iɕivəm	降，使至，加	一五〇
isibuhangge	iɕivəχəŋ	使至了的	一一二六
isibuhakūngge	iɕivəχəquŋ	沒送給的	一九二
isibuha	iɕivəχ	使至了	一七六
isibuci	iɕivəʨi	若降，若送給	一五六
ishunde	iSxunɗ	彼此，互相	五一八　三四　七二
ishun	iSxun	對，應，向	二四　一〇
iserakū	iSiɾqu	不懼怕，不懲罰	一一六八
iselere	iSiləɾ	相拒，反抗	一一二六
isebu	iSivə	懲罰	一三八

ᠵᡝ	je	ʤə	小米，是	三 七二 一〇四 一六八
ᠵᠠᠶᠠᠨ	jayan	ʤajin	牙關	二 一二六 一四六
ᠵᠠᡵᡳᠨ	jarin	ʤarin	麝香	一 八六
ᠵᠠᠩᠵᠠᠩ	jangjang	ʥaŋʥaŋ	群鳥爭鳴聲	一 九〇
ᠵᠠᠮᠠᡵᠠᠮᡝ	jamarame	ʤamərəm	爭吵	一 八二
ᠵᠠᠯᡠ	jalu	ʤalu	滿，溢	一 二八
ᠵᠠᠯᡳᠨ	jalin	ʥəlin	為	一 一七六
ᠵᠠᠯᠠᠨ	jalan	ʤalən	世，輩，隊	九 一八 一八 四二
ᠵᠠᠯᠠᡥᡳ	jalahi	ʤalxi	侄子	一 二四
ᠵᠠᡴᡡᠨᠵᡠ	jakūnju	ʤaqunʤi	八十	一 四六
ᠵᠠᡴᡡᠨ	jakūn	ʤaqun	八	三 二八 二八 三〇
ᠵᠠᡴᠠᠨ	jakan	ʤaqən	新近，方才	四 二八 四八 七四
ᠵᠠᡴᠠᡩᡝ	jakade	ʤaqaɗ	因為，跟前	二三 一〇 一四 一八
ᠵᠠᡴᠠ	jaka	ʤaq	物，隙，為，剛	一七 一四 五六 六六
ᠵᠠᡳᠯᠠᡨᠠᠮᡝ	jailatame	ʥəlintəm	去躲懶	一 二六
ᠵᠠᡳᠯᠠᠮᡝ	jailame	ʥəlim	躲避，回避	一 一六八
ᠵᠠᡳᠯᠠᡴᡳ	jailaki	ʥəliki	欲躲避	一 一四
ᠵᠠᡳᠯᠠᠪᡠᠮᡝ	jailabume	ʥəlivəm	使避開，挪開	一 一四
ᠵᠠᡳᡩᡝ	jaide	ʤaiɗ	於第二	一 七〇
ᠵᠠᡳ	jai	ʤai	第二，再	二三 一六 一六 三八
ᠵᠠᡥᡡᡩᠠᡳ	jahūdai	ʤaXuɗai	船	四 一六 九〇 九〇
ᠵᠠᡶᠠᡵᠠᠩᡤᡝ	jafarangge	ʤavərəŋ	捉拿的	一 九八
ᠵᠠᡶᠠᡵᠠ	jafara	ʤavər	捉拿，捐納	五 一〇 三六 五四
ᠵᠠᡶᠠᡧᠠᡵᠠᡴᡡ	jafašarakū	ʤavəʂərqu	不拿，不在手	一 一五〇

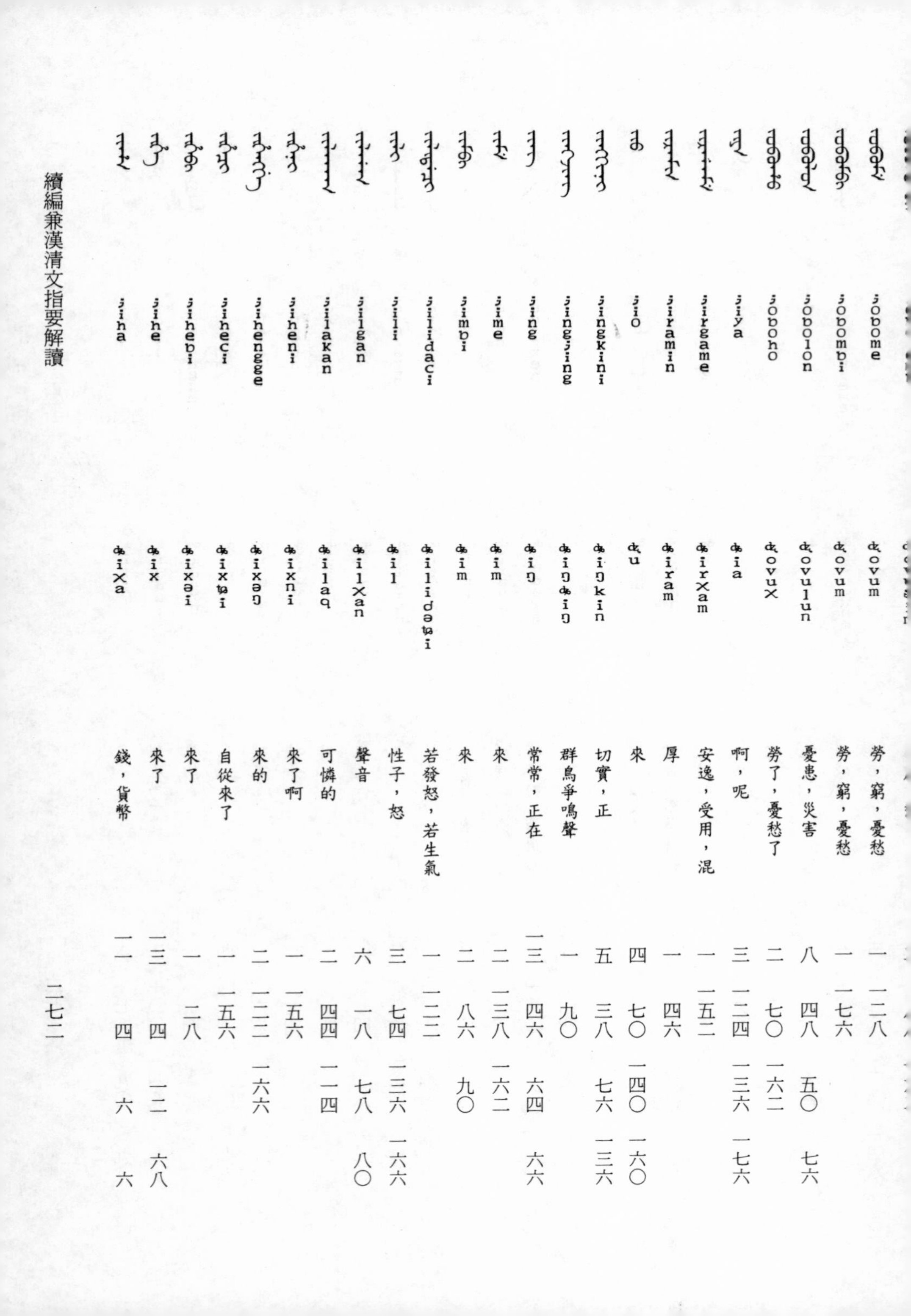

jobome	dʐovum	勞，窮，憂愁	一 一二八
jobombi	dʐovum	勞，窮，憂愁	一 一七六
jobolon	dʐovulun	憂患，災害	八 四八 五〇 七六
joboho	dʐovuχ	勞了，憂愁了	二 七〇 一六二
jiya	dʑia	啊，呢	三 一二四 一三六 一七六
jirgame	dʑirχam	安逸，受用，混	一 一五二
jiramin	dʑiram	厚	一 四六
jio	dʐu	來	四 七〇 一四〇 一六〇
jingkini	dʑiŋkin	切實，正	五 三八 七六 一三六
jingjing	dʑiŋdʑiŋ	群鳥爭鳴聲	一 九〇
jing	dʑiŋ	常常，正在	一三 四六 六四 六六
jime	dʑim	來	二 一三八 一六二
jimbi	dʑim	來	二 八六 九〇
jilidaci	dʑilidətɕi	若發怒，若生氣	一 一二二
jili	dʑil	性子，怒	三 七四 一三六 一六六
jilgan	dʑilχan	聲音	六 一八 七八 八〇
jilakan	dʑilaq	可憐的	二 四四 一一四
jiheni	dʑixni	來了啊	一 一五六
jihengge	dʑixəŋ	來的	二 一二二 一六六
jiheci	dʑixtɕi	自從來了	一 一五六
jihebi	dʑixəi	來了	一 二八
jihe	dʑix	來了	一三 四 一二 六八
jiha	dʑiχa	錢，貨幣	一 四 六 六

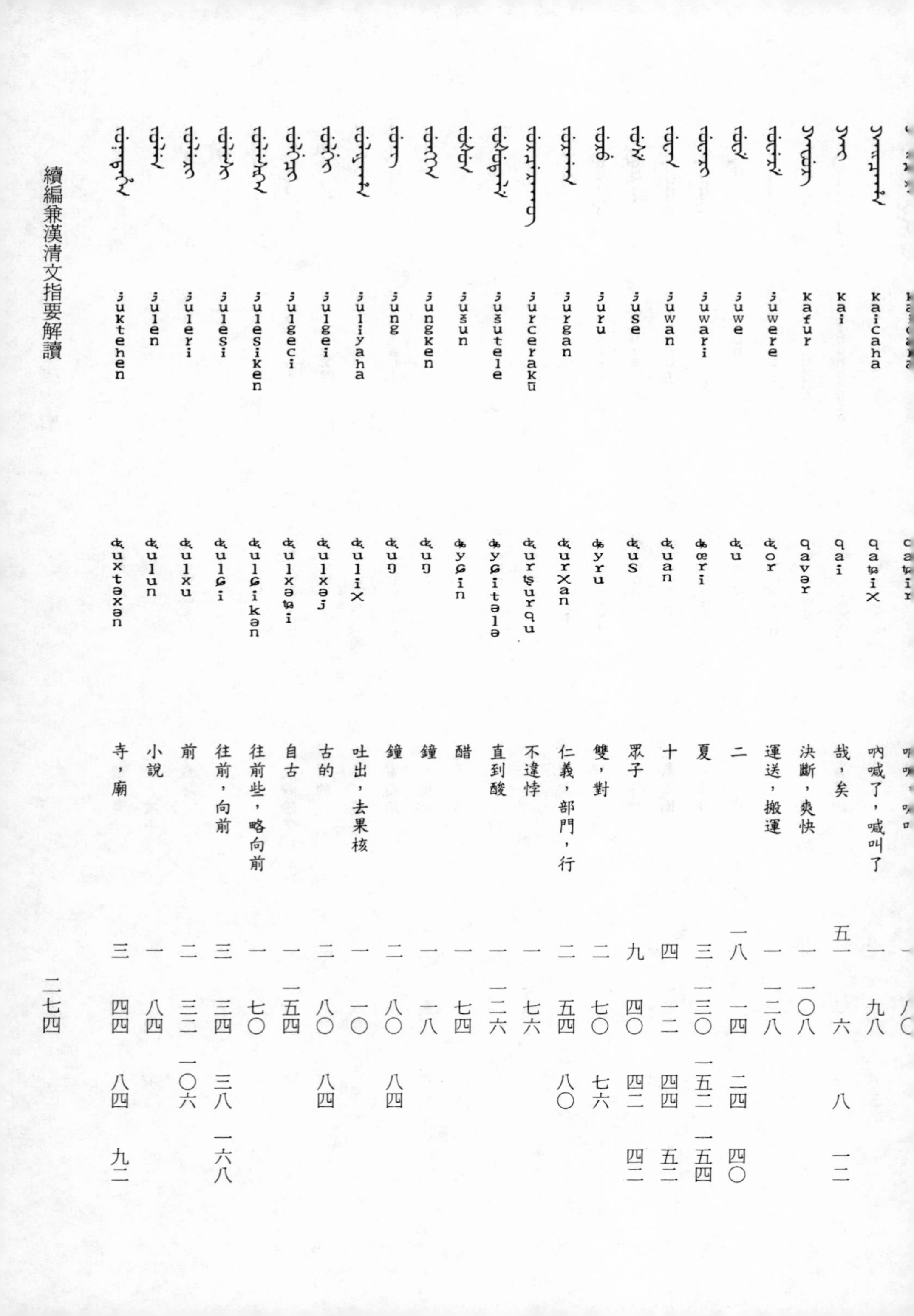

kaicaha	qatɕiχ	吶喊了，喊叫了	一 九八
kai	qai	哉，矣	五一 六 八 一二
kafur	qavər	決斷，爽快	一 一〇八
juwere	ʥor	運送，搬運	一 一二八
juwe	ʥu	二	一八 一四 二四 四〇
juwari	ʥœri	夏	三 一三〇 一五二 一五四
juwan	ʥuan	十	四 一二 四四 五二
juse	ʥuS	眾子	九 四〇 四二 四二
juru	ʥyru	雙，對	二 七〇 七六
jurgan	ʥurχan	仁義，部門，行	二 五四 八〇
jurcerakū	ʥurʈʂurqu	不違悖	一 七六
jušutele	ʥyɕitələ	直到酸	一 一二六
jušun	ʥyɕin	醋	一 七四
jungken	ʥuŋ	鐘	一 一八
jung	ʥuŋ	鐘	二 八〇 八四
juliyaha	ʥuliχ	吐出，去果核	一 一〇
julgei	ʥulxəj	古的	二 八〇 八四
julgeci	ʥulxətɕi	自古	一 一五四
julesiken	ʥulɕikən	往前些，略向前	一 七〇
julesi	ʥulɕi	往前，向前	三 三四 三八 一六八
juleri	ʥulxu	前	二 三二 一〇六
julen	ʥulun	小說	一 八四
juktehen	ʥuxtəxən	寺，廟	三 四四 八四 九二

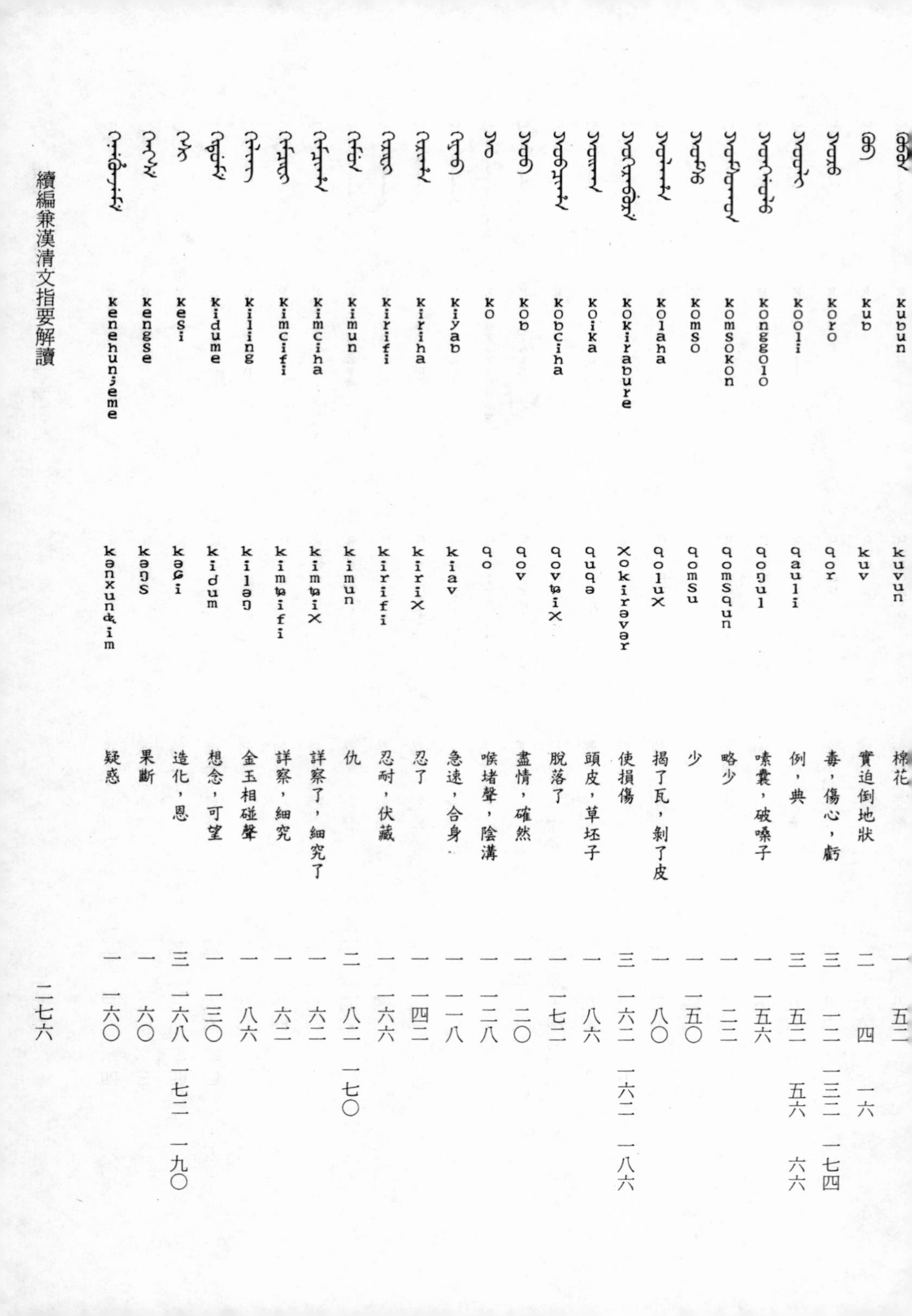

kubun	kuvun	棉花	一五二
kub	kuv	實迫倒地狀	二 四 一一六
koro	qor	毒，傷心，虧	三 一二 一三三 一七四
kooli	qauli	例，典	三 五二 五六 六六
konggolo	qoŋul	嗉囊，破嗓子	一 五六
komsokon	qomsqun	略少	一 二三
komso	qomsu	少	一 五〇
kolaha	qoluχ	揭了瓦，剝了皮	一 八〇
kokirabure	χokirəvər	使損傷	三 一六二 一六二 一八六
koika	quqə	頭皮，草坯子	一 八六
kobciha	qovʧiχ	脫落了	一 七二
kob	qov	盡情，確然	一 二〇
ko	qo	喉堵聲，陰溝	一 二八
kiyab	kiav	急速，合身	一 一八
kiriha	kiriχ	忍了	一 四二
kirifi	kirifi	忍耐，伏藏	一 六六
kimun	kimun	仇	二 八二 一七〇
kimciha	kimʧiχ	詳察了，細究了	一 六二
kimcifi	kimʧifi	詳察，細究	一 六二
kiling	kiləŋ	金玉相碰聲	一 八六
kidume	kidum	想念，可望	一 三〇
kesi	kəɕi	造化，恩	三 一六八 一七二 一九〇
kengse	kəŋs	果斷	一 六〇
kenehunjeme	kənxunʤim	疑惑	一 六〇

ᠮᠠᡥᠠᠯᠠ	mahala	maXal	冠，帽	二	五四 九八
ᠮᠠᡶᠠᡳ	mafai	mafəi	祖父的，老翁的	一	七二
ᠮᠠᡶᠠ	mafa	maf	祖父，老翁	一	二八
ᠮᠠ	ma	ma	給	一	五八
ᠯᡠᡴᡠ	luku	luku	厚，茂密	一	四六
ᠯᡠᡩᡠᡵ	ludur	ludur	稠黏，潮熱	一	五二
ᠯᠣᠣᠶᡝᠰᠠ	looyesa	laujəS	老爺們	四	七〇 七〇 七〇
ᠯᠣᡥᠣ	loho	loXu	腰刀	三	一四 一四 六八
ᠯᡳᠶᠠᡵ	liyar	liar	悉軟，略黏	一	一四四
ᠯᡳᡶᠠ	lifa	liva	深入敵營	一	六
ᠯᡝᠣᠯᡝᡵᡝ	leolere	ləulər	談論，議論	一	五二
ᠯᡝᠣᠯᡝᠮᡝ	leoleme	ləuləm	談論，議論	一	一五六
ᠯᡝᠣᠯᡝᠮᠪᡳ	leolembi	ləuləm	談論，議論	一	三四
ᠯᡝᠣᠯᡝᡥᡝ	leolehe	ləuləx	談論了，議論了	一	六
ᠯᡝᠣᠯᡝᠴᡳ	leoleci	ləuləʨi	若談論，若議論	二	八八 一二三
ᠯᡝᡴᠰᡝᡳ	leksei	ləkSəi	一齊行動，完全	二	一四四 一六六
ᠯᡝᡴᡩᡝᡥᡠᠨ	lekdehun	ləxdəxun	垂遮	一	六六
ᠯᡝᡥᡝᠯᡝ	lehele	ləxəl	雜種	一	一三六
ᠯᡝᠪ	leb	ləv	冷不防捉住	一	九八
ᠯᠠᠰᡳᡥᡳᠮᡝ	lasihime	ləɕixim	搖擺手	一	一四
ᠯᠠᠰᡳᡥᡳᠪᡠᡵᡝ	lasihibure	ləɕixivər	使摔，使草寫	一	一〇
ᠯᠠᠰᡥᠠᠯᠠᡵᠠᡴᡡ	lashalarakū	lasXələrqu	不裁決，不截斷	一	一〇八
ᠯᠠᠰᡥᠠᠯᠠᠮᡝ	lashalame	lasXələm	裁決，截斷	二	八二 一三四
ᠯᠠᠰᡥᠠᠯᠠᡴᡳᠨᡳ	lashalakini	lasXələkini	欲裁決，欲截斷	一	三八

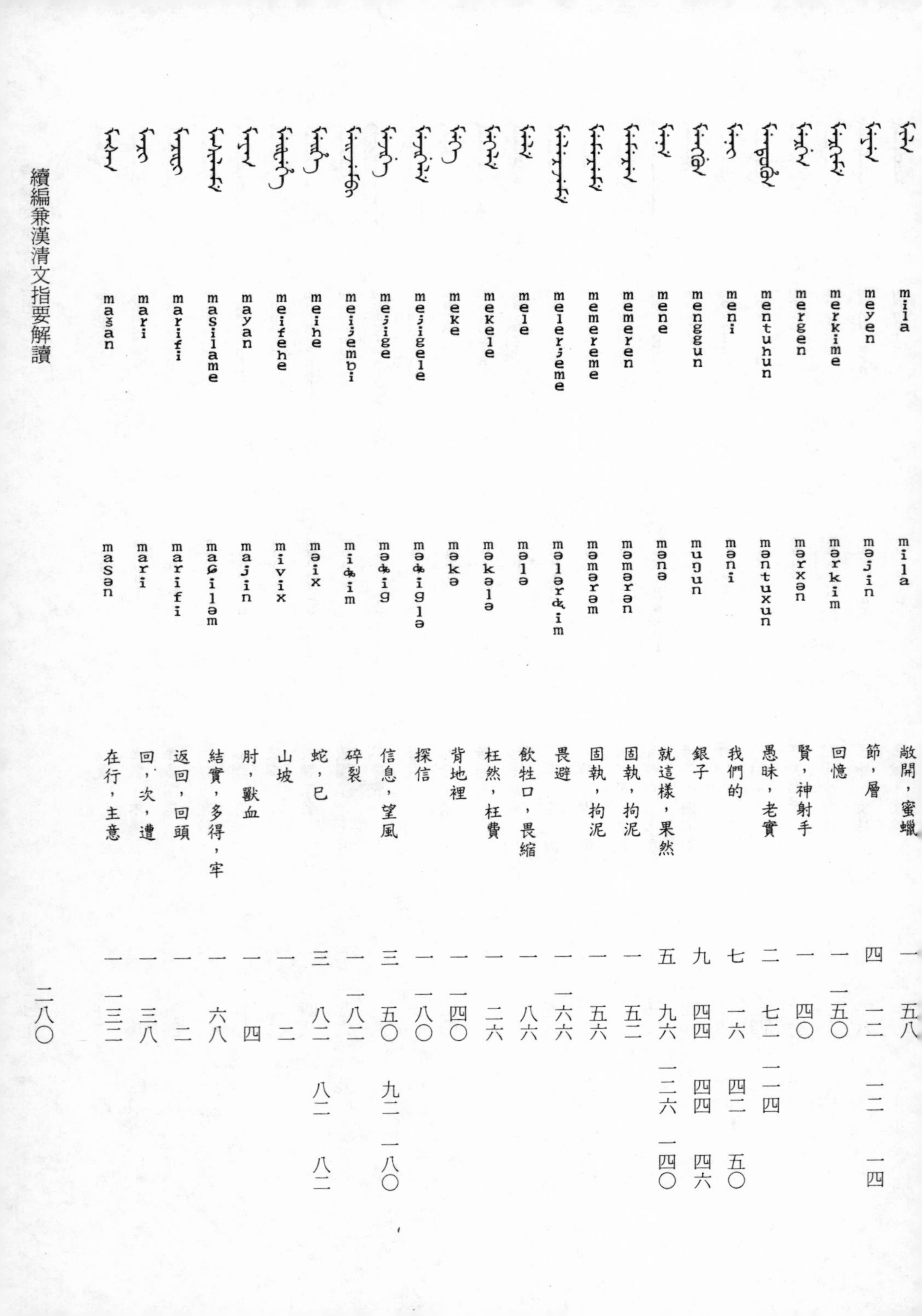

mila	mila	敞開，蜜蠟	一 五八
meyen	məjin	節，層	四 一二 一二 一四
merkime	mərkim	回憶	一 一五〇
mergen	mərxən	賢，神射手	一 四〇
mentuhun	məntuxun	愚昧，老實	二 七二 一一四
meni	məni	我們的	七 一六 四二 五〇
menggun	muŋun	銀子	九 四四 四四 四六
mene	mənə	就這樣，果然	五 九六 一二六 一四〇
memeren	məmərən	固執，拘泥	一 五二
memereme	məmərəm	固執，拘泥	一 五六
melerjeme	mələrʤim	畏避	一 一六六
mele	mələ	飲牲口，畏縮	一 八六
mekele	məkələ	枉然，枉費	一 二六
meke	məkə	背地裡	一 一四〇
mejigele	məʥiglə	探信	一 一八〇
mejige	məʥig	信息，望風	三 五〇 九二 一八〇
meijembi	miʥim	碎裂	一 一八二
meihe	məix	蛇，巳	三 八二 八二 八二
meifehe	mivix	山坡	一 二
mayan	majin	肘，獸血	一 四
masilame	maɕiləm	結實，多得，牢	一 六八
marifi	marifi	返回，回頭	一 二
mari	mari	回，次，遭	一 三八
mašan	maʂən	在行，主意	一 一三二

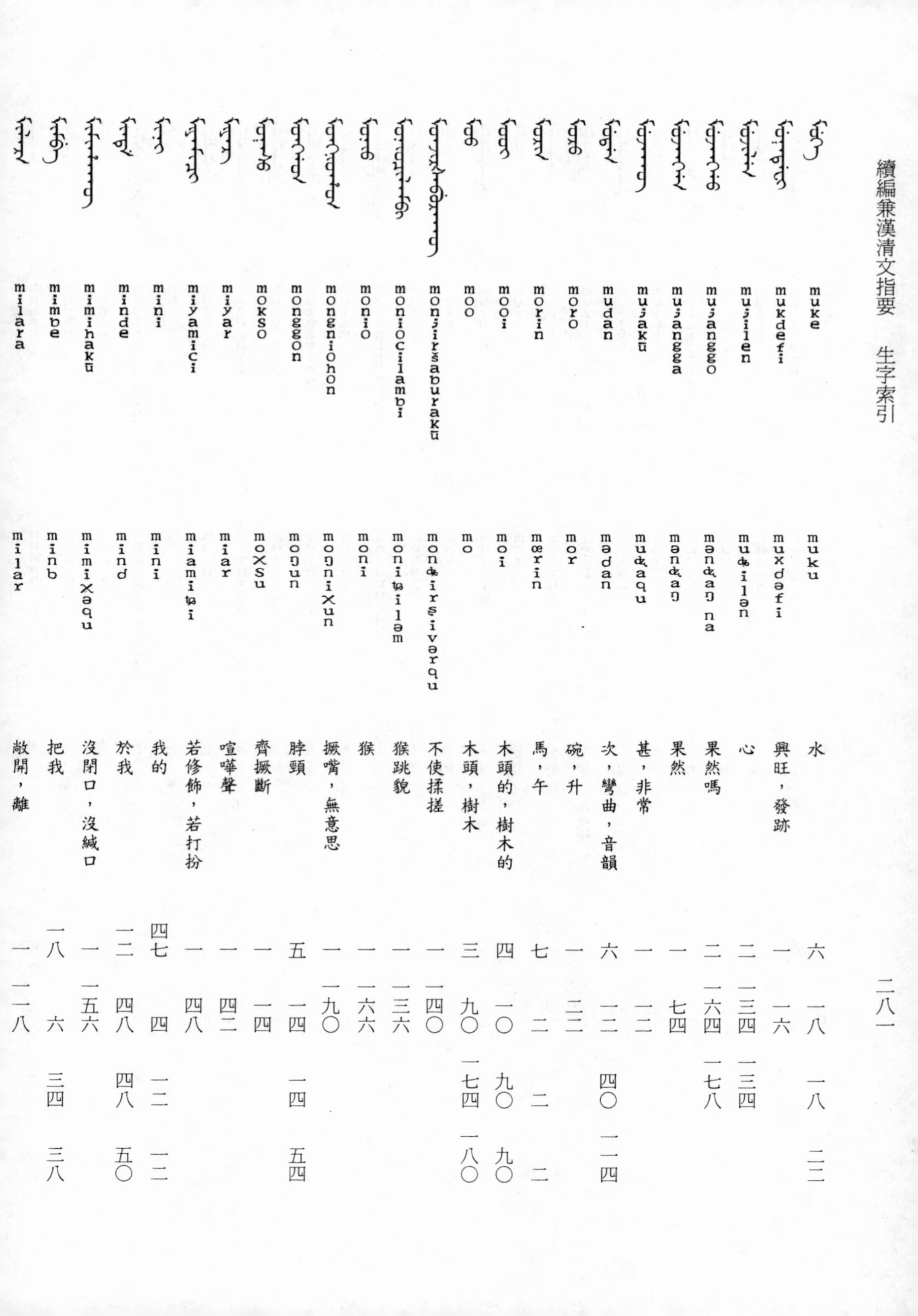

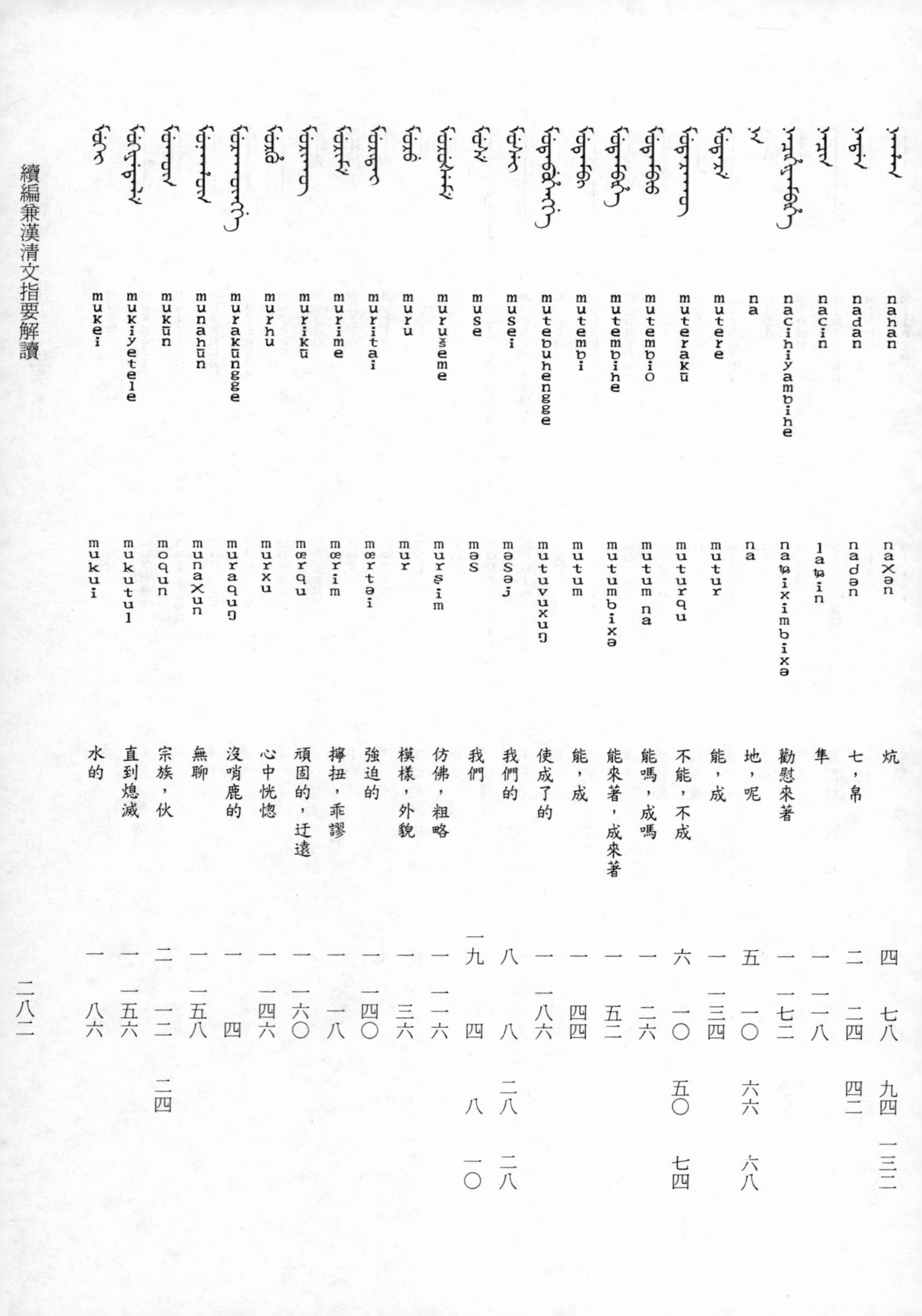

nahan	naXən	炕	四 七八 九四 一三二
nadan	nadən	七，帛	二 二四 四二
nacin	laʨin	隼	一 一一八
nacihiyambihe	naʨiximbixə	勸慰來著	一 一七二
na	na	地，呢	五 一〇 六六 六八
mutere	mutur	能，成	一 一三四
muterakū	muturqu	不能，不成	六 一〇 五〇 七四
mutembio	mutum na	能嗎，成嗎	一 一二六
mutembihe	mutumbixə	能來著，成來著	一 五二
mutembi	mutum	能，成	一 四四
mutebuhengge	mutuvuxuŋ	使成了的	一 一八六
musei	məʂəj	我們的	八 八 二八 二八
muse	məS	我們	一九 四 八 一〇
murušeme	murʂim	仿佛，粗略	一 一二六
muru	mur	模樣，外貌	一 三六
muritai	mœrtəi	強迫的	一 一四〇
murime	mœrim	擰扭，乖謬	一 一一八
murikū	mœrqu	頑固的，迂遠	一 一六〇
murhu	murxu	心中恍惚	一 一四六
murakūngge	muraquŋ	沒哨鹿的	一 四
munahūn	munaXun	無聊	一 一五八
mukūn	moqun	宗族，伙	二 一二 二四
mukiyetele	mukutul	直到熄滅	一 一五六
mukei	mukui	水的	一 八六

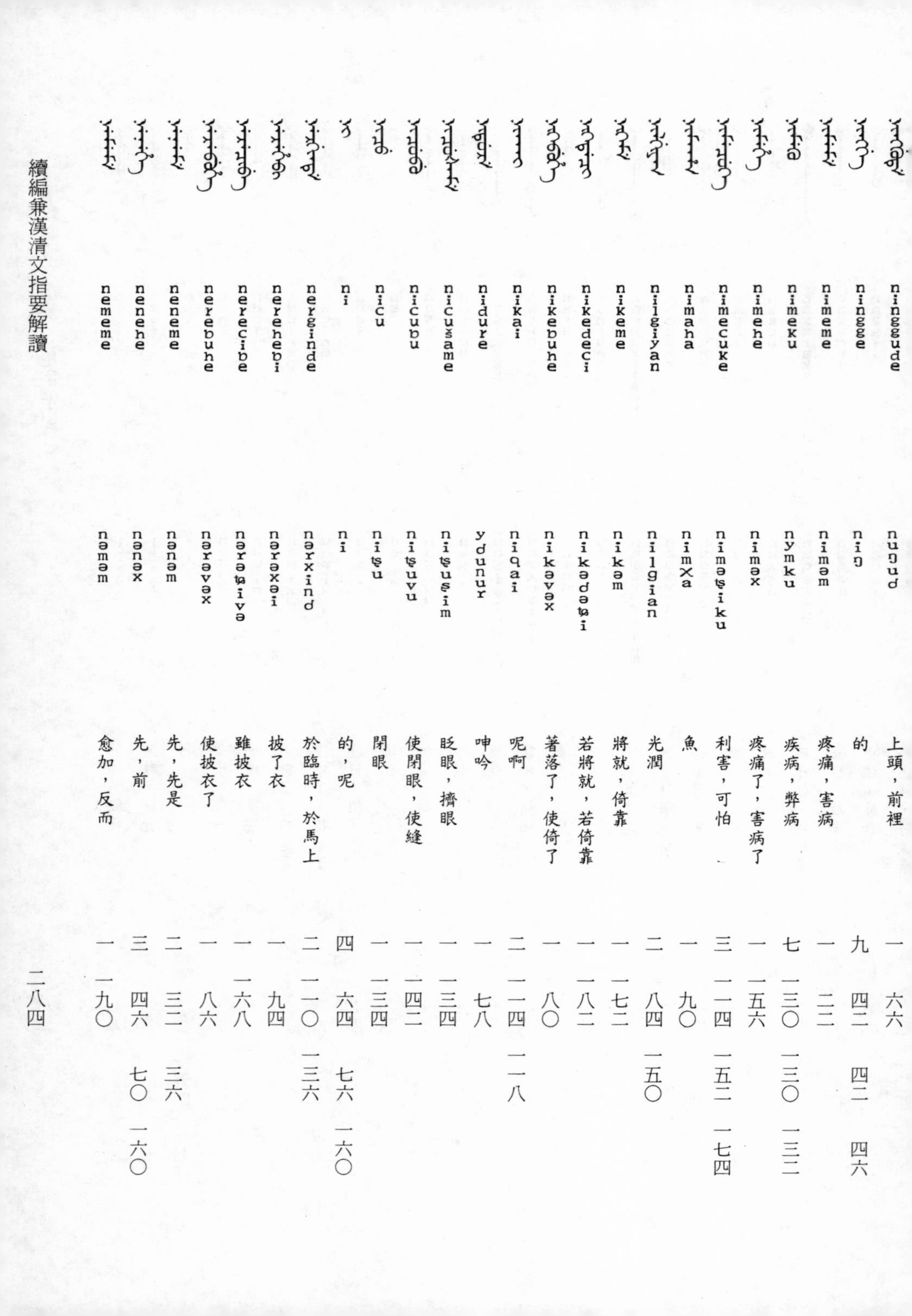

ninggude	nuŋuɗ	上頭，前裡	一	六六
ningge	niŋ	的	九	四二 四二 四六
nimeme	niməm	疼痛，害病	一	二二
nimeku	nymku	疾病，弊病	七	一三〇 一三〇 一三二
nimehe	niməx	疼痛了，害病了	一	一五六
nimecuke	niməʈʂiku	利害，可怕	三	一一四 一五二 一七四
nimaha	nimχa	魚	一	九〇
nilgiyan	nilgian	光潤	二	八四 一五〇
nikeme	nikəm	將就，倚靠	一	一七二
nikedeci	nikəɗəʨi	若將就，若倚靠	一	一八二
nikebuhe	nikəvəx	著落了，使倚了	一	八〇
nikai	niqai	呢啊	二	一一四 一一八
nidure	yɗunuɾ	呻吟	一	七八
nicušame	niʈʂuʂim	眨眼，擠眼	一	一三四
nicubu	niʈʂuvu	使閉眼，使縫	一	一四二
nicu	niʈʂu	閉眼	一	一三四
ni	ni	的，呢	四	六四 七六 一六〇
nerginde	nəɾxinɗ	於臨時，於馬上	二	一一〇 一三六
nerehebi	nəɾəxəi	披了衣	一	九四
nerecibe	nəɾəʨivə	雖披衣	一	一六八
nerebuhe	nəɾəvəx	使披衣了	一	八六
neneme	nənəm	先，先是	二	三二 三六
nenehe	nənəx	先，前	三	四六 七〇 一六〇
nememe	nəməm	愈加，反而	一	一九〇

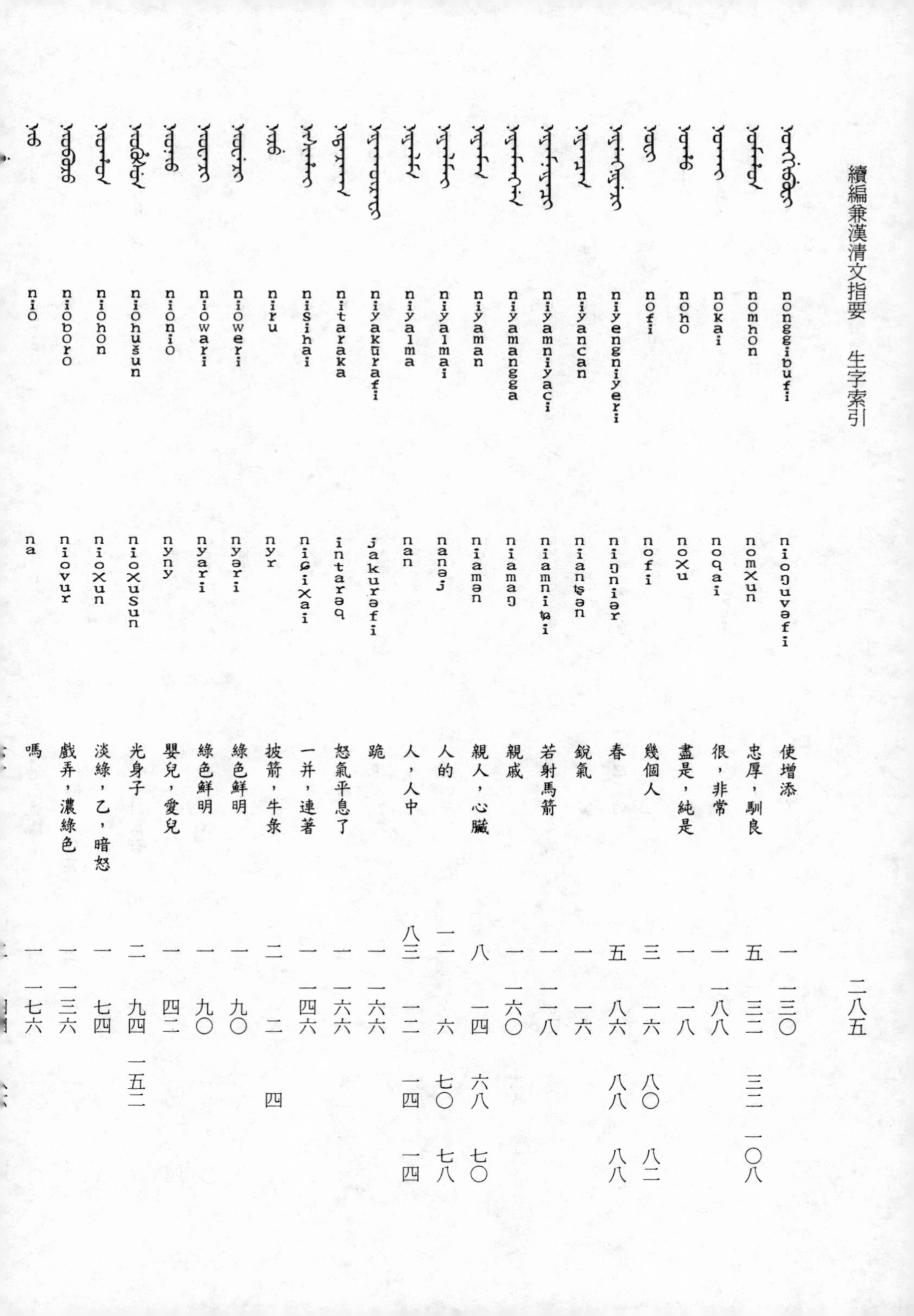

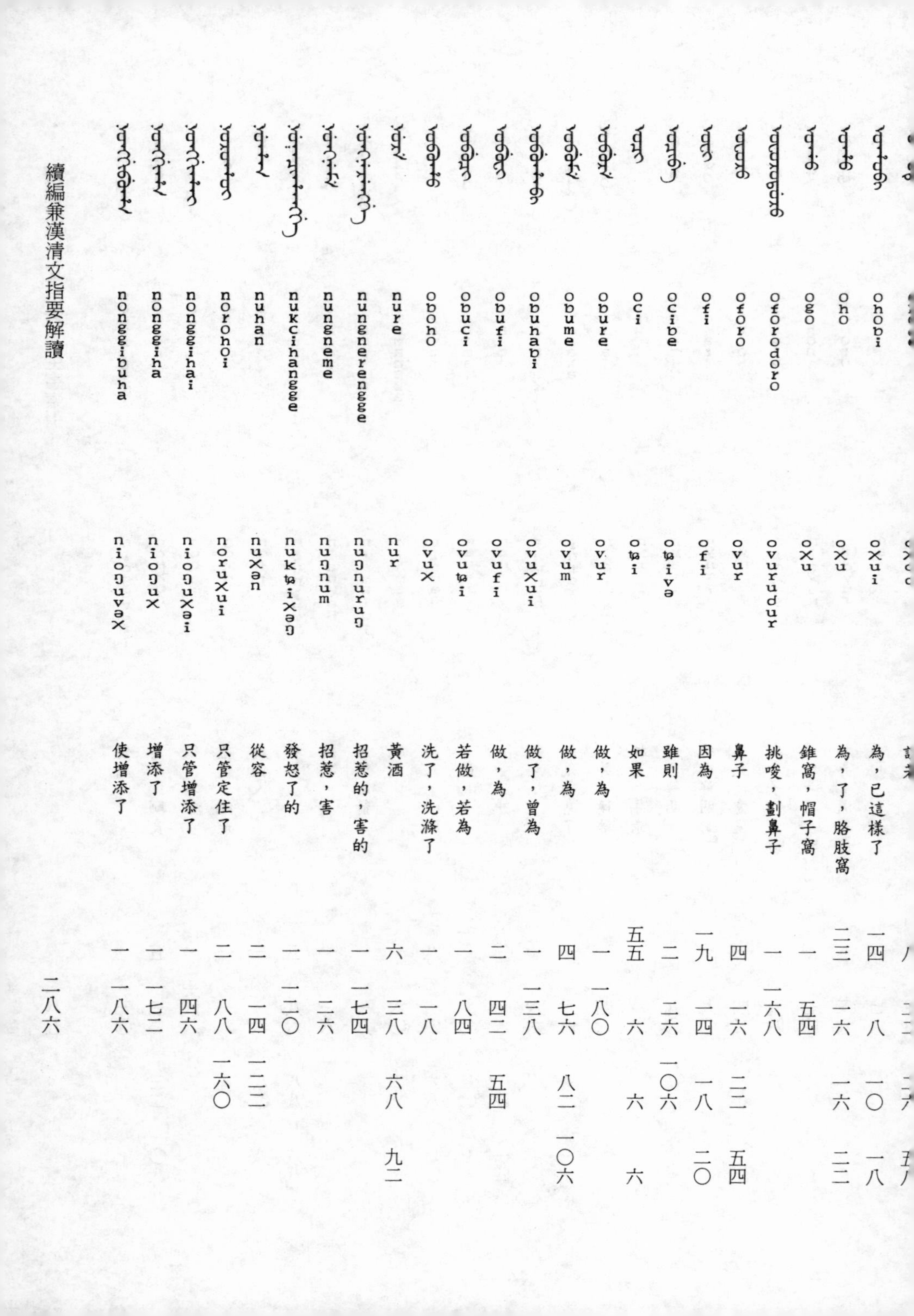

ohobi	oXui	為，已這樣了	一四 八 一〇 一八
oho	oXu	為，了，胳肢窩	二三 一六 一六 二三
ogo	oXu	錐窩，帽子窩	一 五四
oforodoro	ovuruɗur	挑唆，劃鼻子	一 一六八
oforo	ovur	鼻子	四 一六 二三 五四
ofi	ofi	因為	一九 一四 一八 二〇
ocibe	oʨivə	雖則	二 二六 一〇六
oci	oʨi	如果	五五 六 六 六
obure	ovur	做，為	一 一八〇
obume	ovum	做，為	四 七六 八二 一〇六
obuhabi	ovuXui	做了，曾為	一 一三八
obufi	ovufi	做，為	二 四二 五四
obuci	ovuʨi	若做，若為	一 八四
oboho	ovuX	洗了，洗滌了	一 一八
nure	nur	黃酒	六 三八 六八 九二
nungnerengge	nuŋnuruŋ	招惹的，害的	一 一七四
nungneme	nuŋnum	招惹，害	一 二六
nukcihangge	nukʨiXəŋ	發怒了的	一 一二〇
nuhan	nuXən	從容	二 一四 一二三
norohoi	noruXui	只管定住了	二 八八 一六〇
nonggihai	nioŋuXəi	只管增添了	一 四六
nonggiha	nioŋuX	增添了	一 一七二
nonggibuha	nioŋuvəX	使增添了	一 一八六

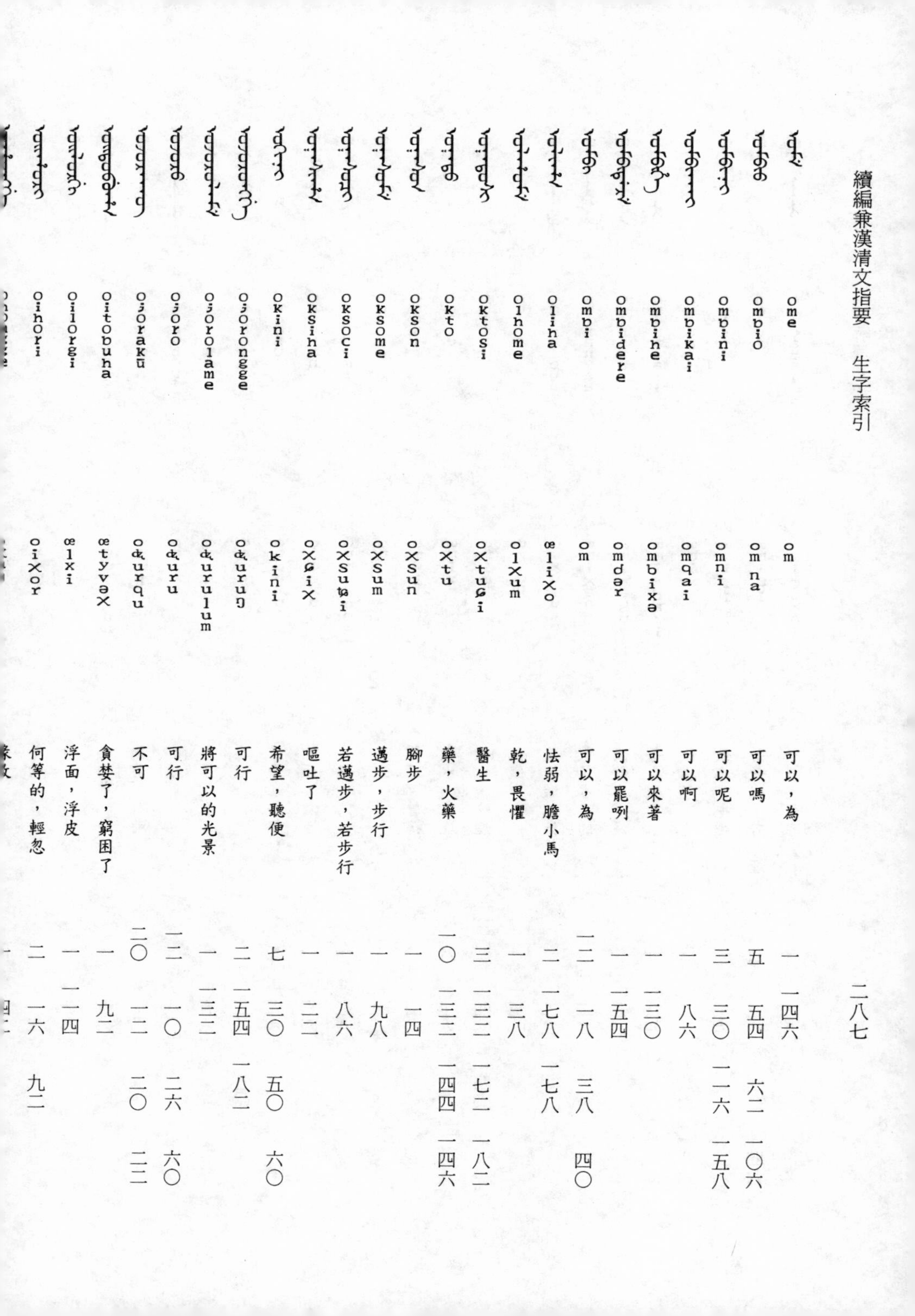

羅馬轉寫	音標	漢義	頁碼			
oron	orun	影子，官缺	四	六	六二	六八
orhoi	orXui	草的	二	二	九〇	
orho	orXu	草	一	一六		
onggolokon	oŋuluqun	略預前	一	五〇		
onggolo	oŋul	預前，河港	一	一〇		
onggohobi	oŋuXui	忘了	一	一八〇		
onggoho	oŋuX	忘了	一	一五六		
onggofi	oŋufi	忘	二	三八	一五〇	
ondohoi	onduXui	只管亂弄了	一	一二六		
oncohon	onʈʂuXun	仰面，傲慢	一	三四		
oncodome	onʈʂudum	寬恕	一	三八		
on	on	路程	一	一一八		
omosi	omɕi	衆孫，曾孫	一	四〇		
omire	œmir	飲水，吃煙	六	三六	三八	六八
omimbi	œmim	飲水，吃煙	二	四〇	四〇	
omihon	œmXun	飢餓	一	一三〇		
omiholobu	œmXuluvu	使捱餓，餓著	一	二三		
omihangge	œmiXəŋ	飲了水了的	一	二三		
omihakū	œmiXəqu	沒飲水，沒吃煙	一	一三三		
omihadari	œmiXdari	每次飲了水了	一	一八四		
omiha	œmiX	飲水了，吃煙了	三	二三	一八六	一八六
omifi	œmifi	飲水，吃煙	一	三六		
omici	œmiʨi	若飲水，若吃煙	七	三八	九二	一四六
omicahai	œmiʈʂəXəi	一直共飲了	一	一八		

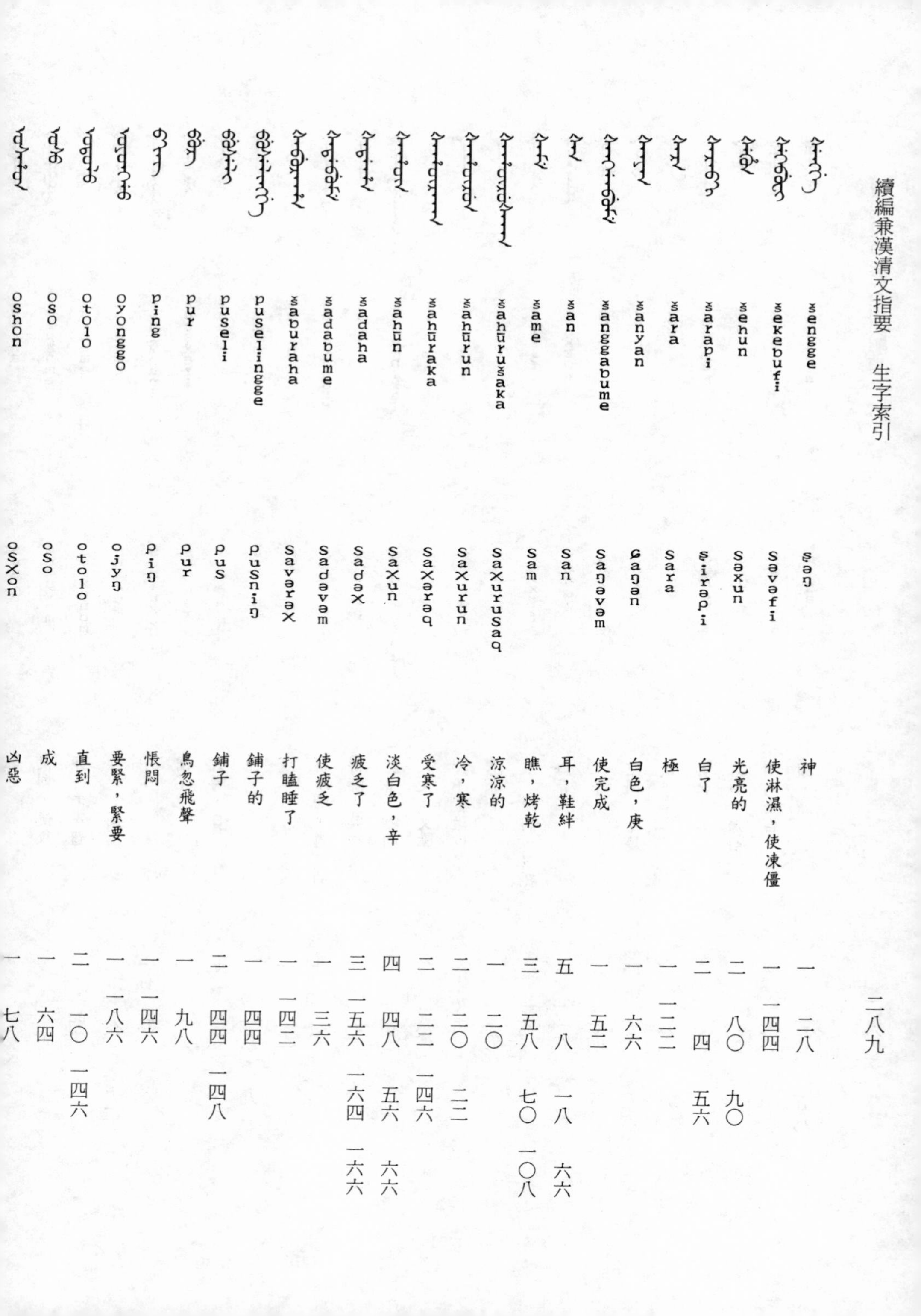

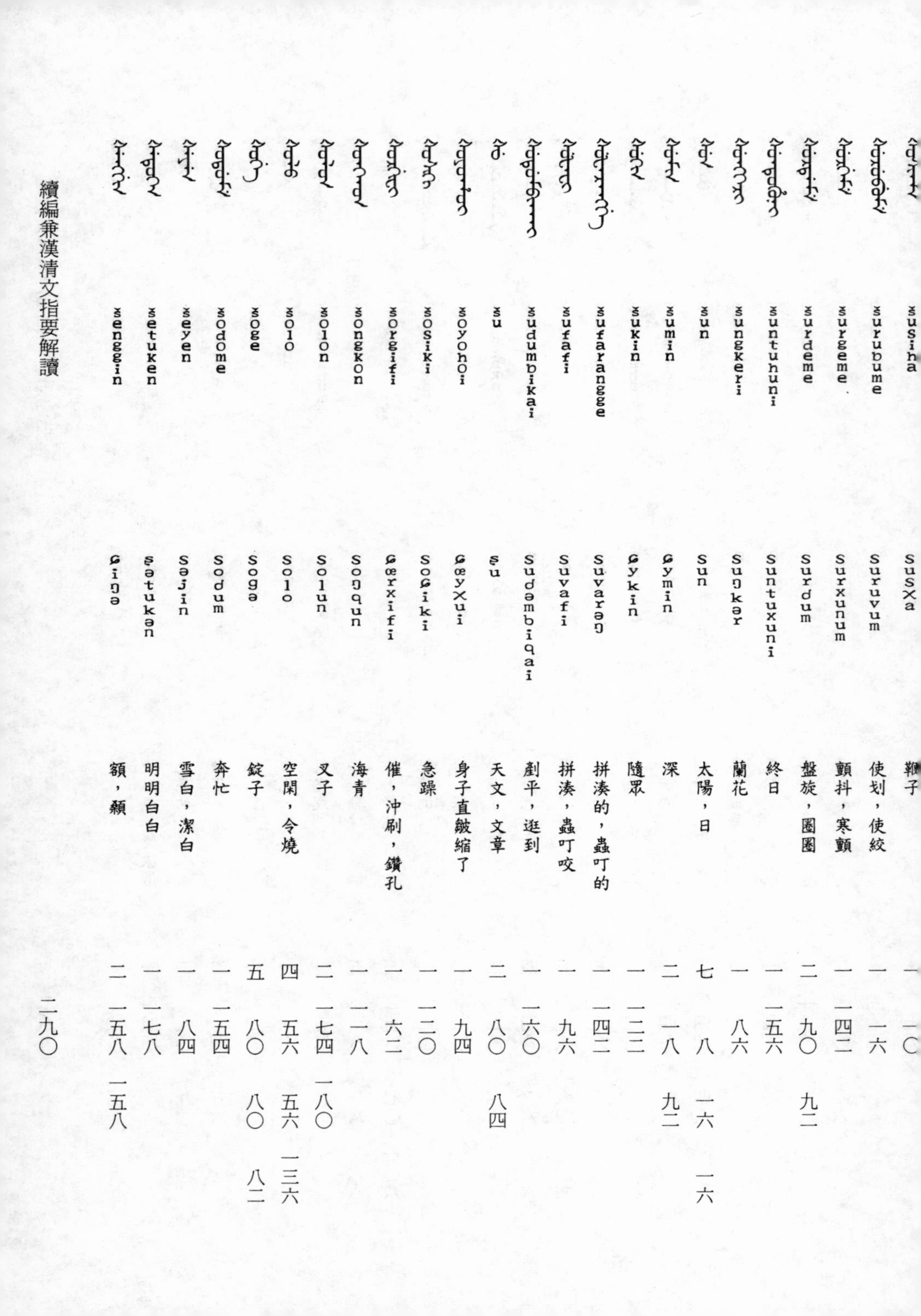

šusiha	susχa	鞭子	一	一〇
šurubume	suruvum	使划，使絞	一	一六
šurgeme	surxunum	顫抖，寒顫	一	一四二
šurdeme	surdum	盤旋，圈圈	二	九〇　九二
šuntuhuni	suntuxuni	終日	一	一五六
šungkeri	suŋkər	蘭花	一	八六
šun	sun	太陽，日	七	八　一六　一六
šumin	ɕymin	深	二	一八　九二
šukin	ɕykin	隨眾	一	一二三
šufarangge	suvarəŋ	拼湊的，蟲叮的	一	一四二
šufafi	suvafi	拼湊，蟲叮咬	一	九六
šudumbikai	sudəmbiqai	劃平，逛到	一	一六〇
šu	ʂu	天文，文章	二	八〇　八四
šoyohoi	ɕœyχui	身子直皺縮了	一	九四
šosiki	soɕiki	急躁	一	一二〇
šorgifi	ɕœrxifi	催，沖刷，鑽孔	一	六二
šongkon	soŋqun	海青	一	一一八
šolon	solun	叉子	二	一七四　一八〇
šolo	solo	空閑，令燒	四	五六　五六　一三六
šoge	sogə	錠子	五	八〇　八〇　八二
šodome	sodum	奔忙	一	一五四
šeyen	səjin	雪白，潔白	一	八四
šetuken	ʂətukən	明明白白	一	一七八
šenggin	ɕiŋə	額，顙	二	一五八　一五八

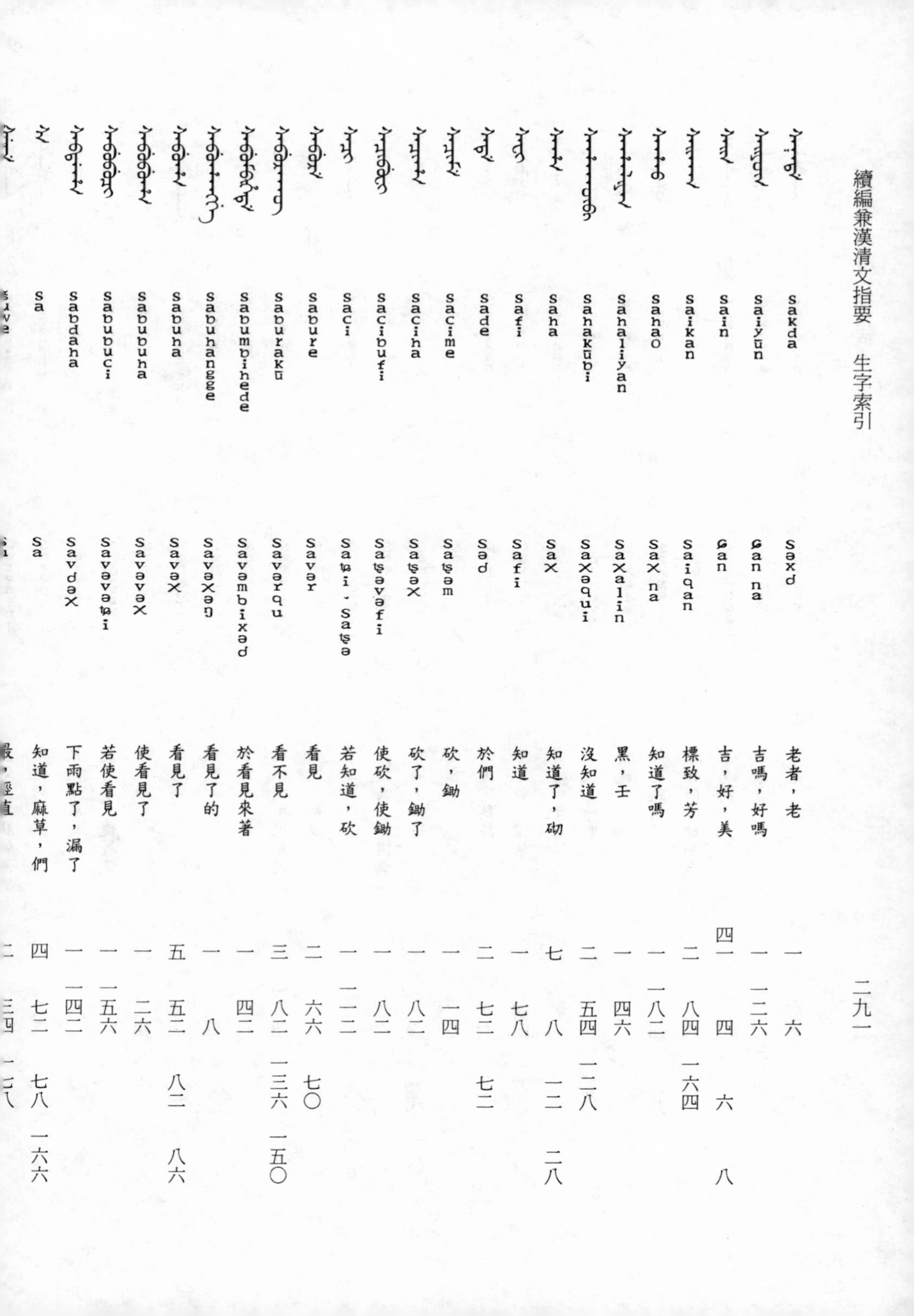

ᠰᠠᡵᠪᠠᡨᠠᠯᠠ	sarbatala	ɕarvatəl	直到大字形射著	一 六八
ᠰᠠᡵᠠᠩᡤᡝ	sarangge	sarəŋ	知道的	一 一八二
ᠰᠠᡵᠠᡶᡳ	sarafi	sarəfi	張開，展翅	一 二
ᠰᠠᡵᠠᠪᡠᡥᠠ	sarabuha	sarəvəχ	使開了，使展了	一 一三六
ᠰᠠᡵᠠ	sara	sar	傘，知	三 三四 四〇 一二八
ᠰᠠᠩᠰᠠᡵᠠᡴᠠ	sangsaraka	saŋsərəq	已舊爛	一 二四
ᠰᠠᠩᡤᡡ	sanggū	saŋɢu	該啊	一 九四
ᠰᠠᠩᡤᠠ	sangga	saŋ	窗戶眼，溝口孔	一 一三八
ᠰᠠᠮᡦᡳ	sampi	sampi	很伸開，很知道	一 一五四
ᠰᠠᠮᡝ	same	sam	伸開，知道	二 八 五八
ᠰᠠᠮᡩᠠᠴᡳ	samdaci	samdəʨi	若跳神	一 二六
ᠰᠠᠮᠪᡳᠣ	sambio	sam na	伸開嗎，知道嗎	一 二六
ᠰᠠᠮᠪᡳ	sambi	sam	伸開，知道	三 一二 一五八 一八二
ᠰᠠᠯᡠ	salu	sal	鬍鬚	一 四
ᠰᠠᠯᡳᠶᠠᠨ	saliyan	ɕəlin	僅足，稍夠	一 八六
ᠰᠠᠯᡳᠮᠪᡳ	salimbi	ɕəlim	承，執，價值	二 四四 四六
ᠰᠠᠯᡳᡥᠠ	saliha	ɕəliχ	承了，執了	一 一八六
ᠰᠠᠯᡤᠠᠪᡠᠨ	salgabun	salχəvən	天性，命數	二 六八 七〇
ᠰᠠᡴᠰᡳᠮᡝ	saksime	saχɕim	慌速	一 一八二
ᠰᠠᡴᠰᠠᡵᡳ	saksari	saχsəri	仰面跌倒了	二 三四 一六八
ᠰᠠᡴᡳᠨᡳ	sakini	sakini	欲伸開，欲知道	一 一二六
ᠰᠠᡴᡩᠠᠰᠠᡳ	sakdasai	səxdəsəj	眾老的	一 五二
ᠰᠠᡴᡩᠠᠰᠠ	sakdasa	səxdəs	眾老者	二 一三〇 一三二
ᠰᠠᡴᡩᠠᡵᠠ	sakdara	səxdər	年老	一 五六

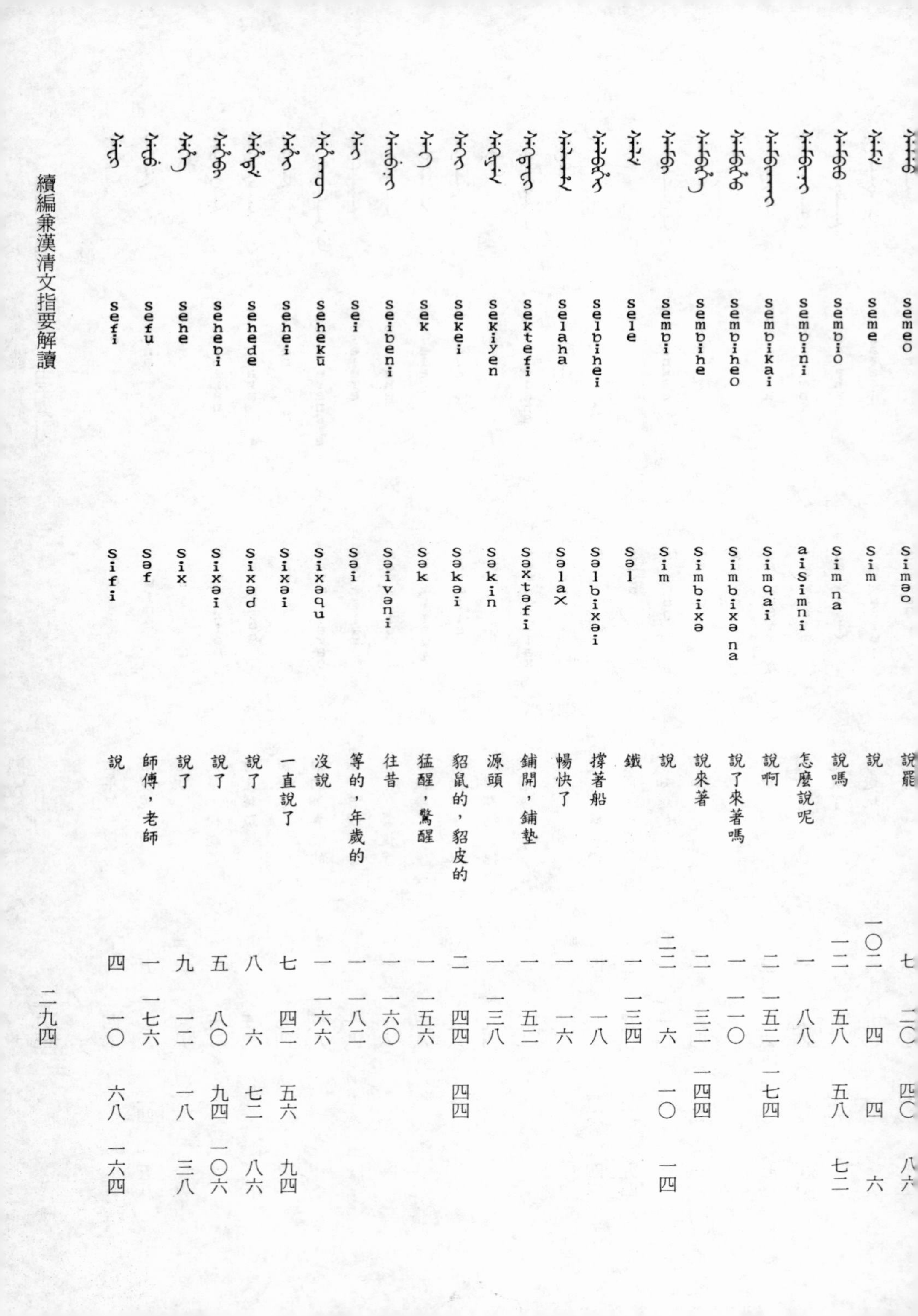

semeo	Siməo	說罷	七	二〇	四〇	八六
seme	Sim	說	一〇二	四	四	六
sembio	Sim na	說嗎	一二	五八	五八	七二
sembini	aiSimni	怎麼說呢	一	八八		
sembikai	Simqai	說啊	二	一五二	一七四	
sembiheo	Simbixə na	說了來著嗎	一	一一〇		
sembihe	Simbixə	說來著	二	一三二	一四四	
sembi	Sim	說	二三	六	一〇	一四
sele	Səl	鐵	一	一三四		
selbihei	Səlbixəi	撐著船	一	一八		
selaha	SəlaX	暢快了	一	一六		
sektefi	Səxtəfi	鋪開，鋪墊	一	五二		
sekiyen	Səkin	源頭	一	一三八		
sekei	Səkəi	貂鼠的，貂皮的	二	一四四	四四	
sek	Sək	猛醒，驚醒	一	一五六		
seibeni	Səivəni	往昔	一	一六〇		
sei	Səi	等的，年歲的	一	一八二		
sehekū	Sixəqu	沒說	一	一六六		
sehei	Sixəi	一直說了	七	四二	五六	九四
sehede	Sixəd	說了	八	六	七二	八六
sehebi	Sixəi	說了	五	八〇	九四	一〇六
sehe	Six	說了	九	一二	一八	三八
sefu	Səf	師傅，老師	一	一七六		
sefi	Sifi	說	四	一〇	六八	一六四

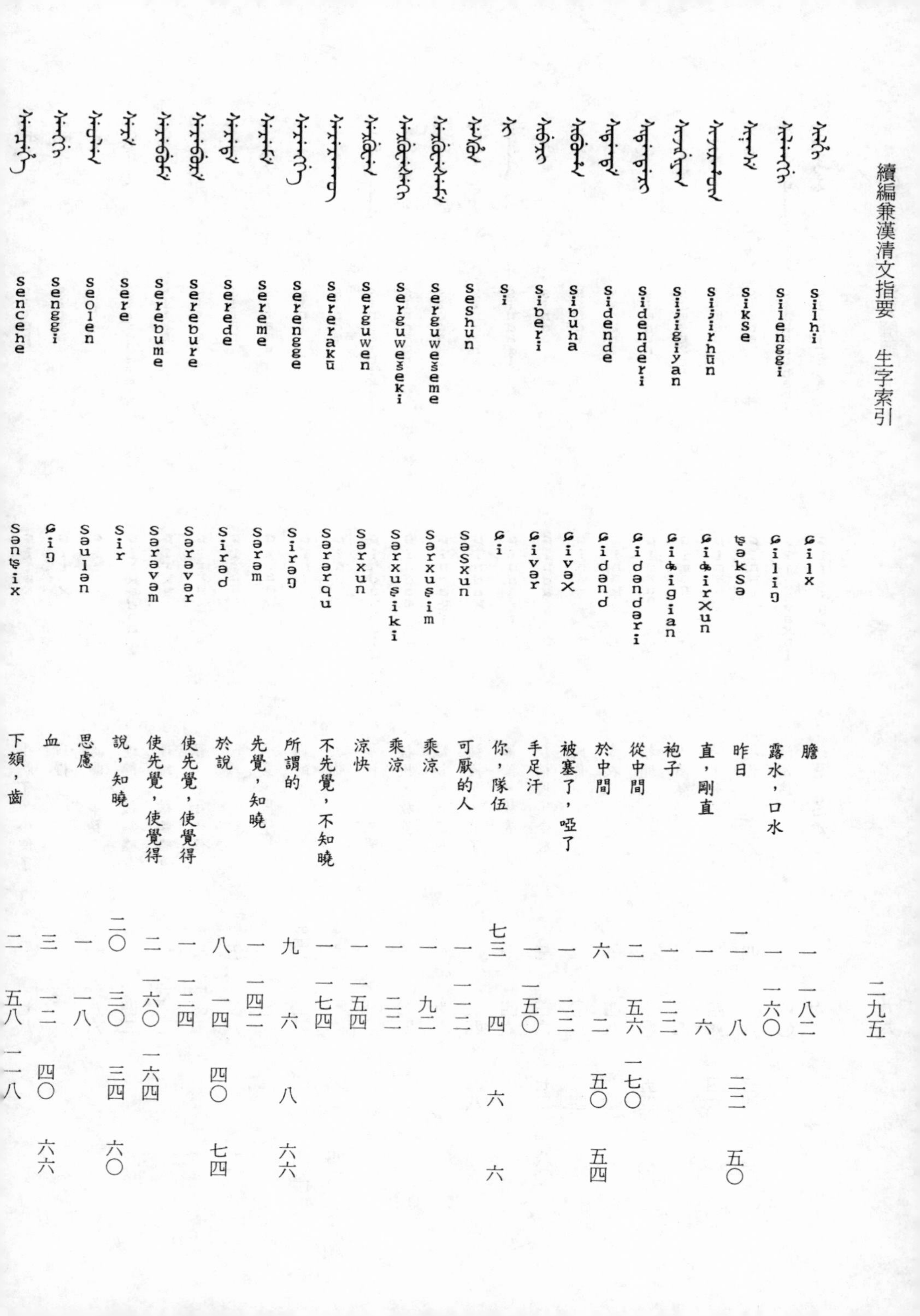

ᠰᡳᡨᡝᡥᡝ	sitehe	ɕitəx	小解了，小便了	一	七八		
ᠰᡳᡨᠠᡥᠠ	sitaha	ɕitaχ	遲慢了	一	一二六		
ᠰᡳᡨᠠ	sita	ɕita	你瞧，事務	一	一八六		
ᠰᡳᡵᡴᡝᡩᡝᠮᡝ	sirkedeme	ɕirkədəm	連綿，被病纏身	一	一四二		
ᠰᡳᡵᡴᡝ	sirke	ɕirkə	連綿，被病纏身	一	一六二		
ᠰᡳᡵᡤᡝ	sirge	ɕirxə	弦，絲，一條	一	一三二		
ᠰᡳᡵᠠᠨ	siran	ɕiran	陸續	五	二八	二八	九〇
ᠰᡳᡵᠠᠮᡝ	sirame	ɕiram	承襲，接續	一	七二		
ᠰᡳᠨᡳ	sini	ɕini	你的	二二	二二	四二	四二
ᠰᡳᠨᡩᡝ	sinde	ɕind	於你	一六	六	二二	四六
ᠰᡳᠨᡩᠠᠮᠪᡳᡴᠠᡳ	sindambikai	ɕindamqai	補授啊，放置啊	一	九八		
ᠰᡳᠨᡩᠠᠮᠪᡳ	sindambi	ɕindam	補授，放置	一	七四		
ᠰᡳᠨᡩᠠᡴᡳ	sindaki	ɕindaki	欲補授，欲放置	一	九八		
ᠰᡳᠨᡩᠠᡥᠠ	sindaha	ɕindaχ	補授了，放了	二	一四	二八	
ᠰᡳᠨᡩᠠᡶᡳ	sindafi	ɕindafi	補授，放置	一	一四六		
ᠰᡳᠨᡩᠠ	sinda	ɕinda	令補授，令放	三	一三六	一七二	一八〇
ᠰᡳᠨᠴᡳ	sinci	ɕintɕi	比你	二	一〇八	一二四	
ᠰᡳᠨᠠᡥᡳ	sinahi	ɕinak	孝衣	一	四八		
ᠰᡳᠮᡥᡠᠨ	simhun	ɕimxun	指頭	三	一〇	五四	一八四
ᠰᡳᠮᡝᠩᡤᡝ	simengge	ɕiməŋ	人多熱鬧	一	八四		
ᠰᡳᠮᡝᠨ	simen	ɕimən	液，營養，油性	二	四六	一四六	
ᠰᡳᠮᠪᡝ	simbe	ɕinb	把你	一四	六	三四	五〇
ᠰᡳᠯᡴᠠᠪᡠᡥᠠᠪᡳ	silkabuhabi	ɕilkəvəχəi	油滑透了	一	四〇		
ᠰᡳᠯᡥᡳᠩᡤᠠ	silhingga	ɕilxiŋ	妒忌，忌妒	一	一六八		

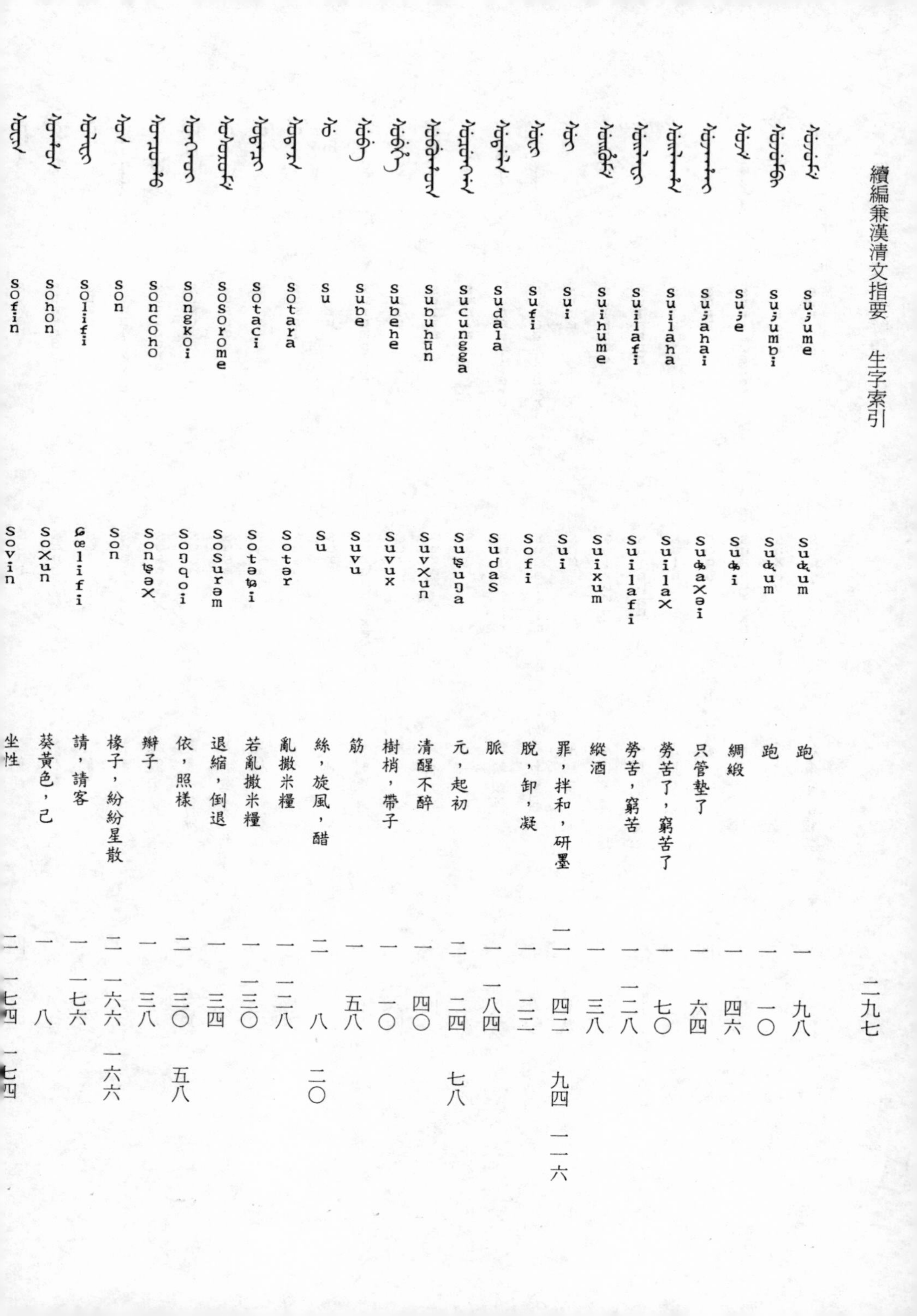

ᠰᡠᠸᡝᠨᡳ	suweni	soni	你們的	四	二四、四六、六二
ᠰᡠᠸᡝᠨᡩᡝ	suwende	sond	於你們	一	八二
ᠰᡠᠸᡝ	suwe	so	你們	五	三二、三二、一六六
ᠰᡠᠸᠠᠯᡳᠶᠠᠮᡝ	suwaliyame	sualiam	攙和，連帶	一	六六
ᠰᡠᠰᡠᠪᡠᡥᠠ	susubuha	susuvəχ	搗毀了	一	七八
ᠰᡠᠰᡠ	susu	susu	籍貫，荒涼	一	一三八
ᠰᡠᠰᠠᠮᡝ	susame	susam	死，倉皇，打滾	一	九八
ᠰᡠᠰᠠᡴᠠ	susaka	susaq	死朽	一	七四
ᠰᡠᠰᠠᡳ	susai	susai	五十	一	七四
ᠰᡠᡵᡠ	suru	sur	白馬，小珠子	一	二
ᠰᡠᡵᡝᠮᠪᡳᡥᡝ	surembihe	surumbixə	喊叫來著	一	七八
ᠰᡠᡵᡝ	sure	sur	聰明	一	一六四
ᠰᡠᡵᠠᠨ	suran	suran	跳蚤	一	一四二
ᠰᡠᠨᠵᠠ	sunja	sunʤa	五	三	二四、七四、九〇
ᠰᡠᠩᡤᡝᠯᠵᡝᡵᡝ	sunggeljere	suŋəlʤir	柔軟顫抖	一	八六
ᠰᡠᠩᡤᡝᠯᠵᡝᠮᠪᡳ	sunggeljembi	suŋəlʤim	柔軟顫抖	一	九〇
ᠰᡠᠮᡝ	sume	som	脫，卸，凝	一	一七八
ᠰᡠᠯᡥᡠᠮᡝ	sulhume	sulxum	生耳底疼，地軟	一	一四六
ᠰᡠᠯᠠᡴᠠᠨ	sulakan	sulakən	略閑散，寬心	三	一四八、一七二、一八〇
ᠰᡠᠯᠠ	sula	sula	閑散，鬆散	一	七四
ᠰᡠᡴᡡ	sukū	soqu	皮	四	八四、八六、一六八
ᠰᡠᡴᠰᡝᡵᡝᡴᡝᠪᡳ	sukserekebi	suxsurəxəi	腫了	一	一四六
ᠰᡠᡴᡩᡠᠨ	sukdun	suxdun	氣	二	一二、三四
ᠰᡠᡴ	suk	suk	從鼻子眼裡笑	一	五四

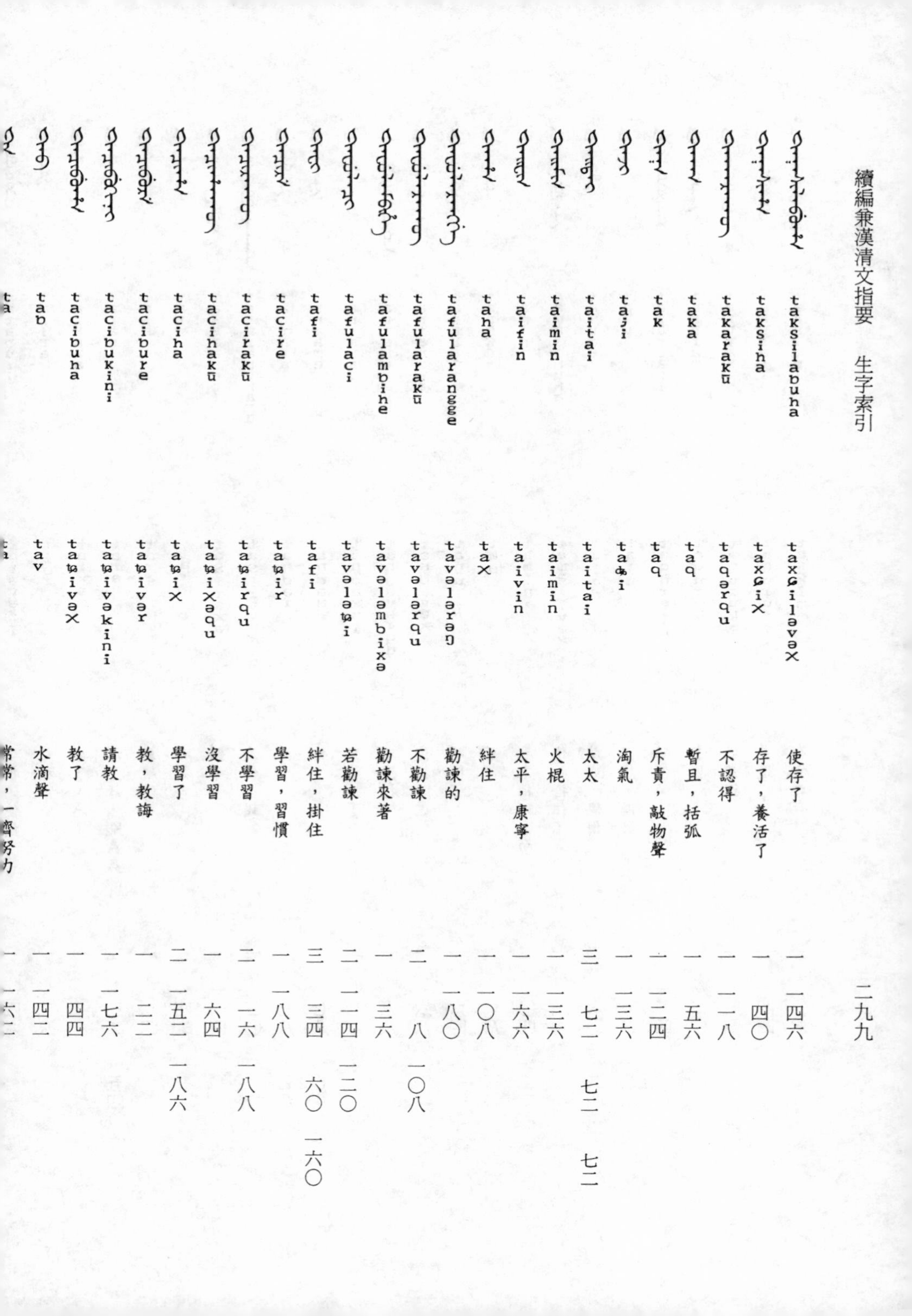

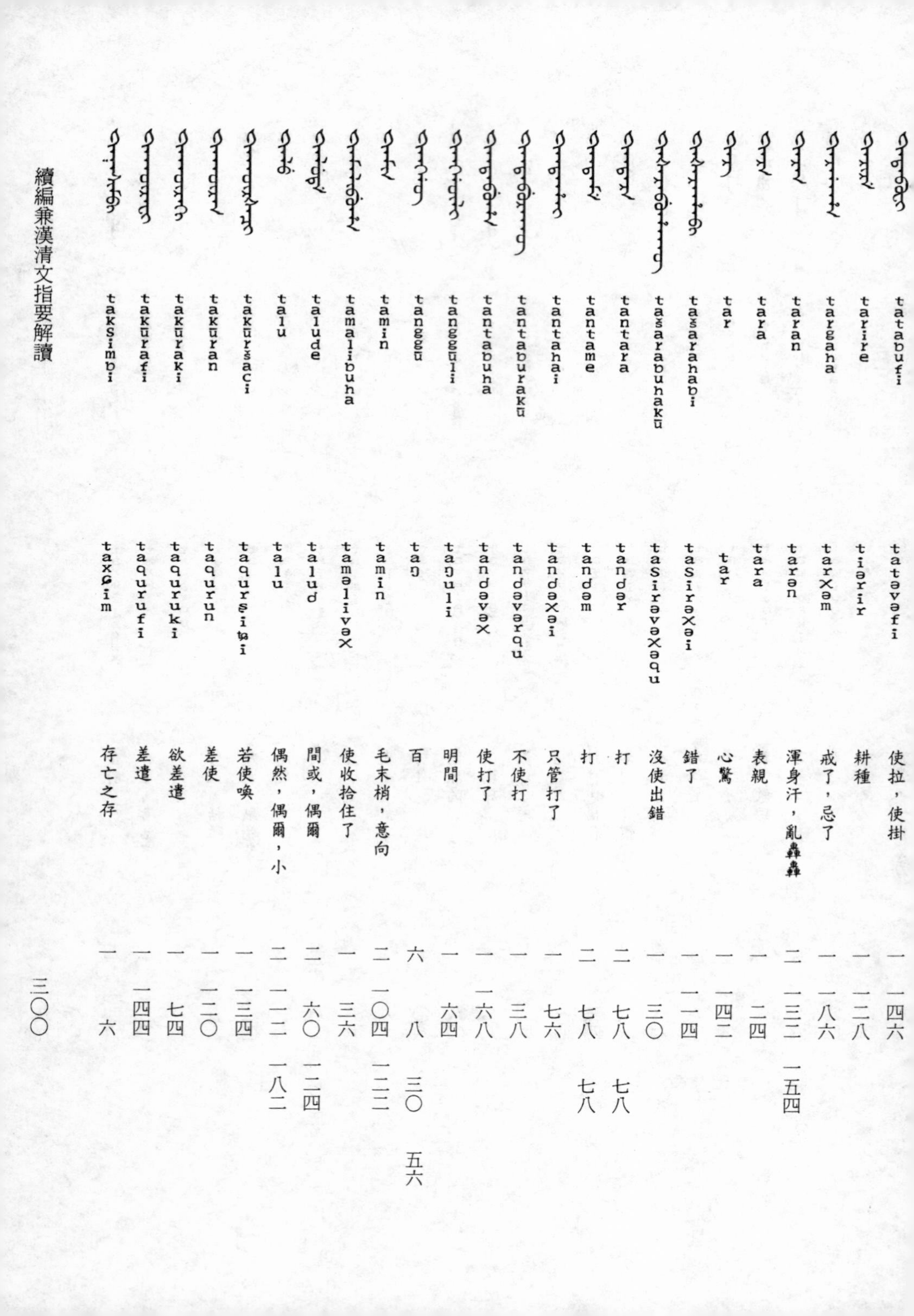

tatabufi	tatəvəfi	使拉，使掛	一	一四六
tarire	tiərir	耕種	一	一二八
targaha	tarχəm	戒了，忌了	一	一八六
taran	tarən	渾身汗，亂轟轟	二	一三二 一五四
tara	tara	表親	一	二四
tar	tar	心驚	一	一四二
tašarahabi	taSirəχəi	錯了	一	一一四
tašarabuhakū	taSirəvəχəqu	沒使出錯	一	三〇
tantara	tanɗər	打	二	七八 七八
tantame	tanɗəm	打	二	七八 七八
tantahai	tanɗəχəi	只管打了	一	七六
tantaburakū	tanɗəvərqu	不使打	一	三八
tantabuha	tanɗəvəχ	使打了	一	一六八
tanggūli	taŋuli	明間	一	六四
tanggū	taŋ	百	六	八 三〇 五六
tamin	tamin	毛末梢，意向	二	一〇四 一一三
tamalibuha	taməlivəχ	使收拾住了	一	三六
talude	taluɗ	間或，偶爾	二	六〇 一二四
talu	talu	偶然，偶爾，小	二	一一二 一八二
takūršaci	taqurʂiʨi	若使喚	一	一三四
takūran	taqurun	差使	一	一二〇
takūraki	taquruki	欲差遣	一	七四
takūrafi	taqurufi	差遣	一	一四四
taksimbi	taxɕim	存亡之存	一	六

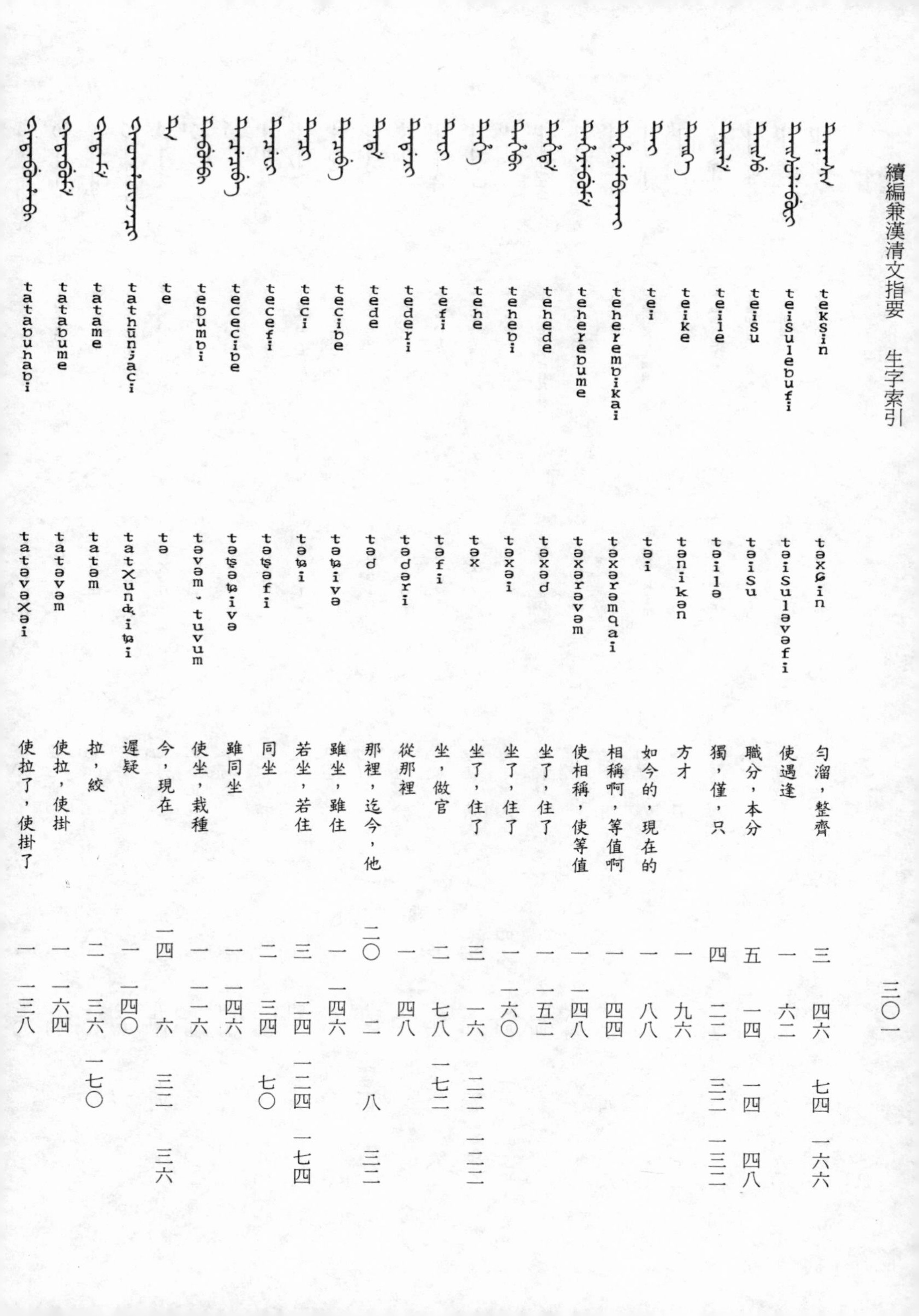

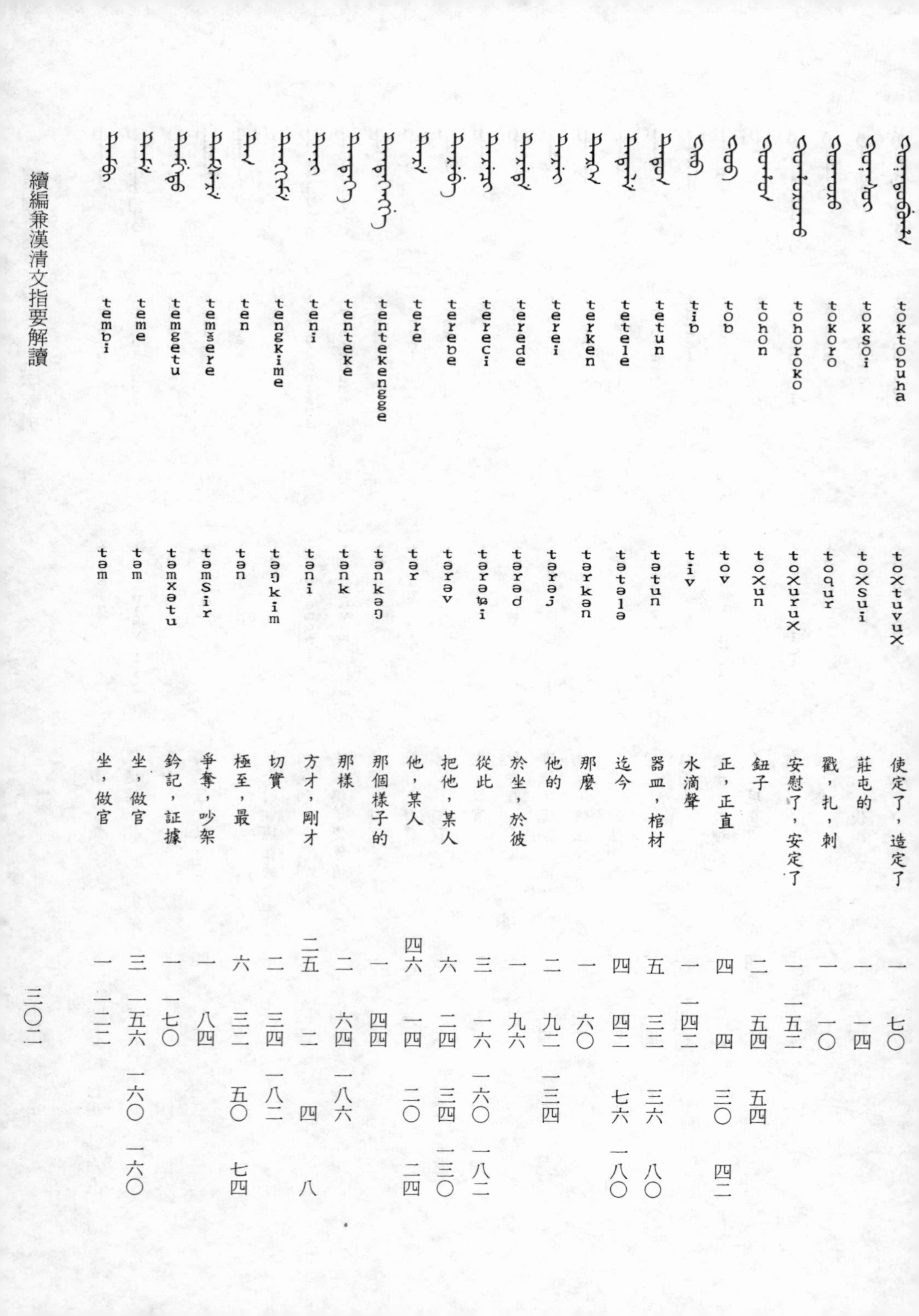

toktobuha	toXtuvuX	使定了，造定了	一	七〇		
toksoi	toXSui	莊屯的	一	一四		
tokoro	toqur	戳，扎，刺	一	一〇		
tohoroko	toXuruX	安慰了，安定了	一	一五二		
tohon	toXun	鈕子	二	五四	五四	
tob	tov	正，正直	四	四	三〇	四二
tib	tiv	水滴聲	一	一四二		
tetun	tətun	器皿，棺材	五	三二	三六	八〇
tetele	tətələ	迄今	四	四二	七六	一八〇
terken	tərkən	那麼	一	六〇		
terei	tərəj	他的	二	九二	一三四	
terede	tərəd	於坐，於彼	一	九六		
tereci	tərəʧi	從此	三	一六	一六〇	一八二
terebe	tərəv	把他，某人	六	二四	三四	一三〇
tere	tər	他，某人	四六	一四	二〇	二四
tentekengge	tənkəŋ	那個樣子的	一	四四		
tenteke	tənk	那樣	二	六四	一八六	
teni	təni	方才，剛才	二五	二	四	八
tengkime	təŋkim	切實	二	三四	一八二	
ten	tən	極至，最	六	三二	五〇	七四
temšere	təmSir	爭奪，吵架	一	八四		
temgetu	təmxətu	鈐記，証據	一	一七〇		
teme	təm	坐，做官	三	一五六	一六〇	一六〇
tembi	təm	坐，做官	一	一二二		

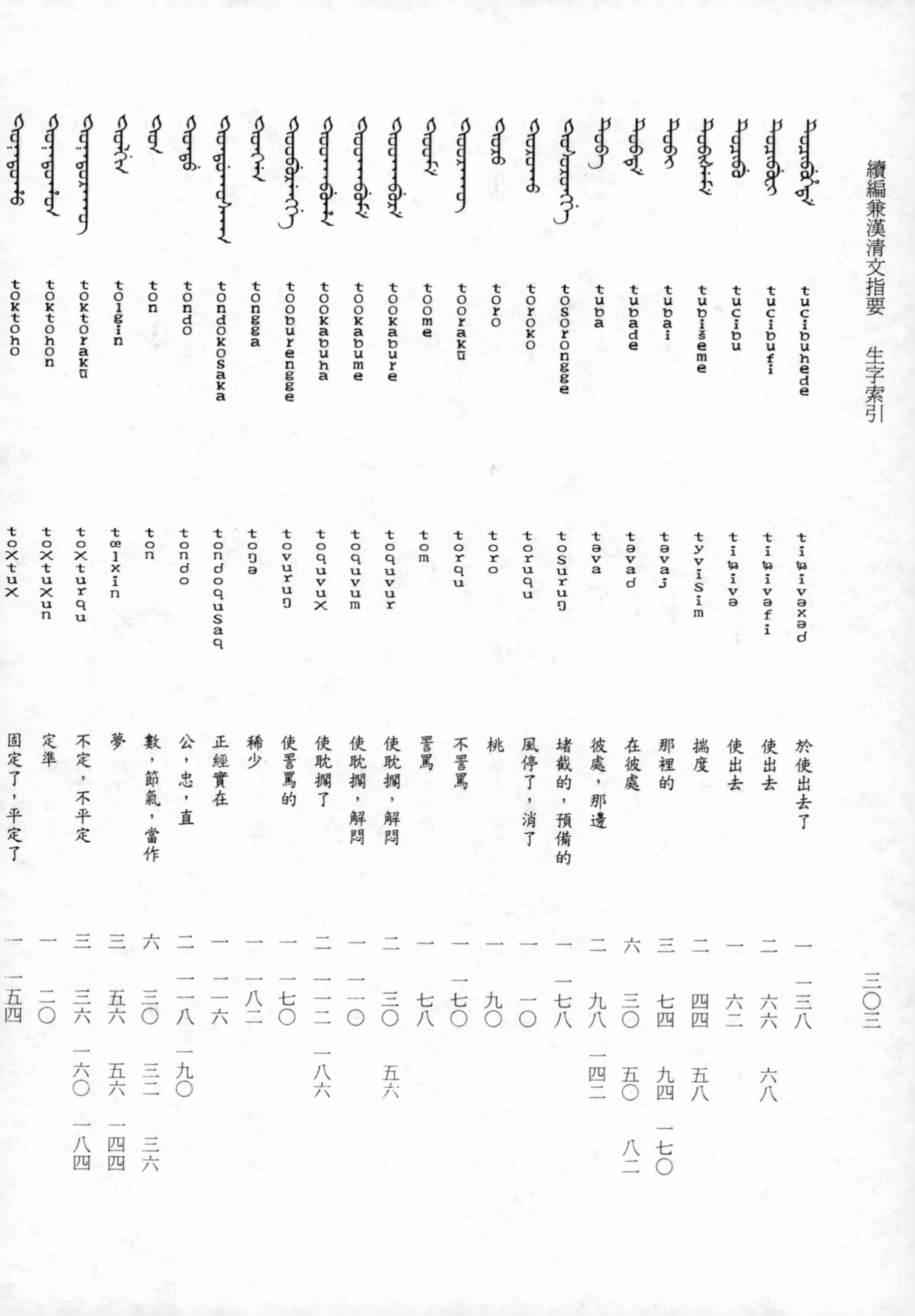

tuku	tuku	衣面，表面	二	四六　五二
tuktan	tuχtan	起初，初始	一	二
tukiyebufi	tikivəfi	使抬舉	一	一一八
tuk	tuk	心跳	二	一四二　一四二
tuhere	tuxur	落，跌倒	一	九八
tuhenere	tuxənər	落	一	三四
tuhembi	tuxum	落，跌倒	一	一二
tuheke	tuxuk	落了，跌倒了	四	四　一六　六八
tuheburakū	tuxuvurqu	不住的	一	一〇八
tuhebuhe	tuxuvux	陷害了	一	一一二
tuhebu	tuxuvu	陷害，使倒	一	七八
tugi	tuxSu	雲，雲端	一	二三
tucire	tiʨir	出去，長出	二	二三　一六〇
tucirakū	tiʨirqu	不出去	二	四八　五八
tucinjimbi	tiʨinʥim	出禍事，浮出	二	一〇六　一七二
tucimbi	tiʨim	出去，長出	一	三四
tucikede	tiʨikəd	於出了	二	三四　一六六
tucike	tiʨikə	出了	三	二　一八　一六〇
tucifi	tiʨifi	出去，長出	二	六六　一七四
tucici	tiʨiʨi	若出去，若長出	一	一二四
tucibure	tiʨivər	使出去	一	五〇
tuciburakū	tiʨivərqu	不使出	二	五六　九八
tucibume	tiʨivəm	使出	二	二六　一七八
tucibumbi	tiʨivəm	使出去	一	五〇

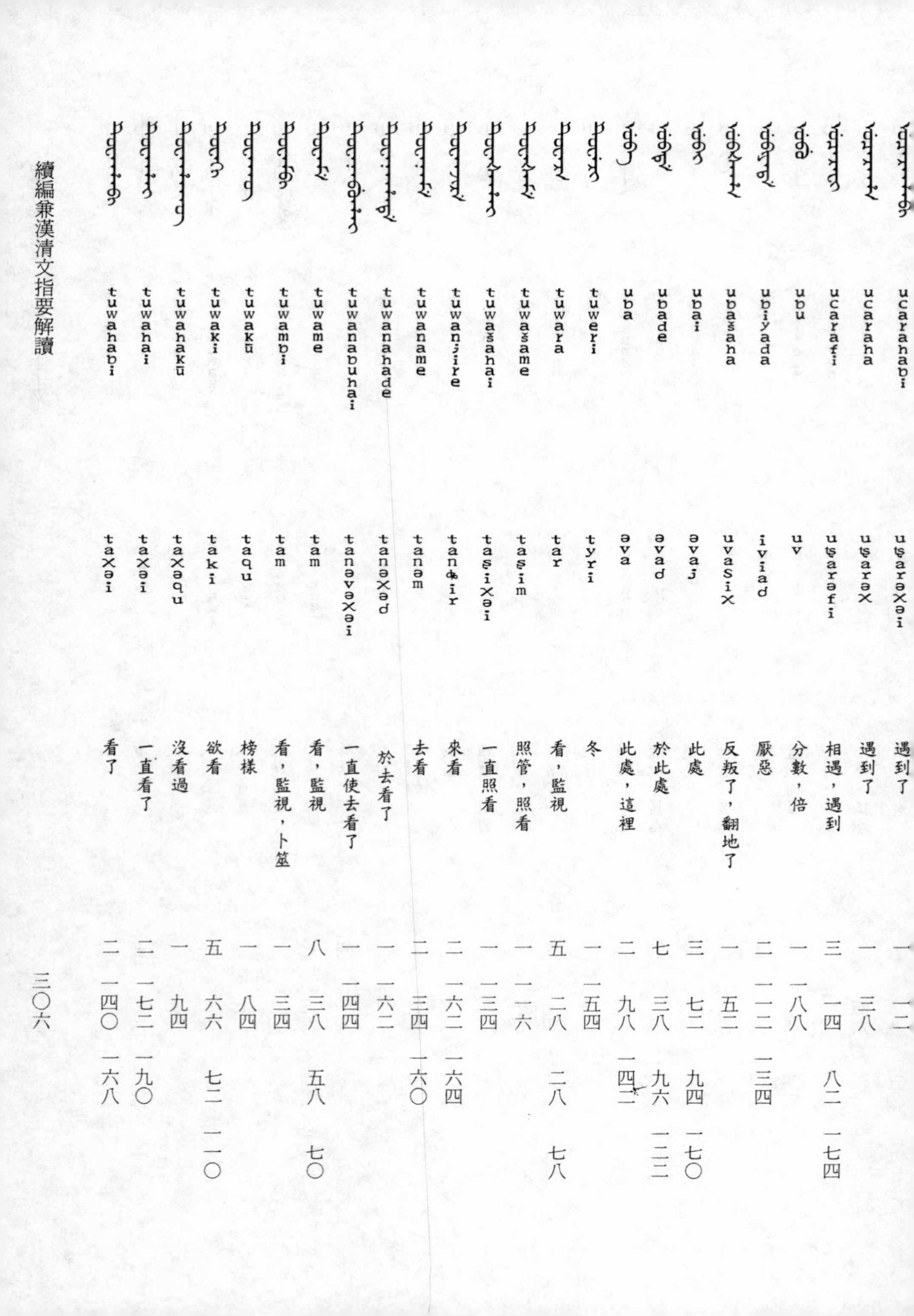

ucarahabi	uʈʂarəχəi	遇到了	一 一二
ucaraha	uʈʂarəχ	遇到了	一 三八
ucarafi	uʈʂarəfi	相遇，遇到	三 一四 八二 一七四
ubu	uv	分數，倍	一 一八八
ubiyada	iviad	厭惡	二 一一二 一三四
ubašaha	uvaʂiχ	反叛了，翻地了	一 五二
ubai	əvaj	此處	三 七二 九四 一七〇
ubade	əvad	於此處	七 三八 九六 一二三
uba	əva	此處，這裡	二 九八 一四二
tuweri	tyri	冬	一 一五四
tuwara	tar	看，監視	五 二八 二八 七八
tuwašame	taʂim	照管，照看	一 一一六
tuwašahai	taʂiχəi	一直照看	一 一三四
tuwanjire	tanɖʐir	來看	二 一六二 一六四
tuwaname	tanəm	去看	二 三四 一六〇
tuwanahade	tanəχəd	於去看了	一 一六二
tuwanabuhai	tanəvəχəi	一直使去看了	一 一四四
tuwame	tam	看，監視	八 三八 五八 七〇
tuwambi	tam	看，監視，卜筮	一 三四
tuwakū	taqu	榜樣	一 八四
tuwaki	taki	欲看	五 六六 七二 一一〇
tuwahakū	taχəqu	沒看過	一 九四
tuwahai	taχəi	一直看了	二 一七二 一九〇
tuwahabi	taχəi	看了	二 一四〇 一六八

ᡠᠯᡥᡳᡵᠠᡴᡡ	ulhirakū	ulxirqu	不知曉	一 三二
ᡠᠯᡥᡳᠨᠵᡝᡶᡳ	ulhinjefi	ulxindʐəfi	約略曉得	一 一七六
ᡠᠯᡥᡳᠮᠪᡳ	ulhimbi	ulxim	曉得，知曉	一 一三六
ᡠᠯᡥᡳᡶᡳ	ulhifi	ulxifi	曉得，知曉	一 六六
ᡠᠯᡥᡳᠪᡠᠴᡳ	ulhibuci	ulxivətʂi	若使曉得	一 六二
ᡠᠯᡥᠠ	ulha	ulχa	牲口	二 一六八 一六八
ᡠᠯᡝᠵᡝᡥᡝ	ulejehe	uludʐux	坍塌了，崩塌了	一 一四二
ᡠᠯᡝᠪᡠᠴᡳ	ulebuci	uluvutʂi	若給人吃，若餵	一 一二八
ᡠᠯᠠᠨᠠᠮᡝ	ulaname	ulanəm	傳去，傳達	一 一七〇
ᡠᠯᠠᠨ	ulan	ulan	壕，溝，傳	一 二〇
ᡠᠯᠠᠮᡝ	ulame	ulam	到處轉，傳達	一 一四八
ᡠᡴᠰᡳᠨ	uksin	uxɢin	甲衣，馬甲	一 七八
ᡠᡴᠰᠠ	uksa	uxSa	忽然，不意	一 一六二
ᡠᡴᠴᠠᡵᠠ	ukcara	uxtʂar	脫開，脫落	一 一八〇
ᡠᡴᠴᠠᠮᠪᡳ	ukcambi	uxtʂam	脫開，脫落	一 三八
ᡠᠵᡠᠩᡤᠠ	ujungga	udʐuŋ	頭的	二 八二 八二
ᡠᠵᡠᡳ	ujui	udʐuj	頭的	四 六六 六六 八六
ᡠᠵᡠ	uju	udʐu	頭，第一	九 四 二三 三四
ᡠᠵᡳᡵᡝᠩᡤᡝ	ujirengge	udʐirəŋ	養的	一 一八四
ᡠᠵᡳᡵᡝ	ujire	udʐir	養	三 二〇 一一六 一六二
ᡠᠵᡳᠨ	ujin	udʐin	家奴生的孩子	一 一三八
ᡠᠵᡳᡴᡳᠨᡳ	ujikini	udʐikini	欲養	一 一六四
ᡠᠵᡳᡶᡳ	ujifi	udʐifi	養	二 四四 七〇
ᡠᠵᡝᠨ	ujen	udʐin	重，重大	三 一一八 一二〇 一五四

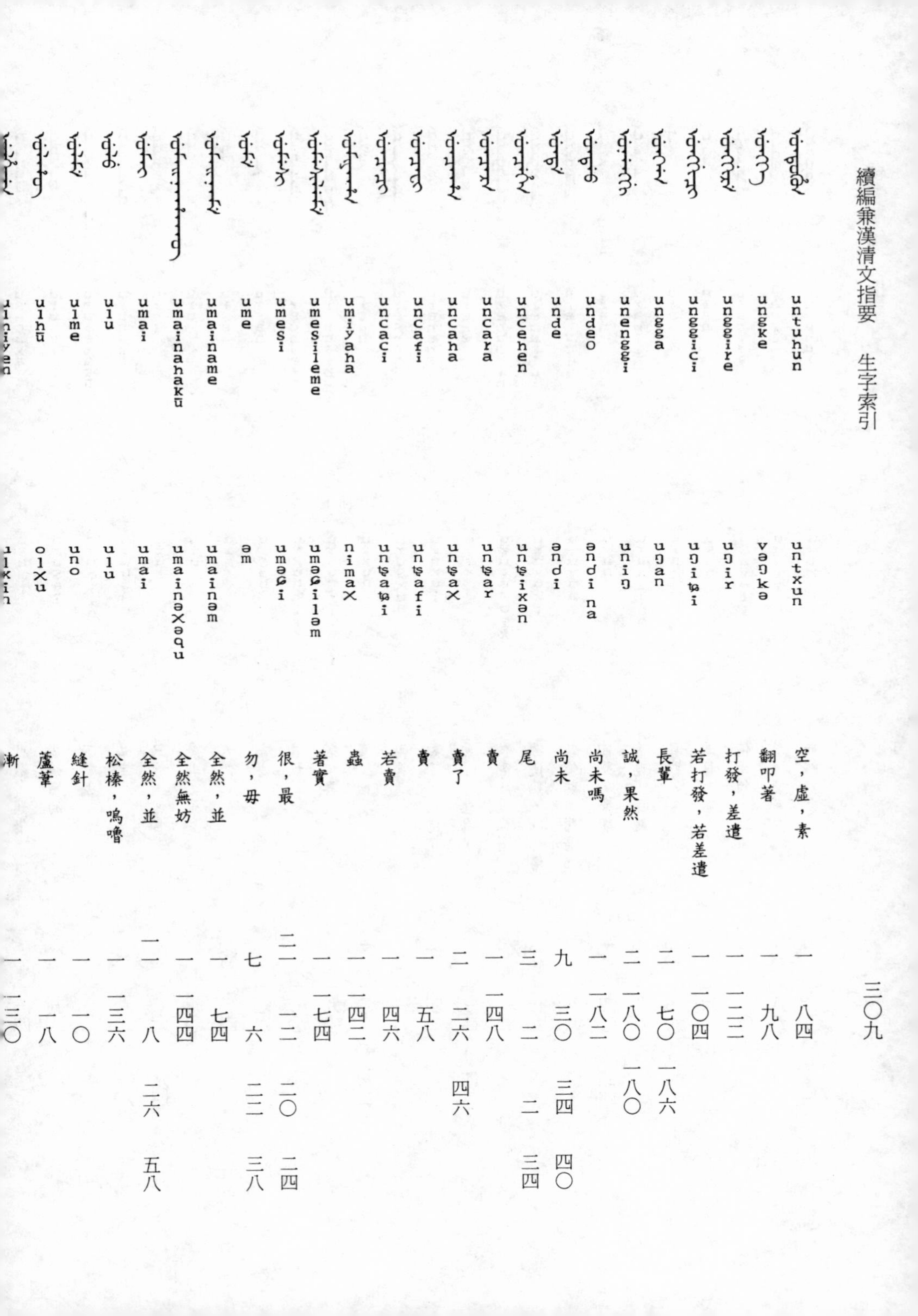

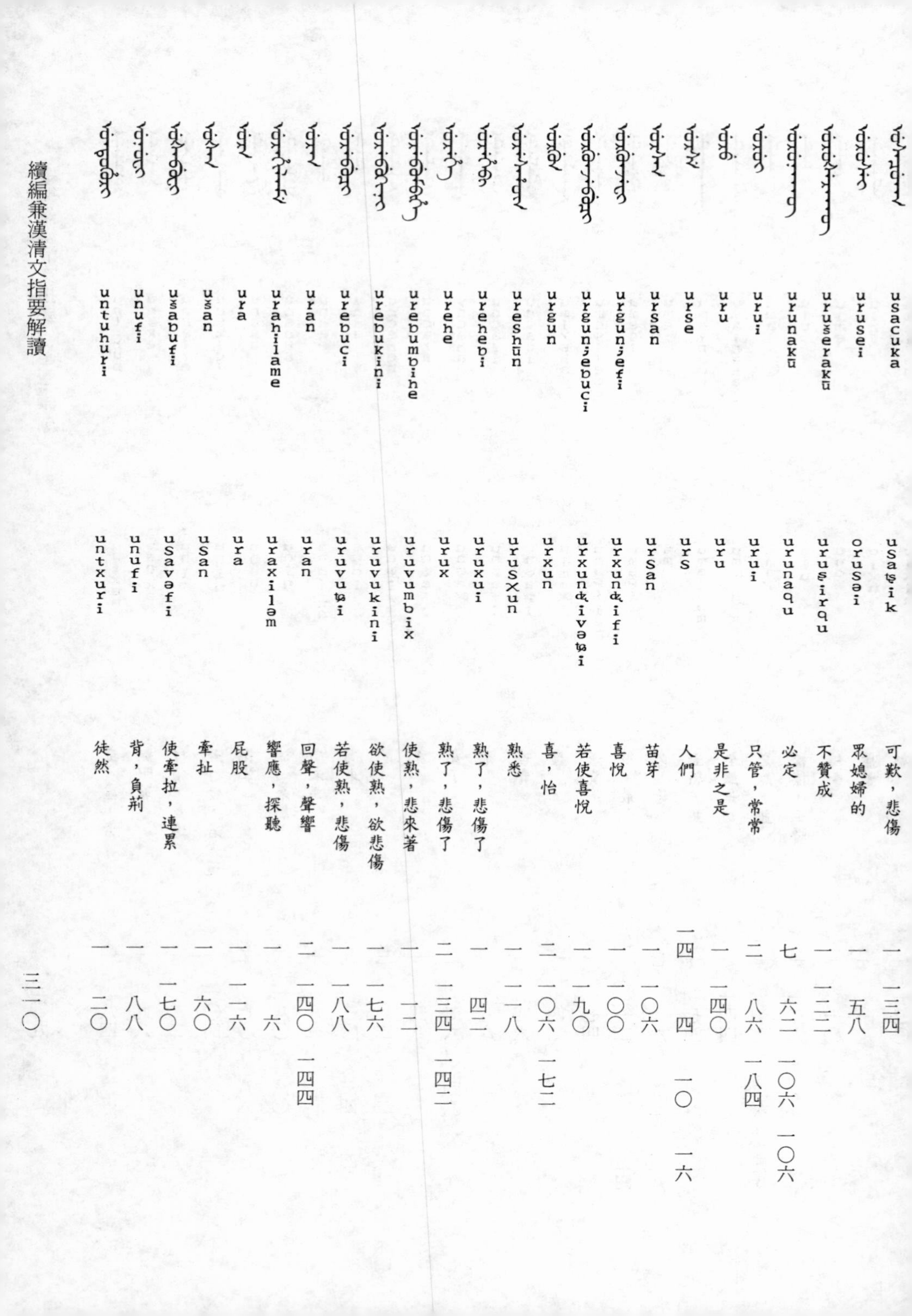

usacuka	usaʈʂik	可歎，悲傷	一	一三四
uruse i	oruSəi	眾媳婦的	一	五八
urušerakū	uruʂirqu	不贊成	一	一二三
urunakū	urunaqu	必定	七	六二 一〇六 一〇六
urui	urui	只管，常常	二	八六 一八四
uru	uru	是非之是	一	一四〇
urse	urS	人們	一四	四 一〇 一六
ursan	urSan	苗芽	一	一〇六
urgunjefi	urxunʥifi	喜悅	一	一〇〇
urgunjebuci	urxunʥivəʨi	若使喜悅	一	一九〇
urgun	urxun	喜，怡	二	一〇六 一七二
ureshūn	uruSχun	熟悉	一	一一八
urehebi	uruxui	熟了，悲傷了	一	四二
urehe	urux	熟了，悲傷了	二	一三四 一四二
urebumbihe	uruvumbix	使熟，悲來著	一	一一二
urebukini	uruvukini	欲使熟，欲悲傷	一	一七六
urebuci	uruvuʨi	若使熟，悲傷	一	一八八
uran	uran	回聲，聲響	二	一四〇 一四四
urahilame	uraxiləm	響應，探聽	一	六
ura	ura	屁股	一	一一六
ušan	uSan	牽扯	一	六〇
ušabufi	uSavəfi	使牽拉，連累	一	一七〇
unufi	unufi	背，負荊	一	一八八
untuhuri	untxuri	徒然	一	二〇

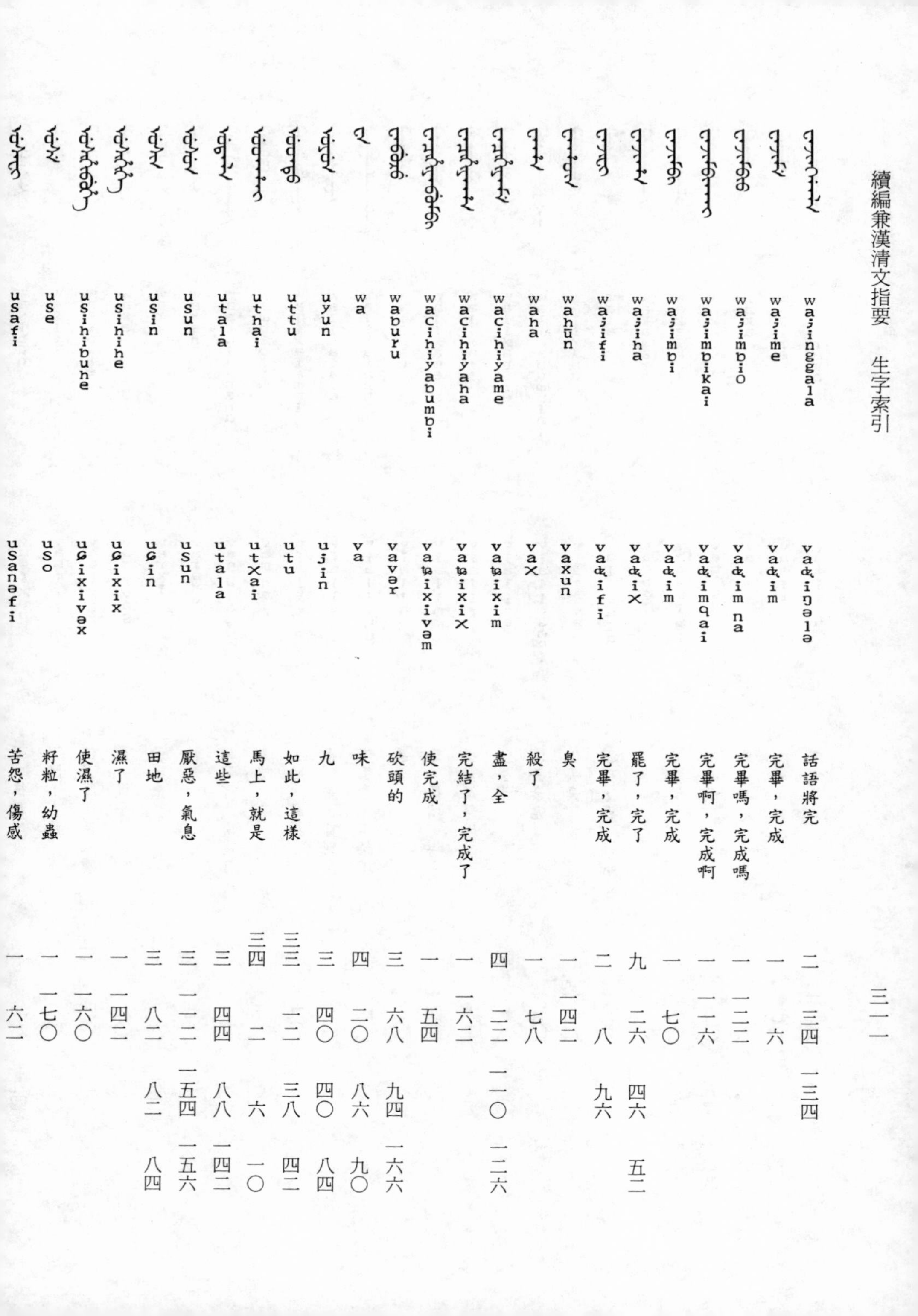

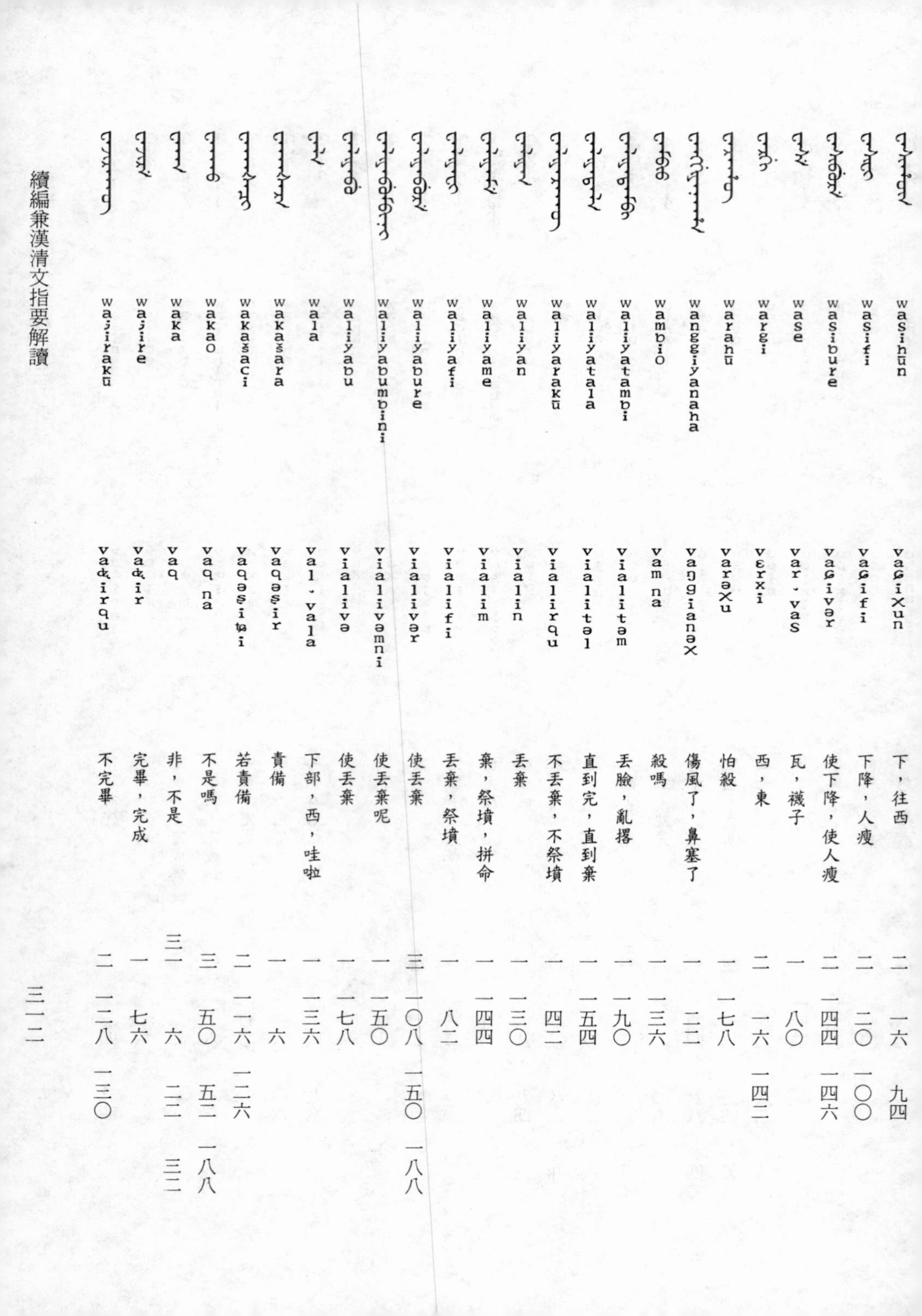

wasihūn	vaɕixun	下，往西	二 一六 九四
wasifi	vaɕifi	下降，人瘦	二 二〇 一〇〇
wasibure	vaɕivər	使下降，使人瘦	二 一四四 一四六
wase	var·vaS	瓦，襪子	一 八〇
wargi	vɛrxi	西，東	二 一六 一四二
warahū	varəχu	怕殺	一 一七八
wanggiyanaha	vaŋgianəχ	傷風了，鼻塞了	一 二二
wambio	vam na	殺嗎	一 一三六
waliyatambi	vialitəm	丟臉，亂撂	一 一九〇
waliyatala	vialitəl	直到完，直到棄	一 一五四
waliyarakū	vialirqu	不丟棄，不祭墳	一 四二
waliyan	vialin	丟棄	一 一三〇
waliyame	vialim	棄，祭墳，拼命	一 一四四
waliyafi	vialifi	丟棄，祭墳	一 八二
waliyabure	vialivər	使丟棄	三 一〇八 一五〇 一八八
waliyabumbini	vialivəmni	使丟棄呢	一 一五〇
waliyabu	vialivə	使丟棄	一 一七八
wala	val·vala	下部，西，哇啦	一 一三六
wakašara	vaqəʂir	責備	一 六
wakašaci	vaqəʂitɕi	若責備	二 一一六 一二六
wakao	vaq na	不是嗎	三 五〇 五二 一八八
waka	vaq	非，不是	三一 六 二二 三二
wajire	vaʥir	完畢，完成	一 七六
wajirakū	vaʥirqu	不完畢	二 一二八 一三〇

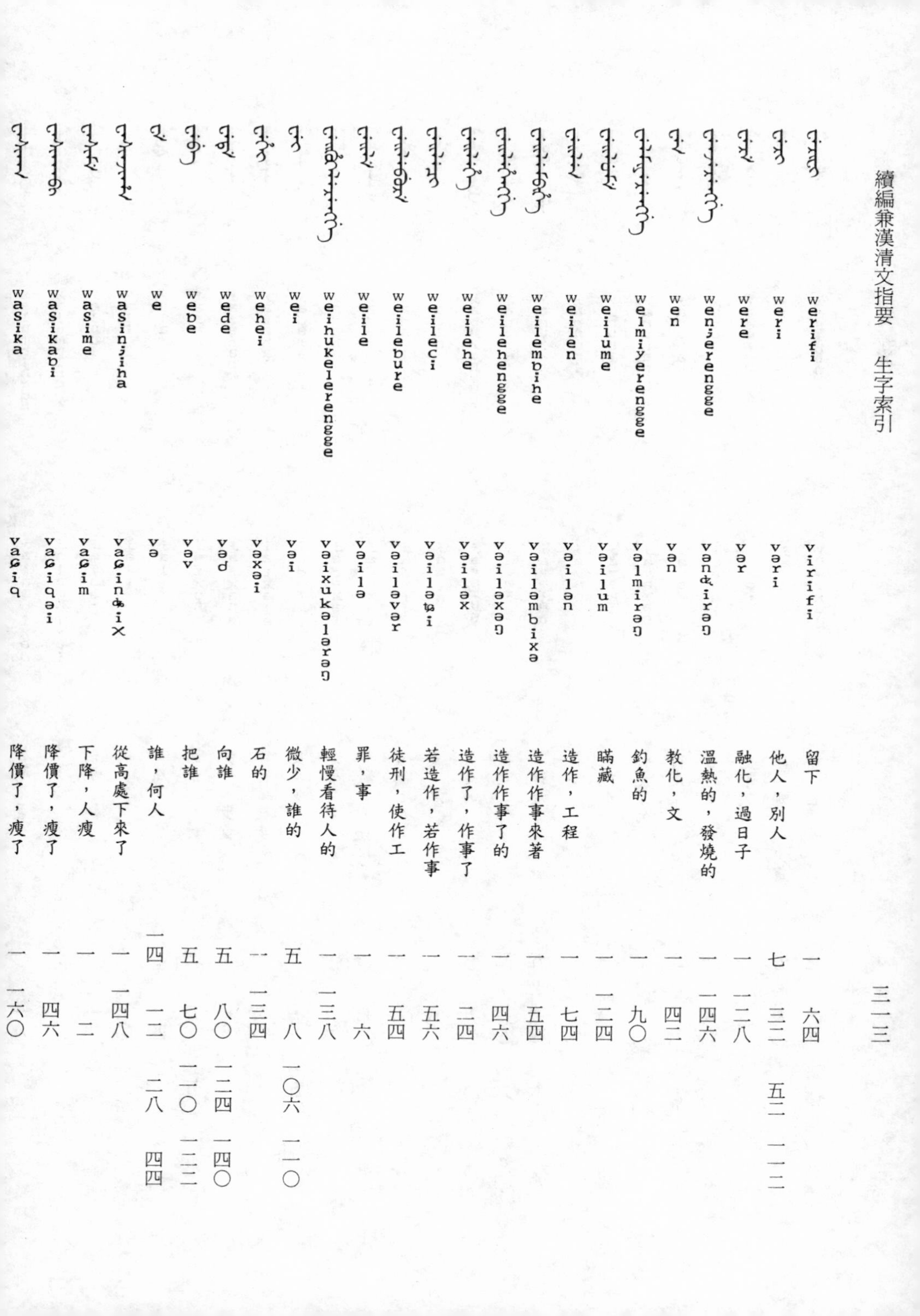

ᠶᠠᠯᡠᠮᠪᡳᡥᡝᡩᡝ	yalumbihede	jaləmbixəd	於騎來著	一	一二八		
ᠶᠠᠯᡠᠮᠪᡳᡥᡝᠪᡳ	yalumbihebi	jaləmbixəi	騎來著	一	二		
ᠶᠠᠯᡠᠴᡳ	yaluci	jaləʨi	若騎	一	一一八		
ᠶᠠᠯᡳ	yali	jəli	肉	六	一七〇	一三二	一三四
ᠶᠠᠯᠠ	yala	jal	誠然，果然	二〇	四	四	六
ᠶᠠᡶᠠᠨ	yafan	jafχən	園子	四	五〇	五〇	九二
ᠶᠠᡶᠠᡥᠠᠨ	yafahan	jafχən	步行，步履	一	七八		
ᠶᠠᡶᠠᡥᠠᠯᠠᡵᠠ	yafahalara	jafχələr	步行，徒步	一	一二〇		
ᠶᠠᡩᠠᡵᠠ	yadara	jadər	要多少，少	二	一六	一五〇	
ᠶᠠᡩᠠᡥᠠᡳ	yadahai	jadəχəi	只管貧窮了	一	九六		
ᠶᠠᡩᠠᡥᠠᠪᡳ	yadahabi	jadəχəi	貧窮了，弓軟了	一	七八		
ᠶᠠᡩᠠᡶᡳ	yadafi	jadəfi	貧窮，斷氣	一	六〇		
ᠶᠠᠴᡳᠨ	yacin	jəʨin	青，黑	一	八四		
ᠶᠠᠪᡠᡵᡝᠩᡤᡝ	yaburengge	javərəŋ	行走的	一	九〇		
ᠶᠠᠪᡠᡵᡝ	yabure	javər	行走，行事	三	一〇	六二	八〇
ᠶᠠᠪᡠᡵᠠᡴᡡ	yaburakū	javərqu	不行走	五	三四	六二	一〇四
ᠶᠠᠪᡠᠮᠪᡳ	yabumbi	javəm	行走	一	一一〇		
ᠶᠠᠪᡠᡴᡳ	yabuki	javəki	欲行走	一	一〇四		
ᠶᠠᠪᡠᡥᠠᠩᡤᡝ	yabuhangge	javəχəŋ	行走了的	二	六	一一四	
ᠶᠠᠪᡠᡥᠠ	yabuha	javəχ	行走了	二	一〇六	一六八	
ᠶᠠᠪᡠᠴᡳ	yabuci	javəʨi	若行走	四	六二	六二	八八
ᠶᠠᠪᠰᡳ	yabsi	javɕi	怎麼說	一	三二		
ᠶᠠ	ya	ja	誰，哪個，夕露	五	五〇	五二	一三二
ᠸᡝᠰᡳᡥᡠᠨ	wesihun	vəɕixun	貴，上，崇	三	二	四六	一八四

ᠶᠣᠶᠣᡥᠣᡧᠣᠮᠪᡳᠣ	yoyohošombio	jojoχuɕim na	癢癢了嗎	一 一六八
ᠶᠣᠣᠨᡳ	yooni	jauni	全部	二 八〇　一 〇四
ᠶᠣᠩᡴᡳᠶᠠᡥᠠ	yongkiyaha	jovaŋkiaχ	全備了	一 四〇
ᠶᠣᡴᡨᠣ	yokto	joχtu	趣味	二 五六　一 二三
ᠶᠣᡴᡳ	yoki	joki	欲走，欲行	二 一〇　一 二三
ᠶᠣᡥᡳ	yohi	joxi	套，部，全	一 一二
ᠶᠣᡥᠠ	yoha	joχ	走了，行了	二 一六六　一 八四
ᠶᠣᠪᠣᡩᠣᡵᠣᠩᡤᡝ	yobodorongge	jovuduruŋ	齊戲虐的	一 四〇
ᠶᠣᠪᠣ	yobo	jovun	戲虐，玩笑	二 六八　一 七四
ᠶᡝᡵᡨᡝᡥᡝ	yertehe	irtəχ	羞愧了	一 一二四
ᠶᡝᠩᠰᡳ	yengsi	jəŋɕi	筵席	一 一八六
ᠶᡝᠨ	yen	in	山腹羊腸小道	一 九〇